U0912419

通向终身学习的桥梁

——资格框架国际比较研究

李建忠 著

西南师范大学出版社
国家一级出版社 全国百佳图书出版单位

图书在版编目（CIP）数据

通向终身学习的桥梁：资格框架国际比较研究 / 李建忠著. — 重庆：西南师范大学出版社，2017. 8
ISBN 978-7-5621-8873-5

Ⅰ. ①通… Ⅱ. ①李… Ⅲ. ①终生教育－资格认证－国际标准－研究－世界 Ⅳ. ①G729. 1

中国版本图书馆 CIP 数据核字（2017）第 190053 号

通向终身学习的桥梁——资格框架国际比较研究
李建忠　著

责任编辑：杨光明　钟小族
封面设计：仅仅视觉·王　冲
出版发行：西南师范大学出版社
地址：重庆市北碚区天生路 1 号
邮编：400715　市场营销部电话：023-68868624
http：//www.xscbs.com
经　　销：新华书店
印　　刷：重庆荟文印务有限公司
开　　本：720mm×1030mm　1/16
印　　张：20. 75
字　　数：380 千字
版　　次：2017 年 10 月　第 1 版
印　　次：2017 年 10 月　第 1 次
书　　号：ISBN 978-7-5621-8873-5

定　　价：63. 00 元

若有印装质量问题，请联系出版社调换
版权所有　翻印必究

序

开发国家资格框架是促进终身学习、推动教育改革、提高教育质量的重要抓手和途径，也是世界教育发展趋势。我国《国民经济和社会发展第十三个五年规划纲要》和《国家教育事业发展“十三五”规划》提出要制订国家资格框架，加快学习型社会建设，推进教育现代化。进入21世纪以来，伴随经济全球化、区域经济一体化和教育国际化进程加快，开发实施资格框架已经成为一个世界性的教育现象。如何顺应世界教育发展趋势是摆在我们面前值得研究的一个重大课题。改革开放特别是党的十八大以来，我国教育规模不断扩大，教育质量稳步提升，人力资源开发迈上了一个新台阶，教育总体发展水平跃居世界中上行列。应该看到，我国教育还存在一些问题：教育发展理念还比较陈旧，普遍存在重过程轻结果、重学历轻能力现象；不同序列资格缺乏有效联通，资格可比性不强；培养标准体系不完善；利益相关方参与程度不够，人才培养质量与社会用人实际需求匹配度不够；教育质量缺乏有效监管；推进终身学习还缺乏制度性安排；与大多数国家尚未真正实现以标准为基础的资格互认。要解决这些问题，需要创新理念、创新制度和完善体制机制。顺应世界教育发展趋势，设计、开发和实施我国国家资格框架，对推动教育改革、提高教育质量、促进终身学习、加快推进教育现代化、提高教育对外开放水平都有着重要意义。

资格框架是按照一定标准对资格进行分级分类的政策工具。在资格框架语境下，所谓“资格”是对官方认可的各种正式文凭、证书和学位的统称。我国是最早建立资格框架的国家之一，古代的科举考试制度具有资格分级的特点。现代意义上的资格框架起源于职业教育与培训领域，20世纪50年代中期，我国实行的“八级工制”是职业资格框架的一种初级形式，1995年建立的国家职业资格证书制度是国家职业资格框架。从国际上看，在20世纪80—90年代，英国、澳大利亚和南非等少数几个国家先后建立了第一代资格框架，旨在改革完善包括职业资格制度在内的国家资格制度，但它们在设计上以学习结果为导向的理念还不突出，质量保障体系和非学历教育认定等工具体系建设还不完善。进入21世纪，为适应区域经济一体化和教育国际化的发展，区域组织和各国开始着手开发新一代资格框架。1999年，欧洲启动"博洛尼亚进程"，2005年建立欧洲高等教育区资格框架，由此推动了一批欧洲国家建立国家高等教育资格框架。2008年，欧盟建立"欧洲终身学习资格框架"，无论是从设计理念、框架结构要素、支撑工具体系建设还是从影响力方面看，它都堪称资格框架发展的一个里程碑。美国和加拿大建立的学术资格框架明显受到欧洲的影响。按照国际组织的统计，目前世界上有140多个国家正在开发或实施国家资格框架。资格框架是通向终身学习的桥梁，资格等级标准为学历教育和非学历教育资格证书认证提供了共同参照点，资格框架的等级结构为各类学习者提供了共同的资格进阶阶梯，学习者在非学历教育情境下取得的学习结果经过认证可以纳入资格框架，资格单元化、学分化的设计为非全日制学习者提供了弹性学习路径。

开发国家资格框架，设计是关键，重点在实施。资格框架的核心要素是等级数目和等级标准。等级主要是区分资格的层级，通常是按照正规教育的学段来划分的，在高等教育阶段各国基本是按学位层次划分的，但在高等教育阶段以下的资格等级不完全按照学段来划分。大部分国家将初中毕业作为资格的起始等级，一直向上延伸到博士学位教育。设置多少等级则需要根据国情来定，从国际经验看，八级结构成为主流形式。等级标准是资格框架结构要素中最核心的部分，在国际上也称为"水平描述符"，是指对个人继续学习或从事某一工作所需的知识、技能和能力的基本要求，是各级各类人才培养的基本目标和依据，也是国家教育总目标的一部分。等级标准构建具有分层的特点，如何确定维度，国际上比较有代表性的做法是构建知识、技能和能力三维结构模式；其次，子维度要考虑包含哪些重要的知识点、技能点和能力点等要素，保证人才培养素质结构的全面性、均衡性。等级标准还具有分级特点，它是资格类型标准、学科专业标准、课程标准、培养方案等培养标准体系的上位标准，发挥着统领作用。国家资格框架的实施是一项艰巨的任务，并非一蹴而就的事情。它涉及理念与制度创新，特别是学习结果导向原则和非学历教育的学习结果认定制度，而观念的转变和新制度的设立、实施和完善都需要有一个较长期的过程，资格框架所产生的效果和影响是一个累积的过程。

我与建忠同志共事多年，他长期从事比较教育研究，是国内较早关注和开始研究资格框架的学者。专业贵在坚持，有耕耘就会有收获。呈现在读者面前的这本《通向终身学习的桥梁——资格框架国际比较研究》，是建忠同志多年耕耘的成果。该书对资格框架的发展和有代表性的区域和国家资格框架进行了深入的研究和分析，内容丰富，资料详实，分析透彻，是一部有质量的学术著作。书中关于制订与国际教育标准分类确定的学段划分和资格证书分级相对应的我国九级结构资格框架的建议，具有较高的决策服务价值。据我所知，这是国内第一部研究资格框架的学术著作。我相信，该书的出版，对于我们了解资格框架的发展脉络、结构要素和实施策略，分析欧洲、澳大利亚、英国、德国以及南非和印度等区域和国家的资格框架，把握资格框架发展趋势以及如何制订我国资格框架都具有很大的参考价值。

田慧生

2017 年 3 月

目录
Contents

第一章 资格框架概述

一、资格框架发展演变

资格框架是由资格和资格制度演变而来。资格的起源可追溯到中国、希腊、斯巴达、罗马古代文明中有组织的教育。资格的产生与教育有着密切的关系，资格概念在不同时代有着不同的内涵。大学教育的出现产生了高等教育资格，成为最早的专业资格。建于公元 972 年的埃及爱资哈尔大学是世界上最古老的大学之一，其目标是传承宗教文化和培养各类专业人才，学校开设伊斯兰法和法理学、阿拉伯语语法、伊斯兰天文学、伊斯兰哲学和逻辑学等学科专业课程。到了 11 世纪，大学教育开始在欧洲发展，公元 1088 年意大利建立的博洛尼亚大学是欧洲第一所大学，以教授罗马法著称，大学授予的唯一学位是博士学位。爱资哈尔大学和博洛尼亚大学一直延续到现在。在公元 14 世纪，马里在廷巴克图古城建立了尚克尔大学，成为撒哈拉以南非洲的第一所大学。资格在我国古代是一种身份地位的表示。书院和科举考试制度对形成我国古代特有的教育制度、考试制度和资格制度发挥了重要作用。书院是我国古代特有的教育组织形式，是集藏书、教学与研究三者于一体的古代高等教育机构。书院制度起源于唐朝，前后绵延千余年历史，对中国封建社会教育与文化的发展产生了重要影响。我国的科举考试制度从隋唐到清代历经 1300 多年，是世界上体系最完整、组织最严密的考试与资格制度。考试不仅划分类别，有童试、乡试、会试和殿试，而且对资格（称号）和考试成绩进行分级，考试合格者取得秀才、举人、贡士和进士资格；殿试录取分三甲，考试成绩前三名者分别被授予状元、榜眼和探花称号。尽管我国的科举考试制度具有资格分级的特点，但真正对资格框架的建立有重要影响的是现代学校教育制度的确立。

现代学校教育制度始于西方。18 世纪和 19 世纪，西方逐步发展和确立了现代学校教育制度。在 20 世纪初，以英、德、法等国为代表的西方国家基本形成学术和职业教育相分离的双轨制教育。我国在清末伴随西方教育制度的引入基本形成近现代教育制度。现代学校教育制度具有统一性、连续性、标准化和制度化的特点，按学段划分的学校教育制度是具有等级特点的国家教育资格制度形成的基础。

现代意义上的资格框架起源于职业教育与培训领域。职业教育培训与生产和工作岗位有着直接的关系，涉及为数众多的行业和职业。职业培训资格证书不仅种类繁多，而且通常缺乏明确的等级划分，客观上就产生了对职业和资格证书进行分级分类、制定通用标准的要求，增进不同行业和工种资格间的可比性。中华人民共和国成立后，在学习借鉴苏联经验的基础上，从1950年代中期开始实行的“八级工制”实际上是一种职业资格框架的初级形式，“八级工制”设置了等级结构，但缺乏适用于跨行业工种的通用参照标准。进入1970年代，西方个别国家开始探索建立第一代资格框架。

(一)第一代资格框架

第一代资格框架首先是一个时间序列概念，是指在20世纪70年代至21世纪初少数几个国家或区域组织开始设立的、具备资格框架基本特征的最早一批资格框架。这些国家或区域组织以英国、澳大利亚、新西兰、法国、南非和欧洲共同体(欧盟前身)为代表。第一代资格框架主要以部门框架和松散型框架为主，旨在完善国家资格制度或职业资格制度，资格设计上以学习结果为导向的理念不突出，质量保障体系和非学历教育认证等工具体系建设还不完善。法国的职业资格框架可追溯到20世纪60年代末，1967—1969年法国设立了“五级培训分类”，这个分类包含5个等级及每一等级标准等构成要素，一直沿用至今。1971年，法国设立了第一个负责资格认证和登记的机构——“技术批准委员会”，为资格监管奠定了制度基础。2002年，法国通过《社会现代化法》，决定成立国家职业资格委员会(CNCP)，建立国家职业资格登记系统(RNCP)，同时引入先前学习认证制度(VAE)，标志着法国正式建立了国家资格框架。欧洲共同体在1985年提出了一个5级结构的职业教育资格框架，把知识与能力作为等级标准的主要描述维度，以增进各国职业教育资格的可比性。欧共体的职业资格框架可看作区域资格框架的初级形式。作为职业资格制度改革的产物，1987年英国推出了5级结构的国家职业资格框架(NVQ)，资格的设计是以国家职业标准为依据。英国的国家职业资格对世界各国的职业教育与培训产生了广泛的影响，各国纷纷学习和借鉴。1990年，新西兰通过立法设立国家资格署，负责建立涵盖义务教育之后各类教育的资格框架；1991年11月，引入8级结构的国家资格框架(NQF)；2001年资格框架拓展到10级；2010年7月，“新西兰资格框架”(NZQF)取代国家资格框架和“资格登记系统”。[①] 1995 年,澳大利亚引入“澳大利亚资格框架”,以建立一个真正的国家资格制度,从而适应经济对技术工人和辅助专业人员日益增长的需求。南非于 1995 年通过《南非资格署法》决定成立南非资格署,负责开发和实施国家资格框架,1998 年正式建立国家资格框架,旨在建立一个单一融合的学习成就国家框架。我国在 1990 年代推出的“国家职业资格制度”具备第一代资格框架的基本特征,具有等级结构和等级标准,不过从资格设计理念、等级结构设置和等级标准描述中都能明显看到学习借鉴英国国家职业资格的深刻印记。进入 21 世纪以后,第一代资格框架国家,如澳大利亚、新西兰、南非等国以及欧盟,为了适应社会经济发展和教育改革的需要,陆续实现了资格框架升级,迈入了第二代资格框架行列。

(二)第二代资格框架

它是指进入 21 世纪以后,为数众多的国家建立的设计理念先进、支撑工具体系较为完备的、以综合资格框架为主的一大批资格框架,主要集中在欧盟国家及欧盟周边国家。世界其他地区也有一些国家在学习借鉴其他国家经验的基础上,直接一步到位建立第二代资格框架,例如印度的“国家技能资格框架”。第二代资格框架主要以涵盖各级各类教育的综合资格框架为主,强调运用以学习结果为导向的资格设计理念,运用知识、技能和能力三维目标描述水平,着力推动支撑资格框架运行的质量保障体系、非正规非正式学习认证等工具体系建设。区域资格框架的兴起极大地推动了国家资格框架蓬勃发展。在“博洛尼亚进程”背景下,欧洲理事会于 2005 年建立的欧洲高等教育区资格框架推动了一批国家或地区建立了国家高等教育资格框架,如爱尔兰(2006 年 11 月)、德国(2009 年 1 月)、比利时佛拉芒区(2009 年 2 月)、荷兰(2009 年 2 月)、英格兰、威尔士和北爱尔兰(2009 年 2 月)、马耳他(2009 年 8 月)、丹麦(2009 年 11 月)和罗马尼亚(2011 年 11 月)。欧盟于 2008 年建立的“欧洲资格框架”,无论从设计理念、框架结构要素、支撑工具体系建设,还是从影响力方面看,都堪称资格框架发展历程中的一个里程碑。在参加实施“欧洲资格框架”的 38 个国家

①New Zealand Qualifications Framework [EB/OL]. [2015－12－26]. http://www.nzqa.govt.nz/studying-in-new-zealand/understand-nz-quals/nzqf/

中[①],有 34 个国家正在开发或实施综合国家资格框架[②]。开发综合国家资格框架成为主流趋势。加勒比共同体、南部非洲发展共同体、海湾合作委员会和东盟也在探索建立区域资格框架,带动了区域内国家开发国家资格框架。区域资格框架发挥了催化剂的作用。第一代资格框架与第二代的区别,不仅体现在时间序列上的划分,更重要的是体现在资格设计理念和支撑资格框架运行的工具体系建设上。

资格框架发展有不同的分期,有的研究者对资格框架产生的时间节点进行细分,将资格框架分为四代。第一代资格框架出现在 20 世纪 80 年代,以澳大利亚、苏格兰、南非和法国等为代表,特点是受学习结果导向和能力本位理念影响很大。第二代资格框架出现在 21 世纪初期,以马来西亚、毛里求斯和中国香港地区资格框架为代表,在这一时期,区域资格框架开始出现,高等教育资格承认地区公约为各国或地区加强合作提供了重要基础。第三代资格框架出现在 2010 年前后,以埃塞俄比亚、印度和智利资格框架为代表,在这一时期,全世界约有 100 多个国家或地区建立了资格框架,区域资格框架的迅速发展成为开发国家资格框架的推动力量,部门或行业资格框架开始出现,在欧盟一些国家开始将国家资格框架与区域资格框架对接。第四代资格框架始于 2014 年,以"美国证书框架"、加拿大行业性"国际活动资格框架"为代表,新一代资格框架的特点是区域资格框架继续对国家资格框架产生影响,资格认证、证书评价和职业标准开发出现趋同现象,学习结果导向理念日益受到重视,越来越多的非学位资格证书被纳入资格框架。[③]

(三)资格框架目标

资格框架基本围绕着四大概括性目标。一是促进资格互认。提高资格的透明度和可见度,使国家资格框架和资格在国内和国际上更易于理解,增进资格可比性,对接他国或区域资格框架,建立资格互认机制,促进人员流动。二是提高教育质量。分层构建资格标准体系,建立教育质量保障体系,提高公众对

①38 国包括欧盟 28 个成员国以及阿尔巴尼亚、波斯尼亚和黑塞哥维那、马其顿、冰岛、列支敦士登、黑山、挪威、塞尔维亚、瑞士和土耳其。

②European Centre for the Development of Vocational Training (Cedefop), National qualifications framework developments in Europe-Anniversary edition [R]. Luxembourg: Publications office of the European Union. 2015:12.

③Keevy, J. and Chakroun, B. Level-setting and recognition of learning outcomes : the use of level descriptors in the twenty-first century [R]. Paris, the United Nations Educational, Scientific and Cultural Organization, 2015: 136－137.

各类教育培训机构颁发的资格证书的信心，使学习者能够获得有质量保障的资格证书。三是推动教育改革。创新和转变教育发展理念，促进从传统的注重输入要素向注重学习结果转变，落实学习结果导向教育理念，通过立法或颁布法规设立新的资格框架管理实施机构，推进以学习结果为导向的课程和评价改革，转变教育教学组织方式，为利益相关方提供合作对话平台，形成多方参与、利益共享的格局，密切教育与劳动力市场的联系。四是促进终身学习。搭建资格进阶阶梯，将水平描述符作为评价正规、非正规和非正式学习的共同参照点，建立非学历教育认证制度。资格框架向非学历教育与培训资格开放，资格设计单元化和学分化，促进学习成就的积累和转换，学习者能以小的学习步伐取得部分资格，进而完成一个完整资格。

各国资格框架都制定了适合本国国情的明确的目标。澳大利亚资格框架的目标是建立一个现代的和具有弹性的资格框架，充分适应澳大利亚教育与培训目的的多样性，发展现代的、适应社会需要的和全国一致的资格制度，增强资格信心，开辟学习路径，促进人员流动，支持个人的终身学习目标，完善国家教育质量保障监管制度，增强资格的可比性，促进人员的国内、国际流动，促进澳大利亚资格框架与国际资格框架对接。德国国家资格框架的目标是提高德国资格的透明性，促进德国资格在欧洲其他地方得到承认，支持学习者和人员在德国和其他欧洲国家之间及在德国国内的流动，增强资格间的等同和差异的可视性，促进不同资格的渗透性，提高资格的可信度，促进机会迁移和加强质量保障，强化资格的能力导向，增加接受非正规和非正式学习结果鉴定和认定的机会，促进终身学习。南非国家资格框架的目标是建立一体化的学习成就国家框架，增加教育与培训机会，提高教育与培训质量，加速矫正过去遗留下来的教育、培训和就业机会的不公正，为每个学习者的个性充分发展和国家社会经济发展做出贡献。芬兰国家资格框架方案草案将提高资格在国家和欧盟层面的透明性和可比性作为国家资格框架的核心目标。希腊和瑞士资格框架的目标是实现职业教育与高等教育资格的等值。英国资格框架的目标是提高教育与培训体系对个人需要的回应性。葡萄牙资格框架的目标是推动中等教育的普及。

（四）资格框架发展动因

资格框架的兴起和发展有着深刻的时代背景和多重动因。经济全球化和区域经济一体化是资格框架发展的外部驱动力量。经济全球化使得世界各国经济联系加强和相互依赖程度提高，经济规则趋于协调一致，资源和生产要素配置不断优化，实现了资本和商品全球性流动和劳动力市场国际化。区域经济一体化促进了区域内国家商品、生产要素和政策一体化，通过建立区域资格框架和共同参照标准，增强资格透明性、可比性，促进资格、学分互认，实现人员自由流动。教育国际化是开发资格框架的直接推动力量。教育国际化特别是高等教育国际化不仅促进了高等教育多样化和质量提高，而且也促进了包括学生、教师和科研人员和联合设立学位课程在内的高等教育学术流动。联合国教科文组织认为，高等教育机构日益从全球视角而不仅仅是从地方或国家视角定义其使命和价值观。[①] 高等教育国际化直接推动了区域高等教育资格框架的建立。例如，在“博洛尼亚进程”推动下，欧洲建立了“欧洲高等教育区总体资格框架”。

除了外部驱动力量，开发国家资格框架更重要的是来自内部的驱动力量。一是适应加快培养高素质劳动者和改善教育结构的需要。经济社会发展和全球化趋势拉动了各国对高素质劳动者和技能人才的需求，以适应企业在全球竞争中对人才的需求。开发职业教育资格框架也是优化教育结构的内在要求。不少发展中国家职业教育发展落后，不能适应经济社会发展的需要。例如，印度中职生所占比例仅为2%，同其他国家相比，印度中等职业教育发展严重滞后。通过建立有多重入口和出口的职业教育资格框架，能够吸引更多的学生接受职业教育，改变教育结构高度单一化状况，促进教育结构优化。二是构建和完善职业教育资格体系的需要。职业教育历来社会地位低下，成为“二流教育”的代名词，其中一个重要的原因是职业教育被设计成终结性教育，学生缺乏上升的通道。职业教育资格框架搭建了逐级上升的资格阶梯，使之成为破解职业教育死胡同式困局的利器。三是提高教育质量的需要。提高人才培养质量以适应社会和企业的需要，资格等级标准从知识、技能和能力维度提出了对不同等级和不同类型人才的基本要求，明确了人才培养的目标和规格，从而有助于提高人才培养质量，增强技能匹配度，防止“低技能陷阱”。建立和完善职业教育质量保证监管制度也是职业教育资格框架的重要功能。四是推动终身学习发展的需要。推动终身学习发展，迫切需要建立非学历教育（非正规和非正式学习）认证制度，通过认证在正规教育之外取得的各种学习结果，激励人们在人生各个阶段不断学习。资格框架搭建了非学历教育认证的制度平台，等级标准和资格等级为认证提供了重要参照和依据。同时，迫切需要推动学分制建设，学分是学习量和学习结果的载体。传统资格的计量单位是学年制，学习量的计

---

①UNESCO.Draft Preliminary Report on the Possible Global Convention on the Recognition of Qualifications in Higher Education [R]. 2015.

量是以年为单位;而在资格框架下,资格的计量单位是学分和学习结果单元,计量单位变小且更为精细。在学分制下,通过学分转换和累积,学习者可以从一个学习系统转到另一个系统,从一个学习地点转到另一个地点,真正实现弹性学习路径和生涯阶梯。欧盟开发的“欧洲资格框架”(EQF)的完整名称就是“欧洲终身学习资格框架”。

二、国际组织的关注

欧盟、经济合作与发展组织(OECD)、联合国教科文组织、国际劳工组织(ILO)等国际或区域组织发表大量的报告、公报、文件和举行国际会议,对开发区域资格框架、国家资格框架和国家资格制度给予了高度关注,深入探讨和研究了开发资格框架的意义、作用及其所能发挥的功能。

(一)欧盟:促进终身学习

欧盟认为,提高公民知识、技能和能力水平对促进个人发展,提升欧洲共同体的竞争力,促进就业和社会聚合都发挥着重要作用,建立欧洲资格框架有益于实现广泛的社会和教育目标。一是促进终身学习,搭建正规、非正规和非正式学习之间的桥梁,认证通过经历获得的学习结果,实现全民享有和参与终身学习的目标。二是促进资格互认,提高资格的透明度、可比性和可携带性,促进人员跨国流动。三是提高教育质量,明确人才培养标准,推动建立质量保障体系和互信机制,密切教育与就业联系,助力实现教育现代化。[①] 欧盟委员会教育和文化总司终身学习政策处处长戈登·克拉克指出开发资格框架有着种种益处,这包括:可为建立一个统一的、透明的和更为一体化的资格制度而做出贡献;有助于促进社会和教育公平,为某些处境不利的群体增加获得资格的机会;为获得高级和更宽泛的技能开放进步路线;为学习者、提供者和用户引入弹性化机制;促进包含非正规和非正式学习在内的各种资格的承认和鉴定;凭自己的能力或资格并通过开放接受高等教育的机会,促进职业教育与培训以及成人学习;使资格与社会和劳动力市场需求更为相关;促进对工作场所技能开发的投入和参与。此外,资格框架还有两种重要功能。第一,通过增加资格和资格

①Recommendation of the European Parliament and of the Council of 23 April 2008 on the establishment of the European Qualifications Framework for lifelong learning [S]. 2008. http://eur－lex.europa.eu/legal－content/EN/TXT/PDF/? uri＝CELEX:32008H0506(01)&from＝EN

间相互关系的透明度，担当各种资格制度间联系沟通的工具，作为各类资格的共同参照点，促进终身学习文化的发展。第二，明确资格的价值，通过制定标准规定资格的关键要求，建立资格的质量保障机制。① 欧洲职业教育发展中心认为，资格框架的功能在于推动建立知识、技能和能力的国家标准，提高教育质量；协调或整合资格体系，促进建立资格间的联系使之能够进行比较；增加学习机会，促进学习结果转换和学习进阶。② 开发资格框架可实现多种增值：提高各级各类教育与培训资格的一致性，增加资格对个人和雇主的透明度，提高资格的教育价值和劳动力市场价值，承认通过各种学习形式取得的学习结果，可作为资格标准的国家或外部参照点，澄清学习路径和进阶，提高资格跨国跨区域流动的可携带性，可作为资格框架利益有关方的合作平台，保持国家教育改革政策的更大一致性，奠定国际合作和比较的坚实基础。③

（二）OECD：使资格具有进阶性

OECD 从 2001 年就开始关注国家资格制度并开展了一系列的活动，它关注的视角是国家资格制度在促进终身学习过程中所发挥的功能。在 OECD 教育委员会 2001－2002 年工作计划中，有 17 个国家参加国家资格制度功能的调研活动，包括撰写国家背景报告、举办国际研讨会和采集终身学习的数据。最后有 24 国参加了活动，其中澳大利亚、法国、德国、丹麦、新西兰等 15 国提交了背景报告。OECD 认为，全民终身学习已经成为 OECD 各成员国广泛共享的政策目标，它被看作个人在劳动力市场上获得成功和实现社会福祉的必要条件以及促进民主和培养合格公民的基础，国家经济的竞争力很大程度上取决于社会鼓励和促进终身学习的能力。然而，某些群体在开展学习活动方面面临着困难，特别是在成人中。OECD 指出，为全民提供终身学习机会的理想要从言辞变为现实，一些国家和利益有关方达成了共识，资格制度被视为推进终身学习的一个重要工具。OECD 的活动希望展示国家资格制度如何服务于该目的，探讨国家资格制度对终身学习的规模、分布和质量的影响程度，活动的结果要为

---

①Report from Thematic Group 1：The development and use of ‘Qualification Frameworks’ as a means of reforming and managing qualifications systems.[EB/OL].[2016－02－15].http://www.oecd.org/dataoecd/41/39/33977045.pdf.

②European Centre for the Development of Vocational Training (Cedefop).Terminology of European education and training policy. Second edition [R]. Luxembourg：Publications office of the European Union. 2015：207－208.

③Jens Bjornavold，Mike Coles. Added value of national qualifications frameworks in Implementing the EQF [R]. Luxembourg：Publications Office of the European Union，2010：15.

各国可能采取的政策行动提供服务。2005 年 10 月 20—21 日，OECD 和爱尔兰国家资格署在都柏林共同举行“国家资格制度在促进终身学习中的作用”国际推介会议。[①] 会议有 4 个主题：资格框架的作用、承认先前学习、学分积累和转换及政策的协调和一致性。[②] 资格框架（体系）可以提高教育的弹性和回应性，激发青年人的学习动机，密切教育与就业的联系，增加开放的学习机会，实现评价方式多样化，使资格具有进阶性，提高资格的透明度，改进资格的管理方式。[③]

（三）联合国教科文组织：推动非正规教育认证

联合国教科文组织认为，国家和区域资格框架可以成为区分与课程和资格相关的知识、技能和能力的有用工具。很多国家都存在这样的框架，从教育成就的角度来描述人们的能力和技能的等级。建议各国明确其国家或区域资格框架与《国际教育标准分类法》之间的联系。

联合国教科文组织倡导各国建立国家资格框架，促进对非正规和非正式学习的认证。2009 年在巴西举行的第六届国际成人教育大会通过的《贝伦行动框架》指出，“建立等值性框架，承认、验证和认证一切形式的学习”。[④] 2012 年 6 月，联合国教科文组织终身学习研究所（UIL）发布《关于承认、验证和认证非正规与非正式学习结果的指导意见》，以推动第六届国际成人教育大会通过的《贝伦行动框架》的实施，该指导意见将国家资格框架作为认证非正规和非正式学习的标准和工具，呼吁各成员国“制定包含非正规和非正式学习结果认证在内的国家文件或标准，根据国情建立国家资格框架。通过对学习结果的共享理解，在国家相关文件、标准或国家资格框架中建立正规、非正规和非正式学习结果间的等值性。”该指导意见使用三个关键词用以代表非正规和非正式学习认证的三个关键环节。一是承认（recognition），它是对学习结果和/或能力给予官方地位的过程，这可导致学习结果和/或能力的价值在社会中得到承认。二是验证（validation），它是指由官方认可的机构按照参照点或标准通过预设的评价方法对个人获得的并经过评估的学习结果和/或能力的确认。三是认证

①The Role of National Qualifications Systems in Promoting Lifelong Learning.[EB/OL].[2013－02－18].http://www.oecd.org/document/16/0,3746,en_2649_39263238_32165840_1_1_1_1,00.html.

②Policy implications of national qualifications systems and their impact on lifelong learning.[EB/OL].[2013－02－18].http://www.nqai.ie/interdev_conferences_20102005.html.

③OECD. Qualifications Systems: Bridges to Lifelong Learning [M]. Paris,2007:43.

④UNESCO.Belém Framework for Action [R].2010 ,UNESCO Institute for Lifelong Learning http://unesdoc.unesco.org/images/0018/001877/187789m.pdf.

(accreditation)，它是指官方认可的机构按照不同的目的和方法，在评估学习结果和/或能力的基础上向个人授予资格(证书、文凭或头衔)，或给予相等证书、学分或课程免修，或发放能力证明等文件的过程。该指导意见提出了在国家层面应实施的非正规教育认证战略，使非正规教育认证成为国家终身学习战略的重要组成部分，建立面向人人的非正规教育认证制度，让非正规教育认证成为国家教育与培训体系的一部分，设立相应的国家协调管理机构，加强非正规教育认证人员能力建设，建立可持续经费保障机制。①

建立职业教育资格制度。2012 年 5 月 14 至 16 日，联合国教科文组织在上海举行了第三届国际职业技术教育与培训大会，大会通过的《上海共识》提出了发展职业教育的 7 项战略，其中之一是建立职业教育资格制度："通过透明、高度融通和以结果为基础的资格制度，支持弹性路径和个人学习的累积、承认和迁移；建立资格评价、承认和鉴定的可信标准，包括在国际层面上的评价、承认和鉴定；交流信息，建立信任；在所有利益相关方中建立合作伙伴关系；质量保障机制应纳入资格系统的各个方面。"②

建立世界参照水平。"世界参照水平"的概念最早是在《上海共识》文件中提出的。《上海共识》请求联合国教科文组织总干事采取行动，"与会员国及其他相关组织进行磋商，研究能否成立一个国际工作小组，制定基于学习结果的资格互认质量保证国际准则，确定一组世界参照水平，以促进职业教育资格的国际比较和承认"。③ 可从以下几方面对"世界参照水平"进行解读。一是指职业教育不同资格等级的参照标准，既有标准的内涵也有等级的含义，不是适用所有资格、没有等级划分的单一标准，而是按等级划分的资格等级标准描述，是各国制定资格等级标准的重要参照点；二是坚持结果导向原则，以学习结果描述资格等级标准，这里的学习结果应是"已经取得的学习结果"，而不是纸面上的"预期学习结果"，将"已经取得的学习结果"作为比较的基础，提高标准的国际可比性；三是参照标准应具有自愿性质，没有约束力，各国在制定标准时可根据国情在保持参照标准的主要维度和核心要素的情况下融入国家元素；四是促

①UNESCO. Guidelines for the Recognition, Validation and Accreditation of the Outcomes of Non-formal and Informal Learning [S]. 2012. http://unesdoc.unesco.org/images/0021/002163/216360e.pdf.

②UNESCO. Shanghai Consensus Recommendations of the Third International Congress on Technical and Vocational Education and Training 'Transforming TVET: Building skills for work and life'.[EB/OL].[2014-08-15]. http://www.unevoc.unesco.org/fileadmin/up/217683e.pdf

③UNESCO. Shanghai Consensus Recommendations of the Third International Congress on Technical and Vocational Education and Training 'Transforming TVET: Building skills for work and life'.[EB/OL]. [2014-08-15]. http://www.unevoc.unesco.org/fileadmin/up/217683e.pdf

进标准的趋同性，在标准的主要维度和要素方面各国应体现出趋同特点，采用相同或相似的标准维度和要素，以知识、技能和能力三维目标构建等级标准是国际主流模式；五是基于标准的共同特征，促进职业教育资格的国际比较和互认，增进人员流动；六是在《上海共识》语境下，“世界参照水平”应是“世界职业教育资格框架”的另一种表述，“世界参照水平”的内涵包含了标准、等级和质量保证等资格框架的基本要素。

（四）国际劳工组织：促进以往经历认可

国际劳工组织重视国家资格框架在促进终身学习发展，特别是对以往学习和过去经历认可方面的作用和功能。2004 年 6 月 17 日，劳工大会第 92 届会议在日内瓦通过《关于人力资源开发：教育、培训和终身学习建议书》（第 195 号）。该建议书指出：“开发国家资格框架，促进终身学习发展，帮助企业和就业机构使技能的供需相匹配，指导个人的培训和生涯选择，促进对先前学习和以往所获技能、能力和经验的认可。资格框架应对技术的不断变化和劳动力市场趋势做出反应，承认地区和地方差异而不失国家层面的透明度。”它还指出：“征求社会合作伙伴意见，运用国家资格框架，采取相应措施建立和实施技能评价、证明和认可的透明机制，这包括对以往学习和过去经验的认可，不论它们是在哪个国家获得的，也不论它们是通过正式还是非正式学习途径获得的。”[①]国际劳工组织还呼吁各成员国加强对技能认证和资格框架的研究。

三、资格框架类型

随着越来越多的国家开发资格框架，全世界资格框架的数量不断膨胀。据国际组织统计，目前有 142 个国家正在开发或实施国家资格框架。资格框架的分类是一个值得研究的课题。不同的分类标准可以划分不同的资格框架类型。如果从地域覆盖范围上看，资格框架大致可以分为区域资格框架、国家资格框架和地方资格框架三个类别。

（一）区域资格框架

区域资格框架是区域内国家按照达成的原则确定的资格等级结构、等级标准和质量保障准则的共同参照点。进入 21 世纪，区域国际组织主导的区域资

①ILO. Human Resources Development Recommendation, 2004 (No. 195)[S]. 2004.

格框架得到迅速发展。实现区域经济一体化、促进区域教育趋同发展和人员流动是区域资格框架发展的重要动力。加勒比共同体最早通过加勒比职业资格框架。“博洛尼亚进程”和“哥本哈根进程”催生了“欧洲高等教育区总体资格框架”和“欧洲资格框架”，这两个资格框架不仅影响到区域周边国家，而且也影响到世界其他地区。南部非洲、东盟、太平洋共同体和海湾国家正在开发或已经开发了区域资格框架。区域资格框架的现象遍及世界各大洲，总数达到了9个。区域资格框架可分为综合资格框架和部门资格框架两类，例如“欧洲资格框架”属于涵盖各级各类教育的综合资格框架，而“欧洲高等教育区总体资格框架”属于仅涵盖高等教育资格的部门资格框架，加勒比共同体早期的“职业资格框架”也属于以国家职业标准为基础构建的仅涵盖职业资格的部门资格框架。但是世界各地的区域资格框架处于不同发展阶段，有的已经进入全面实施阶段，有的仍处在概念化或设计阶段。

1.欧洲资格框架(European Qualifications Framework)

欧洲资格框架是一个以学习结果为导向，旨在增加资格透明度，促进资格互认、人员流动和终身学习的欧盟国家共同参照框架。欧洲资格框架的建立是一个多方参与、凝聚共识的过程。2005年，欧盟委员会就建立欧洲资格框架的问题在全欧洲范围内向各国当局和社会各界开展了规模前所未有的征求意见活动。2008年，欧盟议会和欧盟部长理事会以“建议”的形式决定建立“欧洲终身学习资格框架”。框架设有8个等级，从知识、技能和能力三维目标描述水平描述符，强调运用以学习结果为导向的原则，而不是注重教育输入要素。欧洲资格框架确定的水平描述符三维目标成为许多国家描述资格等级标准的范式。欧洲资格框架在世界范围内的影响力越来越大，现有38个欧洲国家承诺参加实施欧洲资格框架，其中有18国进入到实施阶段。[①] 欧洲资格框架的治理结构分为两层：在欧盟层面，由各成员国和相关组织的代表组成的欧洲资格框架咨询小组负责欧洲资格框架的实施；在国家层面，各国成立了资格框架管理办公室，负责本国资格框架的开发和实施以及与欧洲资格框架的对接。欧洲资格框架到目前为止被认为是成功的，被看作在国家和国际层面提高资格透明度和增进国家间互信的一个重要工具。欧洲资格框架未来的成功取决于它的不断

①European Centre for the Development of Vocational Training (Cedefop), National qualifications framework developments in Europe[R]. Luxembourg: Publications Office of the European Union, 2015:12.

改进，各国要在新颁发的资格中注明相应的欧洲资格框架的参照等级，不断提高欧洲资格框架的可见度。[①]

2.欧洲高等教育区总体资格框架（Overarching Framework of Qualifications of the European Higher Education Area）

本框架涵盖 47 国。[②] 1999 年，欧洲 29 国负责高等教育的部长在意大利博洛尼亚市的博洛尼亚大学举行会议。会议发表《博洛尼亚宣言》，并以此命名“博洛尼亚进程”，由此启动欧洲高等教育区建设的进程。2003 年，柏林会议提出开发区域资格框架和国家资格框架，鼓励各成员国开发可比的和兼容的高等教育体系资格框架，从学习量、等级、学习结果、能力和专业课程概述方面描述资格。2005 年的卑尔根会议通过了欧洲高等教育区总体资格框架（FQ-EHEA），它是使欧洲国家高等教育资格框架和所包含的资格之间的关系变得透明的总体资格框架，是国家资格框架之间的联通机制。框架设有 4 个等级，即短期高等教育（专科）、第一级学位（学士）、第二级学位（硕士）和第三级学位（博士），水平描述符从 5 个维度构建等级标准：知识和理解力、运用知识和理解力、判断和反思能力、交流表达能力和学习能力。欧洲高等教育区资格框架的影响超出了欧洲，影响到高等教育发达的北美国家，美国和加拿大的专业协会或基金会探索建立了本国的高等教育学位资格框架。

3.东盟资格参照框架（ASEAN Qualification Reference Framework）

东南亚国家联盟（ASEAN）成立于 1967 年，成员国有马来西亚、印度尼西亚、泰国、菲律宾、新加坡、文莱、越南、老挝、缅甸和柬埔寨 10 国。促进资格互认和人员流动是东盟共同体建设的一项重要内容。东盟领导人于 2007 年签署的《东盟宪章》和《东盟经济蓝图》强调加强教育合作，推动终身学习，开发人力资源，促进专业资格互认。《东盟经济蓝图》还提出通过“协调和标准化”促进熟练劳动力自由流动，实现到 2015 年建立东盟经济共同体的目标。东盟早在

---

①UNESCO Institute for Lifelong Learning（UIL），European Training Foundation（ETF）and the European Centre for the Development of Vocational Training（Cedefop）. Global Inventory of Regional and National Qualifications Frameworks Volume II：National and Regional Cases[R]. Hamburg，2015：427.

②包括阿尔巴尼亚、安道尔、亚美尼亚、奥地利、阿塞拜疆、比利时佛拉芒区、比利时法语区、波斯尼亚和黑塞哥维那、保加利亚、克罗地亚、塞浦路斯、捷克共和国、丹麦、爱沙尼亚、芬兰、法国、格鲁吉亚、德国、希腊、梵蒂冈、匈牙利、冰岛、爱尔兰、意大利、拉脱维亚、列支敦士登、立陶宛、卢森堡、马耳他、摩尔多瓦、黑山共和国、荷兰、挪威、波兰、葡萄牙、罗马尼亚、俄罗斯、塞尔维亚、斯洛伐克共和国、斯洛文尼亚、西班牙、瑞典、瑞士、马其顿、土耳其、乌克兰和英国。

1995 年就签署了《服务框架协议》(AFAS),为推动专业资格互认安排(MRAs)的落实奠定了基础。自 2005 年以来,东盟已分别完成工程、护理、建筑、测量、临床执业医师、口腔执业医师和会计等专业的资格互认安排。2011 年,东盟启动资格参照框架开发工作,成立由贸易、劳动、教育部门和资格局的代表组成的跨部门工作小组,工作小组就资格框架的研制召开了多次研讨会。资格框架的开发活动得到东盟—澳大利亚—新西兰自贸区(AANZFTA)教育合作项目的支持。东盟经济部长和教育部长分别于 2014 年 8 月和 9 月批准东盟资格参照框架(AQRF)。资格框架将遵循达成的质量保障原则和标准,增强人们对国家资格的信心和信任,实现地区资格的价值。资格框架将作为“转换器”(translation device),使人们能够对各国的资格进行比较。资格框架不仅覆盖正规教育,而且还涵盖非正规和非正式学习。资格框架设置 8 个等级,水平描述符有知识与技能和应用与责任心两个宽泛的维度。由于处于不同发展阶段,各国根据自身情况自愿参加资格参照框架,从 2016 年开始并最迟于 2018 年启动本国资格框架与区域资格框架对接的进程。① 目前部分国家开发了并在实施资格等级不尽相同的资格框架:菲律宾 8 级、泰国 9 级、马来西亚 8 级、印度尼西亚 9 级、文莱 8 级、柬埔寨 8 级。

4.加勒比资格框架(Caribbean Qualifications Framework)

本框架涵盖 15 国②。2001 年,加勒比共同体批准了 5 级结构地区职业资格框架,2007 年颁发了第一批加勒比职业资格证书。2007 年,加勒比共同体教育部长委员会指出,目前的 5 级地区资格框架与世界其他地区的资格框架缺乏可比性,等级数目应增加到 8～10 级。2013 年 10 月,加勒比共同体在圣卢西亚举行研讨会,讨论实现加勒比共同体资格框架升级。新版资格框架的目标是加强各级各类教育与培训的纵向衔接,支持终身学习,促进对非正式和非正规学习的承认,增加学习机会,明确定义各级各类教育与培训的进阶路线,促进地区内各国资格的比较,促进区域内劳动力和学生的流动,提高国家资格制度的透明度,增加与地区资格框架对接的国家资格的国际认可度,增强劳动力市场需求与教育的匹配度,改进国家和地区资格的质量、可携带性和联通。新的资格框架设有 10 个等级,即 8 个等级加 2 个入门级,是一个覆盖从小学、中学到

①ASEAN Enhances Mobility of Skilled Labour through Qualifications Reference Framework[EB/OL].[2015－12－25].http://www.asean.org/news/asean-secretariat-news/item/asean-enhances-mobility-of-skilled-labour-through-qualifications-reference-framework

②15 国包括安提瓜和巴布达、巴哈马、巴巴多斯、伯利兹、多米尼克、格林纳达、圭亚那、海地、牙买加、蒙特塞拉特、圣卢西亚、圣基茨和尼维斯、圣文森特和格林纳丁斯、苏里南、特立尼达和多巴哥。

大学的各级各类教育的综合资格框架。水平描述符从5个维度进行描述：知识与理解力；应用与实践；交流、计算能力与信息技术能力；生活技能；自主性、责任和与他人合作。加勒比地区高等教育质量保障网络主任卢比·阿莱恩博士指出："加勒比共同体资格框架将对一国和整个地区的不同资格提出统一要求，将保证一国提供的证书可与另一国提供的证书相比较，也将保证持有这种证书的人具有同样的技能和能力，能够做同样的事情。"①

5.海湾资格框架(Gulf Qualifications Framework)

区域经济一体化是海湾国家资格框架发展的重要驱动力量。海湾合作委员会(GCC)包括巴林、科威特、阿曼、卡塔尔、沙特阿拉伯和阿拉伯联合酋长国6个成员国。1981年，海湾国家签署经济协定。海湾国家既面临相似的社会经济挑战又共享愿景，于2008年1月1日启动了共同市场，实现完全一体化的单一市场，促进商品和服务流动。从2015年1月起，共同市场进一步融合，各成员国的公民在其他国家的政府和私营部门工作以及在社会保险和退休保险、不动产所有权、资本流动、教育、卫生和其他社会服务方面享有完全平等的权利。开发区域资格框架对促进各国资格互认和人员流动有着重要意义。海湾资格框架(GQF)由阿联酋国家资格局代表海湾合作委员会牵头开发。有关资格框架的文件尚待公布。海湾资格框架将作为各国资格框架或资格制度的共同参照框架。海湾资格框架有待提交各国正式批准。② 各国启动了资格框架的开发设计工作。2014年3月，经教育委员会批准，阿曼学术认证局(OAAA)负责实施阿曼资格框架(OQF)发展项目，项目于2015年5月正式启动，框架将涵盖学校教育、职业技术教育和高等教育资格，最终建成一个综合性国家资格框架。③ 2010年，巴林启动资格框架发展项目，通过国际招标邀请英国苏格兰资格局参与开发巴林国家资格框架，将其打造成世界一流的教育与培训体系。

---

①CARICOM Developing Qualifications Framework [EB/OL]. [2013 — 11 — 29]. http://dominicavibes. dm/caricom-developing-qualifications-framework/CARICOM developing qualifications framework[EB/OL]. [2013 — 11 — 29]. http://dominicavibes. dm/caricom-developing-qualifications-framework/

②UNESCO Institute for Lifelong Learning(UIL), European Training Foundation (ETF) and the European Centre for the Development of Vocational Training (Cedefop).Global Inventory of Regional and National Qualifications Frameworks Volume II:National and Regional Cases[R]. Hamburg,2015:429.

③Oman Qualifications Framework (OQF)[EB/OL].[2015—12—20].http://www.oaaa.gov.om/Framework.aspx#Fm_Qualification

6.太平洋资格框架(Pacific Qualifications Framework)

太平洋共同体包含22个太平洋岛屿国家和地区。太平洋共同体会议每两年召开一次,期望实现区域可持续经济发展、可持续自然资源管理与开发和可持续人力和社会发展的共同目标。建立太平洋区域资格框架的想法最早是2001年在新西兰的奥克兰举行的教育部长论坛上提出来的。在此后的各次会议上,各国高官重申对开发区域资格框架的承诺,2009年在南太平洋教育评价委员会(SPBEA)设立了一个职能处,负责开发设计区域资格框架。教育部长论坛关于开发太平洋资格框架的倡议是对太平洋各级各类教育与培训质量不断改进的区域承诺,期望各级各类教育机构颁发的资格证书能够得到国际承认。

太平洋资格框架有15个国家和地区参加①,是一个与太平洋资格和标准登记系统(PQRS)相联系的共同参照框架,采用国际流行的以结果为基础的学习理念,从注重教学输入过程转向注重学习者的学习结果,收录学校教育、职业教育、高等教育和社区教育的所有资格和资格组成部分。所有拟纳入资格登记系统的资格都要以资格框架的等级标准为参照。资格框架使得到认证的各级各类教育的资格或资格的组成部分都能够纳入太平洋资格和标准登记系统,每个资格注明等级和学分值。资格框架设置了10级结构,水平描述符包含知识技能、应用和自主性3个维度。资格框架的水平描述符与澳大利亚和新西兰的资格框架具有可比性。一些国家开发了国家资格框架并寻求与澳大利亚和新西兰资格框架的对接。

太平洋资格框架(PQF)、太平洋资格和标准登记系统(PQRS)的管理机构是由各国政府和行政当局的代表组成的委员会。2014年,太平洋资格和标准登记系统(PQRS)成立了一个咨询小组,负责提供咨询并对资格登记系统的管理和运行提供指导。咨询小组的成员由国家和区域认证机构的负责人组成,包括来自澳大利亚和新西兰认证机构的负责人。太平洋质量保障框架(PQAF)为资格框架的运行提供了有力支撑,该质量保障框架不仅作为认证机构广泛运用的外部质量保障原则,而且也作为教育质量与评价项目(EQAP)运用的教育机构内部质量保障原则。

---

①包括库克群岛、密克罗尼西亚联邦、斐济、基里巴斯、瑙鲁、纽埃、马绍尔群岛、帕劳、巴布亚新几内亚、萨摩亚、所罗门群岛、汤加、图瓦卢、瓦努阿图、托克劳。

7.南部非洲发展共同体资格框架(Southern African Development Community Qualifications Framework)

成立南部非洲发展共同体(SADC)的目标是实现发展、和平与安全、减贫和增进人民福祉。共同体包括 15 个成员国①。1997 年,各国通过了旨在促进区域教育体系融合和统一的《教育与培训协定》。区域资格框架被认为是实施《教育与培训协定》的重要机制,促进区域教育与培训体系的一体化、统一化和标准化,最终实现各国资格等值。《教育与培训协定》签署之后,南部非洲发展共同体成立了认证与认可技术委员会(TCCA),以监督区域教育与培训体系统一化和标准化的进程。经过一段时间的征询意见和研究,2005 年形成了南部非洲发展共同体资格框架概念文件,2011 年又对其进行了修订。2011 年 9 月,概念文件得到各国教育部长的批准,部长们还建议加大区域资格框架的宣传力度,广泛征求利益有关方的意见。区域资格框架设有 10 个等级,水平描述符确定了知识、技能和自主性、责任心 3 个维度。认证与认可技术委员会开展了不少工作,对各国现有资格进行评估,制定区域质量保障指导方针,建立区域资格门户网站。2014 年,认证与认可技术委员会起草了先前学习认可政策文件,2015 年将其升格为区域先前学习认可战略文件草案。目前,15 个成员国都在开发或已经开发了国家资格框架,但各国发展不平衡。刚果、莱索托、津巴布韦、斯威士兰仍处于国家资格框架开发的初期阶段。博茨瓦纳、马拉维、赞比亚和坦桑尼亚在此前职业教育资格框架的基础上正在开发国家资格框架。南非(1995)、纳米比亚(1996)、毛里求斯(2001)和塞舌尔(2005)实施国家资格框架已有多年的时间,四国均采用综合资格框架的模式②。

8.英联邦小国虚拟大学跨国资格框架(Transnational Qualifications Framework for the Virtual University of Small States of the Commonwealth)

英联邦现有 53 个国家,大部分是英国的前殖民地。2003 年,应英联邦国家首脑的要求,英联邦学习处(COL)启动英联邦小国虚拟大学(VUSSC)计划,

①15 国包括安哥拉、博茨瓦纳、刚果民主共和国、莱索托、马达加斯加、马拉维、毛里求斯、莫桑比克、纳米比亚、塞舌尔、南非、斯威士兰、坦桑尼亚、赞比亚和津巴布韦。

②UNESCO Institute for Lifelong Learning(UIL), European Training Foundation (ETF) and the European Centre for the Development of Vocational Training (Cedefop). Global Inventory of Regional and National Qualifications Frameworks Volume II: National and Regional Cases[R]. Hamburg, 2015: 434—435.

通过虚拟模式开展远程教育，以增加教育机会，提高教学质量，降低教育成本，同时在全球化背景下实现专业人员交往便利化。参加虚拟大学计划的国家分布在世界各大洲，实施该计划不是依据地域临近性，而是基于历史渊源和语言传统。经过四年的虚拟大学课程开发，各国提出建立英联邦小国虚拟大学跨国资格框架（TQF），以促进人们对虚拟大学课程的了解，实现虚拟大学资格证书的国际承认和可比性。跨国资格框架被定义为根据一组规定的学习水平标准对虚拟大学资格证书进行分级分类的转换工具，以促进虚拟大学参与国间学分转换和建立共同认证机制。32 国参加了跨国资格框架。①

跨国资格框架设有 10 个资格等级，水平描述符有知识与理解力、技能、个人与专业能力 3 个维度。2008 年 10 月，英联邦学习处成立了跨国资格框架管理委员会，成员由 6 名代表组成，即在 32 国所在的 3 个地区中，每个地区选派 2 名代表。管理委员会制定了跨国资格框架的实施计划。2011 年，跨国资格框架在纳米比亚正式实施，开始在资格框架中登记首批资格，开发了虚拟大学旅游、农业和信息技术专业课程标准。2015 年，跨国资格框架管理委员会批准登记 6 种虚拟大学资格证书：商务与创业学士学位、商务与创业学士学位（优等级）、小国可持续农业文凭、导游文凭、环境科学学士学位和教育领导硕士学位。跨国资格框架的设计排除了对教育提供者的资质认证，但实施对资格证书的登记制度。达到跨国资格标准的资格都可以在跨国资格框架中登记，简称为“TQF 注册资格”。任何一个虚拟大学参加国的教育与培训机构，只要达到了质量保障标准并在行业、国家或区域层面得到了认证，都可以开设注册资格证书课程。跨国资格框架也被看作一种质量保障机制，为国家教育质量保障活动提供指导。在参加跨国资格框架的 32 国中，大部分国家的资格框架开发仍处于初级阶段，只有马耳他、毛里求斯、纳米比亚和萨摩亚的资格框架处于较高级阶段。②

①32 国包括安提瓜和巴布达、巴哈马、巴巴多斯、伯利兹、博茨瓦纳、文莱、塞浦路斯、多米尼加、斐济、冈比亚、格林纳达、圭亚那、牙买加、基里巴斯、莱索托、马尔代夫、马耳他、毛里求斯、纳米比亚、巴布亚新几内亚、圣基茨和尼维斯、圣卢西亚、圣文森特和格林纳丁斯、萨摩亚、塞舌尔、塞拉利昂、所罗门群岛、斯威士兰、汤加、特立尼达和多巴哥、图瓦卢、瓦努阿图。

②UNESCO Institute for Lifelong Learning (UIL), European Training Foundation (ETF) and the European Centre for the Development of Vocational Training (Cedefop). Global Inventory of Regional and National Qualifications Frameworks Volume II: National and Regional Cases [R]. Hamburg, 2015: 437－439.

9.亚太资格框架(Asia-Pacific Qualifications Framework)

亚太经合组织(APEC)是亚太地区级别最高、影响最大、机制最完善的经济合作组织。如何提高人力资源开发水平、促进教育融合是亚太地区面临的重大课题。2009年,以杰拉尔德·伯克为首的澳大利亚研究团队向亚太经合组织人力资源开发工作组教育网络小组(EDNET)提交了《描绘亚太经济体资格框架图谱》研究报告,首次提出建立亚太资格框架的设想。区域资格框架可以作为确定学习水平和测量学习量的参照基准,使用描述学习领域和水平的共同语言,加强本国资格与区域框架的等级联系。报告认为,设置资格等级数目、构建资格框架水平描述符和描述维度可借鉴欧洲资格框架的经验,同时寻求欧洲培训基金(ETF)的智力和技术支持。考虑到亚太地区经济文化的多样性和各国发展水平处于不同阶段,采取自愿性和没有约束力的资格框架形式。[①] 亚太资格框架目前还停留在概念化阶段。

(二)国家资格框架及其分类

国家资格框架是指按照一系列规定的学习水平的标准对资格进行分级分类的工具,是各级各类人才培养的目标和依据。国家资格框架是目前存量最多的一种资格框架类型,绝大多数情况下,一个国家只建立一个国家资格框架。纳入资格框架的资格可分为普通教育资格、职业教育资格和高等教育资格三个序列。普通教育资格通常包含普通教育初级中学毕业证书和普通教育高级中学毕业证书,高等教育资格一般包含政府主管部门承认的高等教育机构颁发的证书、文凭和学位,广义的职业教育资格通常包含学校职业教育资格证书和基于国家职业标准开发的职业资格证书。

1.按资格覆盖范围分类

国家资格框架按资格覆盖范围可分为综合资格框架、部门资格框架和分框架形式三种。

(1)综合资格框架。它是指按照一组统一标准对各级各类教育资格进行分级分类和开发设计的工具,是现代资格框架发展的一种主流形式。综合资格框架通常涵盖各级各类教育资格,共享一组统一的水平描述符,成为不同序列资格开发和设计的共享标准。开发综合资格框架不仅可以推动教育发展理念创新,坚持以学习结果为导向的原则,而且可以加强不同序列资格间的联系,增强

①APEC Human Resources Development Working Group. Mapping Qualifications Frameworks across APEC Economies[R].Singapore:June 2009.

不同序列资格的可比性，搭建资格进阶的完整阶梯，促进终身学习发展。区域资格框架的建立成为各国开发综合资格框架的推动力量。在欧洲资格框架的影响下，欧洲有 34 国开发和实施了综合资格框架。东盟资格参照框架有力推动了东盟国家资格框架的发展。

(2)部门资格框架。它是按照一组规定的标准对特定资格序列或教育子系统(部门)的资格进行开发和分级分类的一种工具，一般包含最少一个最多两个序列资格。部门资格框架通常分为职业教育资格框架和高等教育资格框架两类，单独设置的学校普通教育资格框架或成人教育资格框架还比较少见。可以说，资格框架最早起源于职业教育资格框架，它与生产和工作岗位有着最直接最密切的关系。职业教育资格框架数量众多，加勒比共同体早期的职业资格框架、法国国家资格框架、英国的资格与学分框架以及新的监管资格框架、印度的国家技能资格框架、捷克的职业教育资格框架、南非基于国家职业标准的职业资格分框架、新加坡的劳动力技能资格框架、我国的国家职业资格制度(框架)等，均属于广义上的职业教育资格框架序列。许多发展中国家的资格框架的建设也起步于职业教育资格框架。高等教育资格框架的出现比职业教育资格框架出现的时间略晚，国家高等教育资格框架是按照一定标准对国家高等教育资格进行分级分类的工具，旨在促进高等教育资格与他国资格的互认和人员流动。区域高等教育资格框架的建立推动了国家高等教育资格框架的发展，特别是在“博洛尼亚进程”背景下，不少欧洲国家建立了国家高等教育资格框架，“博洛尼亚进程”的影响也波及到北美，加拿大和美国的专业协会或基金机构建立了高等教育学位资格框架。

(3)分框架形式。它是指在总框架下分设若干分框架，不同资格序列共享一组水平描述符，由不同机构进行管理并形成相互联系的一种资格框架形态。分框架形式也称为“桥梁式框架”，可以在不同的教育或培训部门间形成一种正式联系。[①] 分框架形式的典型代表是南非的资格框架和澳大利亚的早期资格框架。澳大利亚于 1995 年引入的资格框架是按部门分割的学校教育、职业与培训和高等教育资格框架，2011 年实现资格框架升级，形成各级各类教育资格共享一组统一的水平描述符、由专门机构管理的综合资格框架。1995 年南非颁布的《南非资格署法》标志着南非通过立法手段设立法定专门机构开发和实施国家资格框架的开始。2009 年南非通过《国家资格框架法》，调整和改革国

①Jens Bjornavold , Mike Coles. Added Value of National Qualifications Frameworks in implementing the EQF [R]. Luxembourg: Publications Office of the European Union, 2010: 29.

家资格框架，等级结构由 8 级改为 10 级，总框架下设立普通教育与职业教育培训资格、高等教育资格和职业资格三个分框架，并成立了三个相应的质量委员会分别负责分框架资格的认证和质量保障。澳大利亚和南非代表了两个不同的发展方向，澳大利亚由最初的部门资格框架形式发展成综合资格框架，而南非则由最初的综合资格框架分成三个相对独立的分框架，反映了两国教育发展阶段的不同。

- 区域资格框架
  - 综合资格框架
  - 部门资格框架
- 国家资格框架
  - 综合资格框架
    - 贯通式
    - 两段式
    - 平行式
  - 部门资格框架
  - 分框架形式

图 1.1　资格框架类型

2.从学习进阶和资格阶梯构建角度分类

各国的教育传统和教育情境不同，导致其采用不同的资格体系构建模式。从学习进阶和资格阶梯构建的角度看，各国的综合资格框架还可分为贯通式、两段式和平行式三种模式。

(1)贯通式。运用一组统一和完整的水平描述符描述资格框架中从最低级到最高级的学术性和职业性资格，覆盖各级各类教育与培训，特点是构建学习者水平和垂直进步阶梯，注重教育子系统间的渗透性，体现终身学习理念。贯通式资格框架是各国普遍采用的一种模式。

(2)两段式。在 1～5 级与 6～8 级资格之间进行区分，分成上下两段，6～8 级资格仅限于由传统的高等教育机构颁发的学士、硕士和博士学术性资格，可与博洛尼亚进程三级学位资格相衔接。比利时法语区(瓦隆大区)、丹麦和罗马尼亚的资格框架采用了这种模式。该模式对框架功能的整合力度不是很大，在一定程度上限制了现有教育与培训子系统的学分积累和进步阶梯功能的发挥，专科层次的职业教育与培训资格成为“天花板”，缺乏继续提升的空间。该模式也表明，较高等级的资格是由高等教育机构来定义，而不是由学习结果来定义，尽管这也是一种涵盖各级各类教育的综合资格框架，但教育与培训子系统之间的联系非常薄弱。

(3)平行式。在6～8级资格间分成两个纵向平行段，两个平行段使用不同的水平描述符：一个平行段涵盖学士、硕士和博士学术性资格，使用“都柏林水平描述符”来定义高等教育资格，以保证与“博洛尼亚进程”三级学位体系相兼容；另一个平行段涵盖较高等级的、在高等教育机构之外授予的职业性资格，具体包括职业教育与培训以及成人学习资格，使用欧洲资格框架水平描述符或其他标准来定义资格，如奥地利的资格框架。在某些情况下，同一水平描述符适用于两个平行段的不同类型资格，如比利时荷兰语区的资格框架。①

表 1.1　资格体系构建模式

贯通式模式	两段式模式	平行式模式	
8	8	8	8
7	7	7	7
6	6	6	6
5	5	5	
4	4	4	
3	3	3	
2	2	2	
1	1	1	

欧洲资格框架的问世无疑成了欧盟各国开发国家资格框架的催化剂，并极大地加速了这种开发的进程。一方面，在“开放的协调方法”原则指导下，为各国同行的相互学习和合作提供了广阔空间；另一方面，这种加速开发的进程也会产生不利因素，各国有可能会仓促地创立“形式上的”(pro forma)资格框架，不能完全将国家的教育、资格结构和实践融入资格框架之中。国家资格框架能否成功，取决于在教育理念上能否从注重教育输入和过程转向注重学习结果。尽管这个理念已被绝大多数国家和大部分行业所接受，但在实施和使用过程中各国发展并不平衡，进展有些缓慢。学习系统间如果不能体现以学习结果为导向的理念，任何国家的资格框架都不会取得成功。在增加学习机会和构建学习阶梯方面，国家资格框架的成功取决于实施支持性工具的能力，如非正规和非

①European Centre for the Development of Vocational Training. The Development of National Qualifications Frameworks in Europe(August 2010)[R]. Luxembourg: Publications Office of the European Union, 2010.

正式学习认证和学分转换安排。为保证国家资格框架取得成功,需要加强教育子系统间的联通并考虑到行业的特点和需要,支持鼓励利益相关方参与,能相互坦诚地讨论面临的问题和挑战,制定监测和评价战略,开发评价资格框架的相关指标,通过各种途径提高资格框架的可见度,让终端用户能够更好地了解资格框架。

(三)地方资格框架

除一个国家建立的统一的国家资格框架外,在少数几个国家还存在着开发地方资格框架的现象。地方资格框架是指一个国家的某一地区在自己的教育权限范围内,根据地方情境按照一定标准对资格进行分类或分级的政策工具。地方资格框架产生的原因各不相同,有的是基于语言传统的不同,比如比利时;有的是基于教育体系传统的不同,比如英国;还有的是基于联邦体制下教育权限划分的不同,比如加拿大。

1.英国地方资格框架

英国是世界上最早开发资格框架的国家之一,不同的教育传统导致英国4个地区产生多个资格框架。英格兰和北爱尔兰地区共用2015年10月启用的国家监管资格框架(RQF)以及高等教育资格框架(FHEQ),同时威尔士也共用FHEQ框架,苏格兰和威尔士地区分别建立了苏格兰学分与资格框架(SCQF)和威尔士学分与资格框架(CQFW)。英格兰和北爱尔兰地区的资格框架属于分框架形式,而苏格兰和威尔士地区的两个资格框架则属于涵盖各级各类教育的综合资格框架形态。英国的地方资格框架呈现出资格框架相互交叉、分框架与综合框架并存的特征,不过总的来看,英国的地方资格框架的共同性大于差异性。

2.比利时地方资格框架

基于行政区划和语言传统,比利时产生了3个地方资格框架:荷兰语区资格框架(FQF)、法语区资格框架(CFC)和德语区资格框架(QDG)。地方资格框架在保持地方特色的同时,注重教育理念和等级标准与欧洲资格框架的对接。荷兰语区从2006年开始研制资格框架。2009年佛拉芒议会通过《资格结构法》,引入综合资格框架。法案强调资格框架应作为质量保障、课程开发、能力认可和资格比较的参照点。基于8级结构的资格框架从知识、技能和情境和自主性与责任心两个主要类别描述资格等级标准。2011年6月,荷兰语区向欧盟提交对接报告,正式实现与欧洲资格框架的对接。法语区从2006年开始研制资格框架,目标是推动教育与培训体系改革,增强资格的透明性,促进资格互认和人员流动，支持个人的弹性学习路径。2008 年，法语区通过法令引入法语区高等教育资格框架，期待实现与欧洲高等教育区资格框架的对接。2013 年 12 月，法语区资格框架与欧洲资格框架对接报告初稿提交给欧洲资格框架顾问小组。水平描述符的维度分为知识、技能、情境、自主性和责任心，但 5 级至 8 级水平描述符是基于"都柏林水平描述符"的。2013 年，在借鉴德国国家资格框架经验的基础上，德语区议会通过法令决定建立德语区资格框架（QDG），主要目标是促进资格的国内和国际可比性，水平描述符确定了知识、技能、社会能力和自主性 4 个次级维度。扩大相同性、缩小差异性是比利时地方资格框架的一个重要特点。2012 年，比利时联邦通过《教育体系基本结构法》，规定欧洲资格框架的等级应作为地方资格框架的共同参照点，以促进资格框架的趋同性发展。比利时的 3 个地方资格框架均采用 8 级结构，资格等级完全与欧洲资格框架相对应，同时 3 个地方资格框架将分别与欧洲资格框架进行对接。[①]

3.北美国家地方资格框架

在北美的联邦制国家，由于教育的责任主要由各省、州承担，联邦不直接负责教育事务，全国性教育标准一般由专业协会制定，地方标准则由地方教育行政部门负责。加拿大安大略省率先在北美建立了省级资格框架。2009 年，加拿大安大略省培训学院与大学部公布"安大略资格框架"（Ontario Qualifications Framework，简称 OQF），它是由安大略政府开发和建立的，包含中等教育之后所有的证书、文凭和学位以及学徒证书的加拿大首个完整框架，包含私立生涯学院、公立学院及公立大学和高等教育机构颁发的所有非宗教性的 3 类 13 种资格。资格分为中等教育后的证书、文凭和学位 3 类，具体包括一级证书、二级证书、学徒培训证书、资格证书、三级证书、一级文凭、二级文凭、高级文凭、文凭后证书、学士学位、优等级学士学位、硕士学位和博士学位共 13 种资格。[②] 安大略资格框架没有明确划分资格等级，但基本覆盖了联合国教科文组织《国际教育标准分类》划定的从 4 级中等后非高等教育、5 级短期高等教育到 6 级本科教育、7 级硕士教育和 8 级博士教育的 5 个教育等级。

---

①UNESCO Institute for Lifelong Learning（UIL），European Training Foundation（ETF）and the European Centre for the Development of Vocational Training（Cedefop）.Global Inventory of Regional and National Qualifications Frameworks Volume II：National and Regional Cases[R]. Hamburg，2015：51－60.

②Ontario Qualifications Framework（OQF）[R]. [2015－12－30]. http://www.tcu.gov.on.ca/pepg/programs/oqf/

(四)行业资格框架

它是由行业主导的、服务于行业培训与就业需要的资格框架。从覆盖范围上看，这类资格框架有的限于国家或区域，有的属于跨国性质的国际资格框架，涉及汽车制造修理、信息技术、工程、旅游、教育培训、管理等行业。有的行业资格框架已经比较完善，比如欧洲语言共同参照框架是一个划分了语言资格等级和设定了等级标准的语言资格框架。

四、资格框架构成要素

(一)资格的概念与内涵

1.不同语境下资格的定义

在不同的时代和社会，人们对“资格”(qualification)有着不同的理解视角。《辞海》对“资格”的解释是：“资，原指地位、经历等；格，是公令条例，后泛称人在社会上的地位、经历、资历为资格。”这是从社会地位的角度定义资格。《现代汉语词典》对“资格”的解释：(1)资格即从事某种活动所应具备的条件、身份等；(2)它是由从事某种活动的时间长短所形成的身份。国内有学者认为，在现代社会中，“资格”是指从事某种社会活动(职业)应具备的公认的甚至是政府认可的标准、条件。[①] 这个定义是从从事社会活动或某种职业所应具备的条件的角度进行诠释。《剑桥国际英语词典》对“资格”的解释：它是一个人在专业方面达到的必要标准的知识或技能的官方记录，通常在学习和培训之后以考试方式取得；是人们适合于某种特定的工作或活动的一种能力、特长或经验。“资格”是个较为宽泛的概念，包含许多方面，在不同的情境下对资格的含义有不同的诠释。

在教育与培训背景下，资格通常指学习结果或证书。欧洲职业教育发展中心将资格定义为主管部门确认一个人按一定标准取得了学习结果和/或具有在特定工作领域从事某一职业的必要能力，并通过评价获得的正式结果(证书、文凭或头衔)。[②] 联合国教科文组织《国际教育标准分类法》将教育资格定义为通

①吕忠民. 职业资格制度概论［M］. 北京：中国人事出版社，2011.

②European Centre for the Development of Vocational Training (Cedefop). Terminology of European Education and Training Policy. Second edition［R］. Luxembourg：Publications office of the European Union. 2015：207－208.

常是以文件的形式对成功地完成一个教育课程或课程的某个阶段的正式确认。经济合作与发展组织2001年实施的"在国家资格制度和终身学习之间建立桥梁"研究项目，经过多次讨论给出"资格"的定义：一个人只有在主管机构确定他按规定的标准习得了知识、技能或广泛的能力时才能取得资格。

在就业和职业情境，资格是指工作要求或必备标准，或是执业的法律权利。欧洲职业就业发展中心认为，资格是执行某一工作岗位特定任务所需的知识、能力和技能的工作要求。① 国际劳工组织认为，狭义的资格定义是对工人在国际、国家或行业层面获得了得到承认的职业能力或专业能力的一种正规表述。② 国际劳工组织还给出了资格的广义定义：一是对一个人进入职业或在职业中进阶的要求；二是一个人具有的教育与培训经历和成就；三是指成就的官方记录，承认其成功地完成了教育或培训，或是在测试或考试中有令人满意的表现。在某些情况下，一个简化版本的定义可能更为有用：资格是认证或确认过程的正式结果；资格在劳动力市场上或在继续教育和培训中被赋予官方认可的价值。③ 资格还可以是执业的一种法律权利。

在国家资格框架语境下，各国对资格有不同的定义。在澳大利亚资格框架中，"资格"是得到认证的已完成的课程的结果，可正式证明一个毕业生已取得了澳大利亚资格框架规定的学习结果。④ 南非国家资格框架对"资格"的解释是，由南非资格署登记的相关机构确定的在国家资格框架特定等级所需学分数量的成就和其他要求的正式认可。⑤ 在欧洲一些国家，资格的概念更为宽泛，用以表示在一个教育或培训阶段取得的学习成就或是证书。丹麦认为，国家资格框架中的资格是指经过正式认证的和记录已经取得的学习结果的学位或是资格证书或补充资格证书。学位和证书（文凭）必须依据法律和法规授予，必须是由丹麦教育体系里的主管部门提供了质量保障的。资格的概念强调的是一个学习过程的结果，而不是一个教育课程的学习期限或内容。⑥ 在英国，资格

---

①European Centre for the Development of Vocational Training (Cedefop).Terminology of European Education and Training Policy. Second edition [R]. Luxembourg: Publications office of the European Union. 2015: 207—208.

②ILO. Human Resources Development Recommendation,2004 (No. 195)[S]. 2004.

③OECD. Qualifications Systems Bridges to Lifelong Learning [M]. Paris: OECD,2007:21—25.

④Australian Qualifications Framework Council. Australian Qualifications Framework [S].Second edition. January 2013.

⑤Glossary of Terms[EB/OL]. (2013—06—21). http://www.saqa.org.za/show.asp? id=2697.

⑥The Danish Evaluation Institute. Referencing the Danish Qualifications Framework for Lifelong Learning to the European Qualifications Framework[R]. 2011:16. http://english.eva.dk/publications/referencing-the-danish-qualifications-framework-for-lifelong-learning-to-the-european-qualifications-framework

的概念较为狭窄，通常是指证明学习的证书或得到证实的学习成就，有时资格是指考试，比如科目考试或者是初中毕业考试、高中毕业考试，纳入资格框架中的资格都是由监管部门进行监管的，企业、慈善机构和独立的培训机构颁发的证书没有受到监管，所以没有纳入资格框架。①

在高等教育背景下，资格是指高等教育学历证书。联合国教科文组织有关高等教育资格互认的公约以及国际组织有关高等教育的文件，基本上一致地将资格定义为高等教育文凭、证书或学位等学历证书。联合国教科文组织1993年11月13日第29次全体会议通过的《关于承认高等教育学历与资格的建议》，将“高等教育资格”(qualification in higher education)定义为由某一高等教育机构或另一有关当局颁发并确认某人已结业，并使其有资格继续更高一级的学习，或是从事某种无需进一步专门培训的职业之文凭、学位或其他资格证书。该建议还提出“部分学历”(partial studies)的概念，它是指高等学习课程中第一阶段或更高级阶段内容协调一致的一部分，这虽然不是一个完整的课程，但经过评价和鉴定有效，可被认为是获得了一定的知识和技能。欧洲理事会1997年在里斯本通过了《关于承认欧洲地区高等教育资格的公约》对“高等教育资格”的定义是：“系指由主管当局颁发的任何学位、文凭或其他证书，证明成功完成了某一高等教育课程。”1983年通过的《亚洲和太平洋地区承认高等教育学历、文凭与学位的地区公约》尽管没有给出高等教育资格的定义，但在公约语境下资格明显是指“高等教育证书、文凭或学位”。“博洛尼亚进程”资格框架工作小组将高等教育资格定义为：“由主管机关颁发的任何学位、文凭或其他证书，证明已经取得了特定学习结果，正常情况下顺利完成了得到承认的高等教育课程。”②

我们认为，教育学意义上的资格是主管部门或有资质的教育培训机构按照规定的标准，通过考试评价一个人获得的知识、技能和能力的正式证明，使个人能够继续学习或就业。本书将资格宽泛地定义为各种正式证书、文凭和学位的统称。在资格框架情境下，学习结果评价导向原则和终身学习理念促使教育与培训的组织方式和教学方式发生了深刻的变化。首先，人们不仅可以通过传统的学历教育路径而且也可以通过非学历教育渠道取得国家承认的资格；其次，人

①Scottish Credit and Qualifications Framework Partnership, Welsh Assembly Government, CCEA and Qualifications and Curriculum Authority.Report Referencing the Qualifications Framework of the United Kingdom to the European Qualifications Framework [R]. 2010: 5.

②Bologna Working Group on Qualifications Frameworks. A Framework for Qualificationsof the European HigherEducation Area [R]. Copenhagen, 2005: 30. http://ecahe. eu/w/images/7/76/A_Framework_for_Qualifications_for_the_European_Higher_Education_Area.pdf

们可以不是一次性取得一个完整资格(full qualification),可以以小的学习步伐取得以单元或模块形式出现的"部分资格"(partial qualification),进而积累并完成一个完整的资格,资格的取得呈现出弹性化、单元化和学分化的明显特征。

2.传统资格与现代资格的区别

传统资格和现代资格有着很大的不同。传统资格通常是学历教育导致的结果,而现代资格是终身学习背景下学习产生的结果,二者在培养日标界定、学习主体、内容、形式、路径、资格认证等方面有着明显区别。

表 1.2 传统资格与现代资格的区别

	传统资格特征	现代资格特征
学习形式上	以初始教育为主	支持终身学习
培养目标上	由教育培训提供者确定	由利益攸关方定义
学习内容上	基于课程内容	坚持学习结果为导向,以知识、技能和能力三维目标描述培养标准
学习环境方面看	单一的学历教育情境	有可供选择的多重路径
学习目的上	旨在获得初次就业	具有不同的目的,包括获得初次就业、变换工作、继续学习和改变职业生涯
教育对象上	主要面向青少年学习者	面向各类学习者
学习路径上	以垂直进阶为主	可以水平和垂直进阶和流动
管理上	由单一主管部门监督管理,通常以教育部为主	教育培训机构和利益攸关方参与
资格认证发放上	仅仅承认和发放完整资格	可以承认部分资格,将资格单元化、学分化作为主要原则,实施非正规和非正式学习认定

资料来源:European Training Foundation (ETF). Qualification Systems: Getting Organised [R]. 2016: 12. http://www.etf.europa.eu/webatt.nsf/0/89E0B0EEF0F8C468C12580580029F2CD/$ file/Qualification%20systems_toolkit.pdf

运用不同的标准可对资格进行不同的分类。按专业化程度和职业准入控制,资格可分为与专业技术职称(职务)相关的专业技术资格、与职业准入控制职业规范相关联的执业资格和与从事某一职业所必备的知识、技术和能力的起点标准相关的从业资格三大类。按资格授予部门，可分为学校教育资格（证书文凭）、高等教育资格（证书文凭和学位）和职业教育资格（文凭证书）。

（二）等级数目

资格等级是资格框架的基本构成要素，是资格分级的重要依据。各国资格框架的等级数目不尽相同，有 5 级、7 级、8 级、9 级、10 级、11 级、12 级等结构。等级覆盖范围一般从义务教育结束至博士学位教育层次，在这个区间各国可以依据国情设置不同的等级数目。一般来说，等级数目越多，资格等级的区分度就越细。资格框架设置多少个等级，反映了一个国家的历史和教育传统。从世界范围内来看，采用 8 级和 10 级结构的资格框架成为主流趋势，使用其他等级数目的国家则是少数。

表 1.3　各国或地区资格框架等级数目和资格框架数目

等级数目	国家或地区资格框架数目	国家或地区
12	1	苏格兰
10	9	爱尔兰、斯洛文尼亚、南非、澳大利亚、新西兰、印度、毛里求斯、塞舌尔、纳米比亚
9	2	英格兰和北爱尔兰、威尔士
8	31	奥地利、比利时（佛拉芒区）、比利时（瓦隆区）、比利时（德语区）、保加利亚、克罗地亚、塞浦路斯、捷克、丹麦、爱沙尼亚、芬兰、马其顿共和国、德国、希腊、匈牙利、意大利、拉脱维亚、立陶宛、卢森堡、马耳他、黑山、荷兰、波兰、葡萄牙、罗马尼亚、斯洛伐克、西班牙、瑞典、瑞士、土耳其、马来西亚
7	2	冰岛、挪威
5	1	法国

欧盟大部分国家采用 8 级结构资格框架形式，这在操作层面上便于与欧洲资格框架的对接，这些国家强调选择 8 级结构是基于对国情的考虑和对现有国家资格制度的全面分析。法国现在使用的是 1969 年引入的 5 级结构框架，目前正考虑将其改为 8 级结构。与大部分国家采用的 8 级主流结构不同，英国和爱尔兰等国家采用了 8 个等级以上的结构。英国的苏格兰资格框架有 12 个等

级，英国的英格兰、威尔士和北爱尔兰有 9 个等级（含入门级），爱尔兰有 10 个等级。冰岛决定采用 10 个等级的框架，除 7 个等级外又引入 3 个入门级。波兰的资格框架草案建议采用一个 7 级结构，认为这最适合国家的需要。有的国家在个别等级中又划分出次级结构（sub-level），斯洛文尼亚在 6 级和 8 级，克罗地亚在 4 级、5 级、7 级和 8 级中又划分了次级结构。英国和冰岛的入门级低于欧洲资格框架的一级水平，之所以决定将入门级纳入资格框架，是为了帮助各种终身学习者群体，如有学习困难的个人、从正规教育中辍学者和缺乏正规资格的成人，使他们能够进入主流资格阶梯，奖励学习者的初步学习成就。比利时荷兰语区和匈牙利最初曾讨论过入门级的问题，但最后没有将其纳入资格框架，原因是担心入门级会产生一种使人蒙受耻辱的效应。匈牙利提出将学前教育作为“零等级”，因为幼儿园教育是终身学习的一个组成部分，因而综合资格框架对此要有明确的规定。[①] 东盟国家如泰国、马来西亚和印度尼西亚的资格等级一般为 8 级或 9 级，澳大利亚和新西兰均为 10 级。

（三）水平描述符

水平描述符（level descriptors）也称资格等级标准，是指对个人继续学习或从事某一工作所需的知识、技能和能力的基本要求，是各级各类人才培养的基本目标和依据，也是国家教育总目标的一部分。水平描述符是资格框架中最核心的结构要素和资格标准体系中的上位标准。水平描述符具有包容性和嵌套性的特点，不仅适用于学术教育也适用于职业教育，既涵盖学历教育也包含非学历教育，比较常用的表述句型是“和/或（and/or）句型”，表示并列或增加选择性，高一级标准涵盖低一级内容。内容描述具有非意识形态化的特点，侧重描述个人与教育和职业相关的素质品质，旨在增进可比性。水平描述符的重要功能之一是区分资格的等级，等级区分的依据是知识的广度深度、技能复杂的程度、情境的动态性、自主程度和责任大小。语言表述简洁凝练，原则性、概括性较强，结构上采用分层构建模式，一般包含维度、次级维度和要素 3 个层次。

水平描述符在不同的资格框架语境中有不同的维度和话语表述。水平描述符维度是指学习者需要取得的学习成就的某一方面。爱尔兰国家资格框架在知识、技能和能力 3 个维度下进一步分解成 8 个次级维度。芬兰国家资格框

---

①European Centre for the Development of Vocational Training (Cedefop).The Development of National Qualifications Frameworks in Europe(August 2010)Luxembourg：Publications Office of the European Union，2010：17.

架设有5个维度，包括知识，工作方法和应用（技能），责任心、管理和创业精神，评价，终身学习关键能力。[①] 有的维度实际上组成了复合维度。南非国家资格框架的水平描述符设有10个维度，但维度的宽窄不一，有的只是表示某一种能力，属于次级维度或要素范畴。澳大利亚资格框架的水平描述符除用知识、技能和能力三维目标来描述资格等级标准外，还增加了一个说明性和概要性的等级概述，各个维度同等重要并且具有同等价值。

欧洲资格框架以知识、技能和能力三维目标定义学习结果，成为水平描述符构建模式的范式，在欧洲资格框架语境下，“技能”实际上包含认知能力和实用技能两个次级维度，而“能力”主要是指自主性和责任心，可看作态度、情感和价值观维度。[②] 欧盟各国对等级数目的设置几乎没有什么争议，但对水平描述符的构建表现出一定的差异性。国家水平描述符需要有足够的通用性与欧洲资格框架对接，也需要尽量能具体和准确地反映现有国家资格的多样性。一是水平描述符在总体概念上的差异。绝大部分国家运用欧洲资格框架确立的以学习结果为导向的教育理念，从知识、技能和能力三维目标描述资格等级标准，而德国、捷克和立陶宛等少数几个国家将能力作为总体概念统合三维目标，这反映了这些国家的教育传统和实践，概念上存在的差异性不会影响不同国家水平描述符的可比性。二是各国对技能的理解基本一致。绝大多数国家都按照欧洲资格框架对“技能”的界定，从认知能力和实践操作技能两个次级维度来描述等级标准，用认知能力与运动技能、认知能力与实践技能、理论与实践技能作为区别，有些国家使用专门化技能、工具、功能性能力、常规技能和技术方法等术语，或者使用显性和隐性情境的复杂性来区分资格等级。比利时荷兰语区、爱尔兰和立陶宛运用情境作为水平描述符的显性标准。其他国家没有运用情境作为显性标准，而是将资格在其中运用的情境的复杂程度、可变性和不可预测性作为区分资格的重要标准。三是在能力方面，部分国家引入符合本国国情的概念和表述。欧洲资格框架以“自主性”和“责任心”表示能力，所有的国家都使用了这两个核心概念。此外，一些国家还使用了其他适合国情需要的概念以丰富能力的内涵。芬兰引入了管理能力、创业精神、评价能力和终身学习的关键能力等维度，更加重视培养学生的学习能力、表达能力和外语能力。德国引

---

① The Ministry of Education. The national framework for qualifications and other learning [R] http://www.oph.fi/download/121526_NQF－muistio_EN_02_10.pdf

② Recommendation of the European Parliament and of the Council of 23 April 2008 on the establishment of the European Qualifications Framework for lifelong learning [S]. Official Journal of the European Union, C 111/1, 6.5.2008.

入社会能力和自我能力两个次级维度，爱尔兰引入学习能力和洞察力两个次级维度。马耳他重视表达能力、判断力和学习能力的培养。英国的苏格兰资格框架强调通用认知能力、表达能力、信息技术能力和团队工作精神。各国并非只是简单模仿欧洲资格框架的水平描述符，而是根据国情作了进一步发展，因而各国在使用的概念及细节方面有很大的差别，但相同的方面远远大于不同的方面。

(四)资格类型

资格类型是指在资格框架中使用的宽泛的不分学科的资格名称，是对性质上相似、内容上相近、等级上相同的资格群的分类。在资格框架中划分资格类型的国家或地区为数不多，澳大利亚、新西兰、爱尔兰和加拿大安大略省在资格框架中划分了资格类型，主体资格类型的数量一般控制在 20 种以内。资格类型的划分可以加强资格的聚类，有助于人们对种类繁杂的资格的了解，明确资格标准体系的层次，制定资格群的标准。此外，资格类型描述符在资格标准体系建设中发挥着承上启下的作用。

澳大利亚的资格类型描述符是一套从知识、技能及知识和技能的运用三个维度描述每一资格框架资格类型的学习结果的表述，可以说它是对资格等级标准描述得更为具体的细化。目前纳入澳大利亚资格框架的有 16 种资格类型，即高中教育毕业证书、一级证书、二级证书、三级证书、四级证书、文凭、高级文凭、副学士学位、学士学位、优等级学士学位、研究生证书和职业性研究生证书、研究生文凭和职业性研究生文凭、硕士学位和博士学位。每一种资格作为一种类型，一个等级可以有一个以上的资格类型。例如，在第三等级有高中教育毕业证书和三级证书两种资格类型，复杂程度和难度水平相似，但侧重点不同，前者侧重普通教育，后者侧重技术技能的培养。①

加拿大安大略省资格框架包含 13 种资格类型，是一种没有资格等级划分而只描述资格类型标准的资格框架。每种资格类型标准包含两个方面：一是资格描述，它是对每种资格的具体说明，包括培养目标、学习时间、入学要求、教育培训机构和资格证书颁发机构等信息；二是资格标准，它是对该种资格持有者应具有的知识、技能和态度的描述，具体包括 6 个维度：知识的深度和宽度、概念和方法意识/研究和学术、交流技能、知识的应用、专业能力/自主性和对知识

---

①AQF Council. The Australian Qualifications Framework (for MCTEE approval 19 November 2010)[R],19/11/2010.

局限性的意识。框架尽管没有明确划分等级，但资格类型的顺序排列则暗含着隐性资格等级。

爱尔兰从 2003 年开始实施国家资格框架（NFQ），2012 年爱尔兰通过《资格与质量保障（教育与培训）法》，决定合并继续教育与培训资格委员会（FETAC）、高等教育与培训资格委员会（HETAC）、爱尔兰国家资格署（NQAI ）和爱尔兰大学质量委员会四家机构，成立爱尔兰质量与资格署（QQI），由分散变为统一管理和实施资格框架。爱尔兰国家资格框架设有 10 个等级，水平描述符包含知识、技能和能力三个维度，每个维度又划分若干次级维度，计有 8 个次级维度。爱尔兰国家资格框架将资格分为主型资格（major award-type）、小型资格（minor award-types）、特殊目的类资格（special-purpose award-types）和补充类资格（supplemental award-types）四大类。其中主型资格又分为 15 个资格小类，具体包括一级证书、二级证书、三级证书、初级证书、四级证书、毕业证书、五级证书、高级证书、高等证书、普通学士学位、优等级学士学位、高等文凭、硕士学位、博士学位和高等博士学位。每个资格小类都有资格类型描述符，它是学习成就的基准要求，是国家资格框架的重要组成部分，所有得到承认的资格都必须与这些描述符保持一致，描述符适用于考试颁证机构。资格类型描述符从 8 个次级维度描述资格类型标准，是对水平描述符的细化和具体化。爱尔兰的资格标准构建了水平描述符、资格类型描述符和资格标准三层标准体系，资格类型描述符起着承上启下的作用。

五、现状与展望

1.要有效有力地推进资格框架实施

大部分资格框架仍处在设计或初期实施阶段，资格框架的功能远远没有发挥出来。目前世界上有近 10 个区域资格框架，运行得比较好的是欧洲资格框架和欧洲高等教育区总体资格框架，其他资格框架仍处在设计或初期实施阶段，南部非洲发展共同体资格框架早在 2005 年就提出了概念文件，10 多年过去了，仍然没有完成资格框架的设计。亚太资格框架还停留在构想阶段。按照国际组织的统计，目前世界上有 140 多个国家正在开发或实施国家资格框架。从实际实施情况看，能够体现现代教育理念、维持有效运行的国家资格框架可能不到一半。在欧洲培训基金（ETF）29 个伙伴国家中，大部分国家都开发了国家资格框架，但这些资格框架仍停留在纸面上或是处于部分实施状态。欧洲培训基金认为，这需要加强资格框架立法，为资格框架实施运行提供法律保障，吸收利益有关方参与，增强资格与劳动力市场需求的匹配度，完善资格框架实施的体制和制度安排，加强质量保障体系建设。① 国家资格框架的有效实施很大程度上受一个国家的经济和教育发展水平的制约。

2.保持与国际教育标准分类中的教育课程分级相对应

一个资格框架设置多少等级是由一个区域或国家根据域情或国情决定的，也是利益相关方取得共识的结果。8级结构资格框架成为主流发展趋势。一般说来，等级数目越多，资格的区分度就越大。然而，区域和国家资格框架大多没有在水平描述符列表中标注与每一资格等级相对应的正规教育的学段、年级、学分量或学习者典型年龄，缺乏这些注释性要素，人们很难进行不同国家资格框架资格等级的比较和对应，特别是对专科教育层次以下的各个资格等级的比较和对应，因为人们不清楚等级划分的依据是什么以及它们对应的是哪一个学段或年级。这些都是资格框架在后续发展中需要完善的地方，应将正规教育的学段或年级作为资格等级划分的主要参照点之一，特别是需要在水平描述符列表中标注每一资格等级相对应的正规教育学段或年级。

3.以水平描述符为引领，完善培养标准体系

水平描述符是通用结果描述，但培养标准还不能仅仅停留在这一层面上，需要注重发挥水平描述符的引领性、传导性作用。作为培养标准体系的上位标准，水平描述符要作为构建资格类型标准、学科专业标准和培养方案的共同参照点，形成层级分明、逻辑连贯一致的培养标准体系，逐级分解、细化水平描述符中包含的知识点、技能点和能力点，着力把水平描述符的原则性、概括性和抽象性语言转化为学习者、教育工作者和公众易解、易读和可读的语言和学科专业语言。

4.规范资格框架关键术语的使用

国内有的文件将英文“qualifications framework”称为“资历框架”。《国民经济和社会发展第十三个五年规划纲要》在第五十九章“推进教育现代化”部分中提出“加快学习型社会建设，制定国家资历框架”。“资历”通常是指阅历、经历和经验，是指一个人对社会、对事件、对生活中所发生的事情的经历及理解程

①European Training Foundation (ETF). Qualification Systems: Getting Organised [R]. 2016:4—5. http://www.etf.europa.eu/webatt.nsf/0/89E0B0EEF0F8C468C12580580029F2CD/$file/Qualification%20systems_toolkit.pdf

度。“资历框架”也是香港的说法。但“qualification”(资格)在国家资格框架语境下是正式证书、文凭和学位的统称,因而将“qualifications framework”翻译为“资格框架”更为恰当。劳动就业部门一直将“vocational qualification”翻译为“职业资格”,而不是所谓的“职业资历”。此外,国内有些正式文件中将“learning outcomes”(学习结果)称为“学习成果”。实际上,“学习成果”对应的英文是“learning achievements”。学习结果与学习成果既有联系又有区别,是包含与被包含的关系,前者包含后者,在特定情境下二者可以交叉使用。“学习成果”的概念更为狭窄,是指学习者取得了规定的学习成就;“学习结果”是一个更为宽泛的概念,在资格框架语境下它不仅包含学习成果的含义,而且是一种教育理念、培养目标和标准。

第二章 欧洲资格框架

欧洲资格框架的建立是欧盟教育发展史上的重大事件。作为“元框架”，欧洲资格框架旨在倡导以学习结果为导向的理念，建立统一的参照标准，促进资格互认和人员流动，建立和完善质量保障体系、学分制、非学历教育认证制度和生涯终身指导制度等资格框架实施工具体系，让终身学习从理念成为现实。欧洲资格框架的8级结构和等级描述三维结构不仅成为欧盟各国开发国家资格框架的典范，而且也影响到欧盟周边国家和世界其他国家的资格框架开发。欧洲资格框架的建立和实施对促进欧洲融合、建设欧洲人力资源强区和构建欧洲终身学习区有着重大的现实意义和深远的影响。

一、资格框架开发过程

欧盟于2005年正式启动建立欧洲资格框架。2007年10月24日，欧洲议会投票通过了欧盟委员会《关于建立欧洲终身学习资格框架的建议》。11月15日，欧洲理事会教育、青年和文化委员会就建立欧洲终身学习资格框架草案建议达成一致，欧盟理事会认为欧洲终身学习资格框架旨在用一种共同语言描述资格，增加资格透明度、可比性，促进在欧盟教育和培训体系里获得的各种资格的承认。2007年11月26日，欧盟委员会在葡萄牙里斯本举行的教育工作会议上决定启动实施欧洲资格框架(EQF)。欧盟负责教育、培训、文化和语言多样化的委员扬·菲格尔指出，欧洲资格框架将作为各成员国资格制度间的转换设计，有助于全欧的雇主和教育机构比较和更好地了解个人呈现的资格证书。2008年4月23日，欧洲议会和欧盟理事会正式通过《关于建立欧洲终身学习资格框架的建议》(简称《建议》)，标志着正式建立了欧洲资格框架(EQF)。欧洲资格框架的核心是它的8级水平描述符，覆盖了从基础到最高级资格。《建议》要求各国到2010年把本国的国家资格体系同欧洲资格框架联系起来。到2012年，在欧盟范围内颁发的每个新的资格证书上都应注明相应的欧洲资格框架等级。欧洲资格框架给学术流动和终身学习带来的益处会使每个欧盟国家的人民都能看得见和摸得着。欧洲资格框架的建立和实施将是欧盟教育发展史上影响深远的重大事件。

1.政策背景

欧洲面临着迅速的技术与经济变革和人口老龄化,加快教育发展,提高人力素质,促进终身学习已成为必然要求。不断更新公民的知识、技能和能力对提高欧盟的竞争力和社会凝聚力至关重要。然而,由于各国的教育机构和当局缺乏交流与合作,个人很难在欧洲劳动力市场上自由流动,很难追求真正的终身学习和生活学习,很难通过在各国不同教育机构的学习取得完整的资格。为此,2000 年,欧盟理事会里斯本会议强调,增加资格透明度和促进终身学习应成为欧盟教育的两个政策重点,以使欧洲的教育和培训系统适应知识社会的要求和不断提高就业水平和质量的需要。2002 年,欧盟理事会巴塞罗那会议要求引进工具保证资格的透明度,使欧洲的教育和培训系统到 2010 年成为世界教育质量的参照系。2002 年,欧盟理事会发布《关于促进终身学习的决定》,要求各成员国加强合作,建立正规教育、非正规教育和非正式教育之间相互衔接和贯通的桥梁。根据“博洛尼亚进程”取得的相关经验,欧盟决定在职业教育和培训领域采取类似行动,使用职业教育学分转换系统,构建欧洲终身学习区。

2004 年,欧盟理事会和欧盟委员会发表《关于实施 2010 教育和培训工作计划联合中期报告》。2004 年 11 月 15 日,欧洲理事会发布《关于加强欧洲职业教育和培训合作的结论》,这些文件都进一步强调建立欧洲资格框架的重要性和必要性。在“博洛尼亚进程”的背景下,2005 年 5 月,欧洲各国负责高等教育的部长在挪威卑尔根召开会议,会议强调保证欧洲高等教育区资格框架和欧洲资格框架间互补的重要性。欧盟《2005— 2008 就业纲要》强调通过明确资格定义和增加资格的透明度,有效承认和认证非正规和非正式学习,保证弹性化学习路径,增加学生和人员流动的机会。2005 年 3 月和 2006 年 3 月,欧盟理事会布鲁塞尔会议强调实施欧洲资格框架的重要性。强烈的政治意志和政策取向大大推进了建立欧洲资格框架的进程。可以说,欧洲资格框架对实现欧盟就业增长的目标将发挥重要作用。建立欧洲资格框架的主要目的是使欧洲资格框架成为比较各国教育与培训资格的中立参照点,加强利益有关方之间的合作,增强互信。

2.欧盟资格透明度和互认的历程

欧洲的教育系统具有多样性,欧洲教育的丰富性和多样性是一种重要的资产。欧盟采取了许多重大行动以增加资格透明度,支持资格互认,重视以学习结果为导向的资格构建。提高资格的透明度是将这种多样性转变为一种资产的前提条件。欧盟将资格的透明度定义为资格的价值被识别的程度,以及它在劳动力市场、教育与培训领域和广阔的社会背景中可被比较的程度。然而,欧盟各国教育及培训系统和机构的运行相互隔绝,导致系统间和机构间极大分散化,对学习和工作流动造成诸多障碍。增加资格透明度是学习结果承认和资格承认的必要前提条件。1985 年 7 月 16 日,欧盟理事会出台 368 号决议,决定实施职业教育和培训资格可比性制度。在这个决议的基础上,欧盟理事会对 19 个行业的 219 种职业教育与培训资格进行了比较,并将比较的结果公布在《欧盟政报》上。但这项工作属于资源密集型工作,费财耗力,且缺乏可持续性。因此,在欧盟理事会一级开展的工作对国家和行业一级的利益相关方没有产生什么影响,该项工作后来被停止实施。新的欧洲资格框架重视提高资格透明度,加强各国间合作,促进资格互认。在高等教育领域,欧洲积极推进欧洲高等教育区资格框架建设。在 1999 年博洛尼亚会议和 2003 年柏林会议达成的协议的基础上,2005 年 5 月,欧洲各国负责高等教育的部长在挪威卑尔根会议上就实施欧洲高等教育区资格框架达成一致,包含以学习结果为基础的高等教育三级学位资格的描述,在第一级和第二级学位引进学分制。各国负责高等教育的部长还承诺到 2010 年制定高等教育国家资格框架,强调保证欧洲高等教育区资格框架和欧洲资格框架的互补性。

2004 年,欧洲议会和欧盟理事会发布 2241 号决议,决定实施"资格和能力透明度单一共同体框架",即"欧洲通行证",它对公民个体在其他国家获得的资格和能力及相关的承认做了具体规定。所有的"欧洲通行证"文件,特别是"欧洲通行证"的文凭附件和证书附件都将明确地对应于欧洲资格框架某一资格等级。欧洲高等教育学分转换和积累系统(ECTS)已经在高等教育领域实施了 10 多年,正在酝酿的欧洲职业和培训学分转换系统(ECVET)不久也将正式运行。这两个学分转换系统都对跨机构和跨境转换资格或资格单位的个体国民提供了直接支持。

2004 年,欧盟理事会发布决议,规定了非正规和非正式学习认定的若干原则,这些原则为加强认证领域的合作提供了基础,鼓励各成员国和利益相关方建立非正规和非正式学习认证制度。以学习结果为基础的欧洲资格框架将会促进对非正规和非正式学习的认证。

在资格互认领域,自 1975 年以来,欧盟理事会发布了许多有关法定准入职业资格互认的决议。1996 年,欧盟理事会发布 26 号决议,规定对道路托运操作员和道路运输操作员资格在各成员国间实施互认。2005 年 9 月 7 日,欧盟理事会发布 36 号决议,规定在资格准入职业领域实行相互承认的制度。36 号决议调整、合并和简化了 1975 年至 1999 年间欧盟发布的关于职业资格相互承认的 15 个决议。36 号决议规定在临床执业医师、护士、助产士、口腔执业医师、兽医、药剂师、建筑师等专业性较强的职业资格领域实行统一的训练标准，促进各国间资格自动承认。对于其他资格准入职业则实行相互承认的制度。例如，在某一成员国有资格从事一种职业的人员，应有资质在另一个成员国执业。目前欧盟各成员国有 800 多种准入职业。欧洲资格框架和 2005 年 36 号决议的区别在于，欧洲资格框架是在自愿基础上实施，对各国不具法律约束力，36 号决议则对各成员国具有法律约束力。

3.广泛征求意见

广泛征求各方意见是资格框架开发过程中的重要环节，旨在凝聚共识，保证能设计出体现各方利益诉求的可行的资格框架。2005 年 7 月至 12 月间，欧盟委员会公布 957 号工作人员工作文件，就欧洲资格框架问题在全欧范围内向各国当局和社会各界开展了前所未有的征求意见活动。参加"2010 教育和培训工作计划"的 32 个国家(含欧盟成员国、欧洲经济自由区和入盟候选国家)、欧洲一级和国家一级社会合伙人组织(雇主和工会)、各行业协会及教育培训机构向欧盟委员会提交了书面意见，参加"博洛尼亚进程"但没参加"2010 教育和培训工作计划"的 13 个国家也通过"博洛尼亚后续行动工作组"转交了他们的意见。作为欧洲资格框架磋商活动的一部分，2005 年 9 月 22 日至 23 日，欧盟轮值主席国英国和欧盟委员会在格拉斯哥举行"跨境学习"研讨会，就欧洲资格框架问题进行研讨，会议强力支持建立和实施欧洲资格框架。在汇集了各方的意见后，2006 年 2 月 27 日至 28 日，欧盟委员会和匈牙利教育部在布达佩斯联合举行了欧洲资格框架的研讨会，进一步修改和完善了拟向欧洲议会和欧盟理事会提交的欧洲资格框架草案。2008 年 4 月 23 日，欧洲议会和欧盟理事会正式通过建立欧洲资格框架的决议。

二、资格框架结构要素

欧盟最早开发的是职业教育资格框架，1985 年通过关于欧共体成员国职业教育资格可比性的决定，提出了职业教育资格 5 级结构，作为各国职业资格相互比较的参照点，编写共同体互认的职业或职业群工作说明，建立共同体职业教育资格的可比性，实现证书文凭相互承认，促进技能工人跨国自由流动。这个职业教育资格框架具备了资格框架的基本结构要素，有等级设置和等级描述，等级描述的要素包括知识、技能、自主性和责任。

表 2.1　五级结构欧盟职业教育资格

等级	水平描述符
一级	该等级教育与培训包括义务教育和专业启蒙 专业启蒙可在教育机构、校外培训计划或者在企业中获得，相关的理论知识和实践能力的学习数量非常有限 这种形式的教育与培训必须使证书持有者能够执行相对简单的工作并且可以相对较快地获得工作
二级	该等级教育与培训包括义务教育和职业培训(特别是包含学徒制培训) 该等级的证书持有者完全能够从事特定活动的等级，具有使用相关的工具和技艺的能力 这种活动主要包括在相关技艺范围内可独立从事工作
三级	该等级教育与培训包括义务教育和/或职业培训和额外技术培训或技术教育培训或其他中等层次的培训 这种形式的培训比二级涉及更多的理论知识。活动主要包括可独立从事的技术工作和/或涉及行政和协调职责
四级	该等级教育与培训包括中等教育(普通的或职业的)和中等后技术教育 这种形式的培训包括在教育机构内部或外部获得的高级技术教育。所取得的资格涵盖了更高水平的知识和能力。这种能力和知识使证书持有者有可能以基本上自主或以独立的方式，承担设计和/或管理和/或行政的责任
五级	该等级教育与培训包括中等教育(普通的或职业的)并完成高等培训 这种形式的培训通常使证书持有者自主地从事职业活动，作为一个雇员或自我就业的人，能够掌握职业的科学基础。从事职业活动所需的资格证书可以在这些不同等级集成

资料来源：Council Decision of 16 July 1985 on the comparability of vocational training qualifications between the Member States of the European Community(85/368/EEC)[S].http://eur－lex.europa.eu/LexUriServ/LexUriServ.do? uri＝OJ:L:1985:199:0056:0059:EN:PDF

1.欧洲资格框架的等级

2008 年建立的欧洲资格框架从低到高共分 8 个等级。从学历教育对应角度看，一级作为起始等级，对应九年义务教育毕业，二级大致对应完成高中一年级教育，三级大致对应完成高中二年级教育，四级对应高中教育毕业，五级、六级、七级和八级分别对应专科、本科、硕士和博士学位教育毕业，属于高等教育阶段。四至八级基本是按传统的学段区分资格等级。但欧洲资格框架的每个等级没有标注以学分表示的学习量，这是判断资格等级的一个重要指标，也没有列出典型资格示例，这些都影响人们对资格类型和等级的判断。

2.欧洲资格框架的水平描述符

水平描述符是欧洲资格框架的核心要素。在很多情境下，水平描述符与等级描述、资格等级标准等术语交叉使用。每一级等级描述均从知识、技能和能力三个维度进行描述，是对与该级资格水平相关的学习结果的界定。欧洲资格框架建立了8级结构和三维目标的资格框架范式，成为欧盟各国开发国家资格框架的主流模式。欧洲资格框架的等级描述具有通用性，是不分学科、不分领域的通用描述，如在知识维度使用“具有某一工作或学习领域的知识”这样的表述，表明等级描述既适用于学术教育也适用于职业教育。重视能力培养，特别是认知和实践能力、问题解决能力、创新能力等，资格等级越高，需要解决的问题就越复杂。等级描述使用“情境”(contexts)作为表示能力水平的一个重要变量，情境越复杂，能力水平就越高。等级描述以知识广度与深度、技能复杂程度、责任大小、情境复杂性作为区分资格等级的依据。

表 2.2 欧洲资格框架水平描述符

	知识	技能	能力
等级	在“欧洲资格框架”语境里，知识是以理论的和/或事实知识来描述的	在“欧洲资格框架”语境里，技能被描述为认知能力(包括运用逻辑的、直觉的和创造性思维能力)和实践能力(包括手的灵巧性以及使用方法、材料、工具和器具的能力)	在“欧洲资格框架”语境里，能力是以责任和自主性来描述的
一级	具有基本普通知识	具有执行简单任务所需的基本技能	在结构性情境里能在直接指导下工作或学习
二级	具有某一工作或学习领域的基本事实性知识	具有运用相关信息执行任务以及运用简单规则和工具解决常规问题所需的基本认知能力和实践能力	能在他人监督下，自主地进行工作或学习
三级	掌握某一工作或学习领域的事实、原则、过程和一般概念	具有选择和运用基本方法、工具、材料和信息完成任务和解决问题所需的各种认知能力和实践能力	能对完成某一工作或学习领域里的任务负有责任，在问题解决过程中使自己的行为适应环境

续表

	知识	技能	能力
四级	具有在某一工作或学习的广泛情境里的事实性和理论知识	具有解决某一工作或学习领域具体问题所需的各种认知能力和实践能力	能在通常可预测的，但可能会发生变化的情境里，按照工作或学习指导方针进行自我管理，监督他人的常规性工作，同时对工作或学习活动的评价和改进负有一定责任
五级	具有某一工作或学习领域的全面的、专门化的、事实性的和理论性的知识，能意识到该种知识的边界	具有制订解决抽象问题的创造性方案所需的各种全面的认知能力和实践能力	能在有着不可预测的工作或学习活动情境中行使管理和监督责任，能评价和改进自己及他人的表现
六级	具有某一工作或学习领域的高级知识，包括对理论和原理的批判性理解力	具有高级技能，能展示在专门化的工作或学习领域里解决复杂和不可预测问题所需的熟练技艺和创新能力	能管理复杂的技术或专业活动或项目，能在不可预测的工作或学习情境里负有决策责任，并对管理个人和集体的专业发展负有责任
七级	具有高度专门化的知识，其中有些是处于某一工作或学习领域里的前沿知识，作为原创性思维和/或研究的基础，同时具有对一个领域和不同交叉领域知识的批判性意识	具有研究和/或创新所需的专门化问题解决能力，以发展新知识和方法，整合不同领域的知识	能管理和改变复杂的、不可预测的且需要战略性方法的工作或学习情境，能对促进专业知识和实践发展与评价团队战略绩效负有责任
八级	具有某一工作或学习领域最先进的以及交叉领域的知识	具有最高级和专门化技能和技术，包括解决研究和/或创新中关键性问题以及拓展和重新定义现有知识或专业实践所需的综合和评价能力	能展示高度权威性、创新性、自主性以及学术和专业诚信，能对包括研究在内的工作或学习前沿领域里发展新思想或方法保持持续承诺

资料来源：Recommendation of the European Parliament and of the Council of 23 April 2008 on the establishment of the European Qualifications Framework for Lifelong Learning [EB/OL]. 2008. http://eur-lex.europa.eu/legal-content/EN/TXT/PDF/? uri＝CELEX：32008H0506(01)&from＝EN

欧洲资格框架与欧洲高等教育区资格框架具有兼容性。欧洲高等教育区资格框架提供了各级学位水平描述。每一级等级描述提供了该级学位学习结束时，与资格相联系的对学习成就和能力典型期望的通用陈述。作为“博洛尼亚进程”的一部分，“联合质量行动计划”开发的短期高等教育水平描述（在第一级学位之内或与第一级学位相联系）对应欧洲资格框架五级资格学习结果。在“博洛尼亚进程”框架下，2005 年 5 月欧洲各国负责高等教育的教育部长在卑尔根会议上达成的欧洲高等教育区资格框架第一级学位描述对应欧洲资格框架六级资格学习结果，第二级学位描述对应欧洲资格框架七级资格学习结果，第三级学位描述对应欧洲资格框架八级资格学习结果。尽管欧洲资格框架和欧洲高等教育区资格框架这两个区域资格框架相互兼容，但二者的水平描述符构建有着区别，欧洲资格框架采用三维结构构建方法，以知识、技能和能力定义每一等级学习结果，而欧洲高等教育区资格框架没有明确标明等级描述维度，采用要素构建方法，把知识、知识的运用、判断能力、交流表达能力、学习能力等作为等级描述的核心要素。

三、资格框架工具体系

欧洲资格框架的工具体系是指为推动资格框架实施而专门制订的学习者核心素养、欧洲通行证以及专门做出的教育质量保障、学习积累与转换、非学历教育认证、终身指导服务等一系列制度性安排，从而保证资格框架从理念、方案变为现实。

（一）终身学习关键能力

培养青年人具有必要的关键能力和提高教育成就水平是欧盟重要的教育战略目标。2006 年 12 月，欧洲议会和欧盟理事会通过《关于终身学习关键能力的建议》。欧盟认为，全球化使欧盟继续面临着新的挑战，每个公民都需要具有各种关键能力，以灵活地适应一个迅速变化着的和高度相互联系的世界。教育有着双重作用，既有社会的作用也有经济的作用，它在保证欧盟公民获得关键能力方面发挥着重要的作用，使他们能够灵活地适应这种变革。保障不同人群的平等权利和机会，满足不同学习者的需要，对于那些由于个人、社会、文化或经济境况而处于教育劣势的人群，要给予特别支持以实现其教育潜力。该群体包括基本技能水平低的人，特别是那些读写能力较低的人、辍学者、长期失业人员、在延长一段休假后返回工作岗位的人、老年人和残疾人等。2004 年，马斯特里赫特职业教育与培训研究报告表明，工作新岗位所需的受教育水平和欧洲劳动力所具有的受教育水平之间存在着巨大差距，三分之一以上的欧洲劳动力(8000万人)属于低技能劳动者。报告表明，在以后的数年里，近50%的新的工作岗位需要具有高等教育资格，不到40%的工作岗位需要高中文化程度，仅有大约15%的岗位适合那些只受过基础教育的人。欧盟委员会2005年的教育监测进展报告表明，在降低15岁阅读素养低成就者的比例和提高高中教育完成率方面没有取得进展，尽管在减少学生过早辍学方面取得一些明显进展。

在这种背景下，制定关键能力参照框架的目的是：识别和界定在知识社会中个人价值的实现、积极的公民意识、社会凝聚力和就业能力所必要的关键能力；支持各成员国的工作，保证到基础教育与培训结束时青年人具有一定水平的关键能力，使他们能够参与成人生活并为继续学习和工作生活打下基础，使成人能够在其一生中发展和更新关键技能；为决策者、教育提供者、雇主和学习者提供欧盟层面的参照工具，努力实现在国家和欧盟层面达成的目标。

《建议》提出和界定了8种关键能力，是对欧洲资格框架等级描述的补充和详细解读，成为资格内涵的重要构成因素。能力是指与情境相适应的知识、技能和态度的组合。关键能力是指那些所有个人为了实现和发展积极的公民意识、社会包容和就业所需要的能力，所有的关键能力都同等重要，因为在知识社会中每一种关键能力都能够为成功的生活做出贡献。许多能力相互交叉和关联，对一个领域极为重要的某些方面将支持另一个领域的能力。语言能力、读写能力、计算能力和信息技术能力等基本技能和能力是学习的重要基础，而学会学习的能力支持所有学习活动。在整个参照框架中涉及许多能力，批判性思维、创造力、首创精神、问题解决能力、风险管理能力、决策能力和社会情感能力在所有8种关键能力中都发挥着作用。

1.母语交流能力①

母语交流能力是在各种社会和文化背景中，在教育与培训、工作、家庭和闲暇中，以口头和书面形式(听、说、读、写)表达概念、思想、情感、事实和观点，以适当和创造性的方式在语言上进行互动的能力。交流能力来自母语的习得，母语与一个人解释世界并与他人发生联系的认知能力的发展具有本质的联系。

①在欧洲多文化和多语言社会的背景下，需要认识到母语并不总是成员国的一种官方语言，以一种官方语言进行交流的能力是保证个人充分参与社会的前提条件。在一些成员国，母语可能是若干官方语言之一。解决此类情况的措施和使用相应的定义是个别成员国的事情，各国根据具体需要和情况做出相应规定。

母语交流能力需要个人具有词汇、功能性语法和语言功能方面的知识，需要了解口头交互作用和语体的主要类型、各种文学性和非文学性文本、不同语言风格的主要特征、语言的差异性及在不同背景下的交流。个人需要具有相关技能，能在各种交流情境里进行口头和书面交流，使个人的交流能适应情境的要求，这包括辨别和使用不同类型的文本，查找、收集和处理信息，使用辅助工具的能力，并能以一种适于情境的令人信服的方式提出和表达自己的口头和书面论据。对母语交流的积极态度包括与人开展评论性和建设性对话、审美品质的欣赏、努力奋斗的意愿及与他人互动的兴趣。这需要知道语言对他人产生的影响，需要以一种积极的和对社会负责任的方式理解和使用语言。

2.外语交流能力①

外语交流能力与母语交流能力在主要技能维度方面有着广泛的相同性。在各种适合的社会和文化背景中(在教育与培训、工作、家庭和闲暇中)，具有以口头和书面形式(听、说、读、写)理解、表达和解释概念、思想、情感、事实和观点的能力。外语交流能力也需要具有对不同文化的理解等方面的技能。外语能力需要具有词汇和功能性语法方面的知识，知道口头互动和语体的主要类型。具有社会习俗、文化和语言差异性等方面的知识非常重要。外语交流的基本技能包括理解口头信息，与人交谈，进行阅读，理解和产生适合个人需要的文本的能力。个人应能够适当地使用辅助工具，学习语言应成为终身学习的一部分。积极态度包括欣赏文化多样性以及对语言和不同文化间交流的兴趣和好奇心。

3.数学能力及科学和技术基本能力

数学能力是培养和运用数学思维以解决日常生活中各种问题的能力。数学能力建立在掌握计算能力的坚实基础上，强调过程、活动以及知识。数学能力包括使用数学思维方式(逻辑和空间思维)和呈现方式(公式、模型、图、表)的能力和意愿。科学能力指运用知识体系和方法解释自然世界的能力和意愿，以发现问题和作出以证据为基础的结论。技术能力被看作这种知识和方法的运用，以回应已感知的人类需要或要求。科学和技术能力包括理解由人类活动引发的变革和作为一个个体公民的责任感。与这些能力相关的基本知识、技能和

---

①重要的是要认识到，许多欧洲人生活在双语或多语言的家庭和社会中，他们所在国家的官方语言可能不是他们的母语。对这些人群来说，这种能力可以指一种官方语言，而不是一种外语。例如，为了融入当地社会，他们培养这种能力的需要、动机以及社会和/或经济原因将区别于那些为了旅行或工作而学习一种外语的人。解决此类情况的措施和使用相应的定义是个别成员国的事情，各国根据具体需要和情况做出相应规定。

态度包括：

(1)必要的数学知识，包括能很好地了解数、测量和结构、基本的运算和基本的数学呈现方式，理解数学术语和概念，知道可通过数学提供答案的问题。一个人应具有在日常生活中、在家庭和工作中运用基本的数学原理和方法，跟踪和评价论据链的能力；能够进行数学推理，理解数学证明和运用数学语言进行交流，并使用适当的辅助工具。对数学的积极态度是以尊重真理为基础的，具有寻找原因和评价有效性的意愿。

(2)对科学和技术来说，基本知识包括自然界的基本原理，基本的科学概念、原理和方法，技术原理与技术产品，了解科学和技术对自然世界的影响。这些能力使个人能够更好地理解在整个社会中科学理论、应用和技术的进步、局限性和风险(与决策、价值观、道德问题、文化等相关)。技能包括使用技术工具和器具以及科学数据的能力，以实现目标或作出以证据为基础的决策或结论。个人也应能够认识到科学探究的基本特征并具有表达结论和推理的能力。

能力包括批判性欣赏的态度和好奇心，对道德问题的兴趣，关注安全和可持续性发展，特别是关注科技进步与自身、家庭、社会和全球问题之间的关系。

4.数字化能力

数字化能力是指为了工作、休闲和人际交流，能自信地、批判性地使用信息社会技术(IST)。它建立在信息通信技术(ICT)基本技能的基础之上：能使用计算机进行检索、评估、储存、生产、呈现和交流信息，通过互联网进行交流和参与协作网络。与这种能力相关的基本知识、技能和态度包括：在日常生活情境里——个人和社会生活中以及工作中，个人具有对信息社会技术的性质、作用和机会的良好理解力和全面的知识。这包括文字处理、电子数据表、数据库、信息储存和管理等计算机主要应用功能，了解为了工作、休闲、信息分享和协作网络、学习和研究，通过电子化媒介和人际交流具有的机会和潜在风险。个人也应了解信息社会技术如何支持创造力和创新能力的发展，能意识到可得信息的有效性和可靠性以及信息社会技术互动使用中的法律和伦理原则。需要掌握的技能包括寻找、收集和处理信息的能力，以批判的态度和系统的方式使用它，能评价信息的相关性，在认识到这种联系功能的时候，能把虚拟世界和现实世界区别开来。个人应具有使用工具去产生、呈现和理解复杂信息的技能以及获取、寻找和利用基于互联网的服务。个人能够使用信息社会技术支持批判性思维、创造力和创新能力的发展。使用信息社会技术需要对现有信息采取批判性和反思性态度和负责任地使用互动媒体。出于文化、社会或专业目的，有兴趣参与社会和网络有助于培养这种能力。

5.学会学习能力

学会学习能力是指追求和坚持学习，包括以个体和团队方式有效管理时间和信息组织自己学习的能力。这种能力包括对自己学习过程和需要的意识，发现可利用的机会以及克服困难使学习取得成功的能力。这种能力意味着获得、处理和吸收新知识和技能，以及寻求和利用指导。学会学习使学习者能够基于先前学习和生活经历，在各种情境里——在家庭、在工作、在教育与培训中使用和运用知识和技能。动机和信心对一个人的能力至关重要。与这种能力相关的基本知识、技能和态度包括：当学习是针对特定的工作或生涯目标时，一个人应具有必要的能力、知识、技能和资格。

总之，学会学习要求一个人知道和了解他的优先学习策略，他的技能和资格的长处和不足，并能够寻找教育与培训机会以及可利用的指导和/或支持。学会学习能力首先需要获得继续学习所必要的读写、计算、信息技术能力等基础性的基本技能。基于这些技能，一个人应能够获取、处理和吸收新知识和技能。这要求有效管理自己的学习、生涯和工作方式，特别是需要具有坚持学习、集中精力持续学习、批判性地反思学习的目的和目标的能力。个人不仅要能够自主地并自律地把时间用于学习，而且要能够将协作式工作作为学习过程的一部分，从异质化群体中获得益处，分享他人学习过的东西。个人应能够组织自己的学习，评价自己的工作，必要时寻求指导、信息和支持。积极的态度包括在一个人的一生中追求学习并使学习取得成功的动机和信心。解决问题的态度既可支持学习过程本身，也可支持一个人应对困难和变革的能力。运用先前学习和生活经历、寻求学习机会的好奇心以及在各种生活情境中运用知识是积极态度的重要因素。

6.社会和公民能力

这包括个人的、人际的和不同文化间的能力及一切形式的行为，使个人能够以有效和建设性的方式参与社会和工作生活，特别是参与日益多样化的社会，有能力解决冲突。公民能力使个人能够基于社会和政治概念、知识及对民主参与的承诺，充分参与公民生活。相关的基本知识、技能和态度包括：

(1)社会能力与个人和社会的福祉相联系，这需要了解个人如何能保证最适宜的身体和精神健康，这对自己、家庭及一个人目前所处社会环境来说，都可作为一种资源，了解健康的生活方式如何能对此做出贡献。为了成功的人际和社会参与，要能了解不同社会和环境(如在工作中)都普遍接受的行为守则和规则，了解与个人、群体、工作组织、性别平等和非歧视、社会和文化有关的基本概念，了解欧洲社会的多元化和社会经济维度，国家文化认同如何与欧洲特性相互作用。这种能力的核心是在不同的环境里具有建设性的表达能力，能表现出宽容，能表达和理解不同观点，具有建立信任的协商能力，具有同理心。个人能够应对压力和挫折，能将个人和专业方面区别开来。能力是以合作、自信和诚实的态度为基础的。个人应具有对社会经济发展和不同文化间交流的兴趣，能尊重多样性，尊重他人，愿意克服偏见，以适当方式妥协。

(2)公民能力是以有关民主、正义、平等、公民意识和公民权利概念方面的知识为基础的，需要了解民主、正义、平等等理念是如何在《欧盟基本权利宪章》和国际宣言中表述的，如何在地方、区域、国家、欧洲和国际层面由各类机构所运用的，了解当代事件以及国家、欧洲和世界历史上的重大事件和趋势。此外，需要培养对社会和政治运动的目标、价值观和政策方面的意识。具有欧洲一体化、欧盟结构、主要目标和价值观方面的知识以及欧洲多样性和文化特性的意识。公民能力包括与他人一起有效地参与公共领域活动的能力，能够同心协力并有兴趣解决影响地方和广大社会的问题，能够批判性和创造性地反思问题，建设性地参与社会或地方活动以及从地方到国家和欧盟的各级决策，特别是通过选举参与决策。充分尊重人权、追求平等是民主社会的基础，个人需要欣赏和理解不同宗教或宗族群体价值体系间的差异，培养积极的态度。一个人不仅需要具有地方、国家、欧盟和欧洲及世界归属感，而且还要具有参与各级民主决策的意愿。具有责任感，理解和尊重共同价值观，尊重民主原则，这是保证社会具有凝聚力的前提条件。建设性地参与还包括参与公民活动，支持社会多样化、凝聚力和可持续发展，愿意尊重他人的价值观和隐私。

7.首创精神和创业能力

它是指个人将思想变为行动的能力，包括创造力、创新能力和风险承担能力，以及规划管理项目以实现目标的能力。这使个人不仅能在家庭和社会等日常生活中，而且也能在工作场所中意识到他们的工作环境，并能够抓住机遇。这些技能和知识是那些开展社会和商业活动的人所需要的，同时具有对伦理价值观的意识，能促进良好治理。相关的基本知识、技能和态度包括：具有发现个人、专业或商业活动可得机会的能力，能认识到人们生活和工作环境的“大局”问题，如能广泛地了解经济运行情况，雇主或组织面临的机会和挑战等。能够意识到企业的道德立场，知道它们如何成为一种善的力量，如通过公平贸易或通过从事社会公益事业。技能与项目管理能力（如项目规划、组织、管理、领导、分析、交流、评价能力)、协商谈判能力以及个体工作能力和团队协作工作能力有着密切关系。能判断和发现个人的优势和不足,能评估风险并具有承担风险的能力。创业态度表现为在个人和社会生活中,更多的是在工作中的首创精神、能动性、独立性和创新能力,具有动机和决心以实现目标,包括个人目标以及与他人分享的共同目标。

8.文化意识和表达能力

它是指具有欣赏音乐、表演艺术、文学和视觉艺术中的思想、经验、情感的创造性表达的能力。相关的基本知识、技能和态度包括:具有文化知识,具有对地方、国家和欧洲文化遗产及其在世界中的地位的意识,具有有关重要文化作品方面的基本知识,包括具有现代流行文化的基本知识。能够了解欧洲和世界其他地区文化和语言多样性,并保护这种多样性,了解日常生活中审美因素的重要性。通过各种媒体,发挥个人的天赋才能,欣赏和享受艺术和表演作品以及自我表现。技能也包括能将个人的富有创造性和表现力的观点与他人的意见联系起来,并在文化活动中发现和实现社会和经济机会的能力。文化表达对创造性技能的发展至关重要,创造性技能可迁移到各种专业情境中。对自己文化的深入了解和认同感是对文化表达多样性抱有开放态度和尊重文化表达多样性的基础。积极的态度包括创造力,以及通过艺术自我表现和参与文化生活培养审美能力的意愿。

欧盟建议各成员国把培养全民的关键能力作为其终身学习战略的一部分,实施普遍读写战略,保证基础教育与培训使所有青年人都能够具有达到一定水平的关键能力,使他们能够为成人生活做准备,奠定继续学习和工作生活的基础。对那些由于个人、社会、文化原因或经济状况导致教育处境不利的年轻人要给予适当的教育与培训,提供特别支持,帮助他们实现教育潜力。成人要能够在其一生中发展和提高其关键能力,特别要关注在国家、地区或地方背景下确定的优先考量的目标群体,着力提升他们的技能水平。加强和完善包括学校教师和企业培训教师在内的成人继续教育与培训的基础设施建设,完善认证和评价方法,采取相关措施保证成人终身学习和进入劳动力市场的均等机会,支持学习者参加各种形式的学习,承认成人的不同需求和能力。加强就业政策、社会政策、文化政策、创新政策与青年政策互动,鼓励社会合作伙伴和其他利益相关方积极参与，提高全民核心素养水平。①

(二)职业教育与培训质量保障体系

1.质量保障原则

为保证资格框架的顺利实施，欧盟“2010 教育和培训工作计划”要求各成员国在质量保障、认证、指导和关键能力方面加强合作。2008 年 4 月 23 日，欧盟议会和欧盟理事会通过了《关于建立终身学习欧洲资格框架的建议》，其附件 3 列出了“欧洲资格框架背景下高等教育及职业教育和培训质量保障共同原则”。“共同原则”提出实施欧洲资格框架，质量保障对确保高等教育及职业教育与培训的责任感和改进极为必要。质量保障应遵循以下原则：质量保障要成为教育与培训机构内部管理的一个重要组成部分，对教育培训机构、有关课程计划和教育培训机构实施的质量保障措施进行定期评估，外部质量评估机构要对有关教育培训机构进行定期检查。质量保障包括背景、投入、过程和产出维度，更加重视产出和学习结果，有明确的和可测量的目标和标准，实施方案应包括利益相关方的参与，有必要的资源保障，有统一的评价方法，实施自评和外部评价相结合，有反馈机制和改进措施，及时公布评估结果。加强国际、国家和地区层面的质量保障措施的协调，开展定期检查，保证标准的一致性，加强各国和行业间协同，开展系统分析。质量保障应成为不同教育培训机构和系统的合作过程，要注重各成员国和欧盟范围内所有利益相关方的参与。欧盟层面的质量保障标准应成为各国评价的参照点，倡导伙伴学习，取长补短，互学互鉴。②

2008 年 4 月 9 日，欧盟委员会向欧盟议会和欧盟理事会提交了《欧洲职业教育和培训质量保障参照框架立法建议》，提出把“质量保障参照框架”(EQARF)作为一个参照工具，帮助各成员国基于共同的欧洲参照标准促进和监测职业教育与培训系统的连续性改进，增进在真正的无边境的终身学习区内各国职业教育与培训系统的互信。质量保障参照框架在 2004 年欧盟理事会批准的各国广泛认同的“共同质量保障框架”(CQAF)基础上做了进一步的补充和完善，参考借鉴了各国在改进质量方面的经验，特别是一些最佳实践案例的

①Recommendation of the European Parliament and of the Council of 18 December 2006 on key competences for lifelong learning [S]. 2006. http://eur-lex.europa.eu/legal-content/EN/TXT/PDF/? uri=CELEX:32006H0962&from=EN

②The European Parliament and the Council of European Union. Recommendation on the establishment of the European Qualifications Framework for lifelong learning. [S]. Official Journal of the European Union, 2008, C 111/1.

经验，名称由原来的“共同质量保障框架”改为“质量保障参照框架”。质量保障参照框架提出了大多数国家在质量保障方面面临的一些共同问题及解决方案，建立了一套质量评价指标体系，作为欧盟教育与培训领域中8个共同工具之一，各国在自愿的基础上参加框架的实施。

2.质量保障框架建立过程

欧盟非常重视职业教育和培训质量保障体系建设。欧盟认为，职业教育和培训质量保障体系是促进向知识经济过渡的关键工具，有助于提高职业教育和培训的效益，改善劳动力市场供求匹配，提高就业能力，增加接受职业教育和培训的机会，增进欧盟各国间教育和培训供给的互信，从而有力促进劳动力流动和推动终身学习的发展。考虑到各国职业教育和培训系统以及质量保障措施的多样性和复杂性，为增进互信，需要增强质量保障领域的政策和实践的透明度和一致性。

(1)探索建立质量保障框架。欧洲职业培训发展中心早在1995年就开始关注职业教育和培训的质量问题，出版了一些研究报告。2001－2002年欧盟委员会设立了“欧洲职业教育和培训质量论坛”。2002年3月在西班牙巴塞罗那召开的欧盟理事会会议上，提出了“到2010年使欧洲教育和培训系统成为世界质量参照”的宏伟目标。2003年欧盟职业培训发展中心建立了职业教育和培训质量保障虚拟社区，成为网上质量论坛。

2003年，欧洲职业培训发展中心成立“职业教育和培训质量技术工作小组”(TWG)，成员由欧盟各国和入盟候选国家的职业教育专家及社会合作伙伴的代表组成，为欧盟制订质量保障参照框架提供智力和知识支持。技术小组的工作一直持续到2005年。①

2003年，欧盟建立了职业教育和培训“共同质量保障框架”(CQAF)，提出了共同的原则、指导方针和工具。2004年5月，欧盟理事会批准了共同质量保障框架，邀请欧盟委员及各成员国和利益相关方在自愿的基础上采取实际措施实施该框架。哥本哈根会议之后，欧盟每两年举行一次由各国负责职业教育和培训的部长、社会合作伙伴(工会和雇主组织)和欧盟委员会代表参加的，对哥本哈根进程的进展进行回顾和评估的会议。

2005年10月，建立了“欧洲职业教育和培训质量网络”(ENQA-VET)，这

①European Network on Quality Assurance in VET, Working Programme 2006－2007.[EB/OL].[2006－02－20]. http://www.cedefop.europa.eu/etv/Upload/Projects_Networks/Quality/key_documents/ENQA－VET_Work_Programme_2006－2007.doc.

是一个自愿性质的论坛，旨在交流经验和观点，促进质量意识的提高。参加的国家目前达到25个，论坛每年举行两次全体大会。

(2)“哥本哈根进程”推动建立质量保障框架。2002年11月29日和30日，欧洲31国负责职业教育与培训的部长、社会合作伙伴和欧盟委员会在丹麦首都哥本哈根召开会议，会议通过了《哥本哈根宣言》，正式启动了旨在加强各国职业教育与培训合作的“哥本哈根进程”。

2004年12月14日，欧盟在荷兰的马斯特里赫特召开“哥本哈根进程”回顾和评估会议，会议通过了《马斯特里赫特公报》，强调要加强职业教育教师和培训员的能力建设。①

2006年12月5日，欧盟在芬兰首都赫尔辛基召开“哥本哈根进程”第二次回顾和评估会议，会议通过了《赫尔辛基公报》，强调需要从共同质量保障框架迈向质量改进文化建设，加强各国在职业教育与培训质量改进方面的合作。②

2008年11月26日，欧盟在法国的波尔多召开“哥本哈根进程”第三次回顾和评估会议，会议通过了《波尔多公报》，再次强调要大力提高职业教育与培训质量，增强吸引力，改进职业教育和培训与劳动力市场的联系。③

2010年12月7日，欧盟各国职业教育部长会议在比利时布鲁日举行，会议通过了《布鲁日公报》，提出了2020年职业教育全球愿景，制定了2011—2020年期间11个战略目标，确定了2011—2014年国家层面22个短期可交付成果。公报认为，各国要按照《关于建立质量保障参照框架的建议》的要求建立质量保障框架，到2015年末，要在国家层面建立职业教育与培训机构共同质量保障框架，该框架不仅要适用于学校职业教育，而且也要适用于以企业学徒为主的工作本位学习。④

2015年6月22日，欧盟各国职业教育部长会议在拉脱维亚首都里加举

---

①Maastricht Communiqué on the Future Priorities of Enhanced European Cooperation in Vocational Education and Training (VET).[EB/OL]. [2007－07－03]. http://ec.europa.eu/education/lifelong-learning-policy/doc/vocational/maastricht_en.pdf.

②The Helsinki Communiqué on Enhanced European Cooperationin Vocational Education and Training.[EB/OL]. [2006－12－05]. http://ec.europa.eu/education/lifelong-learning-policy/doc/vocational/helsinki_en.pdf

③The Bordeaux Communiqué on enhanced European Cooperation in Vocational Education and Training.[EB/OL]. [2008－11－26] http://ec.europa.eu/education/lifelong-learning-policy/doc/vocational/bordeaux_en.pdf

④The Bruges Communiqué on Enhanced European Cooperation in Vocational Education and Training for the Period 2011－2020[EB/OL]. [2016－12－20]. http://ec.europa.eu/dgs/education_culture/repository/education/policy/vocational-policy/doc/brugescom_en.pdf

行，会议发表《里加结论》，指出各国要按照质量保障共同参照框架的要求，进一步完善质量保障机制。作为质量保障体系的一部分，坚持学习结果导向原则，在初始和继续职业教育与培训系统中建立连续性信息和反馈循环。

(3)正式建立质量保障体系。欧盟通过非约束力立法正式建立职业教育与培训质量保障体系。2009 年 6 月 18 日，欧洲议会和欧盟理事会通过《关于建立欧洲职业教育与培训质量保障参照框架的建议》。作为共同参照工具，质量保障参照框架将有利于促进和监测职业教育与培训体系连续改进，推动质量提升，增强各国政策的透明度和一致性，增进各国互信，促进人员流动和终身学习。

2014 年 1 月 28 日，欧盟委员会向欧洲议会和欧盟理事会提交了《关于实施欧洲职业教育与培训质量保障参照框架的情况报告》，这是自 2009 年职业教育质量保障参照框架建议通过以来的首次全面评估，报告分析了各国职业教育与培训质量保障取得的成就和存在的问题，并提出改进的建议。①

3.质量标准和指向性描述

欧盟将质量保障参照框架的实施分为四个阶段：政策目标制定和规划阶段；具体实施和操作阶段；评估阶段，包括设计在个体、机构和系统层面评价和评估的方法；总结阶段，结合内部和外部评估结果，提供反馈，提出应对变革的措施。每个阶段都包括质量标准及系统和机构层面指向性描述的内容，这四个阶段体现了逻辑的一致性和连贯性，构成质量保障的一个完整过程。

质量标准实际上是对系统和机构层面提出的质量保障的总体要求和目标，而指向性描述实际上是根据不同实施阶段的特点和任务，对系统层面（国家、区域、地方层面）和职业教育与培训提供者（学校或培训机构层面）分别提出的质量保障的具体目标和要求。

(1)规划阶段。该阶段的质量标准是规划能反映与利益有关方共同达成的战略愿景，包括明确的目标、行动方案和指标。

在系统层面，质量标准的指向性描述包括：制定中长期职业教育和培训发

①Report From the Commission to the European Parliament and the Council on the Implementation of the Recommendation of the European Parliament and of the Council of 18 June 2009 on the Establishment of a European Quality Assurance Reference Framework for Vocational Education and Training[R]. 2014. http://eur-lex. europa. eu/resource. html? uri = cellar: 8a3ad2ad — 88f6 — 11e3 — 9b7d — 01aa75ed71a1.0015.01/DOC_1&format=PDF

展目标，并与欧盟的目标相联系。利益有关方参与制定不同层次的职业教育和培训目标；参与制定具体的目标，并通过具体的指标进行监测；采用科学的方法分析预测培训需求；制定信息披露政策，依照国家/地区数据保护的相关规定，适时披露质量结果；制定承认和认证个人能力的标准和指导方针。

在机构层面，质量标准的指向性描述包括：学校的发展目标要能充分反映欧盟、国家和地区的职业教育和培训目标，学校目标要定期监测；征询利益有关方的意见，分析预测地方和个人具体需求；明确规定质量管理和发展的责任；积极吸收教学人员参与质量发展规划的制定；制定与其他学校合作的方案和行动计划；利益有关方参与地方需求分析过程；制定透明的学习者宪章，实施质量保障体系。

(2)实施操作阶段。该阶段的质量标准是同利益有关方共同制定实施计划，实施计划要包含明确的实施原则。

在系统层面，质量标准的指向性描述包括：同各级社会合作伙伴、职业教育和培训提供者及其他利益有关方合作制定实施计划；实施计划应有相应的配套经费安排；制定各级实施计划的指导方针和标准；实施计划要包含具体的教师教员培训支持方案；要明确规定在实施过程中职业教育和培训提供者的责任，并做到公开透明；制定国家或区域质量保障框架，其中要包含机构层面的指导方针和质量标准，促进连续性改进，实现自我约束。

在机构层面，质量标准的指向性描述包括：相关机构要拨出一定的专项经费，用于执行实施计划；建立包容性的伙伴关系，支持行动计划的实施；制定人员能力发展战略规划，加强教师和培训员培训；定期开展人员培训，发展与相关外部利益有关方的合作关系，支持能力建设和质量改进，提高绩效。

(3)评估阶段。该阶段的质量标准是定期开展过程和结果评估，辅之以质量测量。

在系统层面，质量标准的指向性描述包括：制定评估方法，包括内部和外部评估方法；明确规定利益有关方参与监测和评估过程；国家或区域质量改进和保障标准要与行业部门的需要相契合和匹配；开展系统自评并接受外部评价；建立早期预警机制；运用绩效指标；定期采集相关的、与标准相一致的数据，提出改进措施；设计适当的数据采集方法，如设计问卷调查和测量指标等。

在机构层面，质量标准的指向性描述包括：依照国家或地方的有关规定或质量保障框架定期开展自评，或是主动开展自评；评估和总结要包括教育过程和结果的评价及客户满意度和人员绩效的评价；建立有效的评估和反馈机制，吸收内部和外部利益有关方，如管理者、教师、学生、家长、雇主、社会合作伙伴和地方当局参与；运用基准和比较指标，促进相互学习和绩效改进。

(4)总结阶段。该阶段系统层面的指向性描述包括：制定各级总结评估的程序、方法和手段，对过程进行连续性评估，提出质量改进行动方案，使系统不断发展和完善，鼓励和支持职业教育与培训提供者间的相互学习活动，评估结果要予以公开。

机构层面的指向性描述包括：收集学习者对学习环境和学习经历的反馈意见，提出相应的改进计划，总结评估结果并予以公开，建立学习反馈机制，同利益有关方讨论评估结果，采取和实施改进的行动方案等。①

4.评价指标体系

欧盟在最初提出的200个指标的基础上，最后梳理、筛选和提炼了能支持在系统和机构层面实施质量保障、可以进行跨国比较和相互学习的10个指标。选取的指标考虑到使职业教育和培训质量改进与更广泛的欧盟目标联系起来，比如提高就业能力，改善培训供给与用户需求的匹配度，提供更好的接受终身学习的机会。欧盟和各国实施的项目也为指标的选取提供了好的参照。

欧盟职业教育与培训评价指标是两级指标体系，一级指标10个，二级指标14个(在指标1、2、5、6、8、9和10中各含有2个二级指标)。在指标维度上，按照"背景、投入、过程、产出/结果"模式构建评价指标体系，每个指标的测度面较宽，大部分涵盖2个或2个以上维度。在社会层面，指标体系体现了机会、公平、质量、效益和效率等社会维度，每个指标都服务于一个以上的政策目标。指标的内容涉及质量保障体系的运用、教师培训投入、参加率、完成率、就业率/安置率、个人和雇主满意度、失业率、弱势群体的机会、劳动力市场需求分析预测、远景发展规划等。在教育类型上，评价指标的涵盖范围不仅包括高中阶段职业教育，而且也包括企业继续教育与培训，是学校职业教育和职业培训全口径覆盖的评价指标体系。在形式上，以连贯链条的形式组织指标体系(见图2.1)。

---

①European Centre for the Development of Vocational Training. Fundamentals of a common quality assurance framework (CQAF) for VET in Europe [M]. Luxembourg: Office for Official Publications of the European Communities, 2007.

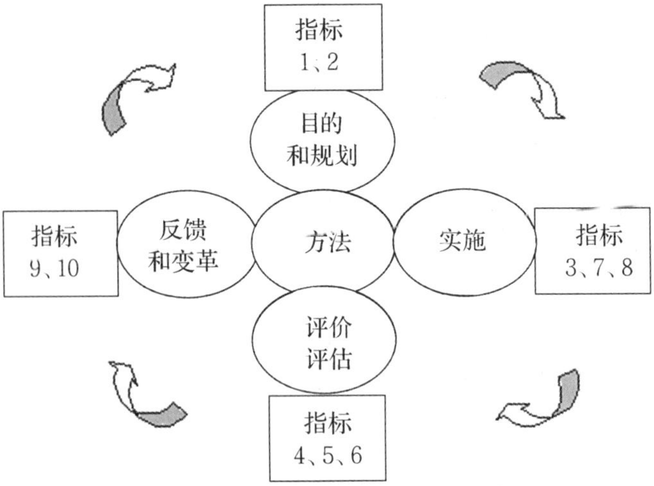

图 2.1 欧洲职业教育与培训质量保障环

欧盟设计的职业教育和培训评价体系包括以下 10 个一级评价指标：

指标 1：职业教育和培训提供者（机构）运用质量保障体系的比例（与质量保障体系的相关性）。该指标包含 2 个二级指标：(1)运用法律法规规定的质量保障体系的，或自主实施的内部质量保障体系的教育和培训机构的比例；(2)经过认证的职业教育和培训机构的比例。指标类别为背景/投入指标。运用该指标的政策目的是促进学校层面质量改进文化的形成，提高职业教育和培训质量的透明度，增进职业和培训供给的互信。指标适用范围为初始职业教育（高中阶段职业教育）和继续职业教育和培训。

指标 2：教师和教员培训投入。该指标包含 2 个二级指标：(1)教师和培训员参加继续培训的比例；(2)投入资金数额。指标类别为投入/过程指标。运用该指标的政策目的是提高教师和培训员在职业教育与培训质量发展过程中的主体地位，改进职业教育与培训对不断变化的劳动力市场需求的适应性，加强个人学习能力建设，提高学习者的学习成就。指标适用范围为初始职业教育（高中阶段职业教育）和继续职业教育和培训。

指标 3：职业教育与培训参加率。该指标是指按照课程专业类型和个别标准划分的职业教育与培训参加者人数。除性别和年龄等基本信息外，也可运用其他社会标准划分，如过早辍学生、最高学历水平、移民背景、种族少数群体、残疾人、失业时间等。指标类别为投入/过程/产出指标。运用该指标的政策目的是获得系统和机构层面职业教育与培训吸引力的基本信息，增加接受职业教育与培训的机会，包括增加社会上处境不利群体接受教育培训的机会。指标适用范围为初始职业教育（学生参加者至少参加了为期 6 周的培训）、继续职业教育与培训和终身学习(成人中参加正规职业教育与培训的比例)。

指标 4:职业教育与培训完成率。该指标是指按照课程专业类型和个别标准划分的成功完成或放弃职业教育与培训的人数。指标类别为过程/产出/结果指标。运用该指标的政策目的是获得教育成就和培训过程质量的基本信息,在参加率基础上计算辍学率,了解职业教育与培训效率;支持成功完成教育和培训,并使之作为主要的质量目标之一;支持适应性培训计划,包括向社会上处境不利群体提供培训机会。指标适用范围为初始职业教育(高中阶段职业教育)及继续职业教育与培训(如果相关的话)。

指标 5:职业教育与培训安置率。该指标包含 2 个二级指标:(1)按照课程专业类型和个别标准划分的职业教育和培训学习者完成培训后在 6—12—36 个月时间里的去向;(2)按照课程专业类型和个别标准划分的学习者在完成培训后 6—12—36 个月时间里的就业比例。指标类别为结果性指标。运用该指标的政策目的是支持就业能力的培养,改进职业教育与培训对劳动力市场变化着的需求的适应性,支持适应性培训计划,包括向社会上处境不利群体提供培训机会。指标适用范围为初始职业教育(含辍学者目的地的信息)及继续职业教育与培训。

指标 6:在工作场所使用所学技能。该指标包含 2 个二级指标:(1)按照培训类型和个别标准划分,个人在完成培训后就业方面的信息;(2)个人和雇主满意率(能运用所学技能、能力)。指标类别为结果性指标(质性和量化数据组合)。运用该指标的政策目的是提高就业能力,改进职业教育与培训对劳动力市场变化着的需求的适应性,支持适应性培训计划,包括向社会上处境不利群体提供培训机会。指标适用范围为初始职业教育及继续职业教育与培训。

指标 7:按照个别标准划分的失业率。根据国际劳工组织和经济合作与发展组织的定义,失业是指年龄在 15～74 岁的没有工作的人,正积极地寻找就业,准备开始工作。指标类别为背景指标。运用该指标的政策目的是为决策提供职业教育与培训系统层面的背景信息。指标适用范围为初始职业教育及继续职业教育与培训。

指标 8:弱势群体培训机会普遍性。该指标包含 2 个二级指标:(1)按年龄和性别划分的弱势群体职业教育与培训参加者的比例;(2)按年龄和性别划分的弱势群体培训成功率。指标类别为背景指标。运用该指标的政策目的是为决策提供职业教育与培训系统层面的背景信息,增加社会上处境不利群体接受职业教育与培训的机会,支持适应性培训计划,包括向社会上处境不利群体提供培训机会。指标适用范围为初始职业教育及继续职业教育与培训。

指标 9：劳动力市场培训需求分析预测机制。该指标包含 2 个二级指标：(1)有关变化着的不同层次的劳动力需求的分析预测信息；(2)信息有效性的证据。指标类别为背景/投入指标(质性信息)。运用该指标的政策目的是改进职业教育与培训对劳动力市场变化着的需求的适应性，帮助提高就业能力。指标适用范围为初始职业教育及继续职业教育与培训。

指标 10：促进享有更好职业教育与培训机会的计划。该指标包含 2 个二级指标：(1)现有的不同层次计划方面的信息；(2)计划有效性的证据。指标类别为过程指标(质性信息)。运用该指标的政策目的是增加社会上处境不利群体接受职业教育与培训的机会，支持实施适应性培训计划。指标适用范围为初始职业教育及继续职业教育与培训。①

为促进框架实施，欧盟开发了有关实施工具，如《欧洲自评指导手册》，帮助职业教育与培训提供者改进培训供给的质量，另外在“达·芬奇职业教育项目”资助下，通过项目立项的相关人员编写了初始职业教育与培训同行评价手册。

5.质量保障参照框架的实施

在质量保障参照框架实施中，各成员国的作用是：完善国家质量保障体系，吸收社会合作伙伴、地区和地方当局及其他利益有关方参与实施欧洲质量保障参照框架，鼓励各办学机构使用国家质量保障参照标准，积极参与“欧洲质量保障参照框架网络”，监测框架的实施，在框架启动四年之后进行总体评估。框架采取自愿参与的原则，充分尊重各国的教育主权。欧盟的作用是：支持各国实施框架，通过提出具体的建议和行动计划为职业教育与培训领域的政策发展做出贡献，促进各国开展合作和相互学习，开发指导材料，为各国提供职业教育与培训质量发展方面的信息；保障后续行动计划并对框架实施情况进行评估，每隔四年向欧盟议会和欧盟理事会提交实施情况报告。

欧盟委员会建议，为有效实施质量保障参照框架，各国应设立专门机构，成立质量保障国家控制点，以协调和统筹国家和地区层面各利益相关方的工作，确保后续行动计划的实施和信息的有效传播。国家控制点的职责是：向各利益相关方及时提供欧洲网络活动的最新进展情况，为欧洲网络工作计划的实施提供积极的支持，在国家背景下采取具体措施促进欧洲质量保障参照

① Recommendation of the European Parliament and of the Council of 18 June 2009 on the establishment of a European Quality Assurance Reference Framework for Vocational Education and Training [S]. 2009. http://eur-lex.europa.eu/LexUriServ/LexUriServ.do? uri = OJ:C:2009:155:0001:0010:EN:PDF

框架进一步发展。

欧盟委员会对“框架”的法律工具的使用做了影响评价，以选择适当的法律工具，并将评价报告提交给“影响评价委员会”。欧盟委员会的立法建议认为，采用没有法律约束力的欧盟议会和欧盟理事会联合“建议”的形式通过质量保障参照框架，各国是否接受和使用该框架是完全自愿的。依照辅助性原则，任何欧盟工具的作用都应是促进和支持成员国层面的行动。欧盟委员会的立法建议符合辅助性原则的立法精神，因为它不属于共同体专属权限范围。立法建议也符合相称性原则，因为它没有替代或规定国家质量保障体系，而是将“框架”的实施交给各成员国。《欧洲共同体条约》第 149 条规定“共同体应为质量教育的发展做出贡献”，第 150 条规定“共同体行动应旨在……改进初始和继续职业培训……”。欧盟委员会的行动符合条约的规定。

框架的主要功能是提供达成的跨国参照标准，运用共享的框架、共同的质量标准、指向性描述和统一的评价指标体系，帮助成员国和利益相关方监测、评价和改进其职业教育与培训供给的效能和质量管理实践，促进各国职业教育与培训质量的一致性发展和跨国合作，并通过职业与培训质量保障网络促进相互学习，而这些功能不可能由国家层面的行动得以实现。“框架”也提供了在国家和欧盟层面报告质量进展的基础和共同语言。欧盟委员会认为，这种立法形式的选择符合成员国的愿望，通过欧洲合作促进职业教育与培训的质量改进，同时保留工具的自愿性特点。而且，在质量保障领域以“建议”的形式推出政策也能够与实施其他相似行动计划，如欧洲资格框架保持一致。①

欧盟职业培训发展中心对各国负责职业教育和培训的局长进行的一次调查表明，大部分国家自 2006 年以来，质量保障工作取得了进展，三分之一的国家声称取得了重大进展，三分之二的国家表示保障职业教育和培训质量成为工作的“重中之重”。②

---

①Commission of the European Communities. Commission Staff Working Document Accompanying document to the Proposal for a Recommendation of the European Parliament and of the Council on the establishment of a European Quality Assurance Reference Framework for Vocational Education and Training (EQARF), Impact Assessment Summary [EB/ OL]. [2008－04－10]. http://register.consilium.europa.eu/pdf/en/08/st08/st08289－ad01.en08.pdf

②European Centre for the Development of Vocational Training, Continuity, consolidation and change, Towards a European era of vocational education and training. [M]. Luxembourg: Office for Official Publications of the European Communities, 2009.

(三)非正规和非正式学习认证

非正规和非正式学习认证不仅是终身学习发展战略的重要组成部分，也是实施欧洲资格框架的重要辅助性工具。欧盟一直重视非正规和非正式学习认证问题，从20世纪90年代初就开始关注和研究非正规和非正式学习认证问题，此后通过制定政策不断提高各国对认证问题重要性的认识，从而推动各国建立认证体系。2004年，欧盟通过《认证非正规和非正式学习共同原则》，2009年发布了《非正规和非正式学习认证指导方针》，2012年又以立法形式通过《关于认证非正规和非正式学习的建议》，要求各国到2018年建立较为完善的认证体系。欧盟还注重及时总结各国关于非正规和非正式学习认证好的经验和做法，从2004年开始出版各国非正规和非正式学习认证经验汇编，到目前为止，分别在2004年、2005年、2007年、2010年和2016年共出版5个版本的经验汇编。现有20个国家做出了有关非正规和非正式学习的认证安排①，这使个人在正规教育系统之外通过学习而取得资格或部分资格成为可能，有助于实现终身学习的目标。以学习结果为导向的国家资格框架将作为识别、记录、评价和承认在非正规和非正式学习背景下取得的学习结果的参照点，国家资格框架的引入使得各国能够从碎片化的认证方法走向更加协调的国家认证制度。

1.三种学习形态

一般讲，学习存在三种形态，除正规学习外，还存在非正规和非正式学习两种学习形态，欧盟对这两种学习形态分别给出了定义。非正规学习(non-formal learning)是指通过在学习目标和学习时间方面有规划的活动发生的学习，存在某种形式的学习支持，例如存在师生关系，课程可包括传授工作技能、提高成人读写技能和向辍学生实施的基础教育等。非正规学习最常见的情况是企业培训，企业通过培训更新和提高其员工的技能，如信息技术技能，另外还有结构化在线学习(如利用开放教育资源)以及由公民社会组织为其成员、目标群体或公众组织实施的课程等。非正式学习(informal learning)是指来自于日常活动的学习，与工作、家庭或闲暇生活相关，在学习目标、时间或学习支持方面不是有组织或结构化的活动，从学习者角度看它可能是无意的学习。通过非正式学习获得的学习结果的例证可包括：通过生活和工作经历获得的技能，在工作中获得的项目管理技能或信息技术技能，在其他国家工作或学习期间获得的语言能力和跨文化交流技能，在工作之外获得的信息技术技能，通过志愿者

①Cedefop (European Centre for the Development of Vocational Training). Qualifications Frameworks in Europe: Developments 2016[EB/OL]. [2016-12-18]. http://www.cedefop.europa.eu/files/9117_en.pdf

服务、文化活动、体育、青年工作以及通过家庭的活动(照看儿童)获得的技能等。[①] 对非正规和非正式学习结果进行认证是实施国家资格框架、推动终身学习深入发展的重点和难点,也是最薄弱的环节。

2.非正规和非正式学习认证的共同原则

欧盟早在2002年就通过决议要求各成员国制定一套认证非正规和非正式学习的共同原则,以保证各国在不同层面上的认证方法具有更大的兼容性。经过各成员国代表和社会合作伙伴的广泛讨论,2004年5月,欧盟理事会通过了《关于识别和认证非正规和非正式学习的欧洲共同原则的结论》,要求各国加强经验交流,增进各教育系统间认证方法的可比性,提高总体质量和可信性。欧洲共同原则包括以下几个方面:(1)保证个人权利,鉴定和认证非正规和非正式学习原则上应在个人自愿的基础上,公正、公平地对待每一个人,尊重个人的隐私和权利;(2)利益有关方履行的义务,利益有关方应依据他们的权利、责任和能力,建立非正规和非正式学习认证的方法和程序,包括建立质量保障机制。利益有关方应向个人提供指导、咨询和有关认证的程序和方式方面的信息;(3)保证信心和信任,鉴定和认证非正规和非正式学习的过程、程序和标准应公正和透明,通过质量保障机制予以保证;(4)提高可信性和合法性,保证利益有关方的均衡参与,避免任何利益冲突。评价人员的专业能力应予以保证。这些原则对推动各国建立非正规和非正式学习认证体系发挥了极大的作用。2007年,欧洲职业培训发展中心在总结各国认证非正规和非正式学习经验的基础上,提出了认证非正规和非正式学习欧洲共同原则,包括:

- 认证应是自愿的。
- 个人隐私应受到尊重。
- 应保证机会均等和公平对待。
- 利益有关方应参与建立认证制度。
- 认证制度应包含个人指导和咨询机制。
- 认证制度应建立在质量保障基础之上。
- 认证的过程、程序和标准必须公正和透明,并建立在质量保障基础之上。
- 认证制度应尊重利益有关方的合法权益,寻求平衡参与。
- 认证过程必须公正,避免利益冲突。

---

①Council Recommendation of 20 December 2012 on the validation of non-formal and informal learning(2012/C 398/01)[S].22.12.2012. Official Journal of the European Union,C 398/1—5.

• 评价人员的专业能力必须得到保证。[①]

为实施“2010 教育和培训工作计划”，欧盟成立了承认学习结果同行学习小组，有 20 多个国家的代表参加了该小组的经验交流活动。经过两年多的深入交流和实践，欧洲职业培训发展中心形成了《欧洲认证非正规和非正式学习指导方针》，从欧盟、国家、组织机构和个人等不同利益有关方视角总结了认证非正规和非正式学习有效实践的特征，并提出了政策建议。

从欧盟视角来看，有效实践的特征是认证非正式和非正规学习的实践应与 2004 年欧洲非正规和非正式学习认证原则、欧洲教育与培训质量保障原则和欧洲职业教育与培训质量保障参照框架的主要精神保持一致，进一步推动欧洲认证合作，完善相关的指导方针，传播欧洲非正规与非正式学习认证好的经验。欧洲一级工具和框架（欧洲资格框架、欧洲通行证和欧洲学分制等）可用以促进认证和改进认证过程与结果的可比性和透明度，从而在各国间建立互信。

从国家视角来看，有效实践的特征是非正规和非正式学习应被视为国家资格制度的一个组成部分。形成性评价方法极为重要，因为它注重对知识、技能和广泛的能力的“鉴定”，这是终身学习的重要组成部分。总结性认证需要与国家资格制度（或框架）的标准有明确和清晰的联系。非正规和非正式学习被视为与正规教育和培训相平行的、可以取得正式资格的一种学习路径，个人享有的认证权利应得到重视。开发国家资格框架应被视为将认证制度融入国家资格制度的一种机会。作为国家资格框架的一个组成部分，引入认证可以与改进教育机会、完善资格进阶和促进学习转换联系起来。国家认证制度的可持续性和一致性应以定期成本效益分析为基础。

从机构视角来看，有效实践的特征表现在：正规教育、企业、成人教育机构和志愿组织是提供认证非正规和非正式学习机会的关键利益相关方。认证非正规和非正式学习可以纳入正规课程和评价，这对正规教育提出了挑战。企业在记录雇员的知识、技能和能力方面有着天然的优势。作为雇主，企业需要平衡自己的合法权益与个体雇员的合法权益。成人教育部门是非正规和非正式学习的主要贡献者，要通过建立形成性和总结性认证制度，进一步支持成人教育的发展。第三部门（志愿组织）提供了各种个性化学习机会。认证要变得更加可视，尊重学习者取得的学习结果，帮助学习者将其学习结果转移到其他学

---

①European Centre for the Development of Vocational Training (Cedefop). Validation of non-formaland informal learningin Europe: A snapshot 2007 [R]. Luxembourg: Office for Official Publications of the European Communities, 2008.

习情境。通过机构框架，明确参与认证的各种机构的职能，使机构在进行认证时不会授予被视为不同地位的资格证书。

从个人视角来看，有效实践的特征表现在：认证过程的核心是个人。每个人都应有参与认证的机会，要注重激发个人参与认证的动机。多重阶段认证过程为个人提供了参加认证的许多机会，要注重为个人决策提供信息、咨询和指导。

从认证过程角度看，认证咨询、评价和外部审查是三个核心环节，它们对不适宜、不规范的现有认证程序进行调整，支持建立新的认证程序。

从认证方法角度看，有效实践的特征表现在认证方法基本上是使用评价正规学习的方法。但在进行认证时，要结合个体情况适当调整认证方法，运用组合工具，以反映个体特性与非正规和非正式学习的非标准化特征，学习评价工具需要适合目的。

从认证实践工作者方面来看，有效实践的特征表现在：认证过程的有效运行主要取决于咨询员、评价员和认证过程行政管理人员的业务素质。要加强评价和管理人员的继续培训，提高他们的能力素质。建立经验共享的网络和运行良好的实践社区应是实践工作者发展计划的一部分，在单一认证过程中实践工作者的良好表现会吸引更多个人参加认证实践。①

2012 年 12 月 20 日，欧盟理事会从立法层面推出了《关于认证非正规和非正式学习的建议》，启动了认证非正规和非正式学习行动计划，以促进各国承认人们在学校之外获得的技能和能力，增加人们的就业机会，特别是增加青年失业者以及那些文化程度不高、年龄较大和技能低的工人的就业机会，同时也旨在增加人们接受高等教育的机会，特别是增加成人学生接受高等教育的机会。欧盟敦促各国建立非正规和非正式学习国家认证体系，使公民能在正规教育之外获得的技能和能力的基础上取得完整或部分资格。欧盟负责教育、文化、多语言和青年事务的委员瓦西利乌(Androulla Vassiliou)指出："我们的目标是让所有的公民不管是在工作场所还是通过公民社会团体和互联网都能利用可得的学习机会，提高他们的技能和就业能力。在高失业率和低经济增长的时期，大力培养公民的技能和能力以提升竞争力并促进社会繁荣和包容，这对欧洲来说至关重要。"②

①European Centre for the Development of Vocational Training. European guidelines for validating nonformal and informal learning[R]. Luxembourg: Office for Official Publications of the European Communities, 2009.

②Commission urges Member States to recognise skills gained outside school and university[EB/OL]. [2014－01－05]. http://europa.eu/rapid/press－release_IP－12－936_en.htm? locale=fr

《关于认证非正规和非正式学习的建议》要求各成员国在2018年之前根据国情和实际情况做出认证非正规和非正式学习的安排，使个人通过非正规和非正式学习获得的，甚至通过开放教育资源途径获得的知识、技能和能力得到认证。在不影响欧盟其他适用法律，特别是在不影响欧盟2005/36/EC号《关于承认专业资格的指令》的情况下，使个人在得到认证的非正规和非正式学习经历的基础上获得完整资格或者部分资格。各国可根据需要在认证安排中优先考虑某些领域或行业的非正规和非正式学习认证。个人可以单独或以组合方式参加认证，相关部门和机构要识别、记录、评价个人通过非正规和非正式学习途径取得的学习结果，以资格、学分或其他形式证明个人通过非正规和非正式学习途径取得的学习成就 。欧盟委员会将支持各国做出认证安排，促进各国开展有效的同行学习活动和交流好的经验和做法，定期检查评估《欧洲认证非正规和非正式学习指导方针》文件的实施情况，定期检查《欧洲认证非正规和非正式学习经验汇编》编写和出版情况。①

目前，芬兰、法国、卢森堡和荷兰等国建立了较为完善的非正规和非正式学习认证体系。在法国，除了临床执业医师、口腔执业医师、兽医和建筑师等监管资格外，所有资格都可以通过认证非正规和非正式学习途径获得。个人可以提交其学习经历以及获得的技能和能力方面的详细材料，由相关部委任命的专家评审团经过审查和评估向当事人授予一个完整或部分资格。卢森堡的情况与此类似。在荷兰，人们为了求职或得到考试委员会的正式承认，可以提交个人学习经历描述材料，认定个人的技能和能力。芬兰制定了相关教育法律法规，允许认证人们在许多教育领域和不同教育层次的学习经历。

(四)职业教育与培训学分体系

职业教育与培训学分体系(ECVET)是一个促进从一个资格体系到另一个资格体系学习结果学分积累与转换的方法框架，旨在促进跨国流动和终身学习发展，它不是要替代国家资格制度，而是要更好地实现各国间资格的可比性和兼容性。学分体系适用于个人从各种教育与培训路径取得的一切结果，这些结果可以转换、得到承认和积累，从而完成一个资格。学分体系的实施可方便个人在其他成员国使其培训、技能和知识得到承认。

欧洲职业教育与培训学分体系主要包括以下四个构成要素。

①Council Recommendation of 20 December 2012 on the validation of non-formal and informal learning(2012/C 398/01)[S].22.12.2012. Official Journal of the European Union,C 398/1－5.

1.学习结果单元

欧洲职业教育与培训学分体系改变了传统的以学习时间为衡量工具的做法，主张以学习结果为基础，强调学习者在学习过程结束后理解了什么、能做什么，即学习者的知识、技能和能力水平。

学习结果单元是欧洲职业教育与培训学分体系的核心，一个资格原则上由若干个学习结果单元组成，每个学习结果单元用容易被理解的术语清楚地描述资格所要求的知识、技能和能力。因为各个资格的知识、技能和能力有时具有相通性，所以一个学习结果单元既可以具体用于一个资格，也可以共同用于若干资格。学习结果单元的数量和格式取决于资格所要求的知识、技能和能力的复杂性、专业性和多样性，且每个学习结果单元都能反映欧洲资格框架的不同等级，各个学习结果单元组合在一起构成完成一个资格的要求。

2.学习结果转换累积和学校伙伴关系

学分体系具有单元学习结果转换和累积两个功能。其中，转换功能可以使不同背景和不同时间的学习活动具有可比性。个体在一种情境和一个时期获得的学习结果在获得评估并授予学分后，可以通过学分转换的方式在另一种情境和另一个时期得到相关机构的验证和承认，从而方便个体参加学习活动，尤其是参加非正规、非正式学习和在跨国流动过程中的学习。累积功能可以使个体通过不同学习途径获得的学习结果得到认证、存储和积累。根据各成员国的规则和考核程序，当学习结果达到授予资格、证书或文凭的要求时，个体可以获得某项资格。这意味着欧盟各成员国职业教育与培训方案可以互换或相互替代。

派出和接收学校可通过签署谅解备忘录确定合作伙伴关系，旨在为合作伙伴间的合作交流提供总体架构，建立互信机制，协助合作伙伴设计学习者学分转换具体安排。谅解备忘录的内容应主要包括接受对方为伙伴学校，认可对方的质量保障、评价、验证、认证标准和程序，以满足学分转换的条件；同意保持伙伴关系的条件，如双方合作的目标、期限以及续签谅解备忘录的安排；同意以欧洲资格框架作为资格参照等级，出于学分转换目的，双方的资格证书具有可比性；商定其他学校加入本合作协议，参与院校合作和学生交流活动。

3.学习协议和个人成绩单

学习协议明确说明学习者流动期间双方机构的合作条件，如学习者的身份、在外学习时间、学习者预期所要达到的学习结果以及与欧洲职业教育与培训学分体系相对应的学分。通过签署学习协议，学习者在接收学校获得预期所要达到的学习结果，在这些学习结果得到接收学校明确评价后，派出学校可以根据商定的程序和质量保证标准对其进行验证和认证，并根据本国制定的规则和程序，把这些转换后的学习结果作为本国授予资格的重要依据。个人成绩单记录了学习者在接收学校学习后所获得的结果，如学习者获得的单元学习结果、学习者获得的职业教育学分及等级。个人成绩单同学习协议一样可以在转换单元学习结果时展示学习者所学的课程以及学习模式，并且也需要用派出国和接收国两国的语言书写。个人成绩单作为个人的学习档案，在保存个人信息资料的基础上用于跨国流动学习。

4.学分授予

单元学习结果是对学习者在学习过程结束后获得的知识、技能和能力的定性描述，而学分是单元学习结果转换与累积的载体，它以量化的形式提供有关资格和学习单元的补充性信息，如单元学习结果的数量及其在整个资格中所占的比重等，反映单元学习结果的获得和累积情况。1 个全日制学年的学习结果等同于 60 个学分。各国学分的授予由制定和管理资格的主管机构负责，一般分为两步：首先确定整个资格的学分，然后根据每个单元学习结果在整个资格中所占的比重确定其学分，每个单元学习结果的学分总和等于资格的总学分。而资格证书中各个单元学习结果所占的相应比重，可以根据该单元学习结果对于学习者进入劳动力市场以及提高资格水平的重要性、单元学习结果的数量和复杂性，以及学习者为获得单元学习结果中的知识、技能、能力所做出的必要努力来确定。①

（五）欧洲通行证

1.欧洲通行证文件

促进人员流动是欧盟教育发展的重要目标之一。2004 年 12 月，欧洲议会和欧盟理事会通过《关于资格和能力透明性单一共同体框架的决定》，简称“欧洲通行证”（Europass），它是一组解释说明流动人员资格和技能的文件，具体包括欧洲人简历（Europass-CV）、流动证明（Europass-Mobility）、文凭补充说明（Europass-Diploma supplement）、证书补充说明（Europass-Certificate supplement）和语言学习证明（Europass-Language Portfolio，也称语言护照）5 份文件，用 26 种语言制作。发放欧洲通行证旨在使公民能真实展示其获得的技能

① 吴雪萍，张科丽.欧洲职业教育与培训学分体系探究[J].比较教育研究，2011(1)：64－65.

和资格，便于求职或继续学习，雇主通过欧洲通行证能够全面了解劳动力持有的技能和资格，教育与培训机构能定义和展示课程内容。欧盟在《决定》中指出，改进资格和能力的透明性将会促进全欧范围内的跨国跨行业流动，推动终身学习发展，从而为发展质量教育与培训做出贡献。① 欧盟制作了欧洲通行证各种文件的统一模板，保证各国使用统一的标准和格式。为实施 2004 年的《决定》，各国设立了国家欧洲通行证中心（National Europass Centre，简称 NEC），负责在国家层面协调相关活动，同时建立了欧洲 NEC 联盟，由欧盟委员会协调 NEC 联盟的活动。

"欧洲人简历"基于 2002 年欧盟委员会提出的欧洲个人简历共同格式，可以系统灵活地按时间顺序呈现持有者的资格和能力，描述个人经历，内容包括个人信息、语言能力、工作经历和学历，个人具有的其他能力，如技术、组织领导、艺术和社交技能等。

"流动证明"是个人出国学习的证明，由参与流动项目的派出和接收机构签发，记录持有者在欧盟其他成员国的学习经历。内容包括个人信息、接收单位、学习期限、学习内容、导师姓名，证明持有者的语言能力、技术技能、社会技能和组织领导能力等。

"语言学习证明"由欧洲理事会开发，是一份记录学习者语言学习和文化经历和能力的文件。它有两个功能，一是教育功能，旨在激发语言学习者的动机，改进他们用不同语言交流的能力，激励他们追求新的学习和跨文化经历。帮助学习者反思他们的学习目标，规划他们的学习，加强自主性学习。另一个是报告功能，以全面、透明和可靠的方式记录持有者的语言熟练程度，帮助学习者评价他们达到的一种或数种外语能力等级，使他们能够流畅地与他人开展交流，所有的能力都会得到认可，不论是在正规教育系统之内或外部取得的能力。语言学习证明的内容包括语言护照、所学语言介绍等。

"证书补充说明"是职业教育主管部门或机构颁发的职业证书的附带文件，以使第三人，特别是其他国家的人员，更易于了解证书持有者具备哪些技能和能力，内容包括已获得的技能和能力、可从事的职业范围、颁证和认证机构、证书的等级、取得证书的不同途径和接受下一级教育的入学要求和学习机会。

"文凭补充说明"是由高等教育主管部门颁发的高等教育文凭的附带文件，

---

①Decision No 2241/2004/EC of the European Parliament and of the Council of 15 December 2004 on a single Community framework for the transparency of qualifications and competences (Europass) [S]. Official Journal of the European Union 31.12.2004, L 390/6－20. http://eur－lex.europa.eu/LexUriServ/LexUriServ.do? uri＝OJ:L:2004:390:0006:0020:EN:PDF

以使人们更易于了解证书持有者具备哪些知识和能力，内容包括资格名称、资格的等级、学习内容和结果、学习方式、资格的功能、证书补充证明和国家高等教育体系介绍等。文凭补充说明不会取代文凭原件，也不会由其他国家的学术部门给予文凭原件任何正式承认的权利。它有助于人们更好地了解原始文凭，获得主管部门或高校招生人员的认可。[①]

自2012年12月起，个人简历可以附带“欧洲技能护照”(European Skills Passport)，它是一份将欧洲通行证和其他文件合在一起的证明资格和技能的电子版文件夹，使公民能够全面呈现个人不管是在正规教育还是非正规教育背景下取得的技能和资格证书，它可以附在个人简历后面，起到补充和说明的作用。从2013年开始引入“工作经历证明文件”(Europass experience)，这使公民能够记录他们通过工作经历，如实习工作、暑假工作和志愿者工作等，在各种情境里获得的技能和能力。

2.欧洲通行证的实施

自2005年2月欧洲通行证启动以来，欧洲通行证的发放数量大幅增加。据欧洲职业培训发展中心统计，截至2012年3月末，欧洲通行证网站访问量达到4860万人，在线创建1800份欧洲人简历，下载2000万份欧洲人简历模板，在线创建33.3万份语言护照，下载91.5万份语言护照模板，发放30多万份语言证明文件。有23个国家总结了国家发放欧洲通行证的经验，证书补充说明发放数量不断增加，发放文凭补充说明的高等教育机构越来越多。2011年欧洲通行证网站访问量达到1290万人，而2005年仅有120万人，增长达10倍。2005年在线创建11.6万份欧洲人简历，到2011年增加到590万份，增长50多倍。

在“哥本哈根进程”下，欧盟还开发了其他几个共同欧洲工具和原则，总体来说，这将使人们更易于理解资格，使教育系统更具弹性，促进就业和地域流动，推动终身学习发展。在2013年至2015年期间，欧洲通行证与欧盟工具更紧密地联系起来，特别是与欧洲资格框架(EQF)、欧洲职业教育与培训学分系统(ECVET)和欧洲技能、能力和职业分类工具(ESCO)联系起来。欧洲资格框架设有8个等级，这使包含普通教育、高等教育和职业教育资格证书在内的国家资格能够进行相互比较并在各国间进行比较。欧洲资格框架的等级将在

---

①Decision No 2241/2004/EC of the European Parliament and of the Councilof 15 December 2004 on a single Community framework for the transparency of qualifications and competences (Europass)[S]. Official Journal of the European Union, 31.12.2004.

欧洲人简历以及证书和文凭补充说明中使用，以表明持有者的资格等级。在他国工作学习期间或在不同背景下取得的，并在ECVET学分系统下得到验证的与工作相关的技能和知识，将记录在证书补充说明、流动证明文件以及新的工作简历证明文件之中。ESCO分类工具完成后，将提供在所有职业领域中使用的技能、能力和资格的术语目录。运用ESCO术语有助于提升欧洲通行证描述的准确性和清晰度，帮助人们更清晰地描述和呈现其教育以及与各种职业相关的工作和生活经历，更容易地验证其技能，让知识和技能积累成完整或部分资格。①

（六）终身指导服务方针

在当今迅速变化的社会，指导服务在人的一生中各个阶段发挥着越来越重要的作用。2004年和2008年，欧盟教育理事会分别通过决议，就加强终身指导服务提出了具体意见。2004年，欧盟理事会和各成员国代表通过《关于加强欧洲终身指导领域的政策、体系和实践的决议草案》，在终身学习背景下，终身指导服务旨在使任何年龄的公民在生活的任何节点上能够识别其能力和兴趣，做出教育、培训和职业决策，在学习、工作和能力习得和使用的各种情境中管理个人生活路径。所有公民在生活的各个阶段都能够有机会接受指导服务，特别是要关注处于危险中的个人和群体的指导服务。发挥指导服务的干预作用，鼓励学生完成学校教育，使个人能够管理他们自己的学习和职业生涯，使过早辍学生重新融入适当的教育与培训计划。通过提供教育、培训和工作的机会，促进公民的社会和经济融合，提高各级各类教育的完成率，包括继续教育、高等教育和成人教育与培训的完成率，促进学习者的职业和地域流动。注重指导服务的灵活性和多样化，包括使用创新性方法和技术，特别是向困难青年人和成人提供指导服务，帮助他们克服经济和地域的不利处境。鼓励社会各界参与指导服务，支持教育与培训机构通过提供工作经历和实习机会培养学生的创业精神和能力。②

2008年11月，欧盟教育理事会和各成员国代表通过《关于将终身指导更

①European Centre for the Development of Vocational Training(Cedefop). Briefing Note Europass 2005—2020: Achievements and Prospects[EB/OL]. May 2012.http://europass.cedefop.europa.eu.

②Draft Resolution of the Council and of the representatives of the Governments of the Member States meeting within the Council on Strengthening Policies, Systems and Practices in the field of Guidance throughout life in Europe[S]. 2004. http://ec. europa. eu/education/lifelong-learning-policy/doc/guidance/resolution2004_en.pdf

好地融入终身学习战略的决议》，认为公民生活面临着越来越多的多重过渡：从学校教育过渡到职业教育与培训、高等教育或就业，从就业到失业、继续培训或者离开劳动力市场。指导服务在个人整个生活中需要做重要决策时发挥着决定性作用，能帮助个人在当今劳动力市场背景下以更加安全的方式管理自己的职业生涯路径，更好地实现个人和专业生活的平衡。该决议提出了终身指导服务的四个优先领域：

优先领域 1：鼓励终身获得职业生涯管理技能。职业生涯管理技能在向人们赋权参与设计自己的学习、培训和融入社会的路径及规划其生涯方面发挥着决定性的作用。伴随一生的这种技能基于关键能力，特别是学会学习能力、社会和公民能力——包括跨文化能力、主动意识和创业精神。职业生涯管理技能包括以下方面：了解经济环境、企业和职业；能够评价自己，认识自己并能够描述在正规的、非正式和非正规教育背景中获得的能力；了解教育、培训和资格制度。

为在这个优先领域取得进展，各成员国应根据国情考虑将其纳入教学与学习活动之中，这有助于在普通教育、职业教育和高等教育课程中培养职业生涯管理技能。对教师和实训教师进行培训，支持他们开展和参与此类活动。鼓励家长参与指导，让公民社会组织和社会合作伙伴更多地参与这个领域。提供了解培训和技能需求方面信息的机会，在成人培训课程中增加生涯管理技能培养的内容，让开展指导服务成为学校、职业教育与培训提供者和高等教育机构的工作目标之一。

优先领域 2：让所有公民享有指导服务。作为服务于公众利益的指导服务应面向所有人，不论其知识基础或初始技能的高低，提供的指导服务应易于理解并与工作生活相关。要大力增加最弱势群体和有特殊需求的人享有指导服务的机会。

为在这个优先领域取得进展，各成员国根据国情应考虑充分利用各种信息和媒体，积极向公众推广指导服务并提高其形象。基于对人们的愿望和需求的评估，并考虑到他们的生活和工作环境，需要提供各种明确的、易得的服务。支持人们通过正规、非正规和非正式学习获得的学习结果能够在劳动力市场上得到认证和承认，使他们能够从中受益，以保护他们的就业和保持他们的就业能力，特别是在其生涯的后半部分更要注重保护他们的就业能力。促进开放获取文献信息资源，在信息检索、个人心理咨询和就学升学方面提供支持。

优先领域 3：建立指导服务质量保障。发展高质量的服务指导是所有成员国的共同目标。

为在这个优先领域取得进展，各成员国应根据国情考虑改进质量并保证所提供的生涯信息和咨询建议具有客观性，同时要考虑到用户的期望和劳动力市场的现实，确保所提供的信息、咨询建议能够满足不同用户的需要。依托国家资源和欧盟资源，特别是欧洲职业培训发展中心的资源，开发工作和技能前瞻性规划工具，将提供培训和劳动力市场运行方面的信息与地方情况联系起来。提高指导服务从业人员的专业形象和标准，包括通过初始教育和继续培训，提升他们的能力和技能，向公民和决策者提供有效的信息和咨询，更好地回应他们的需求和期望。通过收集用户对指导服务的感知和中期受益方面的可信数据，开展指导服务效益评估，制定指导服务质量标准，界定指导服务对象和范围，制定科学的指导服务方法。

优先领域 4：加强国家、区域和地方利益相关者间的协调与合作。指导服务要适应在校学生、求职者、接受职业培训者和就业者等不同群体的需要，不同群体的需求会导致服务系统多样化。国家和地方政府、企业、相关机构、社会合作伙伴、当地社区要加强合作，提高指导服务的效益和效率。

为在这个优先领域取得进展，各成员国应根据本国国情考虑在实施终身指导方面建立长期有效的国家和区域协调与合作机制，国家终身学习和劳动力市场战略应包含相关的指导政策，开展网络化服务和有效的联运服务，简化用户访问服务网络的程序，在地方、区域和国家层面培育指导服务共同文化，加强指导服务质量保障。①

四、资格框架实施

(一)治理结构

欧洲资格框架的治理结构由欧洲资格框架咨询小组(AG)和国家协调点(NCPs)组成。

1.欧盟层面实施机制

为实施欧洲资格框架，欧盟设立了一个咨询小组，它是具有广泛代表性的实施机制，平衡各利益相关方的利益诉求。咨询小组的构成具有广泛的代表性

①Resolution of the Council and of the Representatives of the Governments of the Member States, meeting within the Council of 21 November 2008 on better integrating lifelong guidance intolifelong learning strategies [S]. Official Journal of the European Union, 13.12.2008, C 319/4-7.

和参与性，包括参加欧洲资格框架的国家、欧洲社会合作伙伴、欧洲保护伞组织、欧洲社会组织和协会、欧洲理事会、欧盟职业教育智囊机构。咨询小组具体由下列成员组成：36 国(28 个成员国、5 个候选国家以及列支敦士登、挪威和瑞士)的代表；欧洲工会联合会、欧洲商业联合会、欧洲手工业和中小企业联合会和欧洲雇主与企业提供公共服务中心等欧洲社会合作伙伴的代表；欧洲工商会联合会、欧洲终身学习公民社会平台和欧洲高等教育机构协会等可以颁发资格证书的欧洲保护伞组织的代表；公共就业服务协会、欧洲学生联合会、欧洲志愿者服务中心、欧洲青年论坛等其他利益相关方的代表；欧洲理事会参与咨询小组工作以保证欧洲资格框架与欧洲高等教育区资格框架之间的一致性；欧洲职业培训发展中心和欧洲培训基金向欧盟咨询小组提供技术支持。咨询小组的职能是向参加欧洲资格框架的国家提供有效的指导，保证国家资格框架对接过程符合规范，加强了解，增进互信。2012 年咨询小组的职能扩大，负责监督欧盟教育理事会《关于认证非正规和非正式学习的建议》的实施，这旨在加强资格框架与非学历教育认证安排之间的联系，而目前有少部分国家尚未做出有关非正规和非正式学习的认证安排。

2.国家层面实施机构

参加欧洲资格框架项目的 36 国都设立了国家协调点。2008 年欧盟议会和欧盟理事会的“建议”规定了国家协调点的职责：(1)将国家资格体系中的资格等级与欧洲资格框架的等级进行对接；(2)确保使用透明方法将国家资格等级与欧洲资格框架进行对接，促进二者的比较，同时保证及时发布相关的资格等级对接决定；(3)通过国家资格体系，就国家资格如何建立与欧洲资格框架的联系向利益相关方提供相关信息和指导；(4)根据本国的立法和实践，鼓励包括高等教育、职业教育与培训机构、社会合伙人、行业和专家在内的所有利益相关方的积极参与，促进在欧洲一级资格的比较和使用。

这些国家协调点的机构性质各式各样，有的是国家部委，有的是国家局或国家署，有的是国家资格署，有的是教育研究机构，还有的是教育信息中心。可分为以下几类：(1)国家部委司、局作为协调点，如西班牙教育部职业教育司；(2)国家局、署、委员会或中心作为国家协调点，归入这一类的国家协调点较多，达到 10 个：瑞典国家高等职业教育署、挪威教育质量保障署、波兰学术承认和国际交流局、立陶宛资格和职业教育与培训发展中心、马耳他国家继续和高等教育委员会、芬兰国家教育委员会、法国国家专业认证委员会、希腊国家资格认证和职业指导组织、丹麦大学和国际化署、英国英格兰资格与考试监管办公室；

(3)国家资格署作为协调点,如罗马尼亚国家资格署、爱沙尼亚国家资格署、葡萄牙国家资格和职业教育与培训署、土耳其职业资格署;(4)教育研究性机构作为国家协调点,如捷克国家教育研究院、荷兰国家研究项目管理和咨询组织、斯洛伐克国家终身学习研究所和斯洛文尼亚国家职业教育与培训研究所;(5)信息中心作为协调点,如拉脱维亚学术信息中心。国家协调点的职能主要是负责国家资格框架和欧洲资格框架在本国的实施,在国家实施欧洲资格框架方面,它们的工作发挥了重要作用。实际上,国家协调点把大部分活动和工作放在了与利益相关方的沟通联络上,由于缺乏与社会公众联络沟通的专业知识,发现与社会合作伙伴联络的工作具有极大的挑战性,有些国家的协调点是研究性机构或信息中心,不具有行政职能,与利益相关方的协调沟通常常很困难。国家当局应更好地加强国家协调点与各利益相关方的沟通工作,制订相应的工作计划和沟通战略。

(二)制订实施计划

根据欧洲议会和欧盟教育理事会 2008 年 4 月建立欧洲资格框架的建议,到 2010 年所有国家资格体系要与欧洲资格框架联系起来,在标准、资格、评价和认证程序、学分转换、课程和质量保障中运用学习结果导向原则,使终身学习和流动成为现实。①

通过新的教育交流合作项目实施欧盟透明和互认工具。2013 年 12 月,欧盟批准通过"伊拉斯谟+"计划,即欧盟"2014-2020 年教育、培训、青年和体育计划",该计划从 2014 年 1 月开始实施。这是欧盟有史以来规模最大的区域教育国际化和创新教育计划,将此前涵盖各级各类教育的终身学习计划、各种国际高等教育项目、青年人行动项目和群众体育活动整合成单一综合性计划。欧盟旨在通过"伊拉斯谟+"计划在相关国家实施和扩大使用欧盟透明和互认工具,特别是要推动实施资格和能力透明性单一欧盟框架如欧洲通行证、欧洲资格框架、欧洲高等教育学分转换和积累系统、欧洲职业教育与培训学分系统、欧洲职业与培训质量保障参照框架、欧盟高等教育区质量保障标准和指导方针等工具,提高资格和能力的透明和互认程度,增强欧盟透明和互认工具的认可度,发展有质量保证的教育和培训,促进各国和部门间人员流动,推动终身学习发

---

① The Council of the European Union. Council conclusions of 12 May 2009 on a strategic framework for European cooperation in education and training ("ET 2020")(2009/C 119/02)[S]. Official Journal of the European Union, C119/2-9, 28.5.2009. http://eur-lex.europa.eu/LexUriServ/LexUriServ.do?uri=OJ:C:2009:119:0002:0010:EN:PDF

展和提高就业能力。[①]

(三)资格框架对接标准

欧洲资格框架咨询小组制订了国家资格框架对接欧洲资格框架的10项标准和程序:(1)在参照过程中包括国家协调点在内的所有有关国家机构的责任和法律权限应由国家主管部门明确规定并予以公布;(2)国家资格框架(制度)的资格等级与欧洲资格框架的等级描述有清楚和明显的联系;(3)国家资格框架(制度)及其资格遵循以学习结果为导向的原则和目标,同非正规和非正式学习认证安排相联系,并与学分制联系起来;(4)国家资格框架中资格纳入程序或国家资格框架中描述资格位置的程序应是透明公开的;(5)国家教育与培训质量保障体系要与国家资格框架(制度)相联系,并与欧盟的质量保障原则和指导方针相一致;(6)在对接过程中应征得相关质量保障机构的同意;(7)对接过程应有国际专家参与;(8)国家主管部门应完成国家资格框架(制度)与欧洲资格框架的对接,包含对接过程和有证据支持的国家综合报告应由包括国家协调点在内的国家主管部门予以发布,并逐项对照标准;(9)欧洲资格框架官方平台要公布和保留已确认完成对接过程的成员国名单,并可下载国家对接报告;(10)完成对接之后,按照欧盟议会和欧洲理事会在《建议》中规定的期限要求,有关部门颁发的所有新的资格、证书、文凭和欧洲通行证文件,要明确注明国家资格框架资格等级及欧洲资格框架相应等级。[②]

(四)两个时间表

2008年的《建议》提出了资格框架对接和标明资格等级两个时间表:一是到2010年实现国家资格体系或国家资格框架与欧洲资格框架对接。它要求各成员国"到2010年将国家资格体系与欧洲资格框架联系起来,特别是要以透明的方式将国家资格等级与欧洲资格框架的等级进行对接,根据本国立法和实践建立国家资格框架";二是到2012年,所有新颁发的资格证书注明欧洲资格框架相应等级。它提出"必要的话采取措施,到2012年将主管当局发放的所有新的资格证书、文凭和欧洲通行证文件,通过国家资格体系与相应的欧洲资格框架等级进行明确对接"。然而,实施进展较为缓慢,两个时间表的目标达成度平

①Regulation of the European Parliament and of the Council of 11 December 2013 establishing 'Erasmus+': the Union programme for education, training, youth and sport [S]. http://ec.europa.eu/programmes/erasmus-plus/documents/erasmus-plus-legal-base_en.pdf

②Criteria and procedures for referencing national qualifications levels to the EQF[EB/OL]. [2013-10-12]. http://ec.europa.eu/eqf/documentation_en.htm

均不到 10%。第一个时间表的目标达成度为 15%，第二个时间表的目标达成度仅为 3.7%，因此，必须充分考虑到开发和实施国家资格框架的艰巨性和复杂性。

1.第一个时间表

时间表计划到 2010 年完成对接。实际上，到 2010 年，仅有 4 个成员国完成了与欧洲资格框架对接的国家报告，目标达成度为 15%，其中有 3 个早在 2008 年之前就已建立了国家资格框架。到 2013 年 6 月，20 个成员国提交了与欧洲资格框架对接的国家报告，其余国家(8 个成员国、4 个候选国家和挪威)计划到 2013—2014 年完成对接报告。

表 2.3　各国资格框架与欧洲资格框架对接概览

对接完成情况	国家
到 2010 年底完成对接的国家	法国、爱尔兰、马耳他、英国
2011 年完成对接的国家和地区	比利时荷兰语区、捷克、丹麦、爱沙尼亚、立陶宛、拉脱维亚、荷兰、葡萄牙
2012 年完成对接的国家	奥地利、德国、匈牙利、卢森堡
2013 年完成对接的国家	保加利亚、意大利、波兰、斯洛文尼亚
拟完成对接的国家和地区	欧盟成员国和地区：比利时法语区、比利时德语区、希腊、西班牙、芬兰、匈牙利、克罗地亚、罗马尼亚、瑞典、斯洛伐克 入盟候选国家：冰岛、黑山、马其顿、土耳其 欧洲经济区国家：挪威

开发基于学习结果的综合国家资格框架不仅需要来自各利益相关方的巨大的政治和技术参与，同时也需要花费时间。尽管各国对实施欧洲资格框架做出了强有力的承诺，但实施的时间大大延迟。为避免进一步延迟，欧盟要求所有国家到 2014 年底完成国家对接报告，尽快实施欧洲议会和欧盟教育理事会提出的欧洲资格框架建议。欧盟委员会将加强监督欧洲资格框架在国家层面的实施，通过双边交流帮助个别国家解决在实施中遇到的各种问题和困难。欧盟指出，对接报告只是国家资格体系的简要描述，而对接应是一个不断反思变化着的资格体系的连续过程，因而各国应定期评估对接报告，向欧盟咨询小组及时通报发生的任何变化，及时回应利益相关方的意见。欧盟咨询小组将采取相关措施，跟踪国家资格体系发展，每年评估国家资格框架实施进展。

2.第二个时间表

时间表计划到2012年标明欧洲资格框架相应等级。在资格证书和补充文件中注明欧洲资格框架等级能给学习者、教学人员、教育与培训机构和雇主带来直接的益处。错过对接时间表将导致极大地延迟实现第二个时间表。实际上到2012年,仅有法国在欧洲通行证补充文件上注明了欧洲资格框架等级,目标达成度仅为3.7%,有两个国家(法国和英国)将欧洲资格框架等级纳入其资格数据库。到2013年9月,捷克、丹麦和立陶宛在其发放的资格证书中注明了欧洲资格框架等级,捷克、丹麦、爱沙尼亚和爱尔兰等国在欧洲通行证补充文件上注明了欧洲资格框架等级。在2013—2014年,有6国打算在欧洲通行证补充文件上注明欧洲资格框架等级。①

实现第二个时间表的任务非常迫切。注明欧洲资格框架等级,清晰地描述人们取得的学习结果,可使人们更好地展示他们的技能和资格的等级和类型。欧盟认为,需要在国家层面加快工作步伐,保证到2014年底至少有四分之一的在欧洲发放的资格证书注明欧洲资格框架等级。各国将以不同的方式实现第二个时间表。大部分国家的主管部门正在考虑在国家层面研究使用技术解决方案,有些国家则考虑将标明欧洲资格框架等级的问题留给教育机构解决。各国都认为欧盟咨询小组需要制定共同的欧盟标准,加快在各国颁发的资格证书注明欧洲资格框架等级的实施步伐。

表2.4　欧盟部分国家完成对接报告的时间

序号	国家	对接报告完成时间	等级数目
1	爱尔兰	2009—06—01	10
2	马耳他	2009—09—01 2010年12月提交第二版	8
3	英国	2010—03—01	9(QCF) 12(SCQF) 9(CQFW)
4	法国	2010—10—01	5
	欧盟规定的时间:到2010年底各国要完成参照报告		
5	葡萄牙	2011—06—01	8

①Report from the Commission to the European Parliament and the Council Evaluation of the European Qualification Framework (EQF)[EB/OL].[2015—08—20].http://europeanmemoranda.cabinetoffice.gov.uk/files/2014/03/5006—142.pdf

续表

序号	国家	对接报告完成时间	等级数目
6	丹麦	2011－09－01	8
7	奥地利	2011－12－01	8
8	荷兰	2012－02－01	8
9	拉脱维亚	2012－05－01	8
10	爱沙尼亚	2012－07－21	8
11	立陶宛	2012－07－31	8
12	德国	2013－06－13	8

注：QCF 为“资格与学分框架”的缩写；SCQF 为“苏格兰学分与资格框架”的缩写；CQFW 为“威尔士学分和资格框架”的缩写。

(五)改进建议

基于评估结果，欧盟委员会建议采取下列措施，提高欧洲资格框架的相关性、效能和影响力：

(1)加快开发国家资格框架进度，完成与欧洲资格框架对接。所有国家都应开发能被利益相关方了解和使用的功能强大的国家资格框架，在全国范围内广泛征询意见，并就国家资格等级如何与欧洲资格框架联系起来达成一致。欧盟提出了新的时间表，到 2014 年最终完成与欧洲资格框架对接报告。

(2)在国家和欧洲层面发挥资格框架的作用，扩大影响力。各国政府应开发和实施综合国家资格框架，既要覆盖传统的正规教育与培训体系之内颁发的资格，也要涵盖在正规教育系统之外颁发的资格，在各级各类教育中采用结果要素导向原则。国家资格框架需要纳入国家教育、培训和就业总体政策框架。在欧洲层面，“2008 年建议”中附件 1 和附件 2 有关“能力”概念的定义需要澄清。

(3)保持与欧洲资格框架对接的透明性和一致性。国家资格框架与欧洲资格框架对接应被视为一个连续的过程，不应认为向欧盟委员会提交一份报告就完成了对接任务，后续仍有大量的工作要做。欧盟咨询小组要就国家资格框架对接第三条和第四条标准提出具体的、有操作性的指导意见，加强针对性和指导性，注重收集各国对欧盟咨询小组关于国家对接报告意见的反馈，解决各国对接中存在的不一致问题。欧盟咨询小组也应就对接难点问题加强与利益相关方的沟通。

(4)加强欧洲质量保障安排与资格框架的联系。欧洲资格框架质量保障共同原则、职业教育质量保障参照框架和欧洲高等教育质量保障标准需要更加协调一致,支持在各级各类教育中运用学习结果方法,制定协调一致的终身学习质量保障原则。这不仅可增加人们对资格、资格框架及与欧洲资格框架对接过程的信任,也有助于提升各国互信,促进各级各类教育更好地衔接。

(5)大力宣传欧洲资格框架的益处,让更多人了解欧洲资格框架。在完成国家资格框架与欧洲资格框架对接工作之后,各国要保证在所有新颁发的证书、文凭和欧洲通行证补充文件中注明相应的欧洲资格框架等级。各国要建立国家资格数据库和资格登记系统,并与欧洲资格框架网站形成链接。欧洲资格框架网站要与欧洲学习机会网站和欧洲多语言技能、能力、资格和职业分类工具联系起来。欧盟委员会要探索如何运用网络工具向学习者和社会各界提供与技能相关的服务,支持并促进人员流动、终身学习和就业能力的提升。

(6)更好地使用欧洲资格框架政策和工具,促进人员流动和终身学习。欧洲资格框架可作为联系学分转换和专业资格承认等欧盟政策和工具的知识集聚中心。结果要素导向的资格框架和学分系统可在不同教育机构、教育部门和国家层面,支持和促进更具弹性的个人学习路径。欧盟委员会、各成员国和利益相关方要明确和加强欧洲资格框架与欧洲学分转换和积累系统的联系。各国要根据欧盟《承认专业资格指令》和《欧洲地区高等教育资格承认公约》的精神,将欧洲资格框架作为一种额外信息源,承认其他成员国和参加欧盟“教育与培训 2020”计划的国家发放的资格。

(7)完善和改进欧洲资格框架,不断适应发展要求。欧洲资格框架不仅要涵盖跨国公司颁发的国际资格,而且还应覆盖在不同国家完成的、包含了单元模块的资格以及那些通过面授与在线混合学习方式取得的资格。欧洲资格框架只有适应这些新的发展,及时应对教育与培训新的变化,才可能成为一个真正的全覆盖资格框架。欧盟《重新思考教育》文件强调教育在促进经济增长、提升竞争力和提高就业方面所具有的作用,其中一个建议是进一步加强欧盟技能与资格透明性工具间的协同效应,为此提出了“建立欧洲技能和资格区”,以使每个人都能在各国自由流动,其能力和资格能为接受继续学习获得快速承认,并且能被用人单位充分了解。

五、经验与意义

1.欧洲资格框架的开发和实施积累了丰富的经验

资格框架开发坚持以学习结果为导向的人才培养评价理念，推动教育从传统向现代转型，从注重学校类型、声望转向更加注重人才培养质量、教育结果，从注重教育年限转向更加注重学习者在完成学业时能够知道什么、理解什么和能够做什么。欧洲资格框架树立了典范，八级结构和等级描述三维结构成为资格框架开发的范式。开发资格框架实施工具体系，建立和完善质量保障体系、学分制、资格透明工具、非学历教育认证、终身指导等工具体系，有效保证资格框架实施。吸收利益相关方参与，广泛吸收社会团体、教育机构、企业等利益相关方代表参与资格框架设计、开发和实施，公布资格框架设计方案听取社会公众的意见。这些经验丰富了资格框架开发的理论与实践，也为其他国家和地区提供了借鉴。

2.欧洲资格框架的意义

欧洲资格框架的建立成为欧洲现代教育发展史上的重大事件，它的建立和实施有着以下几方面的意义：一是有助于减少各国制度体制性障碍，促进各国工作和学习的流动，加快欧洲文化、社会和教育融合的进程；二是将大大推进欧洲终身学习的进程，进一步推动资格和能力透明度单一共同体框架、欧洲通行证、欧洲高等教育学分转换系统、欧洲职业与培训学分转换系统、非正规和非正式学习认证等共同工具的实施，构建学习型社会；三是增进各国间互信和合作，推动高等教育领域的“博洛尼亚进程”和职业教育与培训领域的“哥本哈根进程”深度发展；四是促进各国间和教育系统间的资格转换和使用，提高雇主对劳动力市场上的资格证书的性质、内容和相关性的判断和鉴别能力，使教育更好地适应劳动力市场的需求。

欧洲资格框架的建立和实施将对促进欧洲融合、建设欧洲人力资源强区和构建欧洲终身学习区有着重大的现实意义和深远的影响。负责教育、培训、文化和青年事务的欧盟委员扬·菲格尔在谈到欧洲资格框架的意义时说：“当欧洲人民从一个国家流动到另一个国家去学习或工作的时候，他们经常会遇到障碍。当他们从本国的教育系统的一部分转到另一部分，例如从职业教育机构转到高等教育机构学习的时候，他们有时也会遇到障碍。欧洲资格框架将使欧洲各国的不同资格更易识别，进而促进和增加学习或工作的流动。欧盟鼓励各成员国开发国家资格框架，使人们已取得的学习结果更为容易地获得学分，这将会促进终身学习。”

3.欧洲资格框架的影响力不断扩大

欧洲资格框架代表着一代资格框架的范式，其理念、范式、技术规范对欧盟周边国家和世界其他国家都产生了影响。欧洲资格框架直接影响到周边国家，阿尔巴尼亚、波黑、马其顿、冰岛、科索沃、列支敦士登、黑山、挪威、塞尔维亚、瑞士和土耳其等国参加了欧洲资格框架项目，按照欧盟的标准和技术规范开发了本国国家资格框架，冰岛、马其顿、黑山、挪威和瑞士完成并在欧盟资格框架网站公布了对接欧洲资格框架的报告。欧洲资格框架的影响也波及世界其他国家，东盟资格参照框架和印度国家技能资格框架等区域和国家资格框架，在资格框架设计理念、水平描述符、实施工具开发、技术术语等方面也都受到欧洲资格框架的很大影响。

4.欧洲资格框架的局限

我们也应看到，欧洲资格框架的作用具有一定的局限性，它不具有下列具体的功能：一是不会替代现有的国家和行业资格证书框架。欧洲资格框架有着不同的功能和定位，不应被理解为国家或行业资格证书框架的代表；二是不会对某一资格证书和学习路径做出详细具体的规定和表述，这是国家或行业资格证书框架的任务，有关国家当局和教育机构将继续行使管理和认证资格证书的职责；三是不会去定义新资格或向潜在用户描述各种资格证书，这也是国家和行业资格框架的职责；四是不会对具体资格与其他资格的或法定的工资标准直接进行等值界定或比较。

第三章 欧洲高等教育区资格框架

“博洛尼亚进程”的启动是欧洲现代高等教育发展史上的重大事件之一。“博洛尼亚进程”是以欧洲理事会、联合国教科文组织欧洲高等教育中心和欧盟委员会三方为主导、各国集体共治的国际合作机制。“博洛尼亚进程”提出建设欧洲高等教育区的共同愿景、共同框架和共同工具，推进三级学位体系的趋同性，开发和实施资格框架，促进资格和学分互认，建立质量保障体系，促进高等教育社会维度，推进终身学习，提高学生就业能力，推动高等教育国际化。

一、部长会议公报

欧洲高等教育区资格框架(QF-EHEA)是“博洛尼亚进程”的产物。1998年的索邦会议奠定了博洛尼亚会议的基础，1999年的博洛尼亚会议标志着“博洛尼亚进程”的正式启动，至今“博洛尼亚进程”已走过了近20年的历程。“博洛尼亚进程”形成部长会议机制，每隔2～3年举行一次部长会议，每次会议发表宣言或公报，确定“博洛尼亚进程”的发展方向和政策重点，推进资格框架建设是政策优先方向之一。

1998年索邦会议。1998年5月24—25日，法国、意大利、英国和德国负责高等教育的部长在巴黎的索邦大学举行会议并签署《索邦宣言》。宣言提出的目标是建立共同资格框架和共同两级学位体系，促进学生和教师流动。[①] 此次会议为博洛尼亚会议奠定了基础。

1999年博洛尼亚会议。1999年6月19日，欧洲29国负责高等教育的部长在意大利博洛尼亚市的博洛尼亚大学举行会议，会议发表《博洛尼亚宣言》，并以此命名“博洛尼亚进程”，由此启动欧洲高等教育区建设的进程。会议提出要建立易读和可比的学位体系，实施学分制(ECTS)，促进研究人员流动，开展

①. Sorbonne Joint Declaration.[EB/OL]. [2010－09－10].http: // www.bologna-berlin2003.de/pdf/Sorbonne_declaration.pdf.

欧洲质量保障合作，体现高等教育欧洲维度，增强欧洲文化认同感。①

2001年布拉格会议。2001年5月18—19日，欧洲33国负责高等教育的部长在布拉格举行会议，会议发表《布拉格公报》。这是“博洛尼亚进程”第二次部长级会议。会议提出的欧洲高等教育区的发展目标是推进终身学习，体现高等教育的社会维度，推动高等院校和学生参与“博洛尼亚进程”，推进欧洲高等教育区建设。②

2003年柏林会议。2003年9月18—19日，欧洲40国负责高等教育的部长在柏林举行会议，会议发表《柏林公报》。这是“博洛尼亚进程”第三次部长级会议。2003年俄罗斯加入“博洛尼亚进程”。柏林会议的目标是：在机构、国家和欧洲层面建立质量保障体系；将博士学位纳入三级学位结构，并作为第三级学位；承认学位和学习期限（文凭补充文件）；建立欧洲高等教育区资格框架；促进教育与研究密切联系。③

2005年卑尔根会议。2005年5月19—20日，欧洲45国负责高等教育的部长在挪威的卑尔根举行会议，会议发表《卑尔根公报》。这是“博洛尼亚进程”第四次部长级会议。会议提出要加强高等教育社会维度；制定质量保障标准和指导方针；建立国家高等教育资格框架；促进联合学位的授予和承认；建立高等教育弹性学习路径。④

2007年伦敦会议。2007年5月17—18日，欧洲46国负责高等教育的部长在伦敦举行会议，会议发表《伦敦公报》。这是“博洛尼亚进程”第五次部长级会议。伦敦会议提出的主要目标是：建立欧洲质量保障机构注册制度（EQAR）；制定促进“博洛尼亚进程”的全球维度战略；制定有效监测高等教育社会维度的国家行动计划。⑤

---

①. The Bologna Declaration of 19 June 1999.[EB/OL]. [2010—09—10]. http://www.ond.vlaanderen.be/hogeronderwijs/bologna/documents/MDC/BOLOGNA_DECLARATION1.pdf.

②.Communiqué of the meeting of European Ministers in charge of Higher Education in Prague on May 19th 2001.[EB/OL]. [2010—09—10]. http://www.bologna—bergen2005.no/Docs/00—Main_doc/010519PRAGUE_COMMUNIQUE.PDF.

③. Communiqué of the Conference of Ministers responsible for Higher Education in Berlin on 19 September 2003[EB/OL]. [2010—09—08]. http://www.bologna—berlin2003.de/pdf/Communique1.pdf.

④. Communiqué of the Conference of European Ministers Responsible for Higher Education, Bergen [EB/ OL]. [2010—09—10]. http://www.bologna—bergen2005.no/Docs/00—Main_doc/050520_Bergen_Communique.pdf.

⑤. London Communiqué.[EB/OL]. [2010—09—11]. http://www.dcsf.gov.uk/londonbologna/uploads/documents/LondonCommuniquefinalwithLondonlogo.pdf.

2009年鲁汶会议。2009年4月28—29日，欧洲46国负责高等教育的部长在比利时鲁汶大学举行会议，4月29日会议邀请澳大利亚、巴西、加拿大、中国、埃及、日本、墨西哥、美国等国以及国际组织的代表参加首届“博洛尼亚政策论坛”，这是“博洛尼亚进程”首次邀请欧洲高等教育区以外的国家参加政策论坛。会议发表《鲁汶公报》和《2009博洛尼亚政策论坛声明》。鲁汶会议提出了体现社会维度、保证学生享有公平的机会和完成学业、推进终身学习、提高学生就业能力等欧洲高等教育区下一个十年的十个发展目标。①

2010年布达佩斯一维也纳会议。2010年3月11—12日，《欧洲文化公约》47个缔约国教育部长在布达佩斯和维也纳举行会议，通过了《布达佩斯一维也纳公报》，指出打造具有国际竞争力和吸引力的欧洲高等教育区是各国公共当局、高等院校、学生和教学人员、雇主、质量保障机构和欧盟机构的共同愿景，要继续推动欧洲高等教育区的学位和课程改革以及加强质量保障、资格互认、人员流动和社会维度。②

2012年布加勒斯特会议。2012年4月26—27日，欧洲高等教育区47国负责高等教育的部长在罗马尼亚首都布加勒斯特举行会议，会议通过了《布加勒斯特公报》（以下简称《公报》），主题为“发挥我们的最大潜力：巩固欧洲高等教育区”。《公报》指出，各国资格框架的开发工作取得了进展，资格框架提高了资格的透明性，使高等教育体系更加开放和具有弹性，充分发挥资格框架的功能比开发资格框架本身更具挑战性。资格框架的开发工作必须继续，以使资格框架的使用成为学生、教学人员和雇主的日常现实。同时，一些国家到2012年底在完成国家资格框架开发、自我认定以及与欧洲高等教育区资格框架对接方面面临挑战。这些国家需要加大工作力度，充分利用他国的经验和给予的支持，实现与欧洲高等教育区资格框架对接的目标。《公报》进一步明确了两个资格框架的资格等级的对应关系，具有高等教育入学资格的高中毕业资格证书对应于欧洲资格框架的第四级，欧洲高等教育区资格框架第一级、第二级和第三级学位资格分别对应于的欧洲资格框架的六级、七级和八级。《公报》探索欧洲高等教育区资格框架如何完善短线高等教育资格（对应于欧洲资格框架五级），鼓励各国根据国情将这些资格与欧洲高等教育区资格框架进行对接。《公报》

---

①. Communiqué of the Conference of European Ministers Responsible for Higher Education, Leuven and Louvain-la-Neuve, 28—29 April 2009.[EB/OL]. [2010—09—11]. http://www.ond.vlaanderen.be/hogeronderwijs/bologna/conference/

②Budapest-Vienna Declaration on the European Higher Education Area[EB/OL]. [2014—12—29]. http://www.ehea.info/Uploads/Declarations/Budapest-Vienna_Declaration.pdf

呼吁欧洲理事会和欧盟委员会继续加强协调，使各自的资格框架在实践上更有成效，支持欧盟委员会关于修改专业资格互认决定的建议，明确将专业资格与欧洲学分转换和积累系统、欧洲资格框架和学习结果联系起来，在适当考虑这些因素的基础上实现资格互认。《公报》还提出今后三年的工作重点。在国家层面，要保证资格框架、学分制和文凭补充说明文件的实施要基于学习结果，呼吁那些到 2012 年底不能完成国家资格框架与欧洲高等教育区资格框架对接的国家要加大工作力度，提交一份修改后的工作路线图。在欧洲层面，要加强工作的协调性，保证资格框架开发与实施富有成效，加强资格框架与学习结果的联系，探索在欧洲高等教育区资格框架下如何根据国情设置短线高等教育资格，支持“探路者工作小组”的工作，探索可比学位自动实现学术互认的方式。①

2015 年埃里温会议。2015 年 5 月 14—15 日，“博洛尼亚进程”领导小组在亚美尼亚首都埃里温举行了欧洲高等教育区第九届部长会议和第四届博洛尼亚政策论坛，“博洛尼亚进程”47 个成员国以及相关国际组织和国家共约 500 名代表参加了会议。会议通过了《埃里温公报》和《第四届博洛尼亚政策论坛埃里温声明》，提出了今后一个时期的高等教育政策优先发展方向。

提升高等教育质量。提高教学质量和相关性是欧洲高等教育区的重要使命。《埃里温公报》指出，鼓励支持高等学校和教学人员进行教育教学创新，形成以学生为中心的学习环境，充分利用数字化教学技术的潜力，密切教学、学习和科研之间的联系，着力培养学生的创造力、创新精神和创业能力；通过有效的学习活动，提高学生能力水平，最大限度地实现个人期望和满足社会需要；开发和实施高等教育资格框架，制定学科专业标准，对学习结果、学习负荷、弹性学习路径、教学与评价方法进行透明性描述，提高教师教学能力，促进有质量的教学；吸收学生、学术人员和其他利益相关方参与课程设计和质量保障。

欧洲高等教育区形成了一个庞大的高等教育体系，有高校 4000 多所，在校学生 3720 万人，其中本科和硕士层次以理论学习为主的学生占 82 %，专科层次以职业学习为主的学生占 15.6 %，博士层次学生占 2.4 %。提高质量是高等教育使命所在，“博洛尼亚进程”领导小组和各国在积极行动。“博洛尼亚进程”领导小组成立专门小组修改完善了高等教育内部和外部质量保障标准，设

①Bucharest Communiqué Making the Most of Our Potential: Consolidating the European Higher Education Area[EB/OL]. [2014－12－29]. http://www.ehea.info/Uploads/%281%29/Bucharest%20Communique%202012%281%29.pdf

立专门机构对第三方评估机构进行认定注册，鼓励第三方开展跨国评估。欧洲高等教育区有16国制订了人才培养分级标准，正在实施国家高等教育资格框架。许多国家课程开发坚持学习结果导向，教学坚持以学生为中心，鼓励学生参加社会体验、工作场所体验和国外体验。

提高毕业生就业创业能力。提高高校毕业生就业创业能力是欧洲高等教育区的重要目标。迅速变化着的劳动力市场呈现出技术飞速发展、新的工作岗位不断涌现、就业创业机会增加等新的特点。《埃里温公报》指出，在高等教育每一层次教育结束时，要保证毕业生具有适于进入劳动力市场的能力，使他们能够发展在以后的就业和整个工作生活中所需的新的能力；支持高校通过加强与企业对话，开设理论与实践相均衡的课程，促进毕业生生涯发展等各种措施来实现这些目标；将促进国际流动和实习作为提高学生能力和扩大工作选择范围的有力手段。

欧盟委员会发布的《博洛尼亚进程实施报告》表明，学历水平与就业关系密切，学历越高，失业率就越低。欧洲高等教育区平均起来，20～34岁青年人具有初中学历的失业率为17.7%，具有高中学历的失业率为10.4 %，具有高等教育学历的失业率为7.6%。各国情况差异很大，在应用科学技术发达、注重理论与实践相结合的德国、瑞士和奥地利等国，高校毕业生失业率在5%以下，而希腊、西班牙和格鲁吉亚等国则在20%以上。

促进高等教育社会维度。使教育体系更具包容性是欧洲高等教育区的基本目标。《埃里温公报》指出，由于移民和人口变化使得高等教育生源越来越多样化，要拓宽接受高等教育的渠道，支持高校为不同类型生源提供有针对性的学习活动，包括为他们提供终身学习机会；打通高等教育路径，促进高等教育与高中教育、职业教育和成人教育等不同类型教育间的衔接；增加弱势群体学生接受高等教育的机会，促使他们完成学业；促进教师教育学生流动，为教育欧洲下一代发挥重要作用。

社会维度涉及性别、移民、家庭背景、弱势群体学生等问题。尽管各国在促进性别平等方面取得了巨大进步，但性别失衡问题依然存在。近年来几乎在所有国家，女生的入学人数都超过了男生。在博士教育层次，有12国女生人数多于男生，有14国则男生人数多于女生，只有4国男女比例大体相当。在专业结构上性别失衡依然存在，教师教育和社会科学等专业以女生占主体，而在计算机和工程专业则以男生占主体。学生的移民背景对其高等教育成就有着负面影响，有移民背景的学生常常会过早离开教育体系，接受高等教育的比例低于本地学生。父母的学历对子女的高等教育成就有着重要影响，父母的学历越高，子女接受高等教育的概率就会就越大。会议呼吁各国制定提高弱势群体学生参加高等教育比例的量化目标。

推动学分学历学位互认。推动学分学历学位互认是实现欧洲高等教育区发展的前提条件。《埃里温公报》指出，实施共同学位结构和学分制、共同的质量保证标准和指导方针以及开设联合学位课程是欧洲高等教育区的基础，需要制定更加有效的政策推动学分学历互认，承认先前学习。加强标准建设是推动学历学位互认的重要基础，实现学历学位互认有利于促进学生学术流动和专业流动。会议通过了新修订的《欧洲高等教育区质量保障标准和指导方针》和《欧洲学分转换和积累系统》等文件，更加注重完善内部质量保障机制，强调以学习结果为导向的学分制，鼓励支持各国开发和实施国家高等教育资格框架。目前，欧洲有三分之二的国家相互承认学历学位，承认在其他国家取得的学分。"博洛尼亚进程"领导小组还成立了专题工作小组，研究和推动在部分专业学科实现学历学位自动承认。①

二、欧洲高等教育区资格框架

(一)建立欧洲高等教育区资格框架

资格框架是欧洲高等教育区的共同框架，是描述和表示不同层次教育资格差异的工具。资格框架将作为各国资格等级和等级描述的共同参照点，以提升培养标准和三级学位体系的趋同性。1998 年索邦会议最早提出建立两级学位体系和资格框架，2003 年柏林会议正式提出建立资格框架，2005 年卑尔根会议正式通过欧洲高等教育区总体资格框架，这对丰富欧洲高等教育区的内涵，推进标准和学位体系趋同性，加强质量保障体系建设都有着重要意义。

1.2003 年柏林会议提出建立资格框架

《柏林公报》明确提出开发区域资格框架和国家资格框架，《埃里温公报》指出："各国教育部长鼓励各成员国开发可比的和兼容的高等教育体系资格框架，

① Yerevan Communiqué[EB/OL]. [2015－05－23]. http://media.ehea.info/file/2015_Yerevan/70/7/YerevanCommuniqueFinal_613707.pdf

应试图从学习量、等级、学习结果、能力和专业课程概述方面描述资格，同时开发欧洲高等教育区总体资格框架。在这些框架内，学位应有不同的被定义的结果。第一级和第二级学位应有不同的定向和各种专业课程概述，以适应个人、学术和劳动力市场需要的多样性。第一级学位应根据《里斯本公约》的规定具有第二级学位课程的入学资格，第二级学位应具有博士学位课程的入学资格。各国教育部长要求后续行动工作小组研究探索短期高等教育如何与欧洲高等教育区资格框架的第一级学位联系起来。"《埃里温公报》还强调发挥资格框架促进终身学习的功能，指出应使欧洲高等教育区资格框架包含各种灵活的学习路径、机会和技术方案，合理利用高等教育学分。①

成立资格框架工作小组。2004 年 3 月，在都柏林会议上"博洛尼亚进程"后续工作小组(BFUG)批准成立"博洛尼亚进程资格框架工作小组"，以协调欧洲高等教育区总体资格框架的开发工作，丹麦专家摩根·伯格(Mogens Berg)担任组长。其工作职责是从学习量、等级、学习结果、能力和专业课程描述等方面确定国家资格框架的参照点，这有助于各成员国开发国家资格框架，开发设计欧洲高等教育区总体资格框架，制定国家和欧洲层面资格框架的关键原则。工作小组在都柏林、哥本哈根、爱丁堡、斯德哥尔摩、布达佩斯和里加共举行了 6 次会议。2005 年 1 月 13－14 日，工作小组在哥本哈根举行的"博洛尼亚进程"研讨会上向与会代表征询对报告初稿的意见。根据代表们的意见，工作小组对报告进行了补充和完善，最终将报告提交给 2005 年卑尔根部长会议。

2.2005 年卑尔根会议正式通过资格框架

2005 年的卑尔根会议通过了欧洲高等教育区总体资格框架，提出所有"博洛尼亚进程"签署国到 2007 年要建立国家高等教育资格框架，并从 2010 年开始实施。国家高等教育资格框架涉及三级学位结构，资格的认定基于学习结果、能力和水平描述，在第一级和第二级学位采用学分制。

2005 年的《卑尔根公报》指出："我们采用欧洲高等教育区总体资格框架，它包含三级学位(包括在国家背景下设立中间资格的可能性)，基于学习结果和能力的每一级学位的通用描述以及第一级和第二级学位的学分数量。我们保证到 2010 年建立起与欧洲高等教育区总体资格框架相兼容的国家资格框架，

①Communiqué of the Conference of Ministers responsible for Higher Education in Berlin on 19 September 2003[EB/OL]. [2012－10－11].http://www.bologna-berlin2003.de/pdf/Communique1.pdf

并从2007年启动这项工作。”[①]

(二)都柏林水平描述符

都柏林水平描述符起源于欧洲部分国家发起的“联合质量行动倡议”项目研究成果。共享的学位参照标准是实现资格互认的基础和依据。“联合质量行动倡议”是一个在博洛尼亚宣言影响下发起的欧洲质量保证以及学士和硕士课程认证非正式研究网络,旨在提高学士和硕士课程的透明度,参与的国家和地区有奥地利、比利时、丹麦、德国、爱尔兰、意大利、荷兰、挪威、西班牙加泰罗尼亚自治区、瑞典、瑞士和英国。联合质量行动工作组举行了两次重要会议。第一次是2002年2月15日在爱尔兰首都都柏林举行的“学士和硕士课程标准基准”研讨会,会议形成了《实现学士和硕士共享描述符》报告,报告提出的“学士和硕士共享描述符”学位标准形成了后来人们所熟知的都柏林水平描述符。第二次是2002年3月12日至13日在荷兰阿姆斯特丹举行的“提高欧洲质量维度”研讨会,会议由荷兰和比利时荷兰语区教育部主办,德国高等教育研究中心承办,会议的报告形成后来人们所称的“阿姆斯特丹共识”。

都柏林水平描述符用五个要素构建等级描述:知识和理解力、运用知识和理解力、判断和反思能力、交流表达能力和学习能力。都柏林水平描述符提供了与资格相关的、在“博洛尼亚进程”每一学位层级结束时学习成就和能力的典型预期通用陈述。都柏林水平描述符不是规定性要求,也不表示门槛要求或最低要求,对资格的描述也不是详尽无遗、面面俱到,国家资格框架水平描述符可根据国情增加或替代都柏林水平描述符的某些要素。都柏林水平描述符试图确定整个资格的性质,它不是特定学科性质的,也不局限于学术、专业或职业领域。对于个别学科,都柏林水平描述符应在具体语境和该学科使用的语言中解读。

---

① Bologna Working Group on Qualifications Frameworks. A Framework for Qualifications of the European Higher Education Area [R]. Copenhagen, 2005. http://www.ond.vlaanderen.be/hogeronderwijs/bologna/documents/050218_QF_EHEA.pdf

表 3.1　欧洲高等教育区资格框架水平描述符

教育层次	结果	ECTS① 学分
短期高等教育资格（在第一级学位课程之内或与第一级学位相衔接）	可授予以下学生短期高等教育（在第一级学位课程之内或与第一级学位相衔接）的资格： ·具有某一学习领域的知识和理解力，该学习领域应以普通中等教育为基础，且通常是处在一个由高级教科书支持的学习水平；这种知识可为某一工作或职业领域、个人发展和继续学习提供基础，以完成第一级学位； ·能在职业背景里运用其知识和理解力； ·具有识别和运用数据的能力，能对定义明确的具体和抽象的问题做出回应； ·能与同行、管理人员和客户沟通交流其理解力、技能和活动； ·具有学习能力，能在一定程度上自主地进行继续学习	约 120ECTS 学分
第一级学位资格	可授予以下学生第一级学位的资格： ·具有某一学习领域的知识和理解力，该学习领域应以普通中等教育为基础，且通常是处在一个由高级教科书支持的学习水平，包括在某些方面具有本学习领域的前沿知识； ·能运用其知识和理解力，在某种意义上能在工作或职业中运用专业的方法，在通常情况下能通过组织和维持论据及解决本学习领域的问题展示出能力； ·具有采集和解释数据的能力（一般在本学习领域），能为判断提供证据，包括对相关社会、科学或伦理问题的反思； ·既能与专家也能与非专业人员听众沟通交流信息、思想、问题和解决方案； ·掌握了必要的学习能力，能高度自主地继续进行学习	通常包括 180～240ECTS 学分

①ECTS 指欧洲高等教育学分转换和积累系统。

续表

教育层次	结果	ECTS① 学分
第二级 学位资格	可授予以下学生第二级学位的资格： ·能在第一学位的基础上拓展和提高知识水平和理解力，这在研究背景里为产生或应用原创性思想提供了基础； ·能在与本学习领域相关的广泛的（或多学科）情境中，在新的或不熟悉的环境中运用知识和理解力，具有解决问题的能力； ·具有整合知识和处理复杂问题的能力，能依据不完整或有限的信息作出判断，能反思与运用知识和判断，具有社会和伦理责任感； ·能清楚地与专家和非专业人员听众沟通交流其结论、知识和基本原理； ·具有学习的能力，能以自我导向方式或自主地继续学习	一般为 90～120ECTS 学分，第二级学位层次最低限度要求应达到 60 ECTS 学分
第三级 学位资格	可授予以下学生第三级学位的资格： ·具有某一学习领域的系统理解力，系统地掌握了与该领域相关的研究能力和方法； ·具有构思、设计、实施和运用实质研究过程的能力，具有学术诚信和严谨性； ·能通过大量工作拓展知识边界，具有原创性研究能力，为学术发展做出贡献，部分成果可在国家或国际上认可的学术期刊上发表； ·能与同行、范围更大的学界及社会沟通交流专业技术和知识； ·能在知识社会、学术和专业领域推动技术、社会和文化进步	未作规定

资料来源：Bologna Working Group on Qualifications Frameworks. A Framework for Qualifications of the European Higher Education Area，2005. http://www.ond.vlaanderen.be/hogeronderwijs/bologna/qf/documents/Bologna_Framework_and_Certification_revised_29_02_08.pdf

三、国家高等教育资格框架

(一)国家资格框架开发的步骤

开发与欧洲高等教育区总体资格框架相兼容的国家高等教育资格框架是“博洛尼亚进程”的重要组成部分。资格框架使高等教育体系更为透明，为资格等级提供了共同参照点，有助于加强资格与学习结果之间的联系，促进资格互认和人员流动。

资格框架是指按照一系列标准达到规定学习水平的资格的分类工具，旨在提高资格的透明度，增加学习机会和进阶，提高学习质量，密切与劳动力市场和公民社会的关系。学习结果表示一个学习者按照资格标准应当知道哪些知识、理解哪些内容和能够做什么事情，即一个资格的预期学习结果。资格框架的建立有助于促进资格间的联通及学习者在资格间的迁移，成为建设欧洲高等教育区的一项重要工具。

为规范各国高等教育资格框架的开发，博洛尼亚资格框架工作小组提出了开发国家资格框架的10个步骤：(1)做出启动开发资格框架的决策，通常由负责高等教育的国家主管机构进行；(2)制定日程；(3)组织规划资格框架开发过程，吸收利益相关方参加，成立委员会或领导工作小组；(4)设计资格框架结构要素，包括等级结构、等级描述(学习结果)和学分范围；(5)广泛征求社会意见，接受利益有关方的建议；(6)批准公布资格框架，根据国家惯例可由政府部委或立法机关批准；(7)设立管理实施机构，明确高等教育机构、质量保障机构和其他相关机构的实施任务分工；(8)落实在教育培训机构层面的实施工作，按照以学习结果为导向的原则，调整相关专业课程的内容和要求；(9)将各类资格纳入国家资格框架；(10)完成国家高等教育资格自我认证报告，实现国家资格框架与欧洲高等教育区总体资格框架的对接，开展试点项目。

欧洲各国高等教育资格框架的开发以学习结果的理念为引领，强调资格授予是基于取得的学习结果和成就而不是学习年限，这对以学年制为基础的传统的教育教学组织方式是一个具有革命性的挑战，同时注重坚持利益有关方参与的原则，突出资格建设的梯度性和弹性特点，密切与就业市场的联系。

一旦一个国家完成国家资格框架的开发工作，它需要进行测试和自行认证。自行认证是指由相关国家主管部门实施的，证明国家资格框架能与欧洲高等教育区总体资格框架相兼容的过程。自行认证过程包括邀请外国专家参与认证。一旦自行认证过程完成，自行认证报告需要在网上公布，以便欧洲高等教育区的其他国家和公众能够浏览、查询和参考。自行认证报告需要提交给"博洛尼亚进程"秘书处和欧洲理事会进行备案。

(二)国家高等教育资格框架开发进展

1.各国资格框架开发进展

各国建立国家高等教育资格框架的起点不一。在2005年卑尔根会议通过欧洲高等教育区资格框架之前，一些国家已经有了开发基于学习结果、等级描述和学分的国家高等教育资格框架的经历，如爱沙尼亚和英国苏格兰(1997)、英国其他地区(2001)、丹麦(2003)和爱尔兰(2003)。芬兰、拉脱维亚和斯洛文尼亚起步于2004年。国家高等教育资格框架开发的浪潮真正始于2005年，从2005年到2007年，至少有27国启动了国家资格框架开发的进程。

“博洛尼亚进程”部长会议公报提出了开发国家高等教育资格框架的时间表。2005年《卑尔根公报》建议从2007年开始启动国家高等教育资格框架开发工作。2007年《伦敦公报》提出到2010年各国要建立起与欧洲高等教育区总体资格框架相兼容的国家高等教育资格框架。2009年《鲁汶公报》提出，到2012年各国要在“博洛尼亚进程”框架内实现国家高等教育资格框架的自我认证。爱尔兰于2006年11月最早完成自我认证报告，其次是英国苏格兰(2006年12月)、德国(2009年1月)、比利时荷兰语区(2009年2月)、荷兰(2009年2月)、英国英格兰、威尔士和北爱尔兰(2009年2月)、马耳他(2009年8月)、丹麦(2009年11月)。

根据“博洛尼亚进程”2012年实施报告，各国资格框架开发进展并不平衡，有9个国家和地区完成了资格框架开发的全部10个步骤，有13个国家和地区完成了前7～9个步骤，有18个国家完成了前5～6个步骤，有2个国家完成了前4个步骤，有4个国家仅完成了前3个步骤。

表3.2 国家高等教育资格框架开发进展

阶段	步骤内容	数目	国家和地区
步骤10	步骤10:已自我认定国家高等教育资格框架与欧洲高等教育区总体资格框架具有兼容性	9	比利时荷兰语区、丹麦、德国、爱尔兰、马耳他、荷兰、葡萄牙、罗马尼亚、英国(含英格兰、威尔士、北爱尔兰和苏格兰)
步骤7—9	步骤9:各类资格纳入了国家资格框架 步骤8:按照国家资格框架以学习结果为导向的原则，重新设计了课程内容 步骤7:按照与高等教育机构、质量保障机构和其他机构达成的权责协议，开始实施国家资格框架	13	冰岛、挪威、瑞典、爱沙尼亚、立陶宛、拉脱维亚、法国、比利时法语区、意大利、塞尔维亚、阿尔巴尼亚、土耳其、安道尔

续表

阶段	步骤内容	数目	国家和地区
步骤 5—6	步骤 6:根据立法或其他高层决策批准了国家资格框架 步骤 5:广泛征求社会意见和发起讨论,同意国家资格框架设计方案	18	西班牙、波兰、捷克、奥地利、瑞士、斯洛伐克、匈牙利、斯洛文尼亚、黑山、摩尔多瓦、格鲁吉亚、亚美尼亚、阿塞拜疆、波斯尼亚和黑塞哥维那、克罗地亚、芬兰、梵蒂冈、卢森堡
步骤 4	步骤 4:确定了等级结构、等级描述(学习结果)和学分范围	2	塞浦路斯、斯洛文尼亚
步骤 3—1	步骤 3:确定了开发国家资格框架的进程,吸收利益相关方参加,成立工作委员会 步骤 2:制定了国家资格框架的目标 步骤 1:负责高等教育的国家主管机构做出了开发国家资格框架的决策	4	保加利亚、希腊、哈萨克斯坦和乌克兰

资料来源:Education,Audiovisual and Culture Executive Agency. The European Higher Education Area in 2012: Bologna Process Implementation Report [R]. 2012.

国家高等教育资格框架的开发涉及观念转变和制度体制创新,因而工作进展一直较为缓慢,实施时间表一拖再拖。截至 2015 年,有 24 个国家完成自我认证报告,实现与欧洲高等教育区总体资格框架的对接,占“博洛尼亚进程”参加国数量的一半。有 13 国接近完成资格框架开发,完成了前 7～9 个步骤,重新设计了以学习结果为导向的专业课程,将资格纳入到国家资格框架,利益相关方承诺履行应有的责任。有 18 国仅完成前 5～6 个步骤,有 4 国仍处在概念开发阶段。①

2.水平描述符构建

各国高等教育资格框架水平描述符普遍吸收和采用了“都柏林水平描述符”的知识与理解力、分析能力、问题解决能力、信息收集能力、交流能力、继续学习能力等核心元素,以保证国家高等教育资格框架与欧洲高等教育区总体资格框架两套描述符的兼容性、可比性,同时部分国家据国情采取适当变通方式增加了国情元素,对个别能力点进行细化。“都柏林水平描述符”没有明确标明

①European Commission/EACEA/Eurydice.The European Higher Education Area in 2015:Bologna Process Implementation Report [R]. Luxembourg: Publications Office of the European Union,2015:67. http://eacea.ec.europa.eu/education/eurydice/documents/thematic_reports/182EN.pdf

水平描述符的维度，有些国家则明确标明水平描述符的维度，增强了水平描述符的结构性和层次性。

丹麦高等教育资格框架水平描述符从知识、技能和能力三个维度构建了资格等级标准，例如在学士学位层次，资格持有者在知识和理解力方面，具有某一职业或一个/多个专业领域的理论、方法和实践方面的知识，能理解和反思理论、方法和实践。在技能方面，能应用一个或多个专业领域的方法和工具，能应用专业或职业领域里与工作相关的技能，能评价理论和实践问题，能解释选择相关问题解决方案的缘由，能与同事、合作伙伴和用户交流学术问题和问题解决方案。在能力方面，能在学习或工作情境中处理复杂的和以发展为定向的情况，能以专业方式独立地参与特定学科和跨学科合作，能识别自己的学习需求，在不同的学习环境中组织自己的学习。① 英国"英格兰、威尔士和北爱尔兰高等教育资格框架"(FHEQ)的描述符不是水平描述符，而是某一资格等级的典型资格类型描述，例如，专科层次教育选取了基础学位(资格框架第五级)作为典型资格，本科层次选取优等级学士学位(Bachelor's Degree with Honours，第六级)，硕士教育选取硕士学位(第七级)，博士教育选取博士学位(第八级)。英国高等教育资格框架典型资格描述符除保留"都柏林水平描述符"的核心要素外，还增加了若干知识点和能力点。一是拓展了"都柏林水平描述符"的能力点内容，描述符将学习能力拓展为"资格持有者还具有就业所需的素质和可迁移性技能，具有首创精神并能履行个人责任，具有在复杂和不可预测的情境里的决策能力，具有从事适宜的专业继续教育或同等性质教育所需的学习能力"。二是增加了新的能力点，"资格持有者通常能够应用他们所学的方法和技术评价、巩固、扩展和使用其知识和理解力，启动和执行项目；批判性地评价论据、假设、抽象概念和数据，做出判断，提出恰当的问题，制定问题解决方案或提出多种问题解决方案②。德国高等教育资格框架水平描述符明确划分了知识与理解力和能力两个维度，每个维度下面又划分出5个次级维度。

---

①Qualifications Framework for Danish Higher Education[EB/OL]. [2008－07－01]. http://ufm.dk/en/education-and-institutions/recognition-and-transparency/transparency-tools/qualifications-frameworks/other-qualifications-frameworks/danish-qf-for-higher-education/qf_dk_he_261009.pdf

②。" Quality Assurance Agency for Higher Education(QAA). Verification of the compatibility of The framework for higher education qualifications in England, Wales and Northern Ireland (FHEQ) with the Framework for Qualifications of the European Higher Education Area (FQ－EHEA)[R]. 2009.http://www. qaa. ac. uk/en/Publications/Documents/Verification-of-the-compatibility-of-The-framework-for-higher-education-qualifications-in-England-Wales-and-Northern-Irel.pdf

四、资格框架实施

(一)建立资格框架实施工作机制

1.欧洲层面工作机制

不管是欧洲高等教育区总体资格框架,还是国家高等教育资格框架,它们的实施都涉及多个利益主体。欧洲坚持多方参加、集体治理的原则,建立和不断完善工作机制,有效推进资格框架的实施。在欧洲层面,通过建立部长级会议机制,设立“博洛尼亚进程”后续工作小组、后续工作小组秘书处、董事会、专题工作小组和举办研讨会,不断完善资格框架实施的工作机制。“博洛尼亚进程”每两至三年举行一次部长会议,每次会议均发表会议公报,全面评价“博洛尼亚进程”的进展,确定未来政策发展方向及应采取的相应措施。自 1999 年以来,已举办了 9 次部长会议,第十次会议将于 2018 年在法国巴黎举行。“博洛尼亚进程”后续工作小组是一个执行机构,它的主要职责是筹备部长会议和政策论坛,监督和推动每次部长会议后的“博洛尼亚进程”,处理不需要部长会议决定授权的事项。其成员具有广泛代表性,包括《欧洲文化公约》48 个缔约国、欧盟委员会和 8 个咨询成员。《欧洲文化公约》48 个缔约国均属于欧洲高等教育区国家,欧盟委员会是作为一个额外的正式成员,8 个咨询成员包括欧洲理事会、联合国教科文组织欧洲高等教育中心、欧洲大学联合会、欧洲高等教育机构联合会、欧洲大学生联合会、欧洲高等教育质量保障协会、教育国际泛欧机构和欧洲商业联合会。后续工作小组每半年至少召开一次会议,主席由欧盟轮值国代表担任。从 2010 年 7 月 1 日开始,“博洛尼亚进程”和后续工作小组分别由欧盟轮值主席国和一个非欧盟国家担任联合主席,非欧盟国家按国家字母顺序从阿尔巴尼亚开始。后续工作小组设有董事会,负责监督执行后续工作小组在两次部长级会议之间的工作。后续工作小组设有一个秘书处,为它的工作提供支持。秘书处是一个常设机构,由部长会议主办国轮流负责。例如,从 2007 年 7 月 1 日至 2010 年 6 月 30 日,秘书处由法国、比利时荷兰语区、荷兰、卢森堡以及奥地利和匈牙利的高等教育部联合负责,以筹备 2009 年和 2010 年部长会议,办公地点设在比利时首都布鲁塞尔。从 2015 年 7 月 1 日至 2018 年 6 月 30 日,秘书处由下届 2018 年欧洲高等教育区部长会议主办国法国负责。后续工作小组联合主席和副主席享有专属权力,在其领导下秘书处提供中立性支持,以推进欧洲高等教育区建设。作为一个常设国际机构，秘书处遵循国际惯例，工作人员来自欧洲高等教育区成员国。部长会议授权后续工作小组制订工作计划，设立专题工作小组，就相关问题开展专题研究。2004年3月，在都柏林会议上“博洛尼亚进程”后续工作小组批准成立“博洛尼亚进程资格框架工作小组”，以协调欧洲高等教育区总体资格框架的开发工作。在2007年至2009年期间，“博洛尼亚进程”后续工作小组通过了工作计划，设立了资格框架、数据采集、就业能力、全球背景下的欧洲高等教育、终身学习、人员流动、社会维度等专题工作小组。按照《2009－2012年工作计划》，后续工作小组设立了社会维度、资格框架、国际开放程度、人员流动、资格承认、“博洛尼亚进程”实施报告、透明机制等专题工作小组，这些专题工作小组将向后续工作小组提交专题研究报告，就相关问题提出政策建议。

2.建立欧洲学历学位认证网络

在欧洲地区范围内建立了欧洲信息中心网络(ENIC)和在欧盟范围内建立了国家学术承认信息中心(NARIC)，两个网络将共同就为国际学术和专业流动、外国资格证书承认的程序等问题提供最新信息。

3.在国家层面设立专门机构实施国家高等教育资格框架

英国1997年成立了高等教育质量保障署，负责实施英格兰、威尔士和北爱尔兰高等教育资格框架。爱尔兰通过立法设立法定机构负责实施国家资格框架，1999年通过《资格(教育与培训)法》设立国家资格局，2012年通过《资格与质量(教育与培训)法》将继续教育与培训资格委员会、高等教育与培训资格委员会、爱尔兰大学质量委员会和爱尔兰国家资格局四家机构合并为爱尔兰质量与资格局，负责全面实施国家资格框架。荷兰教育、文化和科学部设立专门委员会负责高等教育资格框架的实施。比利时荷兰语区没有单独设立专门机构，而是由政府教育行政部门负责实施高等教育资格框架，教育与培训部教育与培训司高等教育政策处具体负责资格框架的管理与实施。相关社会团体、专业机构、高校、企业等利益相关方从资格框架的最初设计到完成，全程参与了资格框架的开发和实施。

(二)质量保障标准和指导方针

建立高等教育质量保障体系是推进欧洲高等教育区建设的一个主要环节和工具。质量保障不仅需要不断改进教学质量，也需要外部机构进行评估。2000年，欧洲成立了“欧洲高等教育质量保障协会”(ENQA)，大部分质量评估机构成为了它的会员。2005年，卑尔根会议通过了《欧洲高等教育质量保障标准和指导方针》,提出了欧洲高等教育区内部和外部质量保障基本原则:高等教育提供者承担着教育教学质量和质量保障的基本责任;要维护高等教育质量和标准的社会利益;为学生和高等教育其他受益者提高和改进教育教学质量;建立具有效率和效能的组织结构,保证课程教学的实施;要重视质量保障过程中的透明度和吸收外部专家意见;在高等院校内部大力培育质量文化;制定相关的措施和程序确保高等院校负有相关的责任,包括负有保证公共投入和社会投入的责任;以质量促责任要与以质量促提高的目的相一致;高等院校能在国内和国际上享有质量声誉;使用的方法和程序不应抑制多样性和创新。① 该文件还提出了欧洲高等学校内部质量保障和外部质量保障的标准和指导方针以及欧洲外部质量评估机构的标准。②

为适应形势变化,修改质量保障标准和指导方针。2012 年 4 月 26—27 日,在布加勒斯特举行的欧洲高等教育区部长级会议上,各国部长审查了由欧洲高等教育质量保障协会(ENQA)、欧洲大学协会(EUA)、欧洲高等教育机构协会(EURASHE)和欧洲大学生联合会(ESU)组成的 4E 小组提交的关于实施《欧洲高等教育区质量保障标准和指导方针》的报告,要求 4E 小组与教育国际、欧洲商业联合会和欧洲高等教育质量保障注册组织合作修改质量保障标准,以"提高其清晰度、适用性和实用性,界定其范围",向"博洛尼亚进程"后续行动小组提交修改建议。7 方联合小组为此成立了标准修改指导小组和起草小组,在广泛征求和吸收社会各界意见的基础上修改了标准。2014 年 9 月 19 日,"博洛尼亚进程"后续工作小组审议通过质量保障标准修订草案,最终修订版于 2015 年 5 月 14 日至 15 日在亚美尼亚首都埃里温举行的欧洲高等教育区部长级会议上由各成员国教育部长批准。质量保障标准主要包括以下三个方面。

一是内部质量保障标准。(1)制定质量保障政策。高等院校应制定公开的质量保障政策,使之成为其战略管理规划的一部分。校内利益相关方应通过相应的机构和安排发展和实施这种政策,同时吸收外部利益相关方参与。(2)设计和批准专业课程。高等院校应规定专业课程设计和批准的方法和程序。专业课程的设计要达到预期的目标,包括达到预期学习结果。明确规定通过专业课程学习取得的学位资格证书的要求,注明国家高等教育资格框架以及欧洲高等教育区资格框架的相应等级。(3)实施以学生为中心的学习、教学和评价。高等院校应确保专业课程的实施能够鼓励学生在创设学习过程中发挥积极作

---

①European Association for Quality Assurance in Higher Education. Standards and Guidelines forQuality Assurance in the EuropeanHigher Education Area[M]. Helsinki: 2005.

②毕家驹. 欧洲高等教育区的学位标准和质量保证准则[J].高教发展与评估,2006,22(5):53—56.

用，对学生的评价应能反映出这种方法。(4)严格执行招生、升级、评价和发证规定。高等院校应严格执行预先确定的和已公布的规定，即涵盖学生“生活周期”各个阶段的有关招生、升级、考试评价和证书发放方面的规定。(5)教学人员。高等院校应确保教师具有必要的能力，教师招聘过程要公正和透明。(6)学习资源和学生支持。高等院校应具有一定的教与学活动经费，保证能够提供必要的和易于获得的学习资源和学生服务。(7)信息管理。高等院校应保证能够采集、分析和使用相关信息，从而对专业课程和其他活动进行有效管理。(8)公共信息。高等院校应发布包括专业课程设置在内的有关活动方面的信息，发布的信息要清晰、准确、及时更新和易于获取。(9)定期监测和评估专业课程。高等院校应监测和定期评估其专业课程，以保证达到了预期目标，能够满足学生和社会的需要。这些评估应能导致专业课程的连续性质量提升。拟采取的任何行动方案应转达给所有有关人士。(10)循环性外部质量保障。高等院校应按照《欧洲高等教育质量保障标准和指导方针》的要求，周期性地开展外部质量保障。

二是外部质量保障标准。(1)高度重视校内质量保障。外部质量保障应着力解决质量保障标准第一部分规定的校内质量保障的效益问题。(2)方法设计要符合目的。具体定义和设计外部质量保障，保证达到目的和目标的适宜性，同时考虑到相关规定。利益相关方应参与设计和不断提升质量。(3)实施过程。外部质量保障过程要可信、有用、预设、前后一致并予以公布，通常包括院校自我评估、实地考察、外部评估报告和后续行动。(4)同行专家评价。外部质量保障应把同行专业评价放在核心地位，由包括学生成员在内的专家团队进行评价。(5)结果标准。无论评估过程是否做出正式决定，根据外部质量保障结果做出的结论或判断都应基于明确的和已公布的标准，标准的运用要前后一致。(6)实行报告制度。及时发布专家团队撰写的报告全文，供学术界、外部合作伙伴和其他感兴趣的个人浏览使用。如果评估机构根据报告提出任何正式意见，该意见要与报告一同发布。(7)投诉和申诉。明确定义投诉和申诉程序，作为外部质量保障过程的一部分，并将这些程序告知学校。

三是质量保障机构标准。(1)质量保障的活动、政策和过程。评估机构应定期开展外部质量保障活动，应有清晰和明确的目的和目标。这些目的和目标应转化为评估机构的日常工作。评估机构应保证利益相关方参与其治理和工作。(2)官方地位。评估机构应具有法律地位，是公共主管当局正式承认的质量保障机构。(3)保持独立性。评估机构应保持独立性，自主开展活动，对其业务活动和结果负有完全责任，不受第三方的影响。(4)专题分析。评估机构要定期发布报告，介绍和分析其外部质量保障活动的结果。(5)资源。评估机构要在人力和财力方面具有必要的和适当的资源以开展工作。(6)内部质量保证和专业行为准则。评估机构应保证和提升其活动的质量,制订与定义和诚信相关的内部质量保障流程。(7)评估机构的循环性外部评估。评估机构应按照ESG的要求,至少每5年进行一次外部评估。①

成立高等教育质量保障注册组织,对评估机构实行注册制管理。2008年夏季,欧洲高等教育质量保障注册组织正式开始运作,它是由4E组织联合发起成立的。② 该注册组织是一个依据比利时法律,在比利时布鲁塞尔注册的非营利性国际组织,主要职能是对符合《欧洲高等教育质量保障标准和指导方针》要求的外部质量评估机构进行登记注册,从而保证第三方评估机构的资质和开展业务的合法地位,发布注册的评估机构的名单,向公众提供在欧洲开展评估工作的质量保障机构的准确和可靠信息。③ 截至2014年底,该组织注册委员会注册了18个国家的37家评估机构,其中德国8家,西班牙6家,荷兰3家,法国、比利时、瑞士和丹麦各2家,挪威、爱沙尼亚、立陶宛、波兰、罗马尼亚、塞尔维亚、克罗地亚、奥地利、斯洛文尼亚、英国、芬兰和葡萄牙各1家。

加强联合学位课程质量保障。开设联合学位课程是建立欧洲高等教育区的标志性事件。2014年10月,"博洛尼亚进程"后续工作小组批准了《欧洲联合学位课程质量保证标准》,旨在提高学生和教学人员流动水平,增加相互学习和合作的机会,打造卓越课程,为学生提供真正的欧洲学习经历,相关高校在颁发的联合学位证书上需要注明"联合培养"字样。

(三)学分转换和积累系统

博洛尼亚进程的重要目标是建立欧洲高等教育区,这需要各国有更加统一的学位结构,使资格更好理解,其中一个重要工具就是学分制。欧洲学分转换和积累系统(European Credit Transfer and Accumulation System,简称ECTS)是1989年建立的,它是欧洲高等教育区增加专业课程学习透明度和提

---

①European Association for Quality Assurance in Higher Education (ENQA), European Students' Union (ESU), European University Association (EUA) and European Association of Institutions in Higher Education (EURASHE). Standards and Guidelines for Quality Assurance in the European Higher Education Area (ESG) [S]. 2015. http://www.enqa.eu/wp-content/uploads/2015/11/ESG_2015.pdf

②即欧洲高等教育质量保障协会(ENQA)、欧洲大学协会(EUA)、欧洲高等教育机构协会(EURASHE)和欧洲学生联合会(ESU)四个组织,因为每个组织的英文缩写第一个字母都是E,故简称4E组织。

③Education and Culture DG. The EU contribution to the Bologna Process [M]. Luxembourg: Office for Official Publications of the European Communities, 2009.

高高等教育质量的工具。当时主要用于学分转换，旨在将学生在国外学习期间获得的学分转换成回国后本校的学位资格学分，以促进在“伊拉斯谟高等教育项目”下的学生流动。“博洛尼亚进程”启动后，它成为创建欧洲高等教育区的一个核心工具。2003 年的柏林会议要求各签署国不仅要把 ECTS 作为学分转换系统，而且要作为学分积累系统。2005 年的卑尔根会议强调在第一级和第二级学位实施 ECTS，特别是要重视它在建设欧洲高等教育区资格框架中的重要作用。2007 年的伦敦会议强调要坚持实施 ECTS 以学习量和学习结果为基础的原则。2012 年布加勒斯特部长会议要求对 2009 年版《欧洲学分系统用户指南》进行修订，以加强在欧洲高等教育区“有效实施学习结果”，2015 年埃里温部长会议通过了修订后的《欧洲学分系统用户指南》。欧洲学分系统不仅在学习量和取得的学习结果的基础上用以转换学分，而且可以积累高校学位课程学分。欧洲学分系统有助于设计、描述和实施专业课程，从终身学习视角整合不同形式的学习，推动资格和学历承认，促进学生流动。欧洲学分系统适用于各种学习形式，不论是课堂学习还是工作本位学习、远程学习；适用于各种学生身份，不论是全日制学生还是非全日制学生；它也适用于各种学习情境，不管是正规教育还是非正规和非正式学习。

1.学分转换和积累系统的特点

欧洲高等教育学分转换和积累系统有以下几个特点。它是基于学习、教学和评价过程透明性原则，以学习者为中心的学分积累和转换系统，旨在通过承认学习成就、资格和学习期限促进专业课程的规划、实施、评估以及学生流动。ECTS 学分表示基于定义的学习成果及其相关工作负荷的学习量。60 学分为一个全日制学年或同等学习的学习结果和相关工作负荷，学分通常以整数表示。学习结果是授予学分的重要依据，是对个人在完成学习过程时知道什么、理解什么和能够做什么的陈述。评价学习结果要根据明确和透明的标准。学习量是个人通常在正规学习环境中需要完成的所有学习活动，如取得规定的学习结果所需的听课、研讨会、项目、实践工作、工作实习和个人学习的时间估计。一般情况下，一个学年的学习量为 1500～1800 小时，这意味着一个学分对应于 25～30 个工作小时。学分分配是将一定数量的学分分配给资格、学位课程或单一学习组成部分的过程。根据国家立法或实践，参照国家或欧洲资格框架，将学分分配给整个资格或专业课程。以一个全日制学年分配 60 学分为基础，按照取得每个学习组成部分规定的学习结果所要求的估计学习量，将学分分配到学习各个组成部分，如课程单元、论文、工作本位学习和工作实习等。授予学分是如果学习者取得了规定的学习结果就正式给予他们学分的行为。学生在完成了所要求的学习活动并取得了规定的学习结果可以授予学分，如果学生和其他学习者在其他正规、非正规或非正式学习背景下或规定的时间范围内取得了学习结果，可以通过评价和认可这些学习结果向学习者授予学分。学分积累是鉴定储存学分的过程，既适用于正规教育环境中取得的学习成果，也适用于非正式和非正规学习背景下进行的学习活动。一个学生可以为了取得学位授予机构颁发的资格，也可以出于终身学习目的记录个人的学习成就而积累学分。学分转换是指出于取得资格的目的，学生在某一教育情境中取得的学分在其他正规教育情境中得到承认的过程。学生在一所高校取得的专业课程学分可以转换到同一或另一所高校开设的专业课程中去。学分转换是保证学生流动成功的关键。高校和院系可以签署学分转换协议，保证学分自动承认和转换。课程目录、学习协议、成绩单和工作实习证书等辅助性文件可促进和提高学分的使用。ECTS 还有助于提高文凭补充文件的透明度。①

2.各国学分系统实施情况

欧洲学分系统对学分数量的规定主要适用于第一级和第二级学位（学士和硕士学位），“博洛尼亚进程”未对博士学位的学分数量做出明确规定，学分数量和授予交由各大学自行规定。第一级学位需要 180～240 学分（3～4 年），第二级学位 90～120 学分（1.5～2 年），最低限度 60 学分。通过规定学分数量，各国的学位结构呈现趋同性。除医学及相关领域、建筑和工程等少数专业性较强的学科外，所有国家的绝大部分高校和专业都采用了新的博洛尼亚三级学位结构。

180＋120 学分（3＋2 学年）学位结构成为主流模式。有 19 国学士学位课程采用 180 学分（3 年），这些国家包括安道尔、奥地利、比利时、克罗地亚、丹麦、爱沙尼亚、芬兰、法国、梵蒂冈、冰岛、意大利、列支敦士登、卢森堡、黑山、挪威、波兰、斯洛伐克、瑞典和瑞士。有 11 国学士学位课程采用 240ECTS 学分（4 年），这些国家包括亚美尼亚、保加利亚、塞浦路斯、格鲁吉亚、希腊、立陶宛、摩尔多瓦、俄罗斯、西班牙、土耳其、英国（苏格兰）。关于硕士学位课程，有 29 国采用 120 学分（2 年）的模式，这成为硕士课程主流模式。另有 16 国硕士课程学分从 60 学分到 120 学分不等，这些国家包括阿尔巴尼亚、比利时、波黑、塞浦路斯、德国、希腊、爱尔兰、马耳他、摩尔多瓦、黑山、荷兰、葡萄牙、罗马尼亚、斯洛文尼亚、西班牙和英国（英格兰、威尔士和北爱尔兰）。保加利亚、塞尔维

①European Union. ECTS Users' Guide 2015 [R]. Luxembourg: Publications Office of the European Union, 2015. http://ec.europa.eu/education/ects/users-guide/docs/ects-users-guide_en.pdf

亚、英国(苏格兰)与主流模式不同,硕士学位课程仅有60学分,而捷克硕士课程为180学分(3年)。①

有的国家以立法形式刚性推行ECTS,如奥地利、比利时、罗马尼亚等国。西班牙2008年通过新的立法,规定从2010—2011年度开始强制实施学分制。有些国家推行学分制不是通过立法,而是采用自愿原则或行政指导的方式,ECTS也得到了普遍推行。捷克对实施ECTS未作立法规定,但所有公立高校都推行了ECTS或是与ECTS兼容的学分制。爱尔兰实施ECTS不是强制性的,但各大学普遍采用了ECTS,并在大学部门之外的高等教育和培训资格系统中推行。从2002年起,俄罗斯各高校在自愿的基础上实施基于ECTS的国家学分系统。英国的高校享有高度自治,不存在实施博洛尼亚改革包括实施ECTS的法律上的障碍,各高校对"博洛尼亚进程"做出了积极的回应,苏格兰、威尔士和北爱尔兰已经存在学分转换和积累系统,2008年英格兰发布高等教育国家学分框架,英国的这些学分系统与ECTS完全兼容。

如果用学分转换和积累以及学分授予基于学习结果和学生学习量这样的标准来判断,各国实施ECTS大致分为以下几种情况。

一是有75%以上的学校和专业采用ECTS,以使学分能够转换和积累,在学分系统中运用学习结果和学生学习量的概念,取代了其他学分计分方法。这类国家包括比利时、波黑、丹麦、马其顿、格鲁吉亚、冰岛、意大利、列支敦士登、摩尔多瓦、荷兰、挪威、塞尔维亚和瑞士等国。

二是有75%以上的学校和专业采用ECTS用于转换和积累的目的,面授课时不再作为授予学分的参照,改由学生学习量取代,但与第一种情况不同,学习结果尚未成为学分系统的常规参照。这类国家包括奥地利、芬兰、法国、匈牙利、马耳他、葡萄牙和乌克兰等国。

三是仍把面授课时或面授课时和学生学习量组合用作授予学分的参照,有75%以上的学校和专业将ECTS用于转换和积累的目的,这类国家包括阿塞拜疆、克罗地亚、塞浦路斯、捷克、爱尔兰、波兰等国。

四是有13个国家实施了ECTS,但有75%左右的学校和专业使用各种参照界定学分,这类国家包括德国、希腊、罗马尼亚和俄罗斯等国,它们需要进一步推广ECTS,并需做到规范实施。

五是有6国一直实施可与ECTS兼容的国家学分系统,包括英国、瑞典、土

①Eurydice. Higher Education in Europe 2009: Developments in the Bologna Process [M]. Brussels: Education, Audiovisual and Culture Executive Agency, 2009.

耳其及3个波罗的海国家。在英国，英格兰2008年8月实施新的国家学分系统，可与ECTS兼容，附有详细的使用说明和指南；苏格兰保留了学分和资格框架，以促进弹性学习和不同教育部门间的学分转换，从而为推动终身学习做出贡献；威尔士学分和资格框架涵盖了全部16岁后教育。

(四)学科专业标准建设项目

学科专业标准建设项目(或译为调优项目，英文为Tuning Educational Structures in Europe，简称Tuning Project)是由西班牙德乌斯托大学和荷兰格罗宁根大学在“博洛尼亚进程”影响下共同发起的教学改革运动，2000年12月开始启动，2001年4月正式实施。该项目得到欧盟委员会实施的“苏格拉底高等教育项目”(Socrates)和“跨欧大学教育流动项目”(Tempus programmes)的经费支持。该项目按一级或二级学科制定每一级学位课程标准，学科学位课程参照标准的主要内容包括学科概述、学位证书类型和层级、毕业生就业去向、学习结果和能力标准、学习量和学分、教学与评价和质量提升等。学科专业参照标准坚持“学生中心和能力导向”原则，以学习结果和能力来描述。学习结果是期望一个学习者在完成一段学习经历之后知晓什么、理解什么和能够展示什么的陈述。学习结果以学生的能力水平来描述。能力表示认知和元认知能力、知识和理解力、人际交流能力、智力、实践能力和伦理价值观的动态组合。培养学生的这些能力是所有教育课程的目标。能力渗透在所有的课程单元中并在课程实施的各个阶段进行评价。以能力作为学科专业参照标准的核心概念，构建每一级学位的能力标准成为项目的重要特征。项目将能力划分为通用能力和学科特定能力，二者共同构成了学生的完整能力体系。通用能力也称为可迁移能力或通用学术能力，可适用于任何学位课程，能从一种情境迁移到另一种情境，具有跨学科性、可迁移性和可转换性。通用能力又分为工具性能力、人际交流能力和系统性能力三类，像分析和综合能力、学习能力、问题解决能力、运用知识的能力、质量意识和信息管理能力等都属于通用能力范畴。学科特定能力是指与特定学科领域相关的能力，是学生通过某一学科的学习必须达到的能力，与学生所学专业有着直接的联系，不同专业要求的能力有所不同。目前已开发了历史、数学、地理、化学、护理、教育学、欧洲研究、商业和物理等42个一级或二级学科的参照标准。

(五)推动实现资格自动承认

实现资格互认是欧洲高等教育区的重要目标。1997年4月11日，欧洲理事会和联合国教科文组织主导制定的《欧洲地区高等教育资格承认公约》在葡萄牙首都里斯本签署，简称《里斯本公约》。除希腊和摩纳哥外，有45个欧洲理事会成员国批准，《公约》于1999年2月1日生效。《公约》覆盖范围远远超出欧洲地域，也被澳大利亚、白俄罗斯、梵蒂冈、以色列、哈萨克斯坦、吉尔吉斯斯坦、塔吉克斯坦和新西兰等欧洲理事会非成员国批准，加拿大和美国签署但没有批准该公约。公约是建设欧洲高等教育区的基石，提供了在欧洲地区资格承认的共同法律基础，是欧洲高等教育区唯一具有法律约束力的文本。《公约》规定，除非证明存在实质性区别，学位和学历必须得到负责认证的机构的承认，对学生和毕业生学历学位评价应依据《公约》并保证有公正的程序。《公约》成为推进"博洛尼亚进程"、实现欧洲高等教育区的重要工具。2012年的《布加勒斯特公报》强调资格承认的重要性，指出"包括对非正规和非正式学习认可在内的公正的学术和专业资格承认，是欧洲高等教育区建设的核心。这对学生的学术流动有着直接的益处，可增加毕业生专业流动的机会，是对已经达到的趋同和信任程度的准确度量"。《公约》还指出："我们决心消除妨碍有效和适当资格承认的主要障碍，在充分运用博洛尼亚各种工具的基础上，共同努力，把实现可比学位的自动承认作为欧洲高等教育区的一项长期目标。"①

随着高等教育国际化的快速发展，越来越多的学生出国留学取得学分和学位。学术流动有利于提高高等教育的质量，提升毕业生的技能水平和就业能力，缩小劳动力市场技能缺口。让学术资格顺利得到承认是促进学术流动和推进"博洛尼亚进程"的必要条件，但目前资格承认还得不到保证，"博洛尼亚进程"流动工具的作用尚未充分发挥，《里斯本公约》的原则还未被高等教育机构的证书评价人员普遍使用，学术资格承认的程序冗长繁琐。根据"博洛尼亚进程"后续工作小组的调查，有17国把欧洲高等教育区资格等同于本国的三级学位资格，有8国把欧洲高等教育区资格等同于本国的至少一级学位资格，有12国仅将部分特定国家的资格等同于本国的资格，有2国仅将部分特定欧洲高等教育区国家的资格等同于本国的至少一级"博洛尼亚进程"学位资格，还有9国没有把欧洲高等教育区资格等同于本国的资格。这表明在欧洲高等教育区大部分国家的体系层面推动实现资格自动承认仍有很大空间。② 欧洲理事会采取了各种措施推动实现欧洲高等教育区资格自动承认。

---

①Bucharest Communiqué[EB/OL]. [2016－12－07].http://media.ehea.info/file/2012_Bucharest/67/3/Bucharest_Communique_2012_610673.pdf

②European Commission/EACEA/Eurydice.The European Higher Education Area in 2015:Bologna Process Implementation Report [R]. Luxembourg: Publications Office of the European Union,2015:82. http://eacea.ec.europa.eu/education/eurydice/documents/thematic_reports/182EN.pdf

推动各国实施《里斯本公约》的原则。欧洲理事会敦促各成员国将《里斯本公约》的五项主要原则纳入国家立法，即申请者有权享有公正评价；如果证明没有实质性区别应予以承认；立法或指导方针应鼓励比较学习结果而不是课程内容；如果做出负面决定，资格承认主管部门应说明存在实质性区别；申请者有权对资格承认决定进行投诉。

推进资格承认政策和工具建设。欧洲先后建立了欧洲高等教育学分转换和积累系统、欧洲高等教育区总体资格框架和国家高等教育资格框架等资格互认工具，设立了文凭补充文件等资格透明工具，制定了欧洲高等教育质量保障标准和指导方针等质量保障政策。这些政策和工具对改进资格承认政策和实践、促进资格互认发挥了重要作用。

编写认证手册，促进认证实践规范化。2012 年，欧洲启动欧洲资格承认区手册编写工作。2014 年，7 个国家的学历学位认证中心以及高校和学生代表共同编写了高等教育机构资格承认手册，旨在帮助高校的证书评估人员和招生人员按照《里斯本公约》确定的原则，开展公平公正的学历学位认证。手册将公约的具体原则转化为可操作的实践，同时倡导弹性的认证方法。尽管手册是从欧洲高等教育区的视角编写的，但是，手册也适用于包括部分北美、亚洲和大洋洲在内的所有公约缔约国，也适用于具有相似高等教育地区公约的亚太和非洲地区。

实施资格自动承认区域推进方案。资格自动承认是指某一学位的自动承认使持有某一级资格证书的申请者享有自动进入任何其他欧洲高等教育区国家下一级专业课程继续学习的权利。2012 年，"博洛尼亚进程"高等教育部长会议提出成立资格自动承认探路者工作小组，成员由比利时法语区和荷兰语区、克罗地亚、丹麦、爱沙尼亚、德国、卢森堡、葡萄牙、斯洛文尼亚、瑞典和荷兰共 10 个国家和地区的代表组成，工作小组的工作得到欧盟的大力支持。工作小组提出如下建议：各国要制定和颁布专项立法，保证欧洲高等教育区其他国家的资格能够得到与本国资格一样的同等承认。审查或修改国家立法，保证高等教育机构在认证过程中主要采用学习期限或学分数等正式和量化标准，遵守《里斯本公约》的原则，简化国家对资格认证的监管。提高高校证书评估人员业务素质，有效实施《里斯本公约》，在资格认证过程中更多使用质性标准，实施欧洲理事会 2013 年制定的《关于在外国资格承认过程中使用资格框架的建议》，把等级、学习结果（等级描述）、质量、学习量和资格描述作为认证资格的关键要素。各国要把《欧洲高等教育机构资格承认手册》作为指导认证过程的参照框架，资格认证时间最长不超过四个月，实施里斯本资格承认公约委员会 2010 年公布的《关于修订外国资格评价标准和程序的建议》，缩短认证的最长时间期限。充分利用现代技术和国家学历学位认证中心智力资源，探索改进认证过程。认证主管部门有义务在欧洲高等教育区实施内部和外部认证结果复议免费制度，在合理期限内完成认证结果复议。高等教育机构在资格认证过程中要注重质量保障，加强实施《欧洲高等教育区质量保障标准和指导方针》和《欧洲高等教育质量保障机构注册标准》。提高文凭补充文件的效用，成立工作小组评估文凭补充文件的书写格式，更加注重学习结果导向，进一步完善文凭补充文件的格式和内容描述。制定资格自动承认区域推进方案，即在历史文化和教育传统相近的比(利时)荷(兰)卢(森堡)经济联盟(Benelux)、北欧和波罗的海国家、德国及周边讲德语国家或地区以及东南欧地区等国家和区域率先实现资格自动承认。①

五、影响力与经验

(一)“博洛尼亚进程”的影响力

1.相关国家开展的学科专业标准建设项目

欧盟的标准建设项目不仅吸引了欧盟国家的高校参加，到 2010 年欧盟有 29 个国家的约 200 所大学参加了标准建设项目，而且也引起了其他国家和地区的广泛兴趣，学科专业标准建设的基本思想和具体活动跨越了欧盟，扩展到了全世界。2004 年，欧盟与拉美国家开展标准建设项目(Tuning Latin America)；2009 年与美国的鲁米纳基金开展标准建设项目(Tuning USA)；2010 年与俄罗斯开展标准建设项目(Tuning Russia)；2011 年与澳大利亚和非洲国家开展标准建设项目(Tuning Australia 和 Tuning Africa)；2012 年与加拿大开展标准建设项目(Tuning Canada)，同年与经济合作与发展组织的“高等教育学生能力测试项目”开展标准建设项目(Tuning AHELO)；泰国也决定参与标准建设项目；日本学术会议正在制定不同专业的参照标准，已经公布了经营学、语言文学和法学学科标准，正在审议生物学、家政学、机械工程学、数理科学、土木工程学、建筑学学科标准，成立了经济学和历史学分科讨论会。2012 年，在中欧高级别人文对话的框架下，中欧开展了学科专业标准建设联合项目(Joint EU-China Tuning Study)。学科专业标准建设项目的目的在于使教育能更好地适应经济和社会的发展，以学科标准建设为抓手，增强不同国家高等教育制度的透明性和兼容性，将高校过去以知识传授为中心的模式引导到以能力培养为中

①EHEA Pathfinder Group. Automatic Recognition Report[R]. 2015. http://media.ehea.info/file/2015_Yerevan/72/3/EHEA_Pathfinder_Group_on_Automatic_Recognition_January_2015_613723.pdf

心的模式，将以教师为中心的教学模式转变到以学生为中心的模式上来，实现教学课程以学生为中心和以能力为导向的两个转变，让教授的课程更好地匹配社会需要和学生将来的工作需要。2013 年 3 月 23 日至 24 日，西安交通大学管理学院举办中欧联合调整和优化高等教育教学过程项目（简称“中欧联合调优项目”）研讨会，以加强中欧高等教育的交流与合作，促进中欧教育体系的沟通与衔接，学习借鉴欧盟调整和优化高等教育教学过程的理论和方法，以建立中欧双方认可的高等教育质量标准为目标，启动土木工程、教育学和工商管理三个学科标准建设项目。

2.各国被邀参加政策论坛

现在世界上有越来越多的国家表现出与参加“博洛尼亚进程”的国家就加强世界高等教育合作等问题开展对话的兴趣。同时，越来越多的欧洲国家也有兴趣与世界其他高等教育体系展开密切联系。2009 年 4 月 29 日，鲁汶会议邀请澳大利亚、巴西、加拿大、中国、埃及、埃塞俄比亚、以色列、日本、哈萨克斯坦、吉尔吉斯斯坦、墨西哥、摩洛哥、新西兰、突尼斯、美国等国以及欧洲大学联合会、国际组织和非政府组织的代表参加了在比利时鲁汶大学（法语区）举行的“2009 博洛尼亚政策论坛”，就世界高等教育合作、“博洛尼亚进程”46 国与世界其他国家建立伙伴关系等议题进行建设性对话。这是“博洛尼亚进程"首次举办政策论坛，并邀请欧洲高等教育区以外的国家参加会议，旨在拓展欧洲高等教育区的国际合作空间。

3.北美国家开发学位资格框架

在“博洛尼亚进程”的影响下，2007 年加拿大各省教育部长理事会发布《加拿大学位教育质量保障部长声明》，决定建立加拿大学位资格框架（Canadian Degree Qualifications Framework）。学位资格框架是对每一级学位需要达到的一般学习结果的通用描述。加拿大学位资格框架的内容分为两个部分：学位类型概述和学位标准。学位类型概述从课程设计和结果重点、就业准备和进一步学习、课程学习年限以及入学要求四个方面描述学士、硕士和博士学位类型的性质和特点。学位标准采用与“博洛尼亚描述符”相似的水平描述符，从 6 个维度规定了每一级学位的可证明、可迁移的学习能力和专门化知识体系掌握程度，即知识的深度和广度；有关方法方面的知识；知识的运用；交流表达能力；对知识局限性的认识；专业能力（自主性）。①

安大略资格框架。2009 年加拿大安大略省培训、学院和大学部公布“安大

①Canadian Degree Qualifications Framework[EB/OL].http://www.caqc.gov.ab.ca/pdfs/CDQF－FINAL.pdf

略资格框架"(Ontario Qualifications Framework),包含私立生涯学院、公立学院及公立大学和高等教育机构颁发的所有非宗教性的中等后教育证书、文凭、学徒培训证书、学位,具体包括13种资格证书:一级证书、二级证书、学徒培训证书、资格证书、三级证书、一级文凭、二级文凭、高级文凭、文凭后证书、学士学位、优等级学士学位、硕士学位和博士学位。每种资格类型都从6个维度进行描述:知识的深度和宽度、概念和方法意识/研究和学术、交流技能、知识的应用、专业能力/自主性和知识局限性的意识。① "安大略资格框架"没有明确划分资格等级,但资格证书的类型划分和顺序排列则暗含着隐性资格等级,基本覆盖了联合国教科文组织《国际教育标准分类》划定的从3级高中教育、4级中等后非高等教育、5级短期高等教育到6级本科教育、7级硕士教育和8级博士教育的6个教育等级。

美国学位资格描述(Degree Qualifications Profile)是一个由美国鲁米纳教育基金开发的,描述学生在完成副学士、学士或硕士学位时应知道什么和能够做什么的高等教育资格框架。每一个学生都应取得5种学习结果:(1)应用学习,学生用其所学能够做什么;(2)智力技能,学生能就其所学进行批判性和分析性思考,拓宽个人视野和经历;(3)专门化知识,学生能具有个人学习领域的知识;(4)广泛的综合知识;(5)公民学习,学生能够对地方、国家和全球面临的社会、环境和经济挑战做出回应。框架现不包含博士学位,这是由于博士学位侧重特定学科的高级研究技能,医学、法律和其他专业学位也未包含其中,因为它们侧重高级实践知识和技能。② 2011年由鲁米纳教育基金提供资金支持,通过美国学院与大学联合会、美国独立学院委员会等协会,以质量合作项目或工作联盟的形式在各类学院和大学测试"学位资格框架"的适用性。③ 2014年,鲁米纳教育基金发布第二版《美国学位资格描述》,对5种学习结果的顺序和表述略作调整,改为专门化知识、广泛综合知识、智力技能、应用与合作学习、公民与全球学习,特别是增加了合作学习和全球学习的内容,旨在培养具有实践能力和全球胜任力的高素质人才。美国学位资格描述不是水平描述符,而是资格类型描述,它比水平描述符更为具体一些,不同层级的学位资格类型则隐含着资格的等级。

---

①The Ministry of Training, Colleges and Universities. Ontario Qualifications Framework (OQF) [EB/OL]. [2014-05-13]. http://www.tcu.gov.on.ca/pepg/programs/oqf/

②Lumina Foundation for Education. The Degree Qualifications Profile [R]. 2011.

③Quality Collaboratives: Assessing and Reporting Degree Qualifications Profile Competencies in the Context of Transfer[EB/OL]. [2012-12-23]. http://www.aacu.org/qc/dqp.cfm

(二)发展目标

2009 年 4 月 28 日至 29 日,欧洲参加"博洛尼亚进程"的 46 国负责高等教育的部长在比利时鲁汶大学举行会议。鲁汶会议发表了《鲁汶公报》和《2009 博洛尼亚政策论坛声明》。这是继 2007 年伦敦会议之后欧洲高等教育的又一次盛会。

该声明认为,论坛促进了各国在高等教育领域的相互理解和学习,为以后的可持续性合作奠定了基础。高等教育有着共同的价值观和原则,各方对高等教育在实现人类、社会和经济发展方面所发挥的作用有着共同理解。此次论坛强调,高等教育要坚持以公共投入为主;充分发挥高等教育在追求知识和促进知识进步方面的战略性作用,通过跨国研究和教育项目倡导全球知识共享,开展学生和人员交流项目,促进创新和创造力;建立资格互认对话机制,探讨各种资格框架的含义,促进资格互认;通过举办质量保障研讨会等具体合作活动,促进各方相互了解和长期合作。[①]

《鲁汶公报》认为,从 2009 年到 2020 年的十年间,欧洲高等教育区将为实现一个具有高度创造力和创新精神的知识化欧洲做出重要贡献。欧洲面临着全球化、技术进步加快和人口老龄化等诸多挑战,目前又面临着全球金融和经济危机。为实现可持续性经济恢复和发展,一个充满活力和富有弹性的欧洲高等教育需要大力推进创新机制。要成功地应对面临的挑战和促进文化和社会的发展,高等教育将发挥关键作用。因此,保证高等教育的公共投入至关重要。

会议指出,自 1999 年通过《博洛尼亚宣言》以来的十年间,欧洲逐步建立了欧洲高等教育区,它深深植根于欧洲的知识、科学和文化遗产和理想中,形成了政府、高校、学生、教学人员、雇主和其他利益相关方之间长期合作的局面。十年来,"博洛尼亚进程"取得了丰硕成果,使得各国高等教育系统更具兼容性和可比性,使得学习者的流动变得更为容易,增强了欧洲高校对世界其他地区的学生和学者的吸引力。欧洲高等教育正处于现代化进程之中,具体表现为:采用了三级学位结构,在国家背景下建立了中间资格与第一级学位的联结,通过了欧洲质量保障标准和指导方针,建立了欧洲质量保障机构注册制度和国家高等教育资格框架,并使之与基于学习结果和学习量的欧洲高等教育区资格框架相联系。"博洛尼亚进程"也推动了文凭补充文件的使用和欧洲学分转换和积

①. Statement by the Bologna Policy Forum 2009.[EB/OL]. http://www.ond.vlaanderen.be/hogeronderwijs/bologna/forum/Bologna_Policy_Forum_Statement_29April2009.pdf.

累系统的推行，大大增加了资格的透明度和互认。

《鲁汶公报》提出了到2020年即下一个十年欧洲高等教育的十个发展目标：

(1)保证学生享有公平的机会完成学业，体现教育的社会维度。高等教育的学生群体要能反映欧洲人口的多样性，要注重高等教育的社会特征，能为大众提供接受质量教育的均等机会。扩大弱势群体学生接受高等教育的机会，能提供适当条件帮助这些学生完成学业。这包括改善学习环境，消除学习的各种障碍，为学生创造必要的经济条件。"博洛尼亚进程"各签署国要制订到下一个十年末的扩大高等教育规模和弱势群体就学的可测量目标。实现高等教育公平需要有教育系统和其他部门的配套行动。

(2)推进终身学习。拓宽高等教育的学习机会也可以通过终身学习来实现。终身学习应遵循公共责任的原则。终身学习包括获得资格、拓展知识和理解力、获得新的技能和能力、丰富个人发展。终身学习意味着资格和学历可以通过弹性学习路径，包括通过业余学习和以工作为基础的学习路径来获得。

实施终身学习政策需要在政府、高校、学习者、雇主和雇员间建立强有力的伙伴关系。成功的终身学习政策要包括以学习结果为基础的先前学习认定的基本原则和方法，不论知识、技能和能力是通过正规、非正规还是非正式学习路径获得的。终身学习应由完善的组织结构和适当的经费予以保障。贯彻终身学习原则应体现在高等院校的实践中。

建立国家高等教育资格框架是推动终身学习的一个重要步骤。到2012年，各国要在"博洛尼亚进程"框架内实现国家高等教育资格框架的自我认证，欧盟成员国要完成国家资格框架与欧洲终身学习资格框架的对接。在国家背景下，第一级学位内的中间资格可以作为拓宽接受高等教育机会的一种手段。

(3)提高学生的就业能力。随着劳动力市场日益依赖更高的技能水平和横向能力，高等教育要教授和培养学生在以后的整个专业生活中所需的先进的知识、技能和能力。就业能力能使个人在变化着的劳动力市场中抓住更多机遇。通过政府、高校、社会伙伴(雇主和工会)和学生之间的密切合作，提高劳动者的初始学历水平，不断更新技能，使高校更好地适应雇主的需要，企业更好地了解教育。高校、政府和有关机构要向学生提供就业指导服务，课程计划要安排工作实习和工作现场学习。

(4)实施以学生为本的教学。会议重申高校教学使命的重要性和以学习结果为导向的课程改革的必要性。实施以学生为本的教学要求在各级学位教育中向个体学习者赋权，采用新的教学方法，提供有效的支持和指导，开发更加注重以学习者为中心的课程。各国正在进行的课程改革将有助于实现高质量的教育，发展弹性的和更加适应个体需要的教育路径。高校要注重改进教学质量，这是进一步实施欧洲质量保障标准和指导方针的一个工作重点。

(5)推动科研和创新。高等教育在推进创新和提升创造力方面有着巨大的潜力，要增加具有研究能力的人员的数量。博士生课程应提供高质量的学科研究内容，并逐步增加跨学科和跨行业课程内容。政府和高校要努力使早期阶段的研究人员的生涯发展更具吸引力。

(6)提高国际开放度。欧洲高校要进一步提高国际化水平，积极参与可持续发展全球合作，通过欧洲联合行动计划，增强欧洲高等教育的吸引力，提高开放度。在全球范围内高等教育竞争日趋激烈的同时，要加强政策对话，通过与世界其他地区建立伙伴关系，特别是通过组织博洛尼亚进程政策论坛，广泛加强合作。实施跨国教育应按照欧洲高等教育区质量保障标准和指导方针，并依照联合国教科文组织和经济合作与发展组织制定的跨境高等教育办学质量指导方针。

(7)促进学生和人员流动。学生和人员流动有助于提高课程教学质量，提升研究卓越性，有助于促进欧洲高等教育的学术和文化国际化。流动对个人的发展和就业能力的培养极为重要。它可增进对多样性的尊重，培养与其他文化打交道的能力，促进语言多元化，发扬欧洲高等教育区的多语言传统，加强高等院校间的合作与竞争。因而，流动应是欧洲高等教育区的特点。每个国家都要增加流动，确保质量，扩大范围，实现形式多样化。到2020年，欧洲高等教育区至少20%的学生要有在他国学习或接受培训的经历。

在三级学位中，每一级都应创造流动的机会。联合授予学位、联合开设课程和打开流动窗口应成为更为普遍的实践。完善有关政策和措施，保证经费和接收学生的必要生活设施，完全承认学习成就，实现学生补助金和贷款异地发放。学生流入和流出要做到基本平衡。具有吸引力的工作条件和生涯路径是高校吸引优秀教师和研究人员的必要条件。最优利用现有法律框架，保障流动人员的社会保险、养老金异地发放及享有补充养老金的权利。

(8)加强数据采集工作。完善和加强数据采集和统计工作有助于监测社会维度目标达成、就业能力培养、人员流动及其他政策领域等方面取得的进展情况，并为评估和基准监测提供基础。

(9)运用多维透明工具。运用大学排名和高校分类等多维透明工具，发现和比较不同类型高校的优势。开发透明工具应与高等教育的关键利益相关方密切磋商，需要与博洛尼亚进程的原则紧密相关，特别是要遵守质量保障和资格互认原则，应基于可比数据和适当指标来描述高等院校和专业设置的多样性。

(10)经费来源多样化。坚持公共责任和以公共投入为主的原则，确保公平的机会和高等院校的可持续发展，同时寻求新的渠道，使经费来源多样化。[①]

公报指出，未来“博洛尼亚进程”将由欧盟轮值主席国和一个非欧盟国家共当主席。公报提出，委托博洛尼亚后续工作小组起草到2012年的工作计划，落实《鲁汶公报》中提出的发展目标；开发测量和监测流动与社会维度的指标；制定在欧洲高等教育区内实现均衡流动的措施；监测开发多维透明工具的工作进展，向2012年部长级会议提出报告；最优利用现有组织结构，建立工作网路，提供更多信息，推进欧洲高等教育区之外的“博洛尼亚进程”；分析资格互认国家行动计划并提出相应建议。相关组织要继续开展欧洲维度的质量保障合作，对欧洲质量保障机构注册制度进行外部评估。

(三)意义与影响

“博洛尼亚进程”是欧洲现代高等教育发展史上的重大事件，有着重大现实意义。“博洛尼亚进程”是一个推动欧洲高等教育改革的过程，而且这个过程仍在不间断地持续推进。“博洛尼亚进程”把建设欧洲高等教育区作为总体目标，在推进学位体系趋同、开发实施资格框架、加强标准建设、全面提高人才培养质量、完善质量保障体系、促进资格学分互认、推进终身学习、实现高等教育国际化等方面发挥了重要作用。

“博洛尼亚进程”的影响力不断扩大。“博洛尼亚进程”不仅推动了域内国家高等教育结构性改革，提高了教育质量，促进了教育公平，成为欧洲现代高等教育发展史上的重大事件，而且它对域外国家的高等教育也产生了重要影响。一是对区域高等教育政策产生了影响。澳大利亚试图主导亚太版“博洛尼亚进程”，2006年亚太教育部长签署《布里斯班公报》，试图打造一个“布里斯班进程”，鼓励学生和学术流动，消除流动障碍，建立共同的质量保障标准，促进资格互认。东盟建立了东南亚教育部长组织高等教育与发展区域中心，打造东盟10国高等教育空间，将学生流动、质量保障、学分转换和研究集群作为政策优先方向。美洲国家高等教育组织的战略目标之一是推进拉美与加勒比高等教育共同区建设。非盟高等教育一体化战略将资格互认、体系一体化和质量保障

---

①Benelux 2009. Communiqué of the Conference of European Ministers Responsible for Higher Education, Leuven and Louvain-la-Neuve, 28－29 April 2009 [EB/OL]. http://www.ond.vlaanderen.be/hogeronderwijs/bologna/conference/.

作为三个关键领域。美国和加拿大高等教育专家认为应结合国情将“博洛尼亚进程”的核心要素融入具有高度分权和多样化特点的北美高等教育体系。北非和中东结合国情弹性实施“博洛尼亚进程”部分原则和工具。二是欧洲高等教育区资格框架建设的经验对一些国家产生了影响。加拿大的学位资格框架、安大略资格框架以及专业团体主导的美国学位资格描述都吸收借鉴了欧洲高等教育区资格框架的经验，学习借鉴了欧洲加强资格标准建设、提高人才培养质量的经验，制订本国的学位标准。三是传播欧洲学科专业标准建设经验。在“博洛尼亚进程”推动下，欧洲教育和研究机构与拉美、非洲国家以及中国、俄罗斯、美国、澳大利亚和泰国等国开展学科专业标准建设项目，推广欧洲标准建设的理念、方法、技术和模式。四是开展合作项目，在世界范围内增强欧洲高等教育的吸引力和竞争力。五是举办博洛尼亚政策论坛，扩大“博洛尼亚进程”的影响，与包括中国在内的域外国家开展高等教育政策对话与合作，相互交流经验。①

国家资格框架开发并非一蹴而就之事。资格框架开发不单是一个技术问题，而且涉及观念转变、制度立法完善、体制机制创新和工具建设等方方面面，而这些需要花费时间逐步实施完成。尽管欧洲高等教育区总体资格框架早在2005 年就宣布建立了，但国家资格框架的开发进展不尽如人意，部长会议公报将国家资格框架开发完成时间表一推再推，从 2010 年推迟到 2012 年，又从2012 年再推迟到 2015 年，到 2015 年仍有一些国家处在概念开发阶段。此外，还没有一个欧洲高等教育区国家将非正规、非正式学习背景下取得的资格纳入国家高等教育资格框架，将终身学习从理念变成现实仍有很长的路要走。

①UNESCO International Institute for Educational Planning. The Bologna Process: Its impact in Europe and beyond[R]. Paris, 2013: 75—77.http://unesdoc.unesco.org/images/0022/002206/220649e.pdf

第四章 澳大利亚资格框架

澳大利亚是世界上较早开发资格框架的国家之一。澳大利亚资格框架经历了一个不断发展和完善的过程，澳大利亚早在1995年就引入了资格框架，其资格框架逐步从松散的分框架形式发展到含有10个等级的综合性国家资格框架。澳大利亚资格框架(AQF)是澳大利亚教育与培训监管资格的国家政策，开发资格框架旨在建立涵盖高等教育、职业教育和学校教育的统一的国家资格制度。

一、资格框架发展演变

澳大利亚资格标准建设有着较长的历史。基于以前的资格标准，澳大利亚资格框架开发始于20世纪90年代，1995年引入资格框架。在2009年至2010年间，澳大利亚资格框架委员会广泛征询资格框架用户和利益相关方的意见，对资格框架版本进行了升级，修改后的澳大利亚资格框架于2011年得到批准。

澳大利亚资格框架大致可分为三个大的发展阶段，每个发展阶段又有若干发展时期，每个时期都有自己的特点。

(一)初创阶段(1972－1994)

这一阶段从1972年延续到1994年，尽管还没有提出资格框架的概念，但不同时期的资格委员会都制定了相应的高等教育资格政策，规范资格名称，确定和完善资格类型，加强资格标准建设，为以后资格框架的建立奠定了基础。这一阶段以资格委员会成立和资格政策颁布为标志分为三个时期。

1.1972－1985年

澳大利亚最早对资格进行分级分类的是高等教育资格，而不是职业教育资格。1971年12月8日，联邦政府和州政府教育部长通过联合协议成立澳大利亚高等教育资格委员会(Australian Council on Awards in Advanced Education, ACAAE)。该委员会是一个国家级机构，职能是促进高等教育资格名称一致性使用，建立课程等级与相关资格之间有意义的关系，提高公众对高等教育资格的认识和接受程度，维持和公布高等教育资格的国家登记。1972 年，该委员会制定了《高等教育资格名称和指导方针》(Nomenclature and Guidelines for Awards in Advanced Education)，对高等教育资格进行了分级分类，提出了资格注册登记的具体要求，并对资格类型进行了说明。该委员会将高等教育资格划分为 5 级 5 类，这 5 个资格类别是硕士学位、研究生文凭、学士学位、文凭和副文凭。在文凭、学士学位和硕士学位 3 个资格类型中，还列出了应用科学、文学、商业、教育/教学和工程学科大类的资格名称。

表 4.1　高等教育资格类别和名称

资格类别	资格名称
UG1	学士学位:应用科学学士(B.App.Sc.)，文学学士(B.A)、商业学士(B.Bus.)、教育学士(B.Ed.)、工程学士(B.Eng.)
UG2	文凭:应用科学文凭(Dip.App.Sc.)、文学文凭(Dip.A.)、商业文凭(Dip.Bus.)、教学文凭(Dip.Teach.)、工程文凭(Dip.Eng.)
UG3	副文凭:(学科名称)副文凭
PG1	研究生文凭:(学科名称)研究生文凭
PG2	硕士学位:应用科学硕士(M.App.Sc.)、文学硕士(M.A.)、商业硕士(M.Bus.)、教育硕士(M.Ed.)、工程硕士(M.Eng.)

在登记资格之前，澳大利亚高等教育资格委员会要求各州高等教育认证机关确保高等教育机构的教育教学质量，这些质量要素包括教育机构的通用学术实践和标准；特定课程的目标和用以实现这些目标的方法；专业招生标准；课程学习期限，要考虑到入学标准和课程目标；相关学科的广度、深度和平衡以及课程所要求的学习量；学术进步评价方法；在专业学习方面教学的相对重点；与课程相关的实践教学和经历的安排；从事教学的教学人员，包括人数、专业资格、工作经历和教育学专业知识；住宿和设施，包括设备、图书馆、实验室、教室和其他教学资源，必要的话需要说明某一课程的教学资源。高等教育机构颁发的达到质量要求的资格将由委员会统一收录在国家高级教育资格登记系统之中。1983 年至 1984 年间，得到命名的资格的数量大大增加。

对每一种资格提出了学习年限的要求，并对培养方向和目标作了说明。例如，文凭资格最低要求三年全日制高等教育学习或同等程度学习，通过课程的学习可获得专业认可。同第一学位课程相比，文凭资格具有下列一个或多个特征:(1)主科和副科学习内容的深度不如学位资格；(2)课程可能更多强调从事一门职业所需的技能的习得，不像学位资格那样注重理论内容的学习；(3)在同一通用领域，课程层次比学位资格要低。硕士学位资格又分为两种子类型：授课式硕士学位和论文型硕士学位。授课式硕士学位是第一研究生学位，应比学士学位代表着更高阶段的学习成就，课程应在高级层次提供一个学科大部分的深度学习并由正规学习和项目工作的主要部分组成，大部分时间要用于专门化领域的学习。该类型资格最低需要两年全日制学习或同等程度学习。如果学生在相关学科已经达到高级水平，他们可以用不到两年时间完成硕士学位课程。然而，没有经过专业化深度学习，一般不向旨在拓宽知识领域、学习短期进修课程或非正式课程的学生授予硕士学位。持有类别 UG2 文凭资格和希望攻读硕士学位课程的学生在入学前需要参加额外的课程学习。对于登记论文型硕士学位，各州政府高等教育认证机关需要考虑到授予此类别资格的相关高校的教育教学质量，如对学生的入学资格要求、项目审批程序、项目监督管理的程序和人员，包括使用外部评价人员在内的评价方法，开展项目所需的实验室、图书馆相关设施等。①

2.1986—1990 年

这一时期增加了高等教育资格类型。1985 年 1 月，由联邦政府和各州、领地政府教育部长组成的澳大利亚教育委员会成立了新的澳大利亚高等教育资格委员会(Australian Council on Tertiary Awards，ACTA)。新的资格委员会的职责是：建立和维持高等教育资格和技术与继续教育高等资格的国家登记系统；促进全澳使用的高等教育资格名称和课程标准的一致性；建立课程与相关资格间的一致性关系；建立并保持与各州各领地政府和联邦政府设立的认证机关及其他相关机构的工作关系；提供有关课程和已登记资格的国家层面信息服务；建立、维持和公布高等教育资格国家注册登记；发布有关登记信息说明、资格名称与各类资格课程标准及其登记和重新登记、资格附带课程认证的一般条件等方面的指导方针；监督指导方针实施和落实情况。

1986 年，澳大利亚高等教育资格委员会发布了《国家资格登记指导方针》(Guidelines for the National Registration of Awards)，以此取代此前的《高等教育资格名称和指导方针》，以前确定的资格名称仍由澳大利亚高等教育资格

① Australian Council on Awards in Advanced Education. Nomenclature and Guidelines for Awards in Advanced Education [S]. 1972. http://www.aqf.edu.au/wp-content/uploads/2013/07/Nomenclature-and-Guidelines-for-Awards-in-Advanced-Education-1972-Historical-doc.pdf

委员会予以保留。1987年,澳大利亚高等教育资格委员会增加了证书、高级证书、副文凭和研究生文凭等资格类型。《国家资格登记指导方针》将资格分为7种类型:证书、高级证书、副文凭、文凭、学士学位、研究生文凭和硕士学位。在这些资格中,有些是属于职业教育与培训部门的资格,证书和高级证书由技术与继续教育(TAFE)部门授予,而副文凭和文凭属于跨部门资格,既可由TAFE部门授予,也可由高级教育部门授予。学士学位、研究生文凭和硕士学位则由高级教育部门授予。

《国家资格登记指导方针》规定了每种资格类型的描述。例如,证书课程可以:(1)提供基础教育或培养就业技能,或提供继续教育所需的知识和技能;(2)或提供从事有限范围的技能操作所需的技能和相关知识;(3)或提供在特定职业、国家承认的行业或手工业工作所需的知识和技能,这些工作通常需要完成各种相关活动所应具有的高水平技能,并能在他人一定程度的指导和监督下完成工作。证书课程的入学要求通常未作规定,但有些课程要求在澳大利亚学校体系里令人满意地完成10年教育或具有同等学历,也许会要求具有相关工作经历。证书课程需要的学习期限从短期课程学习到1.5年全日制学习或同等程度的部分时间制学习不等。

高级证书资格课程通常注重培养在产业或商业环境中所需的监督管理能力、人际关系能力、质量控制能力和诊断方法、分析和解决问题的能力。课程也会注重实践技能和操作技能的培养,以及履行监督或办公室管理职责所需的基本技能培训。课程通常包括有效监督工作人员和/或操作工作所需的交流表达技能。课程通常提供培养报告写作技能以及与客户和/或公众互动所需的技能的机会。学生一般需要在澳大利亚学校体系里令人满意地完成了10年教育或具有同等学历。学习高级证书课程需要有半工半读的相关工作经历。高级证书课程需要2年全日制学习或同等程度的部分时间制学习。

1989年,哲学博士指导方针和课程评价政策纳入《国家资格登记指导方针》之中。①

3.1991—1994年

1990年1月,澳大利亚教育委员会公布《澳大利亚高等教育登记》文件,从

①Australian Council on Tertiary Awards. Guidelines for the National Registration of Awards [S]. January 1987. http://www.aqf.edu.au/wp-content/uploads/2013/07/Guidelines-for-the-National-Registration-of-Awards-1987-Historical-Doc.pdf

而建立了高等教育登记系统。包含在高等教育登记系统中的资格类型有证书、高级证书、副文凭、文凭、学士学位、研究生证书、研究生文凭、硕士学位和博士学位,荣誉学位和优等级学位也纳入进来,资格体系不断完善。

一是设立澳大利亚高等教育登记机关(Register of Australian Tertiary Education,简称 RATE)。澳大利亚教育委员会于 1990 年 1 月设立了 RATE,成员由联邦政府和各州各领地负责就业的部长组成,它是全国唯一的被授权认证高等教育课程的教育行政部门和高等教育机构的国家登记机关。RATE 取代了先前由澳大利亚高等教育资格委员会设立的高等教育课程国家登记机关,但它并不登记资格课程。它的主要职能是开发澳大利亚高等教育课程认证的框架和原则,制定各认证机构共同运用的课程分类、学习年限和资格名称国家指导方针,制定传播有关各机构当局课程认证过程方面的信息的方法和措施。RATE 开展工作时,同澳大利亚大学校长委员会,国家就业、教育与培训委员会及高等教育委员会和就业与技能形成委员会,职业教育、就业与培训咨询委员会和国家培训委员会等机构合作并征求他们的意见。RATE 还设立了顾问委员会,由教育与培训界知名人士组成。二是建立了高等教育课程认证制度。认证机构主要有两类,第一类是依法设立和享有办学自主权的高等教育机构,具有认证或批准自己使用的课程的权力。第二类是各州高等教育行政部门,只有经教育行政部门认证的课程,才可由技术和继续教育机构、少数一些非自我认证高等教育机构和私立教育与培训提供者实施和提供。三是确定了高等教育资格类型,有 9 种资格收入 RATE 登记系统中。这些资格类型既有显性分类也有隐性分级,明确规定了 9 种资格类型,这些资格的教育层级是从低到高排列的,暗含了每种资格的教育等级。四是国家高等教育资格类型描述对每一种资格应具备的知识、技能和能力以及学习期限做了规定。①

(二)创立发展阶段(1995－2010)

在这一时期,澳大利亚建立了以三个分框架为特征的、松散的资格框架,并不断完善资格政策,适当增加资格类型数量,尽管没有明确划分资格等级,但以资格类型表示隐性资格等级。澳大利亚资格框架为建立跨部门国家资格制度奠定了坚实的基础,满足了劳动力和职业教育学生日益多样化的需求。1995 年,

---

① Australian Education Council.Register of Australian Tertiary Education [R]. May 1991.http://www.aqf.edu.au/Portals/0/RATE%20MAY%201991%20EDITION.pdf.

澳大利亚正式引入资格框架，2000 年开始全面实施，资格框架包含每种资格类型的指导方针和发放资格的议定书。2002 年，澳大利亚大学校长委员会和澳大利亚国家培训局共同制定了资格跨部门衔接国家指导方针，2002 年至 2003 年制定了先前学习认可国家原则和操作指导方针。1995 年至 2010 年期间，共发布了 4 个版本的《澳大利亚资格框架实施手册》(以下简称《手册》)。

1.《手册》第一版(1995)

1995 年发布的《手册》是有史以来澳大利亚资格框架的第一个版本，明确规定了澳大利亚资格框架的目标是：实行义务教育阶段后取得的学习结果获得全国一致的认可；通过实行先前学习和工作经历认可及学分转换制度，建立弹性学习路径，促进人们在教育与培训部门之间及各教育部门与劳动力市场之间的流动；整合和简化对教育与培训提供者、雇主、雇员个人和相关机构的政策；增加弹性以适应教育与培训的多样化需要；增加学习的机会和明确定义取得学习成就的路线；促进个人教育与培训资格阶梯进阶，从而为推动终身学习发展做出贡献；通过开发能满足工作场所要求和职业需要的资格，鼓励提供更多和更高质量的职业教育与培训，从而为国家繁荣做出贡献；提高澳大利亚资格在国内和国际上的认可度。①

1995 年版《手册》包含了资格框架关键特征、资格类型说明、框架实施过渡安排、资格衔接安排、资格发放和框架实施监控等内容。《手册》收录了涵盖学校教育、高等教育及职业教育与培训的 12 种资格类型，这包括高中教育证书、一级证书、二级证书、三级证书、四级证书、文凭、高级文凭、学士学位(含优等级学士学位)、研究生证书、研究生文凭、硕士学位和博士学位，从而形成三个部门资格分框架，框架并没有明确设定资格的等级，但人们可从不同类型的资格判断资格隐性等级的存在。框架明确规定了每一种资格类型标准，它从知识、技能及知识与技能运用三个维度进行描述，知识与技能的运用包含自主性、责任心和合作能力等核心能力要素。

①Ministerial Council on Education, Employment, Training and Youth Affairs (MCEETYA). Australian Qualifications Framework— Implementation Handbook [S]. August 1995.

表 4.2 澳大利亚三个部门资格框架结构图(1995)

学校教育部门 认证资格	职业教育和培训部门 认证资格	高等教育部门 认证资格
高中教育毕业证书	高级文凭 文凭 四级证书 三级证书 二级证书 一级证书	博士学位 硕士学位 研究生文凭 研究生证书 学士学位 高级文凭 文凭

2.《手册》第二版(1998)

与1995年版《手册》相比,1998年版《手册》在结构和内容上没有太大的变化。纳入框架的资格类型和数量没有发生变化,仍然保持12种资格类型。一个明显的变化是对12种资格类型进行了聚类,分成4个资格群:(1)高中教育证书,它属于学校教育部门资格,纳入资格框架的学校教育资格仅有这一种资格。高中教育证书由各州各领地政府教育行政主管部门负责开发、学习课程认证、评价和证书发放,但资格框架提出了统一的标准和要求。(2)职业资格证书群,由一级证书至四级证书组成,所有的职业资格证书都基于国家承认的能力标准,能力标准包含在由产业界、企业或专业团体开发的培训包之中。资格证书证明学习者取得了学习成就,这通常确定为反映工作场所表现水平的一组能力。(3)文凭证书,包括文凭和高级文凭。它们属于跨部门资格,就是既可由职业教育与培训部门颁发,也可由高等教育部门授予。在职业教育与培训部门,证书需要基于国家承认的培训包规定的能力标准。在高等教育部门,课程目标和学术要求由大学规定。虽然资格名称相同,但不同教育与培训部门颁发的证书所依据的标准是不同的。(4)高等教育资格,包括学士学位、研究生证书、研究生文凭、硕士学位和博士学位。课程目标和学术要求由大学规定,为加强课程内容与社会经济发展的联系,各大学成立了由实践工作者、雇主、社会代表和学术人员组成的课程咨询委员会,负责设计开发大学专业与课程,并对内容和相关性进行定期评估。[①]《手册》将澳大利亚国家培训局(1992—2005,ANTA)的《澳大利亚认可框架》《培训包开发者指导方针》《标准最佳实践手册》《国家能力标准、政策和指导方针》和《客制化指导方针》列为参考文件,并将职业教育与培训部门国家认证原则(非培训包资格课程认证)和澳大利亚国家培训局有关培训包的补充文件作为附录供读者参考。在2001年至2004年期间,澳大利亚对资格框架中的资格衔接和学分转换指导方针进行了评估,制定了《跨部门资格联通国家指导方针》和《先前学习认可国家原则和操作指导方针》。

3.《手册》第三版(2002)

2002年版《手册》最大的变化是收入了《跨部门资格联通国家指导方针》,该政策指导方针由澳大利亚大学校长委员会和澳大利亚国家培训局于2002年2月联合制定,并得到澳大利亚资格框架咨询委员会的批准,以取代第一版和第二版实施手册收录的资格衔接和学分转换指导方针。跨部门资格联通(cross-sector qualification linkage)是指在职业教育与培训资格和高等教育资格之间建立正式的关联。建立职业教育与培训和高等教育之间更密切的联系是澳大利亚资格框架的重要目标,跨部门资格联通能使学习者通过更高效和更有效的学习路径从一种资格移动到另一种资格,是保持澳大利亚资格框架动态运行的重要工具和推动终身学习发展的重要手段。建立结构性资格联通可通过以下形式:将现有资格进行衔接、在现有资格组成成分间实行学分转换、实施一体化双部门顺序资格(integrated dual-sector sequential awards)和开设一体化双部门同时课程(integrated dual sector-concurrent programs)。资格联通的依据通常是基于内容关联,一个资格的一部分或大部分被看作与另一个资格的一部分具有等效性或能够相互融合。有些联通也可以基于不同资格间公认的相关性。从内容等效性方面确定资格联通,需要建立通过内容关联确定的资格联通,主要是通过评价相同、相似或具有互补性的相互联系的资格间的知识和技能要求。用以建立内容联通的工具是培训包或认证课程(不属于培训包资格)的相关组成部分,它们要与相关高等教育资格的学习目标和学科或是单元目标描述联系起来并据此进行评价。建立资格联通可以使用培训包资格,在以培训包为基础设计的资格中,能力作为确定与高等教育资格内容等效的工具。此外,如果这些材

① Australian Qualifications Framework Advisory Board to MCEETYA. AQF Implementation Handbook 1998 [S]. 1998.

料有助于更清楚地确定职业教育资格与高等教育资格之间的关系，包含学习策略和评价材料在内的培训包辅助材料也可以用作确定资格联通的额外工具。建立资格联通还可以运用认证课程，如果职业教育资格是基于认证课程（不属于培训包资格范围）而设计的，应通过职业教育课程模块与高等教育课程的学科内容的比较来确定内容联通。所有以内容为基础的资格联通还需要对相关高等教育资格的预期学习结果和个别学科或单元描述进行明确识别。在相同学习领域，文凭和学士学位资格学分是与三年制学士学位联通的，高级文凭学分占50％；与四年制学士学位联通，高级文凭学分占37.5％；与三年制学士学位联通，文凭资格证书学分占33％；与四年制学士学位联通，文凭资格证书学分占25％。①

《手册》将澳大利亚国家培训局发布的《注册培训机构标准》《各州和各领地课程认证机构标准》《澳大利亚质量培训框架实践指南》《注册培训组织过渡指南》《澳大利亚质量培训框架注册培训组织标准一证据指南》和《澳大利亚质量培训框架注册培训组织伙伴指南》列为参考文件。2003年至2004年间，澳大利亚资格框架咨询委员会对高中教育证书指导方针进行评估，增加副学士学位作为一种高等教育资格类型。

4.《手册》第四版(2007)

与前三个版本相比，2007年版《手册》是变化最大的一个版本。自2002年发布第三版以来，澳大利亚资格框架咨询委员会对一些资格政策进行了修改和完善，这些变化包括修订后的高中教育证书资格框架指导方针(2004)，修订后的研究生证书和研究生文凭资格框架指导方针(2005)，将跨部门资格联通国家指导方针的覆盖范围扩大到学校教育部门(2004)，先前学习认可国家原则和操作指导方针(2004)，学习成绩证明和证明议定书给出新的定义(2007)。《手册》还将“澳大利亚质量培训框架2007”基本文件《注册基本标准》《州和领地登记机关标准》和《注册基本标准用户指南》作为框架实施的新的参考文献。其中最重要的变化当属增加了副学士、职业性研究生证书和职业性研究生文凭三种资格类型，资格类型的数量由12种增加到15种。

---

①Australian Qualifications Framework Advisory Board to MCEETYA. Australian Qualifications Framework: implementation handbook [S].2002:59－65.

表 4.3 澳大利亚三个部门资格框架结构图(2007)

学校教育部门 认证资格	职业教育和培训部门 认证资格	高等教育部门 认证资格
高中教育毕业证书	职业性研究生文凭 职业性研究生证书 高级文凭 文凭 四级证书 三级证书 二级证书 一级证书	博士学位 硕士学位 研究生文凭 研究生证书 学士学位 副学士学位,高级文凭 文凭

资料来源:Australian Qualifications Framework Advisory Board. Australian Qualifications Framework Implementation Handbook[R]. Fourth Edition 2007.http://www.aqf.edu.au/wp-content/uploads/2013/05/AQF-Implementation-Handbook-Fourth-Edition-2007.pdf

《手册》规定了每一种资格类型标准,新增的三种资格类型标准是:副学士学位毕业生具有一个或多个学科的基础理解力,包括能理解和解释关键概念和理论,具有存取、理解和评价各种来源信息的学术技能和品质,具有与各种就业环境相关的通用就业技能,有自主和终身学习能力。副学士学位课程在广度和深度上会差别很大,但可以具有足够的深度,可与相关学士学位课程充分衔接。职业性研究生证书毕业生具有宽泛的和/或专业化领域里的知识和技能,能在高度多样化和/或高度专业化情境里分析、设计、规划、执行和评价技术或管理问题,具有应用能力,能对技术或管理问题做出重要的、高水平的和独立的判断,对机构、管理以及他人的工作产出负有责任。不同专业的资格对知识和技能的广度和宽度的重视程度可能会有所不同。职业性研究生文凭毕业生具有宽泛的和/或专业化领域里的知识和技能,能在高度多样化和/或高度专业化情境里分析、设计、规划、执行和评价技术或管理问题,在系统性和连贯的知识体系里能继续提高专业化水平,具有应用能力,能在高度多样化和/或高度专业化情境里对广泛的和/或高度专门化的规划、设计、操作、技术和/或管理问题做出高水平、完全独立的和复杂的判断,能对他人工作的各个方面并对规划、编制预算和制定发展战略负有责任。在知识和技能专业化程度和继续学习能力方面,职业性研究生文凭毕业生比职业性研究生证书毕业生要略高一些。

从1995年开始，澳大利亚资格框架咨询委员会开始制定透明的和全国一致的先前学习认可(RPL)政策。1997年，教育、就业、培训和青年事务部长委员会支持各州采取措施实现这个政策目标。2002年至2003年，在广泛征求意见的基础上，咨询委员会制定了实施先前学习认可的跨部门指导方针。2004年，咨询委员会制定了《先前学习认可国家原则和操作指导方针》，补充和完善了2002年的政策，对各教育部门内部和部门之间的学分转换、衔接协议和安排做出规定。

先前学习认可是指对个人以前在正规教育与培训体系之外取得的未被认可的技能和知识进行评价。先前学习认可政策根据入学和评价学习结果等方面的要求来评价个人未被认可的学习。为避免重复性学习，先前学习认可鼓励个人通过结构性教育与培训继续提高其技能和知识水平，取得正规资格和改进就业结果。实施先前学习认可对建立开放的、可自由出入的、包容的、融合的和相关的教育与培训体系至关重要，它是终身学习政策的基础，鼓励个人参与包括正规、非正规和非正式学习在内的终身学习，使学习路径更具弹性和多样性。先前学习认可承认不管通过什么方式、在什么时候和在什么地点取得的学习结果，只要与学科、单元、模块、课程或资格规定的学习或能力结果相关就可以。先前学习认可是教育与培训机构质量保障的重要内容，保证通过RPL取得的部分或完整资格具有同样的质量，与通过正规教育与培训取得的资格具有同等的地位。政策的目标是让澳大利亚人都享有使他们的非正规和非正式学习得到认可的机会，从而取得资格；促进终身学习多样性和包容性路径；保证在各教育部门及各教育部门之间实施先前学习认可所使用的原则的一致性；保证澳大利亚资格的质量、完整性和地位。先前学习认可通常不能用于取得一个完整的高等教育资格，但可以用于学习和取得职业教育与培训部门以及成人和社区教育部门的部分或完整资格，也可用于成人和社区教育部门的职业教育资格和高中教育部门资格的认证。

这一时期，资格框架结构并没有实质性变化，采用部门分框架形式构建资格框架，没有明确设定资格序列等级，部门间资格呈现一种松散的联系，资格缺乏明确的对应关系和可比性。然而，在这一时期，重要的变化是资格政策得到不断完善，增加了若干资格类型。为适应经济社会和教育发展的需要，澳大利亚从2009年开始对资格框架进行改革。

5.2009—2010年资格框架改革建议

在经过10多年的运行后，澳大利亚资格框架的不足和缺陷逐渐显露出来，这不仅是因为劳动力市场、教育与培训生态环境发生了很大变化，而且资格框架本身也存在着部门框架分割、资格等级规定不明确、等级描述特征不明显等诸多问题。这迫切需要对资格框架进行调整和改革。在参考和借鉴其他国家和区域资格框架的等级结构设计的基础上，澳大利亚资格框架委员会于2009年5月发表了《加强澳大利亚资格框架建议书》，9月公布了《加强澳大利亚资格框架：澳大利亚资格的结构》报告征求意见稿。9月的文件正式提出了新的资格框架结构图，将部门资格分割、沟通功能不明显的分框架整合成涵盖各级各类教育、体现层级性和弹性路径的统一的总体框架，以顺应现代资格框架世界发展趋势。同许多欧洲国家的资格框架一样，澳大利亚的资格框架也是以学习结果为导向的资格框架，并作为各类不同资格的中立参照点。[①]

为进一步加强资格框架，澳大利亚资格框架委员会在2010年7月12日公布了第三份征求意见文件，即《加强澳大利亚资格框架：澳大利亚资格的架构》，提出了加强澳大利亚资格框架的一揽子政策，其中包括10级结构资格框架和每一等级标准、现有资格类型描述、资格发放和资格注册等政策。征求意见文件公布后，澳大利亚资格框架委员会采取各国资格框架开发通行的吸收利益相关方参与的原则，于7月15日至29日在悉尼和堪培拉等7个州府城市密集地举行了利益相关方征求意见地区座谈会，广泛听取意见。

2010年11月19日，高等教育和就业部长理事会批准了澳大利亚资格框架委员会提交的《关于加强澳大利亚资格框架的建议》以及修改后的《澳大利亚资格框架》两份文件。澳大利亚资格框架委员会对部长理事会提出的建议包含以下几个方面：(1)形成强力架构，建立以10个等级结构为基础的资格框架，明确界定所有资格框架资格类型，按照资格复杂程度确定资格定位，清晰定位资格类型在等级结构上的位置，一个等级可包含复杂性相似但侧重不同的一个以上的资格类型；(2)制定增加和取消资格类型的政策；(3)明确资格的联系和路径，制订学分安排、认证先前学习、改进学生取得资格的路径；(4)完善资格发放政策；(5)建立国家资格框架资格登记制度；(6)做出治理安排，设立一个具有法律地位、具有独立性和享有充分权力的监管机构，保证维持资格框架和政策的实施；(7)保证发展和实施，制定全面的指导方针，保证资格框架在全国的一致

---

① The AQF Council. Strengthening the AQF: An Architecture for Australia's Qualifications [R]. September 2009. http://www.aqf.edu.au/wp-content/uploads/2013/06/Strengthening-the-AQF-An-Architecture-for-Australias-Qualifications.pdf

性使用。[①] 2011 年 3 月，澳大利亚举行部长理事会，澳大利亚资格框架委员会提交修改完善后的资格框架实施方案和过渡安排，新的澳大利亚资格框架将从 2011 年 7 月 1 日开始实施。

在资格框架文件中，澳大利亚资格框架委员会首次公布了 10 级结构资格框架的等级标准，在 2010 年 11 月 19 日部长理事会审批文件中对等级标准做了进一步完善。资格等级标准是资格框架中最核心的结构要素，不仅反映了现代人才培养的理念，而且也反映了人们对现代人才培养的层次和标准的要求，建立以学习结果为导向的、体现终身学习思想的现代人才培养体系。

在现代资格框架中，等级标准描述具有通用性。首先，在学习背景方面，它既涵盖学习背景，也涵盖在不同学习背景下取得的全部学习结果。无论是工作情境还是学习情境，学术教育背景还是职业教育背景，初始教育背景还是继续教育背景，等级标准描述涵盖各种学习背景。在学习结果方面，它不仅涵盖从基础教育到高等教育的正规教育的学习结果，而且也涵盖非正规和非正式学习的学习结果。其次，等级标准描述反映了人才培养的专门化和一般化趋势。尽管在许多学术和研究背景下，达到一个较高等级意味着所需的知识和技能将更为专门化，但在某些工作和学习背景中，从一个较低等级移动到一个较高等级可能意味着一个毕业生可以成为一个通才。再次，等级标准具有包容性。每一个等级都建立在之下的等级基础上并包含之下的等级。最后，等级的递进依据各种要素。这包括知识和理解力的复杂程度和深度；对他人给予的支持和指导的程度；对知识的整合能力、工作或学习的独立性及创造性程度；知识和技能运用或实践的范围和复杂程度；情境的透明程度和动态程度等。[②]

表 4.4 新的澳大利亚资格框架

资格等级	资格类型	概念学习期限
10	博士学位	3～5 年
9	硕士学位	1.5～2 年

①The AQF Council.Strengthening the AQF: Advice to the Ministerial Council for Tertiary Education and Employment [R],November 2010.

②European commission. Explaining the European Qualifications Framework for Lifelong Learning [R]. Luxembourg: Office for Official Publications of the European Communities,2008.

续表

资格等级	资格类型	概念学习期限
8	研究生文凭 职业性研究生文凭	1～2 年
	研究生证书 职业性研究生证书	6 个月
7	学士学位	3～4 年
6	副学士学位	2 年
	高级文凭	1.5～2 年
5	文凭	1.5～2 年
4	四级证书	0.5～2 年
3	三级证书	1～2 年
	高中教育毕业证书	2 年
2	二级证书	0.5～1 年
1	一级证书	3～6 个月

资料来源：AQF Council. Strengthening the AQF：An Architecture for Australia's Qualifications [R]. September 2009. http://www.aqf.edu.au/wp content/uploads/2013/06/Strengthening-the-AQF-An-Architecture-for-Australias-Qualifications.pdf

(三)完善阶段(2011－　　)

1.2011 年 7 月第一版澳大利亚资格框架

教育与培训是澳大利亚联邦政府和州与领地政府的共同责任，教育、培训与就业部长集体对澳大利亚资格框架负责。2011 年，在澳大利亚资格框架委员会的领导下，澳大利亚对资格框架进行了修改，建立了涵盖三个教育部门的整体资格框架，以确保资格结果保持相关性和国家一致性，继续支持资格的弹性联通和路径，使资格具有国内和国际可携带性和可比性。教育、培训和就业部长批准了澳大利亚资格框架的修订版，再次确认它是澳大利亚的国家资格政策，以及它在加强公众对澳大利亚教育与培训体系的信心方面所具有的重要作用。2011 年 7 月，澳大利亚资格框架委员会发布了第一版澳大利亚资格框架。澳大利亚资格框架的目标是建立一个现代的和具有弹性的资格框架：

· 充分适应澳大利亚教育与培训目的的多样性，着眼现在，面向未来；

· 发展现代的、适应社会需要的和全国一致的资格制度，增强资格信心，从而为提高国家经济实力做出贡献；

· 支持开辟和维持学习路径，提供可获取资格的学习机会，帮助人们在不同教育与培训部门间及这些部门与劳动力市场间更容易和更便利地流动；

· 为个人的教育与培训进阶及取得先前学习和经验的认证提供基础，从而支持个人的终身学习目标；

· 加强对教育与培训的国家监管和质量保障安排；

· 提高对澳大利亚资格价值的认识，增强资格的可比性，从而支持和促进毕业生和人员的国内和国际流动；

· 促进澳大利亚资格框架与国际资格框架的对接。①

2011 年第一版澳大利亚资格框架明确设定了 10 个资格等级，制定了资格等级标准和资格类型标准，增加了优等级学士学位(Bachelor Honours Degree)资格类型，资格类型数量达到 16 种，进一步补充和完善了资格发放政策、资格路径政策、资格登记政策和资格类型增加和撤销政策。

2.2013 年 1 月第二版澳大利亚资格框架

第二版资格框架对资格类型做出了重大调整。2012 年 8 月，澳大利亚资格框架委员会根据高等教育、技能和就业常务委员会授予的权力，决定从资格框架中撤销职业性研究生证书和职业性研究生文凭两种资格类型，并对研究生证书和研究生文凭类型规范略作修改。研究生证书和研究生文凭既能在职业教育与培训部门也能在高等教育部门得到认证和发放。② 资格类型大类的数量从 2011 年第一版的 16 种减少到 14 种，撤销的目的是减少资格类型的重叠和交叉。高等教育和职业教育部门的发证机构可根据新的认证标准发放研究生证书和研究生文凭。第二版资格框架于 2013 年 1 月 1 日生效。③

---

①Australian Qualifications Framework Council.Australian Qualifications Framework July 2011 [S]. 2011:9.

②Australian Qualifications Framework Council for the Standing Council on Tertiary Education, Skills and Employment. Addendum to AQF. First Edition. July 2011 Amended Qualification Types: Graduate Certificate and Graduate Diploma [S]. 2012.

③Australian Qualifications Framework Council. Australian Qualifications Framework. Second Edition January 2013 [S]. 2013.

二、资格框架结构要素

澳大利亚资格框架是一个将所有澳大利亚教育与培训资格纳入综合资格框架的政策性框架，这加强和巩固了澳大利亚资格体系。每个州和领地享有授权发放高中学校、职业与培训和高等教育部门资格的立法责任。大学通过州和领地立法被授权认证它们自己的资格和发放考试及格证书。

澳大利亚资格框架对不同利益相关方都有着益处。对学生来说，澳大利亚资格框架鼓励终身学习和协助学生规划其生涯和学习，不论他们处于生命中何种阶段和居住在什么地方；允许学生在适合他们的等级开始学习，然后按照他们的需要并随着兴趣的发展和变化逐渐完成资格。对雇主来说，澳大利亚资格框架支持教育与培训国家标准，其资格可在全国得到承认，确保人们对每一个资格名称和等级含义的理解。对教育与培训提供者来说，澳大利亚资格框架包含了学分转换、资格衔接和先前学习认可的政策和指导方针，资格发放政策保证了资格名称的一致性并得到保护。对认证当局来说，澳大利亚资格框架提供了每一种资格标准，保证了资格认证的一致性。

澳大利亚资格框架是有关澳大利亚教育与培训被监管资格的国家政策，它将各教育与培训部门的资格整合进一个单一的综合国家资格框架之中。在澳大利亚资格框架中，资格框架的要素主要包括以下方面。

(一)等级结构

在等级结构上，澳大利亚资格框架设有 10 个等级。等级结构展示了资格类型的层级，清楚地揭示了不同资格类型之间的关系。通过更准确地界定资格的学习结果，使用户(主要是雇主和学生)直接受益，从而有助于开发资格类型间的学习路径和学分安排。等级结构有助于提高资格类型的一致性，促进澳大利亚资格框架与其他国家资格框架的对接。

澳大利亚资格框架设计了明确的参照等级，从第一级到最高级随着资格等级的升高，资格的复杂程度也相应提高。等级结构是资格框架的一个重要要素，主要由等级数目来体现。资格的等级数目在不同国家或地区的资格框架中有所不同，例如，新西兰设有 10 个等级，苏格兰 12 个等级，南非 10 个等级，威尔士 9 个等级，英格兰 9 个等级，中国香港 7 个等级，爱尔兰 10 个等级，马来西亚 8 个等级，欧洲资格框架 8 个等级，可见 8～10 个等级成为资格框架发展的国际主流趋势。[①] 澳大利亚资格框架等级结构如表 4.5 所示：

表 4.5　澳大利亚资格框架资格等级数目

资格等级	资格类型	等级/资格概述
10	博士学位	毕业生具有对一个复杂的学习领域系统的批判性理解力，以及促进学习和/或专业实践发展的专门化研究能力
9	硕士学位	毕业生具有从事研究和/或专业实践和/或继续学习的专门化知识和能力
8	优等级学士学位 研究生证书 研究生文凭	毕业生具有从事专业性高技能工作和/或继续学习的高级知识和能力
7	学士学位	毕业生具有从事专业工作和/或继续学习的广泛和系统的知识和能力
6	高级文凭 副学士学位	毕业生具有从事辅助专业/高技能工作和/或继续学习的广泛知识和技能
5	文凭	毕业生具有从事技能型/辅助专业工作和/或继续学习的专门化知识和技能
4	四级证书	毕业生具有从事专门化和/或技能型工作和/或继续学习的理论和实践知识及技能
3	三级证书	毕业生具有从事工作和/或继续学习的理论和实际知识及技能
2	二级证书	毕业生具有在一个已定义的情境中工作和/或继续学习的知识和能力
1	一级证书	毕业生具有从事初始工作、社会参与和/或继续学习的知识和能力
	高中教育证书	高中教育证书使个人具有知识、技能和价值观以及继续学习、工作和有效参与公民生活的多样化路径

资料来源：The Australian Qualifications Framework Council. Australian Qualifications Framework [S]. Second Edition January 2013.

①The AQF Council. Strengthening the AQF: A Proposal Consultation Paper [R]. Australian Qualifications Framework Council, May 2009.

(二)等级标准

在澳大利亚资格框架中,有两个关键成分描述资格的每一个等级:等级属性和等级标准。资格等级属性是一个资格等级的关键特征,每一个资格等级都建立在前一个资格等级基础之上。等级标准(levels criteria)也称水平描述符,它描述了一个学习者应取得成就的相对复杂程度或深度,以及在澳大利亚资格框架1～10级的每个等级中展示该成就所需的自主性。[①] 资格等级标准从知识、技能以及包含通用技能在内的知识与技能运用的维度描述每一资格等级的学习特征和内容。资格等级标准有助于对每一资格等级的预期结果的了解,并可对资格等级之间的结果进行比较。学习结果三个维度的特别组合使得每个资格等级都各具特色。资格等级属性和等级标准将用作开发和认证资格的外部参照点,提供了资格类型在某一等级准确定位的基础和参照,同时,通过在澳大利亚资格框架内建立明确的学习结果连续统一体,为构建学习路径提供了证据基础。正确运用资格等级标准可以明确不同等级资格类型间的区别和同一等级内资格类型间的相似性。等级标准描述,也称通用描述,适用于同一资格等级内的不同资格类型描述,是对该等级内所有资格标准和要求的总体描述。

1.学习结果分类学

学习结果的分类提供了描述和定位资格类型的组织框架,可使资格的描述更具一致性,使资格类型间的关系和区别更为清晰。学习结果是对一个学习者在学习结束时能知晓什么、理解什么和能够做什么的明确陈述,以知识、技能、知识与技能运用以及通用技能来表述。资格框架运用明确的学习结果分类来设计资格等级标准和资格类型标准。

学习结果分类需要更为明确,它的作用是保证资格的一致性发展和鉴定,保证资格在基于等级的结构里的精确定位;描述在完成资格时期望一个学习者能知晓什么、理解什么和能够做什么,从注重教育和培训提供者转为更加注重用户(雇主和学生);在教育和培训部门使用资格的共同语言,促进更为一致和更为严格的学习承认和学分的运用;通过改进资格类型的内容和相关性的描述,提高澳大利亚资格与其他国家资格进行比较的能力。

---

①AQF Council. Strengthening the AQF: A Framework for Australia's Qualifications. Consultation Paper [R],July 2010.

在澳大利亚资格框架背景中，学习结果分类学运用三个维度，即知识、技能及知识和技能的运用，通用技能则嵌套在这些维度之中。通用技能是一个学习者通过学习获得的，可在学习、工作和生活环境中运用的关键的可迁移性技能。通用技能在不同的教育部门有不同的描述和叫法：学校教育部门称为“通用能力”“核心能力”“关键能力”等，教育和培训部门称为“就业能力和技能”，高等教育部门称为“毕业生素质”。澳大利亚资格框架定义学习结果的三个维度是知识、技能和知识与技能的运用。①

2.等级概述

等级概述是指对在澳大利亚资格框架中被授予某一等级资格的学习者的典型成就的一般性陈述。主要要求一个毕业生不仅具有从事某一专业或技能工作的知识和技能，而且在每一等级中都强调能够具有继续学习的知识和能力。在终身学习社会，为适应社会和技术的变革，需要不断提高自己的知识和技能水平，具有学习能力是一个人应有的一种基本品质和态度。

3.知识维度

澳大利亚资格框架对“知识”的定义是：一个学习者知晓和了解什么，它可以用知识的深度、广度和种类以及复杂程度来描述。知识的深度用一般或专门化来描述。知识的广度体现在从单一主题延展到知识的多学科领域；知识的种类从具体延展到抽象，从零散延展到累积。知识的复杂程度是指知识的种类、深度和广度的组合。在澳大利亚资格框架的等级标准中，知识的种类包括事实性、技术性、程序性和理论性知识。随着等级的递进，知识的深度、广度、种类和复杂程度则相应增加，在表示三级学位的8～10级不仅是要求具有知识的种类，而是要求了解和掌握一个完整的知识体系。例如，第3级资格，相当于高中毕业资格，要求毕业生具有在一个具体工作和学习领域的事实性、技术性和程序性知识及一些理论知识；而在第8级资格，相当于本科毕业资格，要求毕业生能在一个或多个学科或实践领域深入和完整地了解一个复杂的知识体系。

4.技能维度

技能在澳大利亚资格框架背景中是一个宽泛意义上的概念，可理解为中文

① AQF Council. Strengthening the AQF：An Architecture for Australia's Qualifications Consultation Paper[R]. Australian Qualifications Framework Council，September 2009.

语境下的“技能”和“能力”两层含义。澳大利亚资格框架将技能定义为一个毕业生能够做什么，以技能的种类和复杂程度来描述，包括三种能力/技能：一是认知能力，是指运用逻辑思维、批判性思维、直觉思维和创造性思维的能力；二是技术技能，是指身体和手的灵巧性及使用方法、材料、工具和器械的能力；三是交流技能，是指书面、口头、读写和计算能力，人际交流能力，运用信息技术的能力等。这与欧洲资格框架背景中定义的技能概念和内涵非常相似，指运用知识和使用技术完成任务和解决问题的能力。在澳大利亚资格框架中，除要求毕业生具有认知能力和技术技能外，还在等级标准中嵌套了沟通表达能力、问题解决能力等通用能力。在澳大利亚资格框架 8－10 级高端资格中，对毕业生的沟通表达能力的要求是，能向专业和非专业听众解释和传授知识、技能和思想，这与“博洛尼亚进程”欧洲高等教育区资格框架的“都柏林水平描述符”对毕业生表达能力的要求很相似。

5.知识和技能运用维度

澳大利亚资格框架将知识和技能运用定义为一个毕业生如何在特定情境中运用知识和技能，以自主性、判断力和责任感来描述。自主性就是在该资格等级，毕业生能独立地运用知识和技能的能力，判断力是指在该资格等级，毕业生运用知识形成适当意见或评价工作或学习活动的能力，责任感则是指在该资格等级，毕业生在工作或学习活动中对运用知识和技能应负有责任的程度。情境是指毕业生运用知识和技能所处的环境和边界范围。因而，运用知识和技能可理解为是一种情境能力，就是在特定情境和范围内，毕业生在运用所学知识和技能时应体现出来的自主性、判断力和责任感。情境是能力表现的重要参数，在等级标准中，随着等级递进，情境从结构性的和可预测的状态延展到非结构性的和不可预测的状态，从已知延展到未知，任务也从常规延展到非常规性，进而对自主性、判断力和责任感的要求也相应提高。在 8—10 级高端资格中，除要求具有自主性外，还要求在运用知识和技能时具有专家判断力或权威判断力以及适应能力。[①]

①李建忠.澳大利亚资格框架等级标准评析[J].职教论坛，2011(10)：83－87.

表 4.6　澳大利亚资格框架等级标准

等级	等级概述	知识	技能	知识和技能运用
1	毕业生具有从事初始工作、社会参与和/或继续学习的知识和能力	毕业生具有日常生活、继续学习和准备初始工作的基础知识	毕业生具有基础的认知、技术和表达能力： • 执行已定义的常规活动； • 发现和报告简单问题和难题	毕业生能运用知识和技能，在高度结构化和稳定的情境中、在有限范围内展示自主性
2	毕业生具有在某一已定义的情境中工作和继续学习的知识和能力	毕业生具有在某一已定义的工作和学习领域的基本的事实性、技术性和程序性知识	毕业生具有基本的认知、技术和表达能力，能运用适当的方法、工具、材料和已有的信息： • 执行已定义的活动； • 对有限范围的可预测的问题提出解决方案	毕业生能在结构化和稳定的情境中并在有限范围内应用知识和技能，展示自主性和有限度的判断力
3	毕业生具有从事工作和继续学习的理论和实际知识和技能	毕业生具有在某一特定工作和学习领域的事实性、技术性和程序性知识及一些理论知识	毕业生具有各种认知、技术和表达能力，能选择和运用各种专业化方法、工具、材料和信息： • 完成常规活动； • 能对可预测的和有时是不可预测的问题提出和传达解决方案	毕业生能在已知和稳定的情境中并在规定的范围内应用知识和技能，展示自主性和判断力，负有有限度的责任

续表

等级	等级概述	知识	技能	知识和技能运用
4	毕业生具有从事专门化或技能型工作和继续学习的理论性和实践知识及技能	毕业生具有在某一工作和学习的特定领域或宽泛领域的广泛事实性、技术性和一些理论性的知识	毕业生具有各种广泛的认知、技术和表达技能，能选择和运用各种方法、工具、材料和信息： • 完成常规和非常规活动； • 对各种可预测的和有时是不可预测的问题提供和传达解决方案	毕业生能在已知或变化着的情境中并在规定的范围内应用知识和技能，展示自主性、判断力和有限度的责任
5	毕业生具有从事技能型/辅助型专业工作和继续学习的专门化知识和技能	毕业生具有在某一工作和学习的特定领域或广泛领域的技术性和理论性知识	毕业生具有各种广泛的认知、技术和表达技能，能选择和运用各种方法和技术： • 分析信息，完成各种活动； • 对有时是复杂的问题提出和传达解决方案； • 向他人传达信息和传授技能	毕业生能在已知或变化着的情境中并在广泛但规定的范围内应用知识和技能，具有自主性、判断力和已定义的责任

续表

等级	等级概述	知识	技能	知识和技能运用
6	毕业生具有从事辅助专业/高技能工作和继续学习的广泛知识和技能	毕业生具有在某一工作和学习的特定领域或宽泛领域的广泛理论性和技术性知识	毕业生具有各种广泛的认知、技术和表达技能，能选择和运用各种方法和技术： • 分析信息，完成各种活动； • 能对不可预测的和有时是复杂的问题进行解释和传达解决方案； • 向他人传达信息和传授技能	毕业生具有自主性、判断力和已定义的责任： • 在可能发生变化的情境中和在广泛的范围内提供专业咨询，发挥专业作用
7	毕业生具有从事专业工作和继续学习的广泛和系统的知识和能力	毕业生具有在某一个或多个学习或实践领域的广泛和系统的、有一定深度的理论和技术知识	毕业生具有发展较好的认知、技术和表达能力，能选择和运用各种方法和技术： • 分析和评价信息，完成各种活动； • 能对不可预测的和有时是复杂的问题，分析、产生和传达解决方案； • 向他人传授知识、技能和思想	毕业生具有知识和技能展示自主性、良好的判断力和责任感： • 在要求自我导向的工作和学习情境中和在广泛的范围内提供专业咨询，发挥专业作用

续表

等级	等级概述	知识	技能	知识和技能运用
8	毕业生具有从事专业工作或高技能工作和继续学习的高级知识和能力	毕业生具有某一个或多个学科或实践领域的高级理论和技术知识	毕业生具有高级认知的、技术的和交流的技能，选择和运用方法和技术： • 批判性地分析、评价和转化信息，完成各种活动； • 分析、产生和传达复杂问题的解决方案； • 向他人传授知识、技能和思想	毕业生能运用知识和技能展示自主性、良好的判断力、适应能力及作为一名实践工作者或学习者的责任感
9	毕业生具有从事研究或专业实践和继续学习的专门化知识和能力	毕业生具有对某一个或多个学科或实践领域的知识体系的高级和综合理解力	毕业生具有一个知识体系或实践方面的专家水平的专门化认知和技术能力，能独立地： • 批判性分析、反思和综合复杂的信息、问题、概念和理论； • 研究并将已有理论运用到一个知识体系或实践领域； • 向专业和非专业听众解释和传授知识、技能和思想	毕业生能运用知识和技能展示自主性、专家水平的判断力和适应能力以及作为一名实践工作者或学习者的责任感

续表

等级	等级概述	知识	技能	知识和技能运用
10	毕业生具有某一复杂的学习领域系统的批判性理解力和专门化研究能力，以促进学习和专业实践的发展	毕业生具有在某一个学科前沿或专业实践领域里对某一个实质性和复杂的知识体系的系统的批判性理解力	毕业生具有在某一学科领域专家水平的和专门化认知、技术和研究能力，能独立和系统地： • 进行批判性反思、综合和评价； • 开发、应用和实施研究方法，拓展和重新定义现有知识或专业实践； • 向同行和学界传播和促进新的见识； • 产生原创性知识和理解力，对某一个学科或专业实践领域做出实质性贡献	毕业生能运用知识和技能，展示自主性、权威性判断力、适应能力以及作为一名专家和主要实践工作者或学者的责任感

资料来源：The Australian Qualifications Framework Council. Australian Qualifications Framework [S]. Second Edition January 2013：12—13.

不同国家的资格框架的建设经历了不同的发展阶段。英国从分框架到总体框架再到国家监管资格框架，以 10 年为一个改革周期完成了三代资格框架开发；澳大利亚从分框架过渡到目前的总体框架；南非则从最初的总体框架返回到目前的分框架阶段。这反映了资格框架建设具有阶段性特征，就是要与国家的教育发展水平相适应，难以超越教育发展阶段。澳大利亚资格框架建设也正是反映了这种从分散到总体的阶段性发展特征。在资格框架结构要素中，等级标准无疑是最重要的要素，描述了人才培养的层次和标准，澳大利亚资格框架的等级标准有以下几个特点：

1.层级性

框架内1—10级等级标准描述的层级结构不仅反映出资格的层级性,也表现出学习的递进性,构建了学习的递进性和层级性进阶通道。同时,先前学习认证和承认机制以及学分制等配套工具的运用,保证了在正规学习系统之外取得的学习结果的承认以及不同学习系统间的学习结果的积累和转换,使得现代资格框架真正体现了促进终身学习的重要职能。

2.嵌套性

现代人才培养观强调人才素质结构的综合性和均衡性,注重将表达能力、团队工作能力、分析能力、问题解决能力、创造能力和学习能力及责任意识等关键的通用能力嵌套在等级标准中,淡化资格间的差异性,体现资格的趋同性取向。

3.等效性

同一等级标准适用于该等级里的不同资格类型,这就使得同一等级的不同资格类型具有等效性,这其中关键之处就是资格要素和学习结果的等效性。资格的等效性可大大促进实现不同学习系统间的沟通,特别是促进实现职业教育和普通教育的沟通,彻底解决长期以来困扰人们的职业教育资格分割问题,与其他部门资格不具可比性、不相兼容的问题,从而增强职业教育的吸引力。

当然,上述特点也基本上可适用于其他资格框架。澳大利亚和欧盟国家的资格框架开发目前处于世界前沿水平,建设总体资格框架意味着一个国家资格框架的开发进入到了一个比较成熟和高级的阶段,同时也是一个国家真正迈入终身学习时代的重要标志。

(三)资格类型

1.资格类型数量逐步增加

资格类型(qualification type)是指在澳大利亚资格框架中使用的宽泛的不分学科的资格名称,以描述澳大利亚资格框架资格的每一种类别。资格类型数量从1970年代的5种,仅涵盖高等教育资格,发展到现在的16种资格类型大类,覆盖了普通教育、职业教育和高等教育资格。

表 4.7 澳大利亚资格制度发展历史

AQF 2013—	AQF 1995—2012	RATE 1990—1999	ACTA 1985—1989	ACAAE 1971—1984
博士学位	博士学位	博士学位	博士学位	—
硕士学位	硕士学位	硕士学位	硕士学位	硕士学位(PG2)
研究生文凭	研究生文凭 职业性研究生文凭	研究生文凭	研究生文凭	研究生文凭(PG1)
研究生证书	研究生证书 职业性研究生证书	研究生证书	研究生证书	—
优等级学士学位	优等级学士学位	—	—	—
学士学位	学士学位	学士学位(含优等级学士学位)	学士学位(含优等级学士学位)	学士学位(含优等级学士学位)
副学士学位 高级文凭	副学士学位 高级文凭	文凭专业方向	文凭	文凭(UG2)
文凭	文凭	副文凭专业方向 副文凭专业方向	副文凭	副文凭(UG3)
四级证书	四级证书	高级证书专业方向	高级证书	—
三级证书 高中教育证书	三级证书 高中教育证书	证书专业方向	—	—
二级证书	二级证书	证书专业方向	—	—
一级证书	一级证书	—	—	—
—	—	证书专业方向	—	—
—	—	证书专业方向	—	—

注:AQF 为澳大利亚资格框架缩写;RATE 为澳大利亚高等教育登记机关缩写;ACTA 为澳大利亚高等教育资格委员会缩写;ACAAE 为澳大利亚高级教育资格委员会缩写。

除等级标准描述外,澳大利亚还设计开发了资格类型标准(qualification

type descriptor)和资格类型规范(qualification type specifications),对资格标准和要求作进一步解释和说明。

2.资格类型标准

在澳大利亚资格框架语境下,资格类型标准是指一套从知识、技能及知识和技能的运用三个维度描述每一种澳大利亚资格框架资格类型学习结果的表述,是对资格等级标准描述的更为具体的细化。目前纳入澳大利亚资格框架的有 16 种资格,即高中教育毕业证书、一级证书、二级证书、三级证书、四级证书、文凭、高级文凭、副学士学位、学士学位、优等级学士学位、研究生证书和职业性研究生证书、研究生文凭和职业性研究生文凭、硕士学位和博士学位。每一种资格作为一种类型。一个等级可以有一个以上的资格类型,例如,在第三级有高中教育毕业证书和三级证书两种资格类型,复杂程度和难度水平相似,但侧重不同,前者侧重普通教育,后者侧重技术技能的培养。① 以下是 16 种资格类型标准的描述。

①高中教育证书(三级)。高中教育证书使个人能具有知识、技能和价值观以及继续学习、工作和有效参与公民生活的多样化路径。高中教育证书毕业生具有各种学习领域的基础知识和某些专门学科或技术知识,具有读写、计算和交流表达技能,能使用信息技术技能向他人呈现知识和思想;具有认知技能,能存取、记录和运用与学科相关的各种来源的信息,具有跨学科发展的新的专业知识,具有特定学科的认知的、技术的交流表达和创造性技能,能融合学科知识解决问题,有灵活的分析和思维能力,能同他人一起工作。高中教育证书毕业生能运用知识与技能,甚至在某些领域熟练运用知识和技能,在已知或变化着的情境里执行任务或履行职责,特别是在公民生活、工作和终身学习情境里成为成功的学习者、有自信心的个人和团队成员以及积极和知情的公民,在各种情境里能在他人一定的指导下对个人负责并对结果的质量负有一定责任。高中教育证书的学习量通常为 2 年。

②一级证书(一级)。一级证书使个人能具有基本的功能性知识和技能去从事工作、继续学习和参与社会。一级证书毕业生具有在狭窄工作和学习领域的基础知识和理解力;具有参与日常生活和继续学习的基本技能,具有认知和交流技能,能在狭窄的领域里获得、传递和回忆信息;具有技术技能,包括能使用与活动相适宜的各种工具和基本通信技术。一级证书毕业生能运用知识与

---

①AQF Council. The Australian Qualifications Framework (for MCTEE approval 19 November 2010)[R],19/11/2010.

技能，在已定义的情境里并在规定的范围内具有一定的自主性，能在各种情境里运用知识与技能，包括为继续学习、生活和/或各种基本常规的和可预测的与工作相关的活动做准备，能参加团队或工作小组活动。一级证书的学习量通常为 0.5～1 年。

③二级证书（二级）。二级证书使个人能从事主要的常规工作并作为继续学习的路径。二级证书毕业生具有在已定义的工作和学习领域的基本的事实性、技术性和程序性知识；具有认知技能，能存取、记录和运用已定义范围内的各种来源的信息，具有认知和交流技能，能运用和探讨已知方案解决有限范围内可预见的问题；具有技术技能，能使用有限范围的设备完成任务，包括完成有限可选范围内已知的日常工作和程序。二级证书毕业生能运用知识与技能，对自己结果的质量负有一定责任并对自己工作和学习的产出负责，具有有限度的自主性和判断力，在已知和稳定的情境里完成自己的已定义的和常规任务，在团队环境中同他人合作完成常规的但有变化的任务。二级证书学习量通常为 0.5～1 年。

④三级证书（三级）。三级证书使个人能在不同的情境里运用各种广泛的知识和技能，从事技能型工作并作为继续学习的路径。三级证书毕业生具有在一个工作和学习领域的事实性、技术性、程序性和理论性知识；具有认知的、技术的和交流技能，能解释和运用现有信息；具有认知和交流能力，能运用和交流已知的方案解决各种可预见的问题，使用已知的解决方案应对不可预见的突发事件；具有技术的和交流技能，能向各种专家和非专家听众提供技术信息；具有技术技能，能在各种技能操作中从事常规和一些非常规任务。三级证书毕业生能运用知识和技能，在选择设备、服务或应急措施方面具有辨别力和判断力。在已知的日常工作、方法、程序和时间约束范围内运用和迁移技能和知识，在各种情境里对自己的工作和学习的产出负责，包括在规定的范围内参与团队和对他人的产出负有有限度的责任。三级证书学习量通常 1～2 年，通过合同培训或在职培训最多需要 4 年取得该证书。

⑤四级证书（四级）。四级证书使个人能在不同的情境里运用各种广泛的专门化知识和技能，从事技能型工作并作为继续学习的路径。四级证书毕业生具有在工作和学习的专门化领域的广泛的事实性的、技术性的和理论性知识；具有认知技能，能发现、分析、比较和使用各种来源的信息；具有认知的、技术的和交流技能，能运用非常规或应急性质的技术方案解决定义范围内的可预测的和不可预测的问题；具有专门化技术技能，能完成常规和非常规任务和职责；具有交流技能，能在工作和学习领域指导活动和提供技术咨询。四级证书毕业生

能运用知识与技能，在已知或变化着的情境里执行专门化任务或履行职能。对自己的职责和产出负责，对他人的工作负有有限的责任；在有限的范围内在团队中对他人产出的数量和质量负有有限度的责任。四级证书学习量通常为 0.5～2 年，基于已取得的知识和技能的短期资格和作为工作入门要求的较长学习期限资格间的学习量差别很大。

⑥文凭(五级)。文凭使个人能在各种广泛的情境里运用融合的技术和理论概念，从事高级技能型或准专业工作，并作为继续学习的路径。文凭毕业生具有技术的和理论的知识和概念，在一个工作和学习领域的某些方面具有知识和理论深度；具有认知和交流表达技能，能发现、分析和综合各种来源的信息，并根据这些信息采取行动；具有认知的、技术的和交流表达技能，能分析和解决各种不可预测的问题或制定达到要求的各种策略；具有表达思想和观点的专业技术和创意技能，具有交流表达技能，能向他人迁移知识和专门化技能，展示对知识的理解力。文凭毕业生能在已知或变化着的情境里运用知识和技能，在某些专门化领域深度运用知识和技能，在各种情境里迁移和应用理论概念和或技术的和或创意技能，在执行复杂的技术操作方面具有个人责任心和自主性，在广泛的范围内对自己产出的数量和质量负有责任，能主动地组织自己的工作，具有判断力，在广泛的但通常定义明确的范围内计划、协调和评价团队工作。文凭的学习量通常为 1～2 年。

⑦高级文凭(六级)。高级文凭使个人能在各种情境里运用专门化知识，从事高级技能型或准专业工作，并作为继续学习的路径。高级文凭毕业生具有专门化的和融合的技术和理论知识，在某一个或多个工作和学习领域具有知识和理论深度；具有认知和交流表达技能，能发现、分析和综合各种来源的信息，并根据这些信息采取行动；具有交流表达技能，能向他人迁移知识和技能，展示对专门化知识的理解力，在某些方面具有知识和理论深度；具有认知技能，能对复杂的问题做出反应；具有表达思想和观点的各种专门化的、技术的、创意的或概念化的技能。高级文凭毕业生能在可能发生变化的情境里和专门化领域运用知识和技能，在他人指导下在规划、设计、技术或管理工作方面具有主动性和判断力，在已知和未知的情境里应用各种基本原理和复杂的技艺，在广泛的范围内履行各种广泛的技术的或管理职能，对个人产出及个人和团队结果负有责任。高级文凭的学习量通常为 1.5～2 年。

⑧副学士学位(六级)。副学士学位使个人能在各种情境里运用基础的技术和理论知识，从事准专业工作，并作为继续学习的路径。副学士学位毕业生具有广泛的理论和技术知识，在某一个或多个学科的基本原理和概念方面具有

一定的知识和理论深度；具有发现、分析和评价各种来源的信息和概念的认知技能，具有认知的、技术的和创意的思维技能，能有一定深度地展示对某个学科的知识和思想的广泛的理解力；具有认知的和分析技能，能解释并对有时是复杂的问题作出反应；具有交流表达技能，能清楚地和连贯一致地呈现知识和思想，在知识上具有一定独立性。副学士学位毕业生能运用知识和技能，在准专业实践的规划、问题解决和决策方面具有主动性和判断力；能在各种情境里应用知识和技能，能在某一个或多个学科里继续学习，能使基本原理、概念和技艺适应已知和未知的情境，在广泛的范围内对自己的学习和工作具有责任心和责任感，能与他人开展合作。副学士学位的学习量通常为 2 年。

⑨学士学位(七级)。学士学位使个人能在各种情境里运用广泛和一致的知识体系，能从事专业工作，并作为继续学习的路径。学士学位毕业生具有广泛和系统的知识体系，对某一个或多个学科的基本原理和概念有着深刻的理解，为自主进行终身学习打下基础。学士学位毕业生具有认知技能，能批判性地评价、分析、巩固和综合知识；具有认知和技术技能，能展示对知识的广泛理解力，在某些领域这些理解力具有一定深度；具有认知和创造性技能，能运用批判性思维和判断力发现和解决问题；具有智力独立性；具有交流技能，能清楚地、连贯一致地和独立地阐述知识和思想。学士学位毕业生能运用知识与技能，在专业实践或学术研究中能对规划、解决问题和做出决策具有主动性和判断力，能在多样化情境里应用知识和技能，对自己的学习和专业实践具有责任心和负有责任，能在广泛的范围内同他人合作。学士学位的学习量通常为 3～4 年。

⑩优等级学士学位(八级)。优等级学士学位使个人能在特定情境里应用知识体系，能从事专业工作，并作为研究和继续学习的路径。优等级学士学位毕业生具有某一个或多个学科基本原理和概念方面的连贯的高级知识以及研究原理和方法方面的知识。优等级学士学位毕业生具有认知技能，能评价、分析、整合知识，确定和提供解决复杂问题的方案，在知识上具有独立性；具有认知和技术技能，能展示对知识体系和理论概念的广泛的理解力，在某些领域具有高级理解力；具有认知技能，能批判性地思考，对发展新的知识具有判断力；具有技术技能，能在项目中设计和使用研究；具有交流表达技能，能向各种听众清楚地和连贯地阐述和呈现知识和思想。优等级学士学位毕业生能运用知识和技能，在专业实践或学术方面具有主动性和判断力，能使知识和技能适应于各种情境，对自己的学习和实践具有责任心和责任感，能在广泛的范围内与他人开展合作；能在一定程度上独立地计划和执行项目工作或开展研究。优等级学士学位的学习量通常是在取得普通学士学位后学习 1 年。优等级学士学位

也可嵌入学士学位，通常要增加额外的1年学习时间。

⑪研究生证书（八级）。研究生证书使个人能在各种情境里应用知识体系，从事专业或高技能工作，并作为继续学习的路径。研究生证书毕业生具有系统的和连贯的知识体系里的专门化知识，包括在某一新的或现有的学科或专业领域里习得和运用知识和技能。研究生证书毕业生具有认知技能，能评价、分析、整合知识，确定和提供解决复杂问题的方案，能批判性地思考，产生和评价复杂的思想；具有在一个高技能或专业实践领域的专门化技术和创意技能；具有交流表达技能，能展示对理论概念的理解力，能向各种听众传达复杂的知识和思想。研究生证书毕业生能运用知识和技能，在各种专门化的情境里对各种技术和管理工作做出高水平的、独立的判断，能在多样的专门化技术的和具有创意的情境里启动、计划、实施和评价各种工作，能在广泛的范围内对个人的产出和他人工作负有责任。研究生证书的学习量通常为0.5～1年。

⑫研究生文凭（八级）。研究生文凭使个人能在各种情境里应用知识体系，从事专业或高技能工作，并作为继续学习的路径。研究生文凭毕业生具有系统的和连贯的知识体系里的高级知识，包括在某一新的或现有的学科或专业领域里习得和运用知识和技能。研究生文凭毕业生具有认知技能，能评价、分析、整合知识，确定和提供解决复杂问题的方案，能批判性地思考，产生和评价复杂的思想；具有在一个高技能或专业实践领域的专门化技术和创意技能；具有交流表达技能，能展示对理论概念的理解力，能向各种听众传达复杂的知识和思想。研究生文凭毕业生能运用知识和技能，在多样的专门化情境里对各种技术的和管理的工作做出高水平的、独立的判断，能在多样的专门化技术的和具有创意的情境里启动、计划、实施和评价各种工作，能在广泛的范围内对个人的产出和他人工作负有责任。研究生文凭的学习量通常为1～2年。

⑬研究型硕士学位（九级）。研究型硕士学位使个人能在各种情境里将高级知识体系应用到研究和学术中，并作为继续学习的路径。研究型硕士学位毕业生具有知识体系，包括了解某一个或多个学科的近来发展；具有能应用于工作或学习领域的研究原理和方法方面的高级知识。研究型硕士学位毕业生具有认知技能，能掌握理论知识和批判性地反思理论及其应用；具有认知的、技术的和创造性技能，能调查、分析和综合复杂的信息、问题、概念和理论，将已有理论运用到不同的知识体系或实践之中，能在抽象层面产生和评价复杂的思想和概念；具有认知的和技术的技能，能设计、使用、评价研究及研究方法；具有交流表达和技术技能，能呈现连贯的和持续的论据向专家听众和非专家听众传播研究成果，能设计、评价、实施、分析和传播研究，进行理论总结，为知识做出贡献。

研究型硕士学位毕业生能运用知识和技能，能创造性地和主动地将知识和技能应用到新的情境中，具有高度个人自主性和责任感，能规划和从事各种研究。研究型硕士学位的学习期限通常为1～2年。在相同的学科，取得七级资格后学习期限为1.5年，或者取得八级资格后为1年。在不同的学科，取得七级资格后学习期限为2年，或者取得八级资格后为1.5年。

⑭授课式硕士学位（九级）。授课式硕士学位使个人能在各种情境里将高级知识体系应用到专业实践或学术中，并作为继续学习的路径。授课式硕士学位毕业生具有知识体系，包括了解一个学科或专业实践领域的近来发展，具有能应用于某个工作或学习领域的研究原理和方法方面的知识。授课式硕士学位毕业生具有认知技能，能掌握理论知识和批判性地反思专业实践或学术；具有认知的、技术的和创造性技能，能调查、分析和综合复杂的信息、问题、概念和理论，将已有理论运用到不同的知识体系或实践中去，能在抽象层面产生和评价复杂的思想和概念；具有交流表达和技术研究技能，能向专家听众和非专家听众证明和解释理论观点、方法、结论和专业决策，能设计、生产、评价和分析新产品，进行理论总结，为专业实践或学术做出贡献。授课式硕士学位毕业生能运用知识和技能，在专业实践中能创造性地和主动地将知识和技能应用到新的情境中，具有高度个人自主性和责任感，能规划和开展以实质性研究为基础的项目，获取顶峰体验或进行深入学习和研究。授课式硕士学位的学习期限通常为1～2年。在相同的学科，取得七级资格后学习期限为1.5年，或者取得八级资格后为1年。在不同的学科，取得七级资格后学习期限为2年，或者取得八级资格后为1.5年。

⑮拓展型硕士学位（九级）。拓展型硕士学位使个人能在各种情境里将高级知识体系应用到专业实践中，并作为继续学习的路径。拓展型硕士学位毕业生具有知识体系，包括对某一个学科及其专业实践近来发展的拓展性了解，具有能应用于学科及其专业实践的研究原理和方法方面的知识。拓展型硕士学位毕业生具有认知技能，能掌握理论知识和批判性地反思理论和专业实践；具有认知的、技术的和创造性技能，能调查、分析和综合复杂的信息、问题、概念和理论，将已有理论运用到不同的知识体系或实践中去；具有认知的、技术的和创造性技能，能在抽象层面产生和评价复杂的思想和概念；具有交流表达和技术研究技能，能向专家听众和非专家听众证明和解释理论观点、方法、结论和专业决策；能设计、生产、评价和分析新产品，进行理论总结，为专业实践做出贡献。拓展型硕士学位毕业生能运用知识和技能，在专业实践中能创造性地和主动地将知识和技能应用到新的情境中，具有高度个人自主性和责任感，能规划和开

展以实质性研究为基础的项目，获取顶峰体验或开展以专业为主的项目。拓展型硕士学位的学习期限通常为 3～4 年，取得七级资格后最低学习期限为 3 年。

⑯博士学位（十级）。博士学位使个人能运用完整的知识体系，能在某一个或多个调查、学术或专业实践领域从事研究、进行调查和发展新的知识。博士学位毕业生具有在工作或学习领域前沿的完整知识体系，包括具有形成原创性贡献的知识，具有可应用到工作或学习领域的研究原理和方法方面的丰富知识。博士学位毕业生具有认知技能，能展示对理论知识的专业理解力和批判性反思理论与实践能力；具有认知技能并能应用智力进行独立性、批判性的思考，评估现有的知识和思想，开展系统性调查和反思理论与实践能力，产生原创性知识；具有能应用到工作或学习领域的专家级技术和创造性技能；具有解释和批评理论命题、方法和结论的交流表达技能，能有说服力地呈现复杂的原创性调查或原创性研究结果，按照国际标准由外部进行审查，能与同行和社会公众交流研究成果；具有专家技能，能设计、实施、分析和呈现理论化研究成果，对知识或专业实践做出重要的和原创性贡献。博士学位毕业生能运用知识与技能，具有智力独立性，在新的情境和继续学习中具有主动性和创造力，对个人产出具有高度责任心和负有完全责任，能规划和开展原创性研究，具有产生新知识的持续能力，包括在专业实践情境里产生新知识的持续能力。博士学位学习量通常为 3～4 年。[①]

3.资格类型规范

资格类型规范是指有关开发和认证一个特定澳大利亚资格框架资格类型要求的详尽表述，内容包括特定资格类型的介绍、该级资格的等级标准、该资格类型描述、资格术语使用、资格的路径、鉴定和开发的责任、发放资格的权力等。2013 版资格框架实施手册列出了 14 种资格类型规范，以下主要介绍优等级学士学位和硕士学位类型规范。

(1)优等级学士学位类型规范。优等级学士学位课程除研究原理和方法外，还包含某一个或多个专业领域的知识和技能的连贯性和高级发展，学生需要完成有质量的研究论文或项目。在完成学士学位之后，课程需要额外 1 年的学习，也可以采取四年一贯制学习方式。额外 1 年的学习通常包括专门化学习和研究，并需提交一篇论文。学士可修习某一个或多个学习领域的组合优等级

① The Australian Qualifications Framework Council. Australian Qualifications Framework [S]. Second Edition January 2013:14－17. http://www.aqf.edu.au/wp-content/uploads/2013/05/AQF-2nd-Edition-January-2013.pdf

学士学位，通常是在学生主修的学习领域，大部分专业都开设优等级学士学位课程。授予的优等级学士学位通常简写为“Hons”，例如，文学士[BA(Hons)]，并且分等或分级，如一等或二等(一级，Upper Division)。取得一等或二等(一级)优等级学位的毕业生可直接进入博士学位课程学习。

优等级学士学位资格可使个人在特定情境里运用知识体系从事专业工作，并作为研究和继续学习的路径。优等级学士学位属于澳大利亚资格框架八级资格。在这一等级，毕业生具有从事专业或高技能工作和/或继续学习的高级知识和技能。优等级学士学位的学习量在完成学士学位之后通常是1年，优等级学士学位也可以嵌入到学士学位之中。

优等级学士学位旨在使毕业生在相同学科取得包含研究训练内容在内的高一级资格，提升在学士学位中获得的知识、技能和应用能力水平，为进入更高层次的专业实践做准备。优等级学士学位和学士学位之间的区别是，前者向高级知识体系发展，需要从事研究。所有的优等级学士学位都强调研究能力的培养，研究的类型及研究和授课间的平衡可能会差别很大，这取决于人才培养的目标。学生在完成学士学位之后既可以单独取得优等级学士学位，也可以一起取得学士学位和优等级学士学位。①

(2)硕士学位资格类型规范。硕士学位资格有三种主要形式：研究型硕士学位、授课式硕士学位和拓展型硕士学位。这三种子类型资格既有相同之处，也有明显的区别。研究型硕士学位使个人能在各种情境里将高级知识体系应用到研究和学术中，并作为继续学习的路径。课程至少要有三分之二的时间用于研究工作，要求完成一篇有实质性内容的论文，论文要由外部评价。课程通常要求至少1～2年的全日制学习，这取决于之前具有的资格，即现在学习的专业与以前的资格的相关性。毕业生可以继续攻读博士学位。授课式硕士学位使个人能在各种情境里将高级知识体系应用到专业实践或学术中，并作为继续学习的路径。课程旨在向毕业生提供高级知识，服务于专业实践、学术和继续学习的目的。课程通常要求至少1～2年的全日制学习，这取决于之前具有的资格，即现在学习的专业与以前的资格有着相关性。课程经常以四个学期衔接安排的方式来设计，取得研究生证书为一个学期，研究生文凭为两个学期，硕士学位为四个学期。拓展型硕士学位使个人能在各种情境里将高级知识体系应用到专业实践中，并作为继续学习的路径。课程旨在向毕业生提供高级知识，

---

①Bachelor Honours Degree: An Explanation[EB/OL].[2015-08-10]. http://aqf.edu.au/Portals/0/Documents/2013%20docs/Bachelor%20Honours%20Degree%20Explanation.pdf

服务于学习提升的目的或是出于专业发展的目的。在取得三年制学士学位后，课程学习时间通常为3～4年全日制学习。

这三种资格都是硕士学位资格按照专业方向细分出来的子类型，层次上都属于澳大利亚资格框架的第九级资格，以终身学习理念为指导，都作为继续学习的路径。三者的主要区别是培养目标的不同，研究型硕士学位培养的是研究型人才，授课式硕士学位培养的是专业实践或学术人才，而拓展型硕士学位培养的是应用型人才。此外，三种资格子类型在知识深度和学习量方面也存在差别。

设计和认证硕士学位资格，要求毕业生能够取得第九级资格标准规定的学习结果，并且要达到研究型硕士学位、授课式硕士学位和拓展型硕士学位规定的资格子类型标准。资格名称要符合资格发放政策的要求，每一种资格都要包含资格路径政策规定的资格路径。

认证硕士学位资格时，认证机关和资格开发机构必须遵守该种资格类型的规范，资格要符合政府规定的所有高等教育认证标准。认证机关根据政府监管和质量保障安排，负责监督发证组织工作的质量。认证硕士学位资格时，认证机关必须保证一个硕士学位资格毕业生能够取得第九级资格的学习结果，达到相应的硕士学位资格类型（研究型、授课式或拓展型）规范规定的所有学习结果（知识、技能及知识与技能应用）的要求。依据培养目标的差别，不同的硕士学位资格可以有所侧重。设计研究型硕士学位使毕业生能从事在他人监督指导下的学习和研究，课程的三分之二的时间要用于研究、研究培训和独立学习。设计授课式硕士学位使毕业生能执行结构性学习计划，具有一定的独立研究、项目工作或与实践相关的学习经历。如果这种资格是使毕业生为一种专业工作做准备，那么需要与相关的专业机构合作开发结构性学习内容。设计拓展型硕士学位使毕业生能执行结构性学习计划，具有一定的独立研究和很大比例的与实践相关的学习经历。由于这种资格是使毕业生为从事一种专业工作做准备，所以必须与专业机构合作开发与实践相关的学习内容。通用学习结果要在培养目标中有明确的规定，并与资格类型的等级以及资格和学科的目的保持一致。通用学习结果分为四个大类：基础技能、人际技能、思维技能和个人技能。在高等教育部门，它们通常被称为毕业生品质，由每个高等教育提供者来定义。明确第九级资格标准的学习结果、资格类型标准和学科之间的关系。资格的设计要能显示资格等级和资格类型一致的学习结果，并使毕业生能够达到这些要求。学习量要足以使毕业生能取得该等级和资格类型规定的学习结果。一个资格一旦得到认证，必须按照资格登记政策的要求录入资格登记系统。

只有认证机关授权的机构才可以颁发硕士学位资格，资格要符合政府规定的标准。发证组织负责资格评价，保证学习结果的质量，保证毕业生已经令人满意地达到了资格的要求，资格发放必须符合资格发放政策和资格登记政策的相关要求。

总的来说，资格等级标准、资格类型标准和资格类型规范体现出涵盖性，后一种标准涵盖前一种标准，根据用途和功能的不同，三种标准涵盖的范围逐步扩大，描述的详细程度不断深入。

(四)概念学习期限

概念学习期限表示一个学生平均用多长时间达到一个资格的要求。运用学习量测量可以明确一个资格的相对复杂程度和价值，区分资格类型的差别。概念学习包括下面的学习活动：结构性学习，例如，课堂学习、研讨会、作业、自学、结构性在职和脱产培训和指导；获得知识和提高技能的实习作业和实践，例如，实验室作业、自学、工作实习等；各种形式的评价，包括实践技能的演示、为评价做准备等。

个别资格等级的概念学习期限范围很大，特别是三级和四级证书，如三级证书概念学习期限从 1～2 年不等，四级证书从 6 个月到 2 年不等，主要是考虑到了学习者不同的学习形式和起点。在学习形式上，考虑到了基于学校的全日制学习和基于在职和脱产结构性工种培训之间的差异。此外，在学习的起点上，考虑到了建立在已获得技能基础之上的短期专门化资格与符合工作准入要求的完整资格之间的学习的不同。

表 4.8　澳大利亚资格框架资格概念学习期限

资格等级	资格类型	概念学习期限
10	博士学位	3～5 年
9	硕士学位	1.5～2 年
8	研究生文凭 职业性研究生文凭	1～2 年
8	研究生证书 职业性研究生证书	6 个月
7	学士学位	3～4 年

续表

资格等级	资格类型	概念学习期限
6	副学士学位	2 年
	高级文凭	1.5～2 年
5	文凭	1.5～2 年
4	四级证书	0.5～2 年
3	三级证书	1～2 年
	高中教育毕业证书	2 年
2	二级证书	0.5～1 年
1	一级证书	3～6 个月

三、资格框架实施

(一)实施过渡安排

2011 年 3 月,澳大利亚资格框架委员会发布了经高等教育和就业部长委员会批准的资格框架修订版和实施安排,2013 年 1 月又发布澳大利亚资格框架第二版,撤销个别资格类型。实施安排规定:(1)澳大利亚资格框架从 2011 年 7 月 1 日开始实施。对高等教育部门来说,使用资格框架将从高等教育质量与标准署履行监管职能之日起开始,实施可以自愿从 2011 年 7 月 1 日开始。对职业教育与培训部门来说,使用资格框架可以从 2011 年 7 月 1 日开始。对学校教育部门来说,可以自愿从 2015 年 1 月 1 日之前开始。(2)从 2015 年 1 月 1 日开始,各级各类教育都必须达到资格框架的全部要求。(3)从 2015 年 1 月 1 日起,所有新生都应学习符合资格框架全部要求的资格证书课程,在校学生可以继续完成他们入学时申请的资格证书课程,或者转换到学习符合资格框架要求的同等资格证书课程。国家承认的发证组织要公开发布有关资格证书过渡的政策或程序。(4)国家认证机关和资格开发机构要及时发布过渡政策,以确保有足够的时间完成实施安排。(5)职业性研究生证书和职业性研究生文凭资格类型从 2013 年 1 月 1 日起从资格框架中撤销。修改后的研究生证书和研究生文凭资格类型说明可从 2013 年 1 月 1 日起使用,它们既适用于高等教育部门,也适用于职业教育与培训部门的资格认证和证书发放。职业性研究生证书和职业性研究生文凭持有者可视为分别持有研究生证书或研究生文凭。①

资格框架委员会举办了两轮职业教育与高等教育机构实施资格框架研讨会,2013 年 2 月至 3 月,资格框架委员会在澳大利亚每个州府城市举办了第一轮职业教育和非自我认证高等教育机构实施研讨会,议题包括使学习者达到资格等级和资格类型学习结果、了解和运用资格框架政策、理解资格框架的术语和概念、了解相关的监管等。对参与开发资格(如认证课程)的提供者来说,他们还需参加一场使用资格类型说明开发资格框架资格的专题研讨会。研讨会采取互动形式,向与会者提供答疑解惑的机会,使他们能够更深入全面地了解资格框架特征和实施中可能会遇到的各种问题。2013 年 8 月至 9 月,在阿德莱德、珀斯、墨尔本、布里斯班等城市和地区举办了第二轮职业教育与高等教育机构实施资格框架研讨会。

(二)资格框架主要实施机构

资格框架实施机构包括决策机构、管理机构、标准制定机构和监管机构。

1.资格框架决策机构——高等教育、技能和就业常务委员会

澳大利亚是联邦制国家,在高等教育、技能开发和就业等领域,联邦政府和各州各领地政府共享责任。澳大利亚政府理事会(COAG)是国家层面联邦和各州各领地政府的集体决策机构,由澳大利亚总理及各州州长和各领地首席部长组成,其下设的常务委员会是部委层面联邦和各州各领地政府的集体决策机构。2011 年 2 月,澳大利亚政府理事会建立新的部长委员会制度,按部委业务设立常务委员会,联邦和各州各领地共同协商、研究和解决具有重大意义的问题。高等教育、技能和就业常务委员会(SCOTESE)是 12 个常务委员会之一,目的是通过提高全民教育与培训参与水平和受教育程度,促进技能开发和技能有效运用,满足澳大利亚目前和未来劳动力需求,实现大幅提高生产力水平的目标。

常务委员会对高等教育、职业教育与培训(包含技能和劳动力开发、国际教育、成人和社区教育)以及就业负有高层政策责任。常务委员会政策优先方向是通过加强高等教育与培训监管安排,确保高质量的高等教育与培训,发展可持续性的和具有竞争力的国际教育;建立国家高等教育和培训框架,增强对劳动力市场需求的反应性;制订协调一致的方法,满足弱势群体和其他群体的需

①Australian Qualifications Framework Council. Australian Qualifications Framework. Second Edition January 2013 [S].2013.

要，包括综合运用就业、技能和支持性服务政策；制定与技能利用和技术移民政策相一致的人力资源开发战略，满足当前和未来的关键技能需要；提高国家高等教育与培训研究、分析以及数据和信息提供水平。此外，常务委员会将把澳大利亚政府理事会的战略主题作为主要的焦点领域：全民教育战略，提高澳大利亚竞争优势，促进国家经济增长，缩小澳大利亚土著人教育差距等。

联邦就业、技能和培训部长担任常务委员会常任主席，成员包括 6 个州和 2 个领地负责高等教育、就业与培训的部长以及新西兰高等教育、技能和就业部长。常务委员会每年至少召开一次会议，也可以以通讯和场外会议形式开展业务，必要的话还可以举行视频和电话会议。常务委员会可与学校教育和早期儿童教育常务委员会或其他常务委员会就跨部门问题举行联席会议。会议地点实行轮换制度。在治理结构上，专家智囊团向常务委员会提供智力支撑，常务委员会下设高等教育、技能和就业国家咨询委员会（NATESE）、秘书处、国家高级官员委员会（NSOC）、国家技能标准委员会（NSSC）、国家职业教育与培训公平咨询委员会（NVEAC）和弹性学习咨询委员会（FLAG）等。

2.资格框架管理机构——从澳大利亚资格框架委员会过渡到教育与培训部

在 2014 年之前，澳大利亚资格框架委员会是保持资格框架运转的主要机构，负责向部长委员会就资格框架提供战略性和权威性咨询建议，保证资格框架在国家层面和国际层面上具有强健性，支持弹性的跨部门联通和路径。它的前身是澳大利亚资格框架咨询委员会（AQFAB）。澳大利亚资格框架及其治理安排最早是由教育、就业、培训和青年事务部长委员会（MCEETYA，简称部长委员会）于 1994 年建立的。1994 年 12 月，部长委员会批准设立澳大利亚资格框架咨询委员会，1995 年 5 月，部长委员会批准了咨询委员会章程，规定咨询委员会是一个向部长委员会报告的咨询议事机构，目标是促进、监控和实施澳大利亚资格框架，就资格问题向部长委员会提出咨询建议，代表联邦和各州教育部长履行澳大利亚资格框架守护人的职责。2000 年修订后的章程规定，咨询委员会的主要职能是评估和修改澳大利亚资格框架资格标准和指导方针；监控澳大利亚资格框架的运行，特别关注跨部门互动和国家政策的影响，开展相关研究；在每个教育与培训部门实施质量保障措施，保障资格框架提供者标准；实行由政府授权的认证课程、认可提供者和发放资格的机构组织的登记制度；密切关注国际资格发展趋势及其对资格框架的影响；利用信息技术广泛宣传澳大利亚资格框架，特别是资格指导方针；就资格框架事宜向所有感兴趣人士提供咨询；同学校部门认证机关、高等教育认证机关（包括多边联合规划委员会主席和资格框架咨询委员会的双年度会议)、职业教育与培训部门认可机关、培训机构与提供者以及产业、企业、社会和专业组织、负责国际教育与培训的澳大利亚机构,特别是澳大利亚教育国际保持联系;同国际和海外机构保持联系,接受和提供咨询建议;就资格框架运行和合规监控向部长委员会提供咨询;就资格框架的改革和运行提出建议等。

2008 年 5 月,教育、就业、培训和青年事务部长委员会(MCEETYA)在征得职业与技术教育部长委员会(MCVTE)同意后,决定成立澳大利亚资格框架委员会,以取代此前的咨询委员会(AQFAB)。从 2009 年 7 月 1 日起,该委员会成为高等教育和就业部长委员会(MCTEE)下设的一个小组委员会。2011 年末,澳大利亚政府机构进行改革,高等教育和就业部长委员会(MCTEE)被澳大利亚政府理事会(COAG)高等教育、技能和就业常务委员会(SCOTESE)取代。2012 年初,教育、早期儿童发展和青年事务部长委员会(MCEECDYA)由澳大利亚政府委员会学校教育和早期儿童常务委员会(SCSEEC)取代。随着机构的调整,资格框架委员会则向澳大利亚政府委员会高等教育、技能和就业常务委员会(SCOTESE)报告并对其负责,有关原则和程序问题同时向澳大利亚政府委员会学校教育和早期儿童常务委员会(SCSEEC)报告。委员会的另一块牌子是高等教育、技能和就业常务委员会下设的一个小组委员会。2011 年,高等教育和就业部长委员会批准了澳大利亚资格框架的变化,同意从 2011 年 7 月 1 日起履行新的工作目标和职责。

资格框架委员会的工作目标是就澳大利亚资格框架向联邦政府和各州部长提供战略性和权威性的咨询意见,确保它能够在国家层面和国际层面上具有强健性,支持弹性的跨部门联通和路径。委员会主要履行两大方面的职能:

一是向澳大利亚政府委员会高等教育、技能和就业常务委员会,需要的话,同时向澳大利亚政府委员会学校教育和早期儿童常务委员会提供政策咨询建议。这包括澳大利亚资格框架的功能与作用,资格结果的国家一致性、现代相关性以及国内和国际可携带性,改进教育与培训各个部门内部和之间的具有弹性的资格联通和路径,认可非正规和非正式学习,相关的国内和国际问题以及它们对国家资格政策的影响,资格标准的国际认可和可比性,资格框架与其他国家的对接等。

二是维持、监控和支持澳大利亚资格框架的实施。这包括在征询关键利益相关方意见后,定期评估和修改澳大利亚资格框架和现有的资格标准、水平描述符、名称、资格政策和指导方针;根据资格类型增加或撤销政策,从资格框架中增加或撤销资格类型;同关键用户和利益相关方一起,积极监控和支持澳大利亚资格框架的实施，特别是改革澳大利亚资格框架；就澳大利亚资格框架事宜向国内和国际感兴趣的人士提供信息和咨询建议，包括积极参加国内和国际论坛；向用户提供澳大利亚资格框架的产品和资源；维持、评估和促进澳大利亚资格框架登记系统的使用；向客户提供及时方便和有效的澳大利亚资格框架咨询服务，包括通过网站提供咨询服务；促进澳大利亚资格框架在全国统一实施，广泛宣传资格框架；在每个教育与培训部门开展澳大利亚资格框架质量保障宣传活动，同国家、州、地区认证机关和其他关键利益相关方建立工作联系，支持质量保障政策的实施。①

委员会还是一个高效运转的机构，它由 12 名成员组成，成员由来自高等教育、职业教育与培训、学校、雇主、工会和政府部门的具有专业知识和丰富经历的知名人士组成。成员是非代表性的，设有一名独立主席，以保证其意见和建议有利于整个澳大利亚教育系统。现任主席是约翰·道金斯先生。委员会下设一个国际对接小组委员会，就澳大利亚资格框架与其他国家或区域资格框架对接问题向委员会提供建议。此外，委员会还成立了高等教育标准制定机构网络，成员由负责开发高等教育标准的机构组成，主要任务是补充完善现有标准。委员会的日常工作由秘书处负责，秘书处共有 4 名工作人员，办公地点设在南澳州首府阿德莱德市。

2014 年，澳大利亚资格框架治理结构发生重大变化。澳大利亚政府、各州和领地部长决定解散澳大利亚资格框架委员会，由教育与培训部负责管理和实施澳大利亚资格框架，产业与科学部以及各州和领地政府参与资格框架管理实施，设立必要的专家咨询机构就资格框架相关政策向政府提供咨询建议，以提高资格框架治理水平，赋予政府部门履行与国际资格框架对接的职能。②

3.职业教育质量标准制定机构——国家技能标准委员会(NSSC)

澳大利亚质量培训框架(AQTF)由澳大利亚国家培训局(ANTA)下设的国家培训质量委员会组织开发，并与州、领地和行业紧密合作，于 2001 年 6 月颁布，7 月 1 日起全面执行。培训框架的目标是提供一套可保证国家统一的高质量的职业教育与培训系统的基本标准，其中包括教育培训机构(RTO)认证标准、认证机构标准、审核员基本要求、职业教育课程开发指导方针等。

---

①Australian Qualifications Framework Council Object and Terms of Reference[EB/OL]. [2013－08－30]. http://www.aqf.edu.au/wp-content/uploads/2013/06/AQF-Council-Object-Terms-of-Reference-Effective-July-2011updated-2012.pdf.

②Current arrangements[EB/OL]. [2016－02－22].http://www.aqf.edu.au/aqf－governance/current－arrangements/

早在2009年12月，澳大利亚政府委员会就通过决定成立技能标准委员会。在2011年6月解散国家质量委员会之后，2011年7月1日，澳大利亚正式成立国家技能标准委员会，作为高等教育、技能和就业常务委员会的一个小组委员会，由常务委员会直接领导。常务委员会的前身是高等教育与就业部长委员会，这种组织机构的变化反映了澳大利亚政府理事会对职业教育与培训的重视。标准委员会由9名专家成员和3名其他成员组成，成员经征询各州教育部长意见后，由联邦政府负责职业教育与培训的部长任命。办公室设在墨尔本。

标准委员会的职能是开发和维持职业教育与培训国家监管标准，这些国家标准包括教育培训机构的监管，培训包的开发与批准，课程认证，监管机构和课程认证机关，数据采集、分析和传播等，这些标准须经常务委员会批准。标准委员会还就职业教育与培训标准的开发和实施向常务委员会提供咨询建议，通过高等教育、技能和就业常务委员会，就国家标准的实施和解释以及职业教育质量标准问题向监管机构提供咨询，就国家标准和标准的变化及时告知职业教育与培训部门，就职业教育与培训监管机构的运行向高等教育、技能和就业常务委员会提供咨询建议，审查批准培训包，根据职业教育与培训监管标准，审查批准学费保证计划。

标准委员会在业务上独立于澳大利亚技能质量署和监管权力非让渡各州的职业教育与培训的监管机构，这种标准制定与监管职能相分离的工作机制旨在提高各业务部门的独立性和公正性，减少利益冲突。

2013年6月7日，澳大利亚政府理事会下属的高等教育、技能和就业常务委员会举行会议，听取了国家技能标准委员会主席约翰·道金斯·奥关于职业教育监管标准评估进展的报告，批准了国家技能标准委员会提出的"标准政策框架"，进一步完善监管标准，建立稳定的和有质量保障的澳大利亚职业资格制度，形成目标更加明确、全国统一的国家质量标准，更加注重职业教育提供者的核心业务、质量教学和评价等质量核心要素，使整个职业教育系统转向反应更加灵敏的监管模式。其他措施包括实施透明化改革，建立职业教育与培训全部活动数据库和学生唯一识别码(USI)网上系统，保证技能质量署业务活动全部回收成本等。

4.职业教育质量监管机构——澳大利亚技能质量署(ASQA)

技能质量署成立于2011年7月1日。其主要职能是将职业教育培训提供者登记为"注册培训组织"，将实施留学教育的教育机构登记为"海外学生教育服务提供者"，认证职业教育与培训课程，确保职业教育培训机构符合注册条件和标准，开展合规审计，收集、分析和发布有关职业教育与培训部门以及职业教育机构的信息。技能质量署的愿景是保证学生、雇主和政府对注册培训组织提供的教育质量充满信心，它的价值观是保证履行监管职责和提供的咨询建议具有独立性，保证监管决策和活动的透明性。

通过监管权力让渡和行使宪法权力，澳大利亚建立了国家职业教育监管制度。除维多利亚州和西澳大利亚州外，其他州将职业教育监管权力让渡给联邦，联邦在各领地行使宪法权力，对各领地职业教育与培训进行监管。

根据教育培训机构的类型，技能质量署的监管权目前还没有完全覆盖全国6个州和2个领地。技能质量署负责监管新南威尔士、昆士兰、南澳大利亚、塔斯马尼亚、首都领地和北领地计4个州和2个领地的注册培训组织，以及维多利亚和西澳大利亚两个州的招收海外学生的注册培训组织，技能质量署还负责监管全国各州和领地的开设海外学生英语短期课程的教育培训机构。在维多利亚州和西澳大利亚州，仅招收本国和本州学生的注册培训组织的监管权没有让渡给技能质量署，对这些培训组织的监管分别由维多利亚州注册和资格局(VRQA)和西澳州培训与认证委员会(TAC)负责。截至2013年2月，澳大利亚有4879家职业教育培训学校(注册培训组织)，其中技能质量署监管4025家，占80%以上，维多利亚州资格局监管481家，西澳州认证委员会监管373家。

技能质量署管理层包括1名首席专员和2名专员。总监现为克里斯·罗宾逊先生，2011年10月任职，任期5年。技能质量署下设治理与政策、合规审计、课程认证、风险评估、调查与法律、企业参与、投诉等职能处室。总部设在墨尔本，在各州府设有办事处。

5.高等教育质量监管机构——高等教育质量与标准署(TEQSA)

质量与标准是高等教育资格标准的重要实施机构，它的成立是澳大利亚政府对高等教育实施质量监管的重大举措。质量与标准署的前身是澳大利亚大学质量评估署(AUQA)，2000年3月澳大利亚教育、培训与青年事务部长委员会(MCEETYA)批准成立大学质量评估署，是负责监控、审计和报告澳大利亚高等教育质量的独立的国家质量保障机构。从2001年起，大学质量评估署代表政府和社会公众对大学质量进行评估，每年评估6所大学，5年轮换一次，每次评估时间为3个月。大学质量评估署的主要职责是对高等院校和各州认证部门每5年进行一次质量审计，定期向政府提交高校有关办学质量评估报告并向社会公布。2008年3月13日，澳大利亚政府启动“澳大利亚高等教育评估项目”，简称“布拉德利评估”(Bradley Review)，分析和研究高等教育的发展方向。布拉德利评估提出的一个重要建议是大力提升高等教育质量，为此，布拉德利评估报告提出设立国家质量保障和监管机构。报告认为，新的机构要负责实施高等教育标准框架，高等教育标准包括注册标准、机构类型标准、课程认证颁证和资格标准。新的安排将提供质量保障，并且是国家第一次对所有高等教育提供者进行监管。为回应布拉德利报告的建议，政府宣布成立高等教育质量与标准署作为单一的国家高等教育监管和质量保障机构。2011 年 3 月 23 日，政府将《2011 年高等教育质量和标准署法》与《2011 年高等教育质量和标准署(重要修正与过渡期规定)法》两个立法草案提交国会审查通过。联邦政府还宣布在未来 4 年中将拨款 7000 万澳元用以建立高等教育质量与标准署。2011 年 7 月 30 日，两个法案获得国会通过。从 2012 年 1 月 30 日起，质量与标准署将分阶段在全国履行高等教育监管职责。质量与标准署的建立将取代运行 11 年之久的澳大利亚大学质量评估署，同时还取代现有的各州各领地政府质量保障机构，机构的数量从 9 个减少到 1 个。澳大利亚高等教育由分散化质量保障体系改为全国统一的质量监管体系，强化运用法律与标准，通过成立法定监管机构行使行政权，对高等教育质量进行严格的监督和管理。

质量与标准署履行的职能和享有的权力包括：依法将受监管实体登记为注册高等教育提供者；依法认证学习课程；通过进行合规评价和质量评价并对经过认证的课程进行认证评价，调查《高等教育质量和标准机构法》及该法的相关条款是否得到了遵守；应部长要求或主动地就高等教育提供者的质量或监管事宜向部长提供咨询和建议；收集、分析、解释和传播高等教育提供者、受监管的高等教育资格、高等教育质量保障实践、质量改进和高等教育标准框架等方面的相关信息；应高等教育提供者要求或主动地就门槛标准事宜向提供者提供咨询和建议；开展培训以改进高等教育质量；向高等教育标准专门小组提供资源和设施，以使专门小组能更好地履行其职能；与其他国家同行开展合作。

质量标准署遵循下列监管原则：一是责任制原则，在履行其法定职能时对其所做出的决策向所有利益相关方负责；二是透明性原则，质量标准署以开放的方式运行，过程明确，与高等教育部门保持着正常的沟通和联络；三是独立性原则，履行监管和质量保障职能不受外部影响；四是公正性原则，从公众利益出发公正地履行其职责，遵守道德规范；五是专业性原则，根据证据做出决策，证据来自严谨和客观的调查和研究；六是质量改进原则，基于研究和高等教育部门反馈，质量标准署承诺对其人员和监管过程进行连续改进和发展；七是征询意见原则，质量和标准署就其角色和责任随时征询利益相关方的意见。依据 2011 年的法律，质量标准署制定了以三年为期的战略规划，提出了未来三年的工作主要目标及实施措施。

质量标准署设有一个履行决策职能的委员会，它由1名首席专员、2名全职专员和非全职专员组成。专员由高等教育、技能、科学和研究部部长任命，任命候选人时考虑他们在高等教育质量保障方面的专业知识和监管工作经历。高级管理团队为委员会提供智力和工作支持，它由1名首席专员和3名执行主任组成。质量标准署设有4个部门：行政事务部、监管风险与信息部、监管与评估部和法律部。

（三）资格框架实施政策

1.资格发放

澳大利亚资格框架资格的完整性受立法保护，法律对资格发放发证机构、认证质量保障安排、资格证明文件和规范使用资格名称等作了明确规定。

资格发放政策旨在保证毕业生能收到他们有权获得的证明文件，能在证明文件中正确识别资格框架资格，保护资格不被欺诈性发放，能明确区分资格框架资格和非资格框架资格，能在教育与培训部门一致使用证明文件，使毕业生确信他们获得的资格是澳大利亚国家资格框架的一部分。

该政策涵盖发放资格框架资格的所有教育与培训部门，包含所有资格框架资格和单元成绩证明，不论这些资格和成绩证明是在何地和如何获得的，不论是通过本土学习、离岸学习、在职学习还是通过课程学习，也不管是通过正规教育还是非正规教育取得的学习结果，都可以得到承认并颁发澳大利亚资格框架资格或成绩证明。该政策的主要用户是每个教育与培训部门的发证机构和认证机关，其他用户包括学生、毕业生、雇主、产业和专业机构、监管机构，其他国家可以使用该政策验证资格框架资格。每个教育与培训部门的认证机关负责实施和监控资格发放政策的使用。

（1）发放资格证书。所有完成了专业课程的毕业生都有权获得下列资格证明文件：资格证书和成绩单。此外，还可以向毕业生发放毕业证明，它们可以在教育与培训各部门中使用。完成了部分资格要求的学生可获得成绩单。资格证书和成绩单一旦发放，毕业生有权保留这些文件。如果任何部分资格是以英语以外的语言授课和考试评价，那么应在资格证书、成绩单或毕业证明中予以说明。所有发放的资格证书或毕业证明都被视为澳大利亚资格框架资格，或是加注“该资格是澳大利亚资格框架认可的资格”的说明，或者使用经澳大利亚资格框架委员会授权的AQF标识。AQF标识或说明不得用于非澳大利亚资格框架资格的证明文件。资格证书、成绩单和毕业证明必须提供足够的信息，以保证文件能够得以验证，减少欺诈性使用。资格证书要包含足够的信息以便能正确识别，需载明下列信息：发证机构名称、毕业生姓名、资格全称、证书颁发日期、发证机构签发人、发证机构印章、机构标识或特殊水印等，以保证文件的真实性。毕业证明需包含下列信息：发证机构、资格、毕业生及其学习成绩和其他相关活动、澳大利亚资格框架介绍和由澳大利亚资格框架委员会授权使用的AQF标识、澳大利亚教育与培训体系介绍等。它还可以包含教学与评价方法、专业认证、国际资格等效性等信息。认证机关（accrediting authorities）可以要求发证机构（issuing organisation）将其他信息纳入证明文件之中。认证机关负责制定相关政策，向发证机构提供相关政策信息，监控政策的实施情况。

（2）发放和验证资格的责任。只有被立法授权的机构才可发放资格框架资格。保护资格框架资格需要发证机构严格遵守政府监管规定和质量保障安排要求。相关的认证机关进行合规监督。发证机构负责毕业生证明文件的真实性并进行核实，制定相关措施防止伪造和滥用它发放的资格。发证机构应制定相关政策，允许发放替代证明文件，负责替代证明文件的真实性并进行核实。资格登记有助于国内和国际利益相关方验证和核实资格和发证机构的合法性。根据资格登记政策的规定，发证机构要对其发放的所有资格进行登记。

（3）资格名称。资格名称是资格类型、等级和专业学科的集中体现，为方便国内和国际认可提供了基础。资格框架资格有着可明确识别的资格类型、等级和专业学科的名称。

表 4.9　澳大利亚资格框架资格名称

资格等级	资格类型	资格名称
	高中教育证书	名称在各州和各领地差别很大，名称的使用需加以说明："（证书名称）是澳大利亚资格框架中的高中教育证书"
1	一级证书	一级证书（专业/学科）
2	二级证书	二级证书（专业/学科）
3	三级证书	三级证书（专业/学科）
4	四级证书	四级证书（专业/学科）
5	证书	证书（专业/学科）
6	高级证书	高级证书（专业/学科）
	副学士学位	副学士学位（专业/学科）
7	学士学位	学士（专业/学科）
8	优等级学士学位	学士（专业/学科）（优等级）
	研究生证书	研究生证书（专业/学科）
	研究生文凭	研究生文凭（专业/学科）
9	硕士学位（研究型）	硕士（专业/学科）
	授课式硕士学位	硕士（专业/学科）
	硕士学位（拓展型）	硕士（专业/学科）
10	博士学位	博士（专业/学科）
	高等博士学位	博士（专业/学科）

资格名称的使用有些例外情况。例如，法学博士（Juris Doctor）资格名称可用于法律实践硕士学位（拓展型）。"×博士"资格名称可用于以下 5 种专业的硕士学位（拓展型）：医学实践、心理治疗、牙医、验光和兽医实践。其他资格名称例外使用情况参见资格类型增加和撤销政策的相关规定。

资格名称的使用还有些例外情况，资格名称和"该资格是资格框架 9 级硕士学位"的声明可以在相关证明文件以及在国家/州/领地或院校的资格登记和学校宣传介绍材料中使用。博士学位名称不得在书面、口头或电子信息中被滥用。尽管在学科专业前面可标明资格名称，但可使用相反的顺序。可以宽泛或明确地标明学科专业，还可以包含学科专业的子类。用于一个以上的相同或不同类型资格的名称顺序和形式，要明确表示毕业生已取得了哪些学习成就。在高等教育部门,资格名称可以注明是通过研究还是授课形式取得了资格。

(4)毕业生头衔的使用。头衔可以使用资格类型和资格学科专业的缩写,它们通常放在毕业生职务和姓名的后面。被授予资格框架10级资格博士学位的个人有权使用“博士”头衔,“博士”头衔不得由那些持有荣誉资格(honorary award)的人使用。荣誉资格不是资格框架资格。它通常由发证机构颁发以承认个人的公共服务或是对该机构做出的服务,或是承认个人在学术领域做出的杰出贡献。向荣誉资格接受者发放的任何证明文件须说明该资格是荣誉性的。

(5)发放单元成绩证明。发放单元成绩证明旨在证明学生没有完成一个完整的资格,而仅是选择性地完成了资格或短期课程中的一个或数个学习单元。承认单元学习结果并发放单元成绩证明有助于逐步实现个人的终身学习目标,完成了单元学习的学生有权获得单元成绩证明和单元成绩单。单元成绩单只有被立法授权的机构才可发放,发放机构需要遵守政府监管规定和质量保障安排要求,相关认证机关要对发证机构进行合规监管。

单元成绩证明必须能正确识别有权获得单元成绩证明的个人、学习单元全称、发放日期等信息。认证机关还可以要求发证机构在单元成绩证明中注明其他信息。认证机关负责制定规则、提供相关信息、监督政策的实施情况。单元成绩证明应保证不被误用为完整的资格证书,应加上“鉴于个人完成了一个或多个学习单元特发放成绩证明”的说明。

2.资格路径政策

资格路径政策大大增强了澳大利亚资格框架支持学生进行终身学习的能力,它是澳大利亚资格路径的国家政策。该政策旨在最大限度地发挥学分效用,使学生的学习结果得到认可,促进学生进阶资格框架资格并能在资格间流动,认可学生取得资格的多重路径及正规、非正规或非正式学习的多样化方式,支持资格路径设计开发。该政策适用于所有发放资格框架资格的教育与培训部门及负责为学生提供资格路径的机构。该政策的主要用户是教育与培训部门授权的发证机构,包含自我认证机构在内的认证机关、学生和雇主。其他用户包括雇主、产业和专业机构和监管机构。认证机关负责资格路径政策的实施和监控。

设计资格路径的原则是,信息要明确透明,路径要有系统性且具弹性,学生既可在相同等级的资格间水平移动,也可在不同等级的资格间垂直移动,使学生能够获得资格的入口学分和累积学分,消除学生学习和取得资格的不公正或不必要的障碍。

发证机构的责任：所有的发证机构都要制定明确的、易于理解的和透明的政策，为学生提供资格路径和学分安排，保证所有学生都能获得学习专业课程的机会。相关政策要公之于众，广泛宣传，使所有学生都容易理解，能够在可供选择的各种路径中做出有事实依据的选择，有效使用学分制。定期评估政策，使之最大限度地适用于新的和升级版资格，满足学生和产业的需要。

发证机构授予学分要以证据为基础，体现公平，具有透明性，保持政策的一致性，受理学生投诉，定期评估政策。认可学习者不论通过什么方式、在何时和何地取得的学习结果，保证这种学习符合资格标准和要求。学术上要合情合理地考虑到学生具有达到资格要求的能力，使学生的学习机会不受到妨碍，允许学分结果被用作进入专业课程学习的前提条件，通过继续学习取得一个完整资格或部分资格，授予的学分要正式记录在案，对不授予学分的情况要说明理由。

要根据学生与发证机构签署的学习协议授予学分。向学生提供先前学习认可或免修学分的机会，这可用作入学或取得资格学分的条件。某一发证机构可与其他发证机构达成学分协议，最大限度地向符合条件的学生授予学分，以取得资格框架资格的入口学分和累积学分。

学生不管是通过垂直的方式还是水平的方式，都可以取得任何一个等级的资格，发证机构与学生签署的学分协议必须考虑到学习结果、学习量、专业学习内容和考试评价方法的可比性和等效性。发证机构间就学生取得相同或相关学科的高一级资格达成的学分协议，应以下列学分比例作为协商的基础：

• 接续三年制学士学位，高级文凭或副学士学位学分占50%；
• 接续四年制学士学位，高级文凭或副学士学位学分占37.5%；
• 接续三年制学士学位，文凭学分占33%；
• 接续四年制学士学位，文凭学分占25%。

认证机关和资格开发机构要制定相关政策和实施办法促进资格路径畅通，保证资格有效衔接。例如，要保证从一级证书、二级证书到三级证书资格的衔接，在同一学科专业中从文凭、高级文凭和副学士学位到学士学位的路径畅通，在不同的资格等级中设立连读资格。

3.资格登记政策

实行资格和机构登记制度将方便公众识别和验证澳大利亚资格框架资格，以保证资格框架资格和发证机构的信息公开透明，资格框架资格和非资格框架资格有明显的区分，保证任何公开的登记、数据库和其他信息，资格框架资格和发证机构能准确地代表澳大利亚资格框架，促进对资格和发证机构的比较，使澳大利亚资格框架资格消费者能做出有事实依据的选择,保持对已发放资格的记录。该政策涵盖发放澳大利亚资格框架资格的所有教育与培训部门、认证机关和发证机构。该政策的主要用户是澳大利亚资格框架委员会、认证机关和发证机构。其他用户是那些利用澳大利亚资格框架登记系统获取有关资格和资格路径、认证机关和发证机构信息的人,如学生、毕业生、雇主、产业和专业机构、监管机构、移民顾问、资格开发者、科研人员、国际教育机构和公众。澳大利亚资格框架委员会和每个教育与培训部门的认证机关负责该政策的实施和监督。

澳大利亚资格框架登记系统是所有资格框架资格和资格路径、认证机关、被授权发放资格框架资格的机构以及所有发放的资格框架资格的正式国家公共记录。澳大利亚资格框架登记的范围包括认证机关、资格框架资格、被授权发证机构和已发放的资格。澳大利亚资格框架登记系统要包含准确和最新的信息,使用户易于获得有关资格和发证机构的信息。登记系统包含以下几种登记。

一是对认证机关的登记。澳大利亚资格框架委员会维持对所有认证机构的可公开访问的和基于网络的登记。这些认证机关包括认证资格的机关、负责自我认证的发证机构和法律授权发放资格的机关。登记包含每个认证机关的机构名称和详细联系方式、法律基础和职权范围。登记系统保存不再活跃的认证机关的档案材料。

二是认证机关对资格框架资格和被授权发证机构的登记。所有的认证机关都要维持它们已授权发放资格框架资格的机构以及这些被授权机构发放的资格的登记。自我认证的发证机构要维持对它们已发放的资格的登记,这些登记应把澳大利亚资格框架资格与非资格框架资格明确区分开来。登记要包含足够的信息,以便正确识别发证机构、机构负责人、详细联系方式、已发放的资格、完整准确的资格名称和相关注意事项。登记系统将保存不再活跃的发证机构的档案材料以及它们发放过的资格。

三是对已发放的资格的登记。所有发证机构都要对其已发放的资格框架资格进行质量上可审计的登记。登记要包含足够的信息,以便能正确识别资格持有者、资格框架资格全称和发放日期。

四是对资格框架资格路径的登记。根据资格路径政策,发证机构要维持对学分转换安排的公开登记,认证机关要维持对资格衔接安排的公开登记。

4.资格类型增加和撤销政策

该政策旨在保证澳大利亚资格框架具有弹性,能适应澳大利亚变化着的教育与培训的需要,资格框架结构的变化不会对澳大利亚资格框架的稳定性和完整性造成影响。该政策适用于教育与培训部门、澳大利亚资格框架委员会、认证机关、自我认证机构、发证机构、学生、毕业生、雇主、产业和专业机构、监管机构等。澳大利亚资格框架委员会负责该政策的实施和监控。该政策包括增加和撤销资格类型,增加硕士学位(拓展型)可供选择的资格名称。

(1)增加资格类型。如果有明确的产业、专业或社会需求以及合理的教育理由,澳大利亚资格框架委员会可以在资格框架中增加新的资格类型。增加新的资格类型需要达到以下要求:能按照政府批准的标准实施质量保障,能够得到法律授权的认证机关的认可,按照学习结果分类学(知识、技能、知识与技能运用及通用学习结果)描述资格,定位在资格框架某一等级,有明确的资格路径。任何机构在广泛征求相关的产业界、专业界、教育与培训机构和政府部门的意见并获得支持后,以书面形式向澳大利亚资格框架委员会提出增加新的资格类型的要求。资格框架委员会将根据健全的证据和合理的教育理由,就增加新的资格类型做出决定,新的资格类型应该没有复制现有的资格类型,能够满足相关产业、专业或社会的需求。

(2)撤销资格类型。如果有明确的产业、专业或社会的需求以及合理的教育理由,澳大利亚资格框架委员会可以从资格框架中撤销某种资格类型。任何机构在广泛征求产业界、专业界、教育培训机构和政府部门的意见并获得支持后,以书面形式向澳大利亚资格框架委员会提出撤销现有某种资格类型的要求,委员会将根据有力的证据做出撤销决定。如果由于某种资格类型被取消,相关的教育与培训部门需要为仍在册的学生做出过渡安排,设计新的学习路径。资格框架委员会将保留被撤销的资格类型描述符和资格类型说明,以保持对这种资格类型的连续性认可。

(3)增加九级资格硕士学位(拓展型)可供选择的资格名称。如果有明确的产业、专业或社会需求以及合理的教育理由,“×博士”资格名称可允许用于硕士学位(拓展型)资格。任何机构在广泛征求产业界、专业界、教育与培训机构和政府部门的意见并获得支持后,可以书面形式向澳大利亚资格框架委员会提出申请,增加可用于九级硕士学位(拓展型)资格的可供选择的“×博士”名称的学科专业。澳大利亚资格框架委员会根据有力证据,做出增加可供选择的资格名称的决定,资格名称符合资格框架九级资格硕士学位(拓展型)说明,资格名称的使用有利于提高该专业实践在澳大利亚和国际上的示范效应和良好声望,符合毕业生和产业、专业或社会的需求并有合理的教育理由。

(四)职业教育质量监管体系

1.监管立法

提升职业教育质量一直是澳大利亚近年来的政策优先方向,质量监管逐步由各州和领地分散监管改为国家统一监管。2011 年,澳大利亚通过《国家职业教育与培训监管机构法》,规定实行国家职业教育与培训监管制度,设立职业教育与培训监管机构,建立职业教育与培训质量框架,实行机构注册和课程认证制度,赋予监管机构资格发放和取消的权力以及相应的调查权和执法权。法律的制定为建立国家职业教育质量监管制度提供了法律保障。监管机构法有两个配套法律,一个是《2011 年国家职业教育与培训监管机构(相应修正)法》,对《2000 年海外学生教育服务法》《2003 年高等教育支持法》和《2000 年土著教育(目标援助)法》的相应条款进行修正和补充。一个是《2011 年国家职业教育与培训监管机构(过渡性条款)法》,对监管权力让渡和非让渡州的注册培训组织的过渡事务做出规定。此外,《2000 年海外学生教育服务法》(2013 年最新修订)对招收海外学生的教育培训机构的注册要求及海外学生的权益保护作出具体规定,以维护澳大利亚教育质量的良好声誉。机构监管法与海外学生教育服务法构成了澳大利亚职业教育质量监管的法律体系。监管机构法的实施和技能质量署的成立,标志着澳大利亚建立了基本的国家职业教育质量监管制度,职业教育正式迈入了以法律为准绳、以标准为依据的质量监管时代。

2.监管内容(机构注册和课程认证)

澳大利亚职业教育质量监管内容的重点是职业教育机构和专业教学标准,以保证职业教育机构具备相应的办学资质,把好入口关,保证非国家职业标准(培训包)资格专业教学标准达到规定的要求,实施高质量职业教育和考试评价,确保国内公众信心和在国际上的声誉。

一是对职业教育机构进行监管。国家职业教育监管机构依据标准对职业教育机构进行监管,标准主要体现在“职业教育与培训质量框架”之中,该质量框架是一套由法律规定的、与职业教育机构注册和办学相关的质量标准,其中包括《国家职业教育与培训监管机构注册培训机构标准》(简称《注册培训机构标准》,它是评价、监管和确保职业教育机构(机构注册申请者/注册培训机构)办学资质的国家标准。它取代了此前的澳大利亚质量培训框架中机构注册的相应规定。《适合人选要求》旨在保证注册培训机构高层管理人员具有与高质量办学相适应的业务和道德素质。《财务生存能力风险评估要求》旨在保证机构注册申请者和注册培训机构具备必要的办学经费资源，有能力在整个注册期间实施有质量的职业教育和开展评价服务。《数据提供要求》规定了机构注册申请者和注册培训机构向监管机构提供相关数据的义务。澳大利亚资格框架从人才培养角度规定了资格等级标准和资格类型标准，确立了系统层面的人才培养规格和目标。

《注册培训机构标准》是对职业教育培训机构进行监管的重要依据，它包括初始注册基本标准和继续注册基本标准。初始注册基本标准共有 11 条标准（标准 4～标准 14），涉及教育质量、人员、教师、设备设施、教育公平、教育管理治理等方面的要求，包括：

(1)提供有质量的职业教育与评价，工作人员、设施、设备以及使用的培训和评价材料达到了培训包或职业教育认证课程要求以及申请者自己的培训和评价要求，并广泛征求了产业界的意见；培训教师和考评员具有国家技能标准委员会规定的职业教育与评价能力，具有至少所教或所评资格等级的职业能力，具有与职业教育或评价直接相关的当前行业技能，能继续提高其职业教育知识、技能和能力水平；加强与产业的联系。对先前学习认可的评价能达到相关培训包或职业教育认证课程的要求，能按照评价原则和证据规则进行评价，能达到工作场所和监管的要求，评价可以被全面验证。

(2)遵循机会和公平原则，以学习者为中心，保障客户利益最大化。

(3)建立了能适应学习者、工作人员、利益相关方和运行环境需要的管理体制。

(4)有完善的治理安排，包括有明确的发展目标和业务规划，财务有持续生存能力，高层管理人员能根据教育教学和考试评价的实际做出决策。首席行政官承诺能遵守职业教育质量框架的规定和国家技能标准委员会批准的国家指导方针。

(5)与国家监管机构保持互动，提交初始申请要附带符合职业教育质量框架要求的自评报告，在业务运行审计和监控方面能与监管部门合作，提供有关质量表现测量方面的准确及时的数据，业务运行和所有权如有重大变化及时通报监管部门。

(6)遵纪守法，申请者必须遵守联邦、州或领地法律和监管要求，对工作人员和学习者开展遵纪守法教育。

(7)必须投保公众责任保险。

(8)有完善的财务管理制度，申请者必须明确规定学费、行政管理费和材料费等收费标准和支付条件。

(9)资格和成绩单发放。发放的资格和成绩单要符合澳大利亚资格框架等级标准和资格类型标准的要求,能在国家登记系统中通过国家提供者代码识别出发证机构,按照规定规范使用"国家承认的培训"(NRT)标识,申请者承认其他注册培训机构颁发的澳大利亚资格框架资格以及职业教育资格和成绩单,承诺资格和能力单元的成绩记录保存30年时间。

(10)保证营销宣传准确和真实,向社会和学习者推广宣传澳大利亚资格框架资格和职业教育资格要符合伦理规范,需要准确并与其注册范围保持一致,按照规定使用"国家承认的培训"标识。

(11)及时做出课程过渡安排,能在登记信息发布的一年内,做出从旧的培训包和职业教育专业教学标准向现行的培训包标准和职业教育专业教学标准的过渡安排。

继续注册的要求与初始注册基本相同。

二是对非培训包标准进行监管。澳大利亚职业教育资格有两套标准,一套是基于产业开发的培训包标准,相当于英国和我国的国家职业标准;另一套是由职业教育机构开发的非培训包资格标准,这被称作"职业教育认证课程标准",相当于培训包资格之外的职业教育专业教学标准。

认证课程(职业教育专业教学标准)。它旨在解决产业、企业和社会技能需求问题,这些技能尚未包含在全国认可的培训包中。认证课程能够积极回应和应对技能需求变化及新兴和趋同产业行业的需要。开发和认可国家培训包的国家机构要与监管机构加强合作,对产业变化着的需求做出有效和及时的回应。认证意味着由国家职业教育与培训监管机构依法正式认可专业设置和教育教学内容。《职业教育认证课程标准》适用于职业教育认证课程设计。专业(课程)认证由监管机构确认,专业教学达到了《职业教育认证课程标准》和澳大利亚资格框架的要求,能满足产业、企业或社会的需要,达到了国家质量保障要求,能与澳大利亚资格框架相应等级联系起来,以使其能够授予职业教育与培训资格。

推动认证课程在全国得到承认。注册培训机构可发放国家承认的职业教育与培训资格证书,或根据学习者全部完成或部分完成的学习情况发放成绩证明。专业课程一旦得到认证,将在国家注册机关进行登记。开发职业教育认证课程应与培训包开发手册的要求保持一致。课程认证国家模板提供了基本的课程信息和课程内容说明。认证课程文件为每个注册培训机构制定培训和评价策略提供了依据,描述了组合规则、预期取得的结果、评价标准和所需的资源等基本课程信息。

明确课程设计标准。监管机构接受课程认证申请，经过评估确认达到了设计标准，课程将得到认证。课程设计必须达到认证标准。课程不得在名称和内容上复制已经得到认可的培训包资格。职业教育认证课程要基于现有的产业、企业、教育、立法或社会需要。课程要基于全国认可的能力单元或模块。开发能力单元或模块，要征求产业、企业、社会和专业组织的意见并得到它们的认可，按照国家统一规范形成文件，并与培训包开发手册的要求相一致。

满足产业与学生的需要。职业教育认证课程分为两种。第一种是通过学习可授予职业教育与培训资格，具有与澳大利亚资格框架资格标准描述相一致的学习结果。第二种是仅颁发职业教育与培训成绩证明，学习结果满足了产业、企业、社会的需要，但不具有澳大利亚资格框架资格指导方针规定的职业教育与培训资格所需的广度和深度。课程名称读作"××课程"。职业教育认证课程需要确定与学习结果相关的就业能力，规定课程结构的规则，确定专业出口点，学生需要取得的职业或教育的结果，提供教育路径和衔接方面的信息。规定专业入口要求，说明专业学习的局限性。

完善课程评价策略。职业教育认证课程需要规定课程评价策略，评价策略要有效、可信、灵活和公正，与相关培训包的评价要求保持一致。认证课程需要使用全国认可的能力单元，确保达到工作场所和监管要求，提出工作场所学习或模拟评价要求，对授课形式和学习指导做出说明。认证课程需要规定专业设施资源要求以及培训教师和评价员的职业能力要求，提出监测和评估要求，确保课程内容在整个认证期间具有时效性和相关性。

明确课程开发人员的职责。课程开发人员要履行相关义务，根据规定的相关程序对认证课程进行监测和评估，将重要变动情况及时通知监管机构并提供相关材料，使监管机构能够确认课程保持时效性和相关性，保证课程在认证期间始终符合《2011 年职业教育与培训认证课程标准》的要求。课程开发人员要根据专业监测和评估结果，向相关注册培训机构提出课程实施新的建议，参与监管机构实施的战略评估。①

3.监管方法

澳大利亚实施基于风险评估的监管方法，2011 年监管机构法第 190 条规定："部长可以书面形式制定国家职业教育与培训监管机构在评估风险时使用的指导方针并经联邦、州、领地政府部长委员会批准。该指导方针可称作风险

---

①Minister for Tertiary Education, Skills, Science and Research. Standards for VET Accredited Courses 2011 [S]. 2012.

评估框架，但它不是立法工具。”第 157 条第 4 款规定，技能质量署为履行其职责必须运用风险评估框架。2011 年 6 月 16 日，高等教育、技能、就业和工作关系部部长代表高等教育与就业部长委员会批准了风险评估框架。

在评价职业教育机构注册申请和监控已注册的职业教育机构是否合规时，技能质量署开始运用风险评估框架。风险评估使监管机构能够确定不达标准的教育与评价服务和结果发生的可能性，如果发生不达标准的教育教学，则会评估它们对学生、产业、职业教育部门及在广泛意义上对澳大利亚经济造成的潜在影响。风险评估有 5 个操作性原则。一是一致性原则，国家职业教育与培训监管机构同其他职业教育监管机构一起，保证风险评估框架在全国有一致的解释和实施。二是效益原则，职业教育与培训监管机构实施风险评估框架，确保申请者或注册培训组织存在的风险能得到适当管控，风险管理是职业教育与培训监管机构的决策过程的一部分，风险管理过程是系统的、及时的和结构性的。三是相称性原则，监管响应与申请者或注册培训组织的风险评估成比例。四是响应性原则，风险管理基于最佳可得信息，职业教育与培训监管机构运用相关的和当前的数据制定评估风险评级和采取行动。五是透明性原则，风险管理具有透明度，记录并公布风险管理过程，每个注册培训组织都应知道它的风险评级，监管机构将对申请者或注册培训组织的评级决定上诉做出回应。

技能质量署在评估注册申请和监控注册培训组织合规情况时运用风险评估方法。风险评估使技能质量署能够确定发生低标准教育培训、评价服务和结果的可能性，如果发生了低标准教育培训提供，要确定它对学生、产业、职业教育与培训部门以及在更广泛意义上对澳大利亚经济产生的潜在影响。

一是评估过程。技能质量署评估风险的过程是收集有关注册培训组织（职业教育培训机构）运行方面的数据，包括通过审计收集相关数据。基于各种指标，每个注册培训组织被给予一个评级，表示没有提供有质量的教育培训与评价服务和结果。评级分为低风险、中等风险和高风险三档，来决定对注册培训组织采取的监管干预和合规监控的程度。直到有充分的有关提供教育培训与评价服务和结果方面的数据，注册培训组织才被给予风险评级。对大部分注册培训组织来说，这发生在其初始注册一年之后。这时，会考虑每一个注册培训组织处于高风险之中，从而进行相应的监管。一旦给予风险评级，就会对注册培训组织定期进行评估，以保证它能准确代表注册培训组织的现状和运行状况、合规监控程度。

二是风险评级指标。首先确定一个注册培训组织的风险评级。风险评级有三个指标，每一个都需要评估，从而给出量化排名。需要指出的是，只有那些对风险评级有着重要影响的、有效和可验证的数据才予以考虑。(1)表现。表现评估作为一个风险可能性指标，该项评估约占总权重的50%，评估要素包括合规历史、基于近两年来的审计澳大利亚质量培训框架和/或海外学生教育服务合规程度和趋势、质量指标数据、学生完成率和客户满意度、近两年来的重要投诉、来自产业界等其他有效的表现反馈。(2)治理。治理评估也作为一个风险可能性指标，约占30%的权重，评估要素包括财务生存能力、近两年来业务范围的重要变化、以注册培训组织身份在实施职业教育与评估方面对其他职业教育机构的依赖程度、高级管理人员的职业教育技能和经验、法律所有权的透明度、业务规划的严谨性和相关性。(3)教学。教学评估的权重占20%，评估要素包括：注册范围、产业培训范围和/或澳大利亚资格框架的资格证书等级、取得国家承认的资格或学习成绩证明的学生比例、在澳大利亚本土的海外学生所占比例、海外办学招生所占比例和教学范围、教学模式和学生客户类型等。

如果其中有的指标没有当前数据(例如，近两年没有进行审计)，那么没有当前数据的指标给予中档排名，以保证缺失的指标不会偏离最后的评定。

三是审计。监管机构可随时对注册培训组织进行审计，以评估它是否交付了有质量的培训、评价服务和结果。对个别注册培训组织的最低限度的审计可在申请注册时进行，在注册一年内或开始提供培训时再次进行审计。其他审计可在继续注册、管理发生变化、申请拓宽业务范围、投诉调查或是监控合规时进行。注册培训组织的风险评估将决定拟进行的审计的类型和程度，评估可采取各种形式，既可对注册培训组织提供的证据进行桌面评估，也可对注册培训组织场所进行现场考察。在审计中，相关数据可来自注册培训组织自身、学生、产业组织、技能质量署信息系统、投诉登记及其他风险分析系统。

四是监控。通过密切监控注册培训组织的运行和实践，评估风险的潜在结果，促使注册培训组织能始终提供高质量的培训、评价服务和结果。符合条件要求和标准的注册培训组织渴望获得低程度监管干预，风险评级过程的最终目的是帮助所有注册培训组织在任何时候都能达到完全合规。

4.监管行动

监管机构享有强大的监管权力，被赋予行政制裁、民事处罚等各种权力对职业教育机构进行有效监管，对违法违规职业教育机构可做出监管决定。

行使行政制裁权。主要包括暂停或撤销注册；拒绝继续注册申请、取消课程认证和资格等。根据2011年监管机构法第36条规定，监管机构可对注册培训机构实行行政制裁，暂停或撤销注册；第29条第1款规定，可对注册培训机构的注册施加条件;第 17 条规定,可拒绝注册培训机构继续注册的申请;依据监管机构法第 52 条,如果不能继续达到这些标准,将取消对课程的认证。根据 2000 年海外学生教育服务法的相关规定,监管机构可对有关招收海外学生的违法违规的注册培训机构实行撤销注册、暂停注册或停止继续注册等行政制裁。

行使调查权。监管机构可要求存在问题的注册培训组织的相关人员提供信息、出示文件或物证,并可对办公场所进行搜查。

行使执法权。对违法职业教育机构进行经济处罚。根据 2011 年监管机构法,下列均属于违法行为:超范围授课、超范围发证、超范围发放成绩证明、超范围发布课程广告、办学资格被终止后继续办学;不经考试发证、不经考试发放成绩证明、考试不合格发证、考试不合格发放成绩证明;违反注册条件、不交回注册证书、假冒注册培训机构、未经注册授课、无资格发证、无资格发放成绩证明、发布虚假或误导性宣传广告、发放虚假或误导性材料、发放假证、发放虚假成绩证明、违反课程认证条件等。对违反上述规定的,注册培训机构和相关合伙人都要进行处罚。处罚标准从 120 个处罚单位到 600 个处罚单位不等。例如,超范围授课罚款 120 个处罚单位,不经考试发证和发放成绩证明罚款 240 个处罚单位,超范围发证和发放成绩证明罚款 600 个处罚单位。依据联邦法,截至 2013 年,实行的罚款标准是每个处罚单位为 170 澳元。

(五)高等教育质量监管体系

1.高等教育标准框架

澳大利亚最早以国家议定书形式建设高等教育质量标准,从而建立国家高等教育质量保障体系。国家议定书是一套新设大学审批认可和课程认证的全国统一的规范和标准,它们不仅是高等教育质量标准体系的基本组成部分,而且也是新的国家质量保障框架的关键要素。

2000 年 3 月 31 日,教育、就业、培训与青年事务部长委员会首次批准了《高等教育审批办法国家议定书》,它成为澳大利亚高等教育国家质量保证框架的关键要素,旨在向学生和社会表明高等教育机构达到了规定的标准并接受政府的监管,从而在国内和国际上维护澳大利亚高等教育的地位和声誉。实际上,2000 年的国家议定书包含 5 份分项议定书,它们是《大学认可的标准和办法》《寻求在澳大利亚办学的海外高等教育机构》《对拟由非自我认证院校提供的高等教育课程的认证》《由其他教育机构参与的教育教学安排》和《海外学生课程认可》。

在2004年和2006年，澳大利亚就国家议定书在全国范围内广泛征求意见，举行了各种形式的讨论。2004年2月，国家议定书实施高层指导小组委员会委托悉尼理工大学前校长格斯·格思里教授组成一个专家小组，对国家议定书进行评估。2005年，教育、科学与培训部发布了《促进大学多样性》问题建议书，就修改国家议定书提出了27条建议。同年，高等教育联合小组委员会(JCHE)在广泛征求意见的基础上提出了国家议定书的修改建议，2005年11月，教育、就业、培训与青年事务部长委员会接受了联合小组委员会提出的修改建议。

2007年，澳大利亚公布了新的国家议定书，它包含5份分项议定书，即《高等教育机构全国统一标准和审批办法》《非自我认证高等教育机构及其课程认证标准和审批办法》《授予除大学之外的高等教育机构自我认证标准和审批办法》《澳大利亚大学设立标准和审批办法》以及《在澳办学的海外高等教育机构标准和审批办法》。新的国家议定书在内容和名称上作了较大的调整。

高等教育标准框架包含门槛标准和非门槛标准。门槛标准由院校注册标准、院校类型标准、院校课程(专业)认证标准和资格标准四项标准组成。门槛标准是澳大利亚高等教育可以接受的教育教学最低限度标准。非门槛标准包括教与学标准、研究标准和信息标准三项，非门槛标准没有被定义，也不作为监管依据。目前的门槛标准在《高等教育审批过程国家议定书》和澳大利亚资格框架资格标准基础上进行了补充和完善。2011年12月，法律规定将门槛标准作为法律文书，从2012年1月起质量标准署依据门槛标准对高等教育机构进行监管。

2.课程(专业)认证

根据《2011年高等教育质量与标准署法》，为了提供高等教育课程，受监管实体必须让课程得到认证。任何不具有自我认证权力的实体都必须由质量标准署对其课程进行认证，课程认证期最长为7年。在认证到期之前，受监管实体可以向质量标准署提出认证续期申请。只要质量标准署认为课程达到了《院校课程认证标准》，就可以给予初始认证和认证续期。

3.监管风险框架

监管风险框架(RRF)规定了质量标准署对高等教育院校进行结构性监管及风险评估的方法。

4.专家和专业机构积极参与

质量标准署认为履行监管职能就必须充分发挥专家智库的作用。2012年下半年，质量标准署公开遴选专家建立永久性专家智库。质量标准署将定期公开招聘专家，经评审合格后将人选纳入专家智库，及时向外部专家提供相关信息，以使他们能对问题作深入分析和提出有价值的建议，个别外部专家将就质量标准署监管活动的具体和技术问题提供咨询建议。

质量标准署与高等教育专业机构在维持和改进高等教育教学质量方面有着共同的利益。质量标准署制定了专业机构参与质量监管的原则：在课程认证过程中运用互补性方法，将专业机构作为专家咨询建议的重要来源，与专业机构共享信息为开展监管活动提供依据，保护学生和高等教育部门的权益，鼓励专业机构按照澳大利亚资格框架资格标准开展评估，加强质量标准署与专业机构的沟通交流，发挥各自的作用。

2013年澳大利亚对高等教育课程进行重新认证，质量标准署与一些专业机构开展合作，探索运用互补性认证的可能性。质量标准署将同具有行业监管和专业课程认证法定职能的各种机构建立联系，例如，同医学和法律领域的专业注册和认证机构建立联系。在未来，质量标准署将同国际专业机构和国内各类专业机构建立联系，为开展监管活动提供依据，从而减少高等教育院校的监管负担。

5.高等教育标准专家小组

它是依据《2011年高等教育质量与标准署法》设立的一个专家咨询机构，负责向联邦高等教育和研究部部长提供独立的咨询建议。目前的《2011年高等教育标准框架(门槛标准)》及其第一号修正案包含了门槛标准和非门槛标准。然而，非门槛标准尚未定义，不准备用于监管目的。标准专家小组独立于监管机构高等教育质量与保障署的工作，以保证标准制定与质量保障署履行的监控和执法职能的分离，避免利益冲突。

标准专家小组的职能是就高等教育标准框架向联邦高等教育和研究部部长提供咨询和建议，就高等教育标准框架相关事宜向高等教育质量与标准署提供咨询和建议。此外，根据《2011年高等教育质量与标准署(相应修订及过渡性条文)法》第29条规定，标准专家小组需要对目前的标准进行评估。在评估过程中，标准专家小组将征求利益相关方的意见，并定期发布公告通报进展情况。随着过程推进，标准专家小组将公布新的标准草案及相关材料以广泛征求各方意见。

标准专家小组组长是西澳州大学前校长阿兰·罗布森，其他成员包括墨尔本大学副校长理查德·詹姆斯，南澳州继续教育、就业和科技部前司长阿德里安娜·尼乌文赫伊斯女士和昆士兰大学负责学术事务的副校长乔安妮·怀特等。澳大利亚新政府组成后，任命了新一届专家小组，由组长皮特·谢格德教授和其他7名成员组成，任期从2016年2月1日至2018年1月31日。联邦教育与培训部部长要求专家小组就高校招生透明性问题提出咨询建议，专家小组在报告中提出14条改进建议，教育与培训部接受了这些建议。[①]

(六)信息登记系统

职业教育与培训数据库(TGA)是澳大利亚培训包、资格、课程、能力单元和注册培训组织国家信息登记系统，该系统收录了现行的4829家注册培训组织和非注册培训组织、73个培训包、1729种资格、1509个认证课程、2578个认证课程单元模块、998个技能组合和18549个能力单元。该系统由注册和课程认证机关与产业技能委员会共同维护和管理。公众可在网上查询、检索和免费下载相关信息和文件。

澳大利亚联邦政府招收海外学生院校与课程信息登记系统(CRICOS)是一个包含1200多所澳大利亚教育培训机构登记信息的数据库。任何一家招收、录取或教授海外学生的教育培训机构都要在该信息系统登记。教育培训机构必须登记为海外学生开设的每一门课程，在系统中登记的每所教育培训机构和每门课程都有一个信息代码。面向海外招生的教育培训机构须在宣传资料上标明登记代码。任何教育机构要注册获准招收海外学生，首先要符合其所在州和领地政府的相关法律法规规定。联邦政府对教育培训机构的登记具有最终审批权。

澳大利亚院校注册和海外学生管理系统(PRISMS)是一个安全的计算机系统，是CRISOS的信息来源。系统不仅收录了有关教育机构及其课程方面的信息，而且记录持有学生签证赴澳留学的每位学生的信息，该系统由产业、创新、科学、研究和高等教育部(DIISRTE)管理。该系统与澳大利亚移民与公民事务部(DIAC)的数据库相连接。海外学生教育服务机构经批准登记后，便可使用该系统将每一名海外学生的注册信息通知移民部，以便签发学习签证。该系统也是一种通知移民部学生有何违反签证规定的机制。教育机构的录取信息会生成一封电子注册确认书(CoE)，作为录取该学生入读某一登记的全日制

---

①The Higher Education Standards Panel (HESP)[EB/OL]. [2016-12-26].http://www.education.gov.au/higher-education-standards-panel-hesp-0

课程的凭证。该电子确认注册书是移民部签发学生签证的关键依据。如果海外学生违反了澳大利亚学生签证的相关条例，如持续旷课，教育机构则会通过该管理系统将情况报告给移民部。该管理系统降低了签证申请中欺骗行为的发生，确保了教育机构随时掌握在册海外学生的情况。

对高等教育提供者进行登记是法律的要求。《2011 年高等教育质量与标准署法》第 198 条规定，质量标准署需要建立和维持高等教育提供者国家登记系统，公众可在网上公开查询这些信息。国家登记系统是澳大利亚登记高等教育提供者的权威性信息来源。登记的信息主要包括三类：一是登记高等教育提供者的相关信息，包括法人名称、院校商务代码（ABN）、院校类型、注册更新日期、校本部地址、网址、自我认证权限状况、注册到期或被撤销情况等。二是由质量标准署认证的专业课程设置方面的信息，包括专业课程名称、认证更新日期、专业认证到期或被撤销情况等。三是登记所有监管决定，包括准许申请注册、更改和撤销注册条件、申请注册延期、改变院校类型等，此类信息从 2013 年 7 月 1 日开始登记。国家登记系统不是信息检索工具，而是用于对高等教育院校的监督管理。

（七）资格框架国际对接

通过资格框架对接实现资格的国际可比性和可携带性是澳大利亚资格框架的重要目标。实现澳大利亚资格框架与其他国家或地区资格框架的对接，对促进资格互信互认和人员流动、提高教育国际化水平、增加技能供应、促进国家或地区经济繁荣，都有着重要意义。对接的总体原则是，只要对澳大利亚有显而易见的好处，澳大利亚资格框架就可以与其他国家或地区的资格框架进行对接。资格框架对接要有助于提升与相关国家或地区的关系和安排，将不会调整或改动澳大利亚资格框架去适应另一个国家或地区的要求，不会导致自动承认其他国家或地区的资格为澳大利亚资格框架的资格。对接通常是在澳大利亚资格框架与另一个国家或地区资格框架之间进行，如果某个国家或地区尚未建立正式的资格框架，那么资格制度可用于资格的对接。对接的一般原则是，保证参与对接过程的相关机构具有合法性和权威性，职业教育与培训质量保障体系应是资格框架的一个组成部分，并与国际质量保障原则相一致，澳大利亚资格框架资格等级与其他国家或地区资格框架的等级间存在着明确的和显而易见的联系，资格框架和资格是基于学习结果导向的原则和目标的，并能与澳大利亚资格框架的学习结果相比较；保证资格框架纳入资格的程序公开透明；各种形式的学习的认证制度和学分制应是资格框架的重要组成部分，相关认证或质量保障机构应做出承诺，邀请国际专家参加对接过程，产生互信结果，政府主管部门联合发布对接报告，详细说明对接原因、原则、过程和依据。

资格框架对接由澳大利亚政府和澳大利亚资格框架委员会具体负责。澳大利亚政府负责与相关国家或地区达成并签署双边或多边对接协议，发挥澳大利亚资格框架委员会专家和技术咨询作用，领导谈判过程，签署最终对接协议。澳大利亚资格框架委员会的职责是：向澳大利亚政府提供咨询建议，提出可以进行资格框架对接的对象国家或地区，开展对接项目研究，邀请国际专家参与资格框架对接，审核技术咨询建议的合理性和可行性，登记和保存最终报告和对接安排，就对接安排的实施向教育与培训机构提供指导。

澳大利亚资格框架国际对接委员会的成员组成要具有广泛的代表性，充分考虑到各利益相关方的利益诉求，其成员由以下单位的代表组成：澳大利亚资格框架委员会，负责教育、培训和就业的联邦政府部委，高等教育机构，职业教育与培训机构，雇主代表机构，工会，学生联合会，产业组织，质量保障监管机构以及国际专家和国别研究专家。①

四、经验与启示

澳大利亚资格框架自 1995 年正式建立到现在经历了 20 多年的发展，有以下几点经验与启示。

一是不断改革和完善资格框架。澳大利亚资格框架经历了一个不断完善和发展的过程。资格框架形式不断完善，从松散的分框架形式发展到明确设置等级、涵盖各级各类教育的综合框架。标准体系不断丰富完善，从早期单一的资格类型标准发展到包含资格等级标准、资格类型标准和专业课程标准的分级标准体系。资格类型不断增加，从 20 世纪 70 年代的 5 种增加到目前的 14 种，资格类型的涵盖范围从最初的高等教育资格扩大到涵盖各级各类教育资格。适时升级资格框架实施手册版本，从 1995 年到 2015 年共发布 6 个版本，平均每 3 年升级一次。资格政策不断完善，自 1995 年以来先后制定了资格发放政策、资格路径政策、资格注册政策、资格类型增删政策、先前学习认可政策、资格框架国际对接政策等。可以说，资格框架建设并非一蹴而就，需要有一个不断发展和完善的过程，其他国家的经验也证明了这一点。

二是注重加强标准建设。标准是提高教育质量的重要依据，标准决定着质

---

① TheAustralian Qualifications Framework Council. Australian Qualifications Framework [S]. Second Edition January 2013：107－109. http://www.aqf.edu.au/wp-content/uploads/2013/05/AQF-2nd-Edition-January-2013.pdf

量高低，质量取决于标准。澳大利亚一直重视教育质量标准建设，从20世纪70年代就开始建设资格类型标准。2011年，澳大利亚建立综合国家资格框架，制定了包含10个等级结构的资格分级标准，从知识、技能和运用三个维度描述资格标准，进一步完善了14个资格类型标准。除建立和完善资格标准体系，澳大利亚还在高等教育领域不断完善质量标准体系，建立了高等教育机构资质认证标准、院校类型标准和专业课程认证标准，成立高等教育标准专家小组，就高等教育标准建设提出政策咨询建议。在职业教育领域，建立了职业教育与培训机构资质认证标准、国家职业标准（培训包）和职业教育认证课程标准（专业教学标准）。澳大利亚通过立法设立法定的高等教育和职业教育质量监管机构，把高等教育和职业教育标准作为质量监管和提升质量的依据。

三是依法设立质量保障监管机构。质量是教育的生命，澳大利亚把提高和保证教育质量作为政策最优先方向，于2011年通过立法成立了技能质量署和高等教育质量与标准署，以加强职业教育和高等教育质量保障监管。在职业教育与培训领域，通过立法设立澳大利亚技能质量署，实现各州职业教育监管权力向联邦让渡，逐步建立统一的国家职业教育质量监管制度。在高等教育领域，通过立法设立高等教育质量与标准署，合并整合现有质量保障机构的职能，机构数量从9个减少到1个，实现质量保障监管从分散走向统一，监管机构依法行使监管权力，遵循责任制、透明性、独立性、公正性、专业性和质量改进等监管原则，强化运用法律与标准对高等教育质量进行严格的监督和管理。质量提升助力实现教育国际化、产业化，澳大利亚把扩大教育服务贸易出口作为立国之策，通过提高和保证教育质量吸引更多的国际学生。澳大利亚认为，国际教育关乎澳大利亚经济，是澳大利亚经济繁荣、社会进步和国际地位提升的核心要素。国际教育是澳大利亚最大的服务出口，2013年对经济的贡献度达到163亿澳元，创造了13万个就业岗位。[①]

四是推进与国际资格框架对接。实现与其他国家或地区资格框架对接是澳大利亚资格框架的重要目标。澳大利亚是最早实现与他国资格框架对接的国家之一。2013年，澳大利亚启动与新西兰资格框架和欧洲资格框架对接研究项目。2015年12月，澳大利亚与新西兰联合发布对接报告，宣布两国实现资格框架对接。两国参照欧盟有关资格框架对接的标准和程序，并邀请英国和

---

①The Australian Government Department of Education and Training. Draft National Strategy for International Education [R]. April2015. https://internationaleducation.gov.au/International-network/Australia/InternationalStrategy/Documents/Draft%20National%20Strategy%20for%20International%20Education%2020150504a.pdf

中国香港的专家参加对接过程。澳大利亚和新西兰教育与培训资格制度和资格框架结构要素具有广泛的相似性和可比性，这为实现两国资格框架对接奠定了坚实基础。报告从质量保障体系、资格等级对应、学习结果导向原则和目标、资格透明性、各类学习成果认定和学分制等 8 个方面对两国资格框架进行了比较。[①] 实现资格框架对接对走向世界、推进教育国际化和人员往来便利化有着重要意义。

①Commonwealth of Australia and New Zealand Qualifications Authority. Report on Enhancing Mobility-Referencing of the Australian and New Zealand Qualifications Frameworks [R]. 2015: 2. https://internationaleducation.gov.au/News/Latest-News/Pages/Report-on-Enhancing-Mobility.aspx

第五章 英国资格框架

英国不仅是世界上开发资格框架最早的国家，也是资格框架体系最为复杂的国家。英国存在着英格兰、苏格兰、威尔士和北爱尔兰四个教育体系，多样的历史和教育传统导致多样的地方资格框架的产生。地方资格框架不仅相互交叉，而且分框架和总体资格框架并存。总的来看，地方资格框架的相同性大于差异性。本章主要分析研究英格兰的资格框架，以此作为英国资格框架的代表。

一、资格框架历史发展

（一）资格框架地方化特征

英国是世界上最早建立国家资格框架的国家之一，从 1988 年开始基本形成每 10 年为一个改革周期，先后建立了国家职业资格框架、国家资格框架、资格与学分框架和国家监管资格框架四代资格框架。

英国有 4 个地区，先后有 5 个资格框架存在，资格框架地方化特征明显，呈现出地方资格框架相互交叉、分框架与总体框架并存的特征。这包括资格与学分框架（QCF）、国家资格框架（NQF）、苏格兰学分与资格框架（SCQF）［含苏格兰高等教育机构资格框架（FQHEIS）］、威尔士学分和资格框架（CQFW）以及英格兰、威尔士和北爱尔兰高等教育资格框架（FHEQ）。这些资格框架涵盖了英国教育、培训和终身学习部门正在使用的绝大部分资格。英格兰和北爱尔兰地区目前有 3 个资格框架：资格与学分框架、国家资格框架和高等教育资格框架。从 2015 年 10 月起，国家监管资格框架（RQF）取代资格与学分框架。威尔士学分与资格框架是一个综合性框架，将资格与学分框架、国家资格框架和高等教育资格框架三个框架的内容合并到一个框架之中，同时它另外设立一个收录了与终身学习成就相关资格的组成部分。以上所有这些资格框架都具有可比性。苏格兰学分与资格框架也是一个综合性框架，涵盖了包含由高等教育机构颁发的资格在内的所有各级各类教育资格。

苏格兰学分和资格框架于2001年引入，是一个涵盖由高等教育机构颁发的学术性资格在内的所有资格的综合性框架。框架设有12个等级，前3个等级大致可与资格与学分框架和威尔士学分与资格框架的入门级相对应。框架纳入了各种类型资格，充分使用学习结果、单元和学分，以体现终身学习理念。苏格兰的高等教育资格纳入苏格兰高等教育机构资格框架，与苏格兰学分与资格框架完全融合，并被证明与欧洲高等教育区资格框架相兼容。

威尔士学分与资格框架是一个包含了资格与学分框架/国家资格框架、终身学习框架和高等教育机构资格框架三个框架在内的综合性框架。威尔士学分与资格框架由三个“支柱”或组成框架构成。其中两个组成框架，即资格与学分框架和高等教育机构资格框架与英格兰和北爱尔兰共享，而第三个组成框架，即有质量保障的终身学习框架（QALL），成为威尔士学分与资格框架的特色。有质量保障的终身学习框架试图把尚未被其他两个框架纳入的所有学习纳入框架中。威尔士学分与资格框架含有9个等级，即1个入门级加8个等级，入门级又分为3个次等级，即入门三级、入门二级和入门一级。[①]

（二）国家职业资格框架

1.建立过程

英国资格框架的产生是教育改革的产物，英国国家职业资格框架的推出是在英国职业资格改革背景下进行的。苏格兰地区最早开始职业资格改革的进程。1983年1月，苏格兰公布了《16～18岁学生职业教育行动计划》，旨在通过发展职业教育解决青年失业率高和义务教育之后教育参与率低的问题，为适龄青年增加继续接受教育的机会。行动计划创新理念、制度和教学形式，实行以模块为基础的国家证书制度，每个模块有模块描述符，规定了相应的学习结果和评价标准，模块证书由苏格兰职业教育委员会进行认证。此后，英格兰和威尔士地区启动职业资格改革，1985年政府成立一个职业资格评估小组。1986年4月，评估小组发表《英格兰和威尔士职业资格评估》最终报告，提出改革英国职业资格的43条建议。其中有最重要的两条建议：一是建立新的、统一的国家职业资格体系；二是成立国家职业资格委员会，负责建立和推行新的职业资格制度。1986年，政府发表题为“齐头并进：教育与培训”的白皮书，接受了职

①Scottish Credit and Qualifications Framework Partnership, Welsh Assembly Government, CCEA and Qualifications and Curriculum Authority.Report Referencing the Qualifications Framework of the United Kingdom to the European Qualifications Framework [R]. 2010: 5.

业资格评估小组的政策建议。1986 年 10 月，国家职业资格委员会正式成立，主要职能是制定职业资格政策，对颁证考试机构的资质进行认可。

职业资格改革的总目标是建立具有综合性、相关性、可信性、可接近性和有效性的职业资格体系。国家职业资格是颁证机构发给个人的、与工作相关的、能为就业和升学提供凭据的能力证明，资格持有者具有执行一组工作任务的能力并具有从事工作活动所需的基本技能、知识和理解力。国家职业资格要基于行业企业开发的国家职业标准，规定学习者需要掌握的与工作相关的知识、技能和能力，保证资格证书在全国范围内得到承认，资格按知识、技能和能力水平划分等级，搭建通向较高等级资格的进步阶梯。资格按单元设计，学习者不受学习进度、地点或学习方法的限制，增加学习弹性，国家职业资格适用于不同年龄的学习群体，从学校学习开始一直到职业生涯结束。①

1988 年，英国推出国家职业资格(NVQ)，标志着国家职业资格框架的正式建立。尽管英国当时并没有使用“资格框架”这个术语，但“国家职业资格”注明了 5 个资格等级，编写了水平描述符，具备资格框架最核心的构成要素，成立了管理和实施资格框架的机构。英国的国家职业资格架构属于初级阶段资格框架。

2.水平描述符

水平描述符没有明确划分维度，而是以核心要素描述资格等级标准，特别是将能力作为核心概念。由于国家职业资格是基于国家职业标准的能力本位的资格，水平描述符以情境和工作的复杂性作为区分能力水平的依据，同时自主性、责任担当程度和合作能力也是资格等级标准的重要考虑因素。

表 5.1 英国国家职业资格框架水平描述符

等级	水平描述符
一级	具有在执行各种各样的工作活动中运用知识和技能的能力，其中大部分活动是常规的和可预测的
二级	具有在不同的情境里，在执行各种各样的工作活动中运用知识和技能的能力，其中部分活动是复杂的或非常规的。个人具有一定的责任或自主性，能在工作小组或团队里同他人合作

①吴雪萍. 国际职业技术教育研究[M]. 杭州：浙江大学出版社，2004：178－180.

续表

等级	水平描述符
三级	具有在各种各样的情境里，在执行各种广泛的工作活动中运用知识和技能的能力，其中大部分工作活动是复杂的和非常规的。个人能承担较大的责任，具有较强的自主性，能管理或指导他人工作
四级	具有在各种各样的情境里，在执行各种复杂的、技术的或专业的工作活动中运用知识和技能的能力。个人具有很大程度的责任和自主性，能对他人工作和资源分配负有责任
五级	具有在各种广泛的、通常是不可预测的情境里运用技能和各种基本原理的能力。个人具有很大的自主性，通常对他人工作和大量资源分配负有很大责任，个人具有分析诊断、设计、规划、执行和评估的能力

资料来源：Department for Business, Innovation and Skills. Vocational Qualifications [EB/OL].[2016－12－26].https://www.gov.uk/government/uploads/system/uploads/attachment_data/file/510013/VocationalQualificationsNote2016.pdf.

3.英国国家职业资格框架的影响力

英国国家职业资格框架对世界职业教育产生了重大影响。资格框架不仅划分了资格等级和编写了水平描述符，更重要的是以国家职业标准为基础的职业资格构建模式，强调了资格持有者的工作技能与工作岗位的相关性，密切了技能与就业的关系，从而促进劳动者就业。我国的职业资格制度以及加勒比共同体资格框架、亚洲和非洲广大的发展中国家的职业资格制度的建立都明显受到英国职业资格框架的影响。

(三)国家资格框架

为了使英国庞杂的各级各类资格证书之间能够进行比较，2000 年，英国政府推出了国家资格框架(National Qualifications Framework，NQF)，框架分为 5 个等级。引入国家资格框架的其中一个目的是帮助雇主对英格兰、威尔士和北爱尔兰的成千上万种资格进行比较。国家资格框架由英格兰的资格与课程署(QCA)，威尔士的儿童、教育、终身学习与技能部(DCELLS)，北爱尔兰的课程、考试与评价委员会(CCEA)三家机构共同管理。

1.实现资格框架升级

2004 年，英国资格与课程署对国家资格框架进行了修订，拓展了等级数目，由5个等级改为9个等级，增加了4个等级。国家资格框架改革的目的，一是增加资格等级的区分度，二是便于与高等教育资格框架衔接。原来的入门级和一级至三级保持不变，原来的四级分为四级、五级和六级3个等级，原来的五级分为七级和八级2个等级。9个等级结构的国家资格框架已经基本能够对所有资格进行较为明确的定位，并使各类资格有了比较的平台。相同级别的资格意味着它们对学习者的要求大致相当。不过，相同等级的资格在内容和学习时间方面的规定仍然有很大的不同。

表5.2 国家资格框架与高等教育资格框架等级对应

<table>
<tr><th colspan="2">国家资格框架</th><th>高等教育资格框架</th></tr>
<tr><th>原有等级和证书示例</th><th>现有等级和证书示例</th><th>资格等级和证书示例</th></tr>
<tr><td rowspan="2">五级：建筑五级国家职业资格证书、翻译五级文凭</td><td>八级：专业认证</td><td>D级：博士学位</td></tr>
<tr><td>七级：翻译七级文凭</td><td>M级：硕士学位、研究生证书和文凭</td></tr>
<tr><td rowspan="3">四级：专业生产技能四级国家文凭、英国商业与技术委员会四级证书、3D设计高等国家文凭、幼教四级证书</td><td>六级：专业生产技能六级国家文凭</td><td>H级：优等级学士学位、本科毕业证书和文凭</td></tr>
<tr><td>五级：英国商业与技术委员会五级证书、3D设计高等国家文凭</td><td>I级：高等教育和继续教育文凭、基础学位和高等国家文凭</td></tr>
<tr><td>四级：幼教四级证书</td><td>C级：高等教育证书</td></tr>
<tr><td colspan="2">三级：小动物护理三级证书、航空工程三级国家职业资格证书、普通高中考试证书(A等级)</td><td rowspan="4"></td></tr>
<tr><td colspan="2">二级：美容师二级文凭、农作物生产二级国家职业资格证书、普通中等教育证书A～C等级</td></tr>
<tr><td colspan="2">一级：机动车辆学习一级证书、普通中等教育证书D～G等级</td></tr>
<tr><td colspan="2">入门级：成人文化教育入门级证书</td></tr>
</table>

资料来源：Ofqual. National Qualifications Framework[EB/OL]. http://www.ofqual.gov.uk/52.aspx.2008－10－03.

2.水平描述符

从智力技能与品质、过程、责任感三个维度描述资格等级标准。在智力技能与品质维度，侧重描述知识的掌握程度和具有的理解力，知识的广度和深度是区分资格等级的重要依据。在过程维度，主要强调知识与技能的运用能力及与他人合作的能力，情境的复杂性也是区分等级的重要依据。在责任感维度，资格等级水平越高，个体所负有的责任就越大，对管理和领导能力水平的要求就越高。

国家资格框架一直作为英格兰、北爱尔兰和威尔士的普通教育和职业教育资格框架，属于分框架形式，与高等教育资格框架并行存在。政府原来计划到2010年，将所有的职业资格都转入资格与学分框架之中，这样就可以取代国家资格框架中的职业资格，而普通教育资格主要是普通中等教育证书(GCSE)和普通教育证书高级水平(A Levels)，继续留在国家资格框架，直到政府做出是否将它们转入国家资格框架之中的决定为止。国家资格框架的等级数目与资格与学分框架相同，都包含入门1～3级和1～8级。国家资格框架只是一个过渡性资格框架，作为资格等级参照和比较的一个工具，发挥的作用有限，影响也不大。2011年该框架被学分与资格框架取代。

表 5.3 英国国家资格框架水平描述符

等级	智力技能与品质	过程	责任
入门水平	· 能够回忆知识，具有狭窄范围内的初步理解力，附和他人的思想； · 能运用基本技能； · 能接收和传递信息	· 能够在定义明确和高度结构化的情境里进行操作； · 能够执行可重复的和可预测的工作过程； · 能够执行定义明确的任务； · 履行有限范围的角色	· 能在他人密切监督下从事定向活动； · 产出和质量完全依赖外部监控
1	· 能运用狭窄范围的应用性知识，具有基本的理解力； · 具有狭窄范围的技能； · 能够使用已知的方案解决熟悉的问题； · 能够从现有来源中呈现并记录信息	· 能在有限范围可预测的和结构性情境里展示基本能力； · 能在常规回应中做出明确的选择； · 能够与他人合作	· 能够对可能采取的行动做出很有限度的决定和判断； · 能对产出的数量和质量承担有限度的责任； · 能在他人直接监督和质量控制下进行操作

续表

等级	智力技能与品质	过程	责任
2	·能在一些领域应用知识,具有基本的理解力; ·能够进行比较; ·能够解释现有信息; ·能展示各种技能	·能够在一些情境里使用的各种方法中做出选择,其中有些可能是非常规的方法; ·能够与他人合作	·能开展规定的活动,具有一定自主性; ·能在规定时间内取得结果; ·能在外部质量检查情况下对产出的质量和数量承担更多的责任
3	·能在各种复杂的活动中运用知识和技能,了解相关的理论; ·能够独立地存取和评价信息; ·能够分析信息并做出合理的判断; ·能够运用各种反应,解决定义明确但常常不熟悉和无法预知的问题	·能够在各种熟悉的和不熟悉的情境里进行操作,能运用各种技术技能或学习能力; ·能从各种各样的方法中做出选择; ·能向听众做报告	·能在他人指导下或根据他人的评估意见从事以自我为定向的活动; ·对产出的数量和质量负有责任; ·对他人产出的数量和质量承担有限度的责任
4	·能够制订获取广博知识基础的严格方法; ·能运用各种专门化技能; ·能对各种不可预测的问题提出解决方案; ·能对定义明确但常常不熟悉的问题做出各种回应,其中少部分回应是创新性的解决方案; ·能够评价信息,并应用这些信息规划和制定研究战略	·能在各种变化着的和特定情境里进行操作,包括能从事创造性的和非常规的活动; ·能对规划、选择或呈现的信息、方法或资源做出恰当判断	·能够从事以自我为导向的和数量有限的指令性活动; ·能按照宽泛的和一般指导原则或职责要求进行操作; ·能对产出的质量和数量负有责任; ·能够达到规定的质量标准

续表

等级	智力技能与品质	过程	责任
5	·能够通过抽象层面的信息和概念分析产生思想； ·能掌握广泛的、专门化技术性的、创造性的和概念性的技能； ·能够对定义明确和抽象的问题做出恰当的回应； ·能够分析、重组和评价各种广泛的信息	·能够在各种技术性的、专业的或管理职能中应用诊断性和创造性技能； ·能在产品、服务、运营或过程方面，履行计划、设计、技术性和/或监督的职能，并能做出恰当的判断	·能在广泛的范围内对确定和实现个人和/或团队的结果承担责任和负有义务
6	·能批判性地审视、强化和扩展系统的和连贯一致的知识体系； ·能在整个学习领域运用高度专业化的技术技能或学术技能； ·能运用研究技能； ·能批判性地评价各种来源的新的信息、概念和证据	·能够在各种情境里迁移和运用诊断性和创造性技能； ·能够在产品、服务、运营或包括调配资源在内的过程方面，履行各种复杂的计划、设计、技术性和/或管理的职能，并能做出恰当判断	·能对决定和实现个人和团队结果负有责任； ·能领导多重、复杂和异质化的团队
7	·精通某一复杂和专门化领域的知识及技能； ·具有高度专门化、高级技术性、专业性和/或研究技能方面的专门知识	·能够设计和运用相关的研究方法； ·能够与同行交流研究成果； ·能够开发高水平的新技能，包括能够开发新奇和新兴的技术； ·能够在各种广泛的、不可预测的和高级的专业情境里开展工作	·能够对相关决策负有责任，包括负有监督的责任； ·能够对其他专业人员的工作负有重要责任，领导和启动工作

续表

等级	智力技能与品质	过程	责任
8	·能对专门化调查领域做出重大和原创性贡献； ·能对扩展了的和重新定义的现有程序性知识中的抽象问题做出回应	·精通方法问题； ·能与同行交流研究成果，参与批判性对话； ·开发新技能、新技术、新工具和/或新材料，推动实践	·能够对相关决策负有责任，包括负有监督的责任； ·领导和开创复杂的社会进程

资料来源：Qualifications and Curriculum Authority（QCA）. National Qualifications Framework-Level Descriptors[S]. 2004.

（四）高等教育资格框架

开发高等教育资格框架的思想最早是由《迪尔英报告》提出的，报告发表于1997年，建议开发一个具有国家性质的高等教育学术资格框架。英国4个地区存在两个高等教育资格框架：一个是英格兰、威尔士和北爱尔兰高等教育资格框架，另一个是苏格兰高等教育机构资格框架。2001年，英国高等教育质量保障署（QAA）发布了第一版英格兰、威尔士和北爱尔兰高等教育资格框架。高等教育质量保障署是一个履行监测英国高等教育标准质量和提供咨询建议职能的独立机构。2008年8月，在经过广泛征询意见后，高等教育质量保障署对框架进行了修订完善，发布了第二版资格框架。2014年10月，高等教育质量保障署发布《英国高等教育质量准则》，将资格框架纳入由系列学术标准、质量标准和质量保障原则组成的质量准则之中，资格框架成为英国高等教育学术标准的重要组成部分。但框架的名称改为"英国学位授予机构高等教育资格框架"，质量准则适用于英格兰、威尔士和北爱尔兰以及苏格兰两个地方高等教育资格框架。这标志着英国在统一和规范高等教育学术标准、学术质量和质量保障方面迈出了重要一步。

资格框架是高等教育人才培养的重要参照点，有利于提高高等教育教育教学的透明度，增强公众对高等教育资格的信心，有利于高等教育提供者维持学术标准，促进学术标准的国际比较，提高高等教育国际竞争力，促进学生和毕业生流动。

1.资格等级的划分

在2001年版本中，高等教育资格框架资格的等级以层次、证书和学位的英文首字母表示:“C”表示证书(Certificate),“I”表示中间级(Intermediate),“H”表示优等级(Honours),“M”表示硕士(Master′s),“D”表示博士(Doctoral)。在2008年版本中,资格的等级则以数字表示,共分5个等级,即四至八级。苏格兰高等教育机构资格框架是苏格兰学分与资格框架的一个组成框架,苏格兰学分与资格框架分为12个等级,其中苏格兰高等教育机构资格框架的七级对应英格兰高等教育资格框架的四级,八级对应五级,九级和十级对应六级,十一级对应七级,十二级对应八级。

2.资格描述符

框架运用一系列通用描述符对5个资格等级进行了区分,描述符概述了每一级的资格持有者需要掌握的知识、理解力和能力。描述符的风格明显受到“都柏林水平描述符”的影响,没有划分资格等级标准的维度,强调的是能力要素的要求,如判断力、表达能力和学习能力等。框架对高等教育证书、基础学位、优等级学士学位、硕士学位和博士学位资格标准进行了描述。

(1)高等教育证书(四级)。该等级描述符适用于任何全部达到描述符标准的高等教育证书,该资格描述符也可以用作其他四级资格的参照点。高等教育证书授予以下学生:具有与其学习领域相关的基本概念和原理的知识,具有在该学习领域背景里评价和解释这些概念和原理的能力;具有呈现、评价和解释定性和定量数据的能力,从而按照其所学学科的基本理论和概念建立论据链,做出正确判断。资格持有者通常能够对解决与其学习和/或工作领域相关问题的不同方法的适宜性做出评价,用结构化和一致的论据准确和可信地表达其学习/工作的结果,在结构化和约束性环境里从事继续教育和发展新技能。资格持有者还具有就业所需的素质和可迁移性技能,能承担一定的个人责任。高等教育证书持有者应掌握一个学科的基本概念,学会如何运用各种不同的方法解决问题,能够准确地表达交流。高等教育证书是取得高一级资格的第一步。

(2)基础学位(五级)。该等级描述符适用于任何全部达到描述符标准的基础学位,该级资格描述符也可以用作包括高等教育文凭、高等国家文凭等在内的其他五级资格的参照点。基础学位授予以下学生:了解本学习领域行之有效的原理及原理的演变,并具有批判性理解力;具有应用基本概念和原理的能力,包括在就业环境里应用这些原理的能力;具有与资格相关学科的调查方法方面的知识,能批判性地评价本学习领域解决问题的不同方法的适宜性;了解所学知识的局限性并能分析和解释它们对知识的影响。资格持有者通常能够:使用各种成熟的技术，能对信息进行批判性分析，并对分析中出现的问题提出解决方案；能以各种方式与专家和非专家听众有效地交流信息、论据和分析；能有效地运用学科的关键技术；能从事继续教育，提高现有技能水平和获得新的能力，以便能在各种机构中承担重要责任。资格持有者还具有就业所需的素质和可迁移性技能，能履行个人责任并做出决策。基础学位是一个全部达到资格描述符预期（和基础学位资格基准）的资格示例。在这一等级，资格持有者能准确地理解其学习领域的原理，学会更广泛地应用这些原理，通过学习能用各种不同方法解决问题。基础学位具有职业定向性质。

(3)优等级学士学位（六级）。该等级描述符适用于任何全部达到描述符标准的优等级学士学位，可用作包括学士学位、研究生文凭等在内的其他六级资格的参照点。优等级学士学位授予以下学生：能够系统地理解所学专业领域的关键问题，包括能掌握系统和详尽的知识，其中至少有一部分知识处于一门学科的前沿；能够准确地应用一门学科成熟的分析与调查方法；具有概念理解力，能运用思想和技术，其中有些是处于学科前沿的思想和技术，设计和维持论据和/或解决问题；能够描述和评论学科中当前研究或相同的高级学术研究的某些方面；能认识到知识的不确定性、模糊性和局限性；能管理自己的学习和利用学术期刊和原始资料（如可作参考的研究论文和/或与学科相关的原始资料）。资格持有者通常能够：应用他们所学的方法和技术评价、巩固、扩展和使用其知识和理解力，启动和执行项目；批判性地评价论据、假设、抽象概念和数据，做出判断，提出恰当的问题，制订问题解决方案或提出多种问题解决方案；能与专家和非专家听众交流信息、思想、问题和问题解决方案。资格持有者还具有就业所需的素质和可迁移性技能，具有首创精神并能履行个人责任，具有在复杂和不可预测的情境里的决策能力，具有从事适宜的专业继续教育或同等性质教育所需的学习能力。优等级学士学位持有者对复杂的知识体系具有理解力，有些知识处于一门学科的当前边界。通过这些学习，资格持有者具有在各种就业环境中应用的分析方法和问题解决技能。资格持有者能够评价证据、论据和假设，做出正确判断，能有效交流这些思想。优等级学士学位持有者应具有就业能力，这需要能在复杂和不可预测的情境里担负个人责任和做出决策。优等级学士学位是高等教育资格的最大群体。一般而言，学习这些学位课程需要相当于 3 年全日制学习的时间，授予文学学士、优等级文学学士或理学士、优等级理学士等。此外，学士学位在这一等级属于短期课程和专业“转换”课程，学生通常在另一专业学科已经毕业，再通过一段时间的课程学习，结业后可授予研究生证书或研究生文凭。

(4)硕士学位（七级）。该等级描述符适用于任何全部达到描述符标准的硕士学位，可用作包括研究生证书和研究生文凭等在内的其他七级资格的参照点。硕士学位授予以下学生：对知识具有系统理解力，对当前问题和/或新观点具有批判性意识，其中大部分问题或观点处于学科、学习领域或专业实践领域的前沿；能全面了解适用于自己的研究或高级学术研究的技术方法；在知识应用上具有原创性，能使用学科中已有的研究和调查方法来创造和解释知识；具有概念理解力，能批判性地评价本学科里的当前研究和高级学术；能对方法进行评价，发现不足并提出改进意见，能够提出新的假设。硕士学位持有者能够系统和创造性地处理复杂的问题；能够在缺乏完整数据的情况下做出合理判断；能向专家和非专家听众明确表达自己的结论；在处理和解决问题方面具有自我定向能力和创新能力；能独立规划和实施专业任务，继续提高知识水平和理解力，开发新技能。硕士学位持有者还具有就业所需的素质和可迁移性技能，具有首创精神和个人责任感，能在复杂的和不可预测的情境里做出决策，具有从事继续专业发展所需的独立学习能力。大部分硕士学位课程学习应处于学科或专业领域的前沿，学生在运用知识方面能显示出原创性，通过研究能了解知识的边界，能系统地和具有创造性地解决复杂的问题，在处理和解决问题方面能够表现出独创性。

在完成授课课程、研究计划之后，学生可被授予硕士学位。学制较长、以研究为主的课程可授予哲学硕士学位。大部分硕士学位课程至少需要 1 年全日制学习，入学资格是优等级学士学位毕业生（或同等学历）。硕士学位通过增加学习的强度和复杂性通常有别于这一等级的其他资格。例如，高级短期课程，这些课程通常是继续专业发展课程的一部分并可授予研究生证书和/或研究生文凭。与研究生证书和研究生文凭相比，硕士学位通常包含学术研究活动在内，旨在提高学生的智力研究水平。有些硕士学位属于连读硕士课程，例如科学、工程和数学硕士学位，通常经过 4 年全日制学习取得学位。医学、牙医和兽医科学第一学位包含连读课程和专业实践，尽管这些资格通常达到了高等教育七级资格的描述符预期，但由于历史的原因，常常保留了医学学士、外科学士、牙医手术学士、兽医医学学士或兽医科学学士的名称。需要说明的是，牛津大学和剑桥大学授予的文学硕士不是学位资格。

(5)博士学位(八级)。该等级描述符适用于任何全部达到描述符标准的博士学位,也可以用作其他八级资格的参照点。博士学位授予以下学生:能够通过原创性研究或其他高级学术研究来创造和诠释新的知识,作品质量得到同行认可,作品扩展了学科领域前沿,达到了发表水平;能够系统地获得和理解处于学科或专业实践领域前沿的大量知识,能对项目进行概念化、设计和实施,在学科前沿生成新的知识、新的应用或理解力;能根据未曾预见的问题调整项目设计;能深刻理解和运用研究和高级学术调查方法。资格持有者通常能够对专业领域的复杂问题,经常是在缺乏完整数据的情况下做出有事实依据的判断,能向专家和非专家听众清楚和有效地表达思想和结论;能继续从事高水平的纯理论的和/或应用研究和开发,对新技术、新思想或新方法的发展做出重要贡献。资格持有者还具有就业所需的素质和可迁移性技能,能在复杂的和不可预测的情况下以及专业环境中履行个人责任,具有高度自主性和首创精神,具有对专门领域的复杂问题做出有事实依据的判断的能力,能运用创新性方法处理和解决问题。

含有研究成分且有大量授课因素(如专业博士)的博士学位课程授予的博士头衔通常含有学科名称,例如,教育学博士或临床心理学博士。专业博士旨在发展个人的专业实践,对专业知识做出贡献。博士学位和哲学博士称号一般用以具有原创性研究的博士学位。要达到博士学位资格描述符要求,通常需要相当于3年全日制学习。高等博士学位可授予那些多年来从事大量原创性研究的人。通常情况下,申请人需要提交工作履历,包括公开发表的作品。大部分高等教育学位授予机构博士学位课程招生主要面向有多年工作经历的毕业生或学术人员。应指出,荣誉博士学位(Honorary doctoral degrees)不是学历资格。①

3.与欧洲高等教育区资格框架对接

英国是最早完成与欧洲高等教育区资格框架对接的国家之一,早在2009年2月,英国向"博洛尼亚进程"工作小组提交了英格兰、威尔士和北爱尔兰高等教育资格自我认证报告,以证明英国的高等教育资格框架与欧洲高等教育区资格框架具有兼容性。苏格兰在2006年12月单独向"博洛尼亚进程"工作小组

①Quality Assurance Agency for Higher Education. UK Quality Codefor Higher Education Part A: Setting and maintainingthreshold academic standard Chapter A1: The national level [S]. 2011.

提交了苏格兰高等教育资格自我认证报告。

(五)资格与学分框架

1.开发资格与学分框架的背景

推动资格框架创新是英国资格框架发展的重要动力。2008 年推出的“资格与学分框架”(Qualifications and Credit Framework,QCF)是英国新一代具有创新意义的资格框架,是英国职业教育资格制度改革的重要成果。

2005 年 11 月,创新、大学和技能部启动“英国职业资格改革计划”,旨在建立需求驱动的职业资格体系,改革的目标是坚持以学习者和雇主的需求为导向的原则,增加更大的学习弹性和选择,最大限度地发挥个人的学习潜力,促进更大的社会公平正义。① 改革计划提出建立以单元和学分为基础的资格与学分框架,覆盖英格兰、威尔士和北爱尔兰地区的职业资格。通过设立选修单元和服务雇主需要的特定单元,增加资格结构的更大弹性。每个单元都赋有按学习小时计算的学分数,学分可以积累和转换,学习者在成功完成每个单元后可被授予学分,学习者的学习成就将记录在学习者登记系统中,促进学习成就的可转换性。教育智库的政策建议也成为推动职业资格改革的重要因素。2004 年,以国家就业专家小组主席桑迪·利奇勋爵为首的教育智库,受政府委托对英国技能开发的现状和问题进行评估。2005 年 12 月,评估小组发表《英国的技能:长期的挑战》中期评估报告。2006 年 12 月,评估小组发表了最终报告《全球经济中的共同繁荣:世界一流技能》,提出要提高成人知识技能水平,提升人力素质,到 2020 年把英国打造成世界技能强国。根据报告建议,政府在整合若干机构的基础上成立了英国就业与技能委员会,它是一个公共资金支持、产业主导的组织,旨在提高英国技能开发水平,促进就业。

资格与学分框架在正式推行之前,在 2006—2008 年期间进行了两个阶段的测试。2006 年 9 月开始第一阶段测试,设立了 27 个测试项目,每个项目都包含不同类型的机构组织和学习者。2007 年 2 月至 2008 年 7 月进行了第二阶段测试,增加了一些新的内容,如对企业培训的认可、对社区学习的认可、行业资格改革等。测试达到了预期效果,英格兰、威尔士和北爱尔兰的部长们批

---

①UK Vocational Qualifications Reform Programme[EB/OL].[2015-12-10].http://tna.europarchive.org/20081105190708/dius.gov.uk/vqreform/

准了2007年夏提交的资格与学分框架中期评估报告和2008年7月提交的最终报告。基于两次测试的结果，2008年8月，课程与资格署（QCA）正式发布了《资格与学分框架监管安排》，具体规定了单元与资格的设计规范以及对考试颁证机构的基本要求，标志着资格与学分框架正式进入实施阶段。由于资格框架是当时英国职业资格改革计划的重要组成部分，框架最初的覆盖范围是职业资格和与职业相关的资格，随着框架开发进程的推进，逐渐被设计成能包含英格兰、威尔士和北爱尔兰除高等教育资格之外的所有资格。高等教育资格则包含在高等教育资格框架之中。资格与学分框架也是威尔士学分与资格框架的一部分。资格与学分框架旨在设计一个具有包容性和弹性特点的并有监管功能的单元化学分化资格框架，能够承认尽可能广泛的有质量保障的学习者的学习成就。框架包含8个等级和1个入门级，该入门级又进一步分为3个次等级。它以基于学习结果的等级框架形式引入学习成就本位货币和学分制。因而，资格与学分框架在英格兰和北爱尔兰作为一个以单元为基础的学分框架有着更为广阔的应用前景。

2.资格与学分框架的目的与目标

开发资格与学分框架的目的是建立一个更加清晰、透明的国家资格框架；提高职业教育、职业资格的社会认可度和地位，通过以单元和学分为基础的学习，增加更大的学习弹性，激发学习者的学习动机，使职业资格与就业、雇主和学习者的需求更具相关性，基于取得的单元、学分和资格学习成就，开辟进入高等教育的非传统进阶路径，加强与高等教育资格和学分体系的衔接，利用信息技术，建立学习成就和相关信息记录系统，完善咨询和指导制度。

资格与学分框架的目标是：建立一个具有包容性的资格框架，能够承认学习者在任何水平和任何学习领域的学习成就；建立一个具有回应性的资格框架，能够适应个人和雇主的需求，使相关机构能够开发适应社会需要的单元和资格；建立一个便于使用的资格框架，具有明晰的设计特征，使所有用户都容易理解；建立一个非官僚化的资格框架，能够增进互信和公众信心，有强健的监管和质量保障作为支撑。实现资格的单元化和学分化，增加学习的弹性，进而推动终身学习发展是资格与学分框架最重要的特征。

3.单元构成要素

单元是资格与学分框架的一个核心要素。单元是指具有单元名称、学分值和等级的一组连贯、明确的学习结果和评价标准。单元包括单元名称、学习结果、评价标准、单元等级、学分值、附加信息等构成要素。监管办公室 2008 年发布的《资格与学分框架监管安排》就单元设计规范做出具体规定。所有的单元必须有一个单元名称,名称的表述要清晰、简洁,并能反映学习结果信息和评价标准等单元内容。所有的单元必须包含学习结果:作为学习过程的结果,一个学习者能够知道什么,理解什么或能够做什么,对学习结果的表述要明确和连贯,用学习者能够理解的语言表达。所有的单元必须包含评价标准:对学习者要达到的标准做出明确规定,以展示学习者已经取得了该单元的学习结果;要尽可能详细地表述,对学习者已经取得的学习结果做出可信、有效、一致的判断,同时不给学习者或评价人员增加不必要的评价负担;不包含准备使用的评价方法。所有单元都必须注明单元等级:等级表示知识的复杂程度、学习者的自主性程度和学习成就的范围,要根据资格框架的水平描述符和评价标准来确定单元等级。所有单元都必须确定学分值:对取得了单元学习成果的学习者应授予的学分数做出规定。一个学分表示在 10 个学习小时内取得的学习成果。学习时间是指学习者按照单元等级完成单元学习结果平均花费的时间,单元的学分值不论使用哪种评价方法或是作为资格的哪些组成部分都保持不变。单元格式必须统一和规范,包括单元的目的和目标、单元的有效期限、该单元与相关国家职业标准或其他专业课程标准之间关系的详细说明、单元评价方式、单元评价安排、行业技能委员会或其他相关机构可以开发的单元、单元在学科或行业分类体系中的位置、提交单元的机构名称、单元启用日期、单元指导性学习小时数等信息。

4.学分的授予、积累和转换

学分是资格与学分框架中另一个核心要素。学分是指授予学习者的一种学习证明,以认可取得了一个指定的单元学习结果。它也是用于计算学生学习量的一种计量单位。学分必须授予成功取得一个单元学习结果的学习者。授予的学分数必须与该单元的学分值相同。学习者部分完成一个单元不能获得部分学分,或者在没有取得全部学习结果的情况下为“补偿”在其他学习领域的良好表现也不能被授予学分。学分有两个重要功能,就是积累和转换。学分积累是指把学分累加起来以达到资格成就要求的过程,资格的组合规则通过特定单元决定学分的成就要求，颁证机构基于这一过程必须向学习者授予资格证书。学分转换是指使用在不同资格情境下授予的或是由不同颁证机构授予的学分以达到另一个资格成就要求的过程，所有颁证机构都必须通过互认学分支持学分转换，学分必须按组合规则的要求能够在资格和颁证机构间进行转换。一个学习者可能会从一个以上的颁证机构中获得学分，他可以从任何一个授予学分的颁证机构申请颁发资格证书。颁证机构必须支持学分积累和转换，及时记录学习者的学分和资格完成情况。①

5.资格的设计规范

资格的设计包含资格名称、资格组合规则、资格评级说明、特定单元评价要求等要素。在资格与学分框架语境里，"资格"的概念是一种狭义概念，是指向取得了规定的学分组合或所要求的学分数和免修学分的学习者发放的一种证明。所有资格都必须由单元数据库中的单元构成。资格名称注明等级、规格和简明内容描述。资格规格大小以"证明"(Award)、"证书"(Certificate)和"文凭"(Diploma)3个专有术语表示，它们分别代表1～12学分、13～36学分和37学分及以上。组合规则是指取得一个有具体名称资格的学分积累要求，组合规则需标明资格名称，规定资格的学分数、学分的相应等级、必修单元学分、选修单元学分、其他单元学分、等同单元学分和免修学分等。资格与学分框架中的资格可以进行评级，可使用评级量表对一个资格或资格的组成部分的个人学习成就水平进行区分。在资格设计过程中还需要对特定单元评价要求做出规定。

6.水平描述符

资格与学分框架设置了8个等级和3个入门级，框架从知识和理解力、应用和行动、自主性和负有责任三个维度描述资格等级标准。知识的广度和深度、情境的复杂性、任务和问题的难易程度、自主性和责任担当程度均成为资格等级划分的重要依据。

---

①Council for the Curriculum, Examinations and Assessment, Qualifications and Curriculum Authority and the Office of the Qualifications and Examinations Regulator. Regulatory Arrangements for the Qualifications and Credit Framework, Great Britain[S].Great Britain, 2008:5—18.

表 5.4　资格和学分框架水平描述符

<table>
<tr><th>等级</th><th>概述</th><th>知识和理解力</th><th>应用和行动</th><th>自主性和负有责任</th></tr>
<tr><td rowspan="3">入门水平</td><td colspan="4">入门水平 1：承认连续性的进步，从最初级的成就到起始成就，以使用与周围环境相关的技能、知识和理解力</td></tr>
<tr><td>在入门水平 2，成就反映了在他人指导下运用技能、知识和理解力执行简单的、熟悉的任务和活动的能力</td><td>运用知识或理解力执行简单的、熟悉的活动。
知道完成简单活动所需要的步骤</td><td>执行简单的、熟悉的任务和活动。
在他人指导下运用已练习过的步骤完成任务和活动</td><td>在他人适当的指导下，开始对简单活动的结果承担某些责任。
积极参与简单和熟悉的活动</td></tr>
<tr><td>在入门水平 3，成就反映了在熟悉的情境里运用技能、知识和理解力执行结构性任务和活动的能力。需要的话，要有他人的适当指导</td><td>运用知识或理解力在熟悉的情境里执行结构性任务和活动。
知道和了解在熟悉的情境里完成结构性任务和活动所需要的步骤</td><td>在熟悉的情境里执行结构性任务和活动。
能意识到行动对自己和他人的后果</td><td>在他人适当的指导下对结构性活动的结果负有责任。
在熟悉的情境里积极参加活动</td></tr>
<tr><td>一级</td><td>在资格一级，成就反映了使用相关知识、技能和程序完成常规任务的能力。它包括在他人的指示或指导下对完成任务和程序负有的责任</td><td>使用事实性和程序性知识和概念完成定义明确的、常规的任务。
能意识到与工作或学习相关的信息</td><td>完成定义明确的常规任务。
使用相关的技能和程序。
选择和使用相关的信息。
确定行动是否已经具有效果</td><td>需要的话，在他人的指示或指导下对完成任务和程序负有责任</td></tr>
</table>

续表

等级	概述	知识和理解力	应用和行动	自主性和负有责任
二级	在资格二级，成就反映了选择和使用相关知识、概念、技能和程序的能力，以完成定义明确的任务和解决简单问题。 它包括对完成任务和程序负有责任，在他人总体指示或指导下具有自主性和判断力	运用对事实的、程序的和概念的理解力完成定义明确的任务和解决简单的问题。 解释相关的信息和概念。 能意识到各种与学习或工作领域相关的信息	完成定义明确的、基本上是常规的任务，解决简单的问题。 选择和使用相关的技能和程序。 确定、采集和使用相关的信息为行动提供依据。 确定行动如何已经具有效果	对完成任务和程序负有责任。 在他人总体指示或指导下具有自主性和判断力
三级	在资格三级，成就反映了发现和使用相关理解力、方法和技能的能力，以完成任务和解决定义明确的但有一定复杂性的问题。 它包括对启动和完成任务和程序负有责任以及在有限的范围内具有自主性和判断力。 它也反映了在一个学习或工作领域里对不同观点或方法的意识	运用事实的、程序的和理论的理解力完成任务和解决定义明确的但可能是复杂的和非常规的问题。 解释和评价相关信息和概念。 能意识到学习或工作领域的性质。 在学习或工作领域里具有对不同观点或方法的意识	解决定义明确的但可能是复杂和非常规的问题。 确定、选择和使用适当的技能、方法和程序。 运用适当的调查为行动提供依据。 评估方法和行动如何已经产生效果	对启动和完成任务和程序负有责任，必要的话，包括对监督或指导他人负有责任。 在有限的范围内具有自主性和判断力

续表

等级	概述	知识和理解力	应用和行动	自主性和负有责任
四级	在资格四级，成就反映了发现和使用相关的理解力、方法和技能的能力，以解决定义明确的但复杂和非常规的问题。 它包括对总体行动过程负有责任以及在相当广泛的范围内具有自主性和判断力。 它也反映了在学习或工作领域对不同观点或方法的理解力	使用实践的、理论的或技术的理解力，以解决定义明确的但复杂的和非常规的问题。 分析、解释和评价相关的信息和思想。 能意识到学习或工作领域的性质和大致范围。 在学习或工作领域对不同的观点或方法有知情意识	解决复杂的、非常规的但通常定义相当明确的问题。 确定、调整和使用适当的方法和技能。 启动和运用适当的调查为行动提供依据。 评价方法、行动和结果的效益和适宜性	对行动过程负有责任，必要的话，包括对他人负有责任。 在广泛的但基本上定义明确的范围内具有自主性和判断力
五级	在资格五级，成就反映了发现和使用相关的理解力、方法和技能的能力，以解决定义宽泛的、复杂的问题。 它包括对规划和制定行动过程负有责任以及在广泛的范围内具有自主性和判断力。 它也反映了对不同观点、方法或思想流派的理解力及其背后的推理	使用实践的、理论的或技术的理解力，以在定义宽泛的、复杂的情境里发现和解决问题。 分析、解释和评价相关信息、概念和思想。 能意识到学习或工作领域的性质和范围。 了解不同的观点、方法或思想流派及其背后的推理	解决广泛定义的、复杂的问题。 确定、调整和使用适当的方法和技能。 使用相关的研究为行动提供依据。 评价行动、方法和结果	对规划和执行负有责任，如果相关的话，包括对他人的工作负有责任。 在广泛的范围内具有自主性和判断力

续表

等级	概述	知识和理解力	应用和行动	自主性和负有责任
六级	在资格六级，成就反映了完善和使用相关理解力、方法和技能的能力，以解决定义有限的、复杂的问题。 它包括对规划和制定能促进实质性变革或发展的行动过程负有责任，以及具有广泛的自主性和判断力。 它也反映了对不同观点、方法或思想流派的理解力和支撑它们的理论	完善和使用实践的、概念的或技术的理解力，以在存在许多交互因素的情境里开辟路径。 批判性分析、解释和评价复杂的信息、概念和思想。 了解学习或工作领域所处的情境。 能意识到当前学习或工作领域的发展。 理解不同的观点、方法或思想流派和支撑它们的理论	解决定义有限的和包含许多交互因素的问题。 确定、细化、调整和使用适当的方法和技能。 设计和开展相关的研究和活动，为行动提供依据。 评价行动、方法、结果及其含义	对规划和制定行动过程负有责任，该行动能够促进实质性变革或发展。 首倡和领导任务和过程，对任务和过程负有责任，对他人的工作和角色负有责任。 具有广泛的自主性和判断力
七级	在资格七级，成就反映了重新表述和使用相关理解力、方法和策略的能力，以应对存在许多交互因素、复杂的情境。 它包括对规划和制定行动过程负有责任，启动或促进实质性变革和发展，以及具有广泛的自主性和判断力。 它也反映了对理论观点和方法的理解力以及它们如何影响学习或工作领域	重新表述和使用实践的、概念的或技术的理解力，在存在许多交互因素的情境里开辟路径。 批判性分析、解释和评价复杂的信息、概念和理论，产生修改后的概念。 了解学习或工作领域所处的广泛的背景。 了解当前学习或工作领域的发展。 了解不同的理论观点和方法以及它们如何影响学习或工作领域	概念化和应对包含许多交互因素的、存在问题的情境。 确定和使用适当的方法和策略。 设计和开展研究性、开发性或战略性活动，为工作或学习领域提供依据，或产生组织的或专业的变革。 批判性评价行动、方法、结果及其短期和长期含义	对规划和制定行动过程负有责任，启动或促进实质性变革或发展。 在一个工作或学习的重要领域具有广泛的自主性和判断力。 启动和领导复杂的任务和过程，对任务和过程负有责任，对他人的工作和角色负有责任

续表

等级	概述	知识和理解力	应用和行动	自主性和负有责任
八级	在资格八级，成就反映了发展原创性理解力和拓展知识领域或专业实践的能力。 它反映了通过首倡、设计和从事研究、开发或战略性活动，应对包含许多复杂的交互因素的和存在问题的情境的能力。 它包括具有广泛的自主性、判断力和领导力，对工作或知识领域的发展或促使实质性的专业或组织变革共担责任。 它也反映了对相关的理论观点和方法的批判性理解力，以及它们如何影响知识或工作领域	在缺乏定义并存在许多复杂的、交互因素的情境里开辟未来路径。 批判性分析、解释、评价复杂的信息、概念和理论，产生新的知识和理论。 理解和重新概念化知识或工作领域所处的广泛的情境。 通过贡献原创性的知识和思想拓展一个知识或工作领域。 具有对不同理论、观点和方法的批判性理解力，以及它们如何影响知识或工作领域	概念化和应对包含许多复杂的、交互因素的和存在问题的情境。 制订和使用适当的方法和策略。 设计和开展某一工作或知识领域，有可能导致重大组织或专业变革的研究性、开发性或战略性活动。 批判性评价行动、方法和结果，及其对工作或知识领域和其广泛情境具有的短期和长期含义	对规划和制定行动过程负有责任，该行动过程对某一工作或知识领域有重大影响或导致实质性的组织或专业变革。 作为一名主要的实践工作者或学者，具有广泛的自主性、判断力和领导力，对某一工作或知识领域的发展，或是对实质性的组织或专业变革共担责任。 对专业实践的进步负有责任

资料来源：The Office of the Qualifications and Examinations Regulator. Regulatory Arrangements for the Qualifications and Credit Framework [R]. 2008.

7.监管机构

资格与学分框架有三家监管机构：英格兰的资格与考试监管机构办公室，威尔士的儿童、教育、终身学习和技能部和北爱尔兰的课程、考试与评价委员会，共同对资格框架实行监管。此外，英格兰的监管办公室和威尔士的终身学习与技能部与苏格兰资格局加强协调配合，共同保持国家职业资格和苏格兰职业资格在形式、内容和标准方面的一致性。

二、资格框架监管

监管机构是质量监管的主体和具体的实施者，是依法设立的法定机构，履行法律规定的职责和赋予的权力，以标准为依据对职业教育质量进行全程监管。

(一)监管机构

资格和考试监管办公室是英格兰的资格(除学位资格外)、考试和评价以及北爱尔兰职业资格的监管机构。它是一个依法设立的职业资格监管机构，最早由政府部门提议设立。2007 年 9 月，负责儿童、学校和家庭部的国务大臣埃德·鲍尔斯宣布对考试和资格的监管责任将由“资格与课程局”转到一个新的独立监管机构。2007 年 12 月，拟定了新机构的名称、组织结构和职能。2008 年 4 月 8 日，新机构开始临时性工作，并于 5 月 16 日在国家摩托车博物馆举行正式启动工作的仪式。2009 年，英国通过《学徒制、技能、儿童和学习法》，规定设立监管办公室作为英格兰资格和考试的监管机构。2009 年 11 月 12 日，该法获得皇家批准。2010 年 4 月 1 日，监管办公室作为一个正式的独立的政府部门开始工作，并直接对议会负责。

监管办公室的主要职责是：保证提供和颁发资格的考试颁证机构有良好的治理制度；保证考试颁证机构提供的所有资格是公正的，能与其他资格相比较；监控资格、考试和测试标准，报告监测结果；保证所有的学习者都能有取得资格的公平机会；确保考试、测试和其他评价的评分质量，保证学习者得到他们应得到的结果；确保资格市场运行对学习者物有所值，满足学习者和雇主的需要；支持和鼓励对重点问题展开讨论，如考试和资格标准。①

监管办公室主任为格莱尼斯·斯泰西，2012 年 3 月任职，2012 年 4 月被任命为首席监管官。监管办公室设有董事会，由 12 名成员组成，还聘请了外部顾问组成标准顾问团和学科专家组，为监管办公室提供学术和智力支持。监管办公室下设公司与业务服务处、标准与研究处、监管处、政策与参与处和风险与市场处 5 个职能处。

(二)监管原则和内容

英国对职业资格的监管坚持 5 项原则，即相称性、目标性、责任制、透明性

---

①About us[EB/OL].(2013-03-28).http://webarchive.nationalarchives.gov.uk/20141031163546/http://www.ofqual.gov.uk/35.aspx

和一致性。监管机构通过制定标准对资格设计、实施、评价和发放以及考试颁证机构提出明确的要求。为了维持标准，必须进行必要的干预，以保证标准的实施和权威，确保学生受到公正对待，保护学习者的权益，确保颁发的资格证书物有所值。英国实行职业资格市场化考试认证，学习者需要通过交费参加教育培训和考试认证。然而，市场不是万能的，具有逐利倾向和冲动，仅仅依赖市场不能保证可比资格的标准具有一致性，这就需要对职业资格市场进行监管，用户需要能够在资格间做出有根据的选择和比较。英国职业资格监管的重点是考试颁证机构和资格证书，先后出台两个标准作为职业资格监管的依据。一个是2011年5月出台的《认可标准》(Criteria for Recognition)，对考试颁证机构实行资质认定制度，认可标准实际是门槛标准，它对申请者的身份、机构组成和治理、资源、财务和业务能力提出了基本要求。另一个是2013年9月修订的《一般认可条件》(General Conditions of Recognition)，这是一个合规标准，考试颁证机构一旦得到认证，就要符合一般认可条件。合规标准对考试颁证机构的治理结构及其与监管机构的关系，对资格设计、开发和评价，对颁证机构与第三方的业务安排等方面都提出了更为详尽的具体要求。

(三)监管行动

监管机构可依法采取监管行动，主要包括：一是施加特别认可条件，所有考试颁证机构都需要符合一般认可条件。对不同类型的颁证机构和资格证书，监管机构可施加特别认可条件。二是施加认证要求，这是降低风险、保证质量的一种手段。只有经过评估认证的资格才可以录入资格登记系统，教育培训机构才可以开设证书课程，考试颁证机构才可以向学习者颁发资格证书。如果资格设计或质量保障安排不完善，监管机构将对资格和考试颁证机构施加认证要求，以减少风险，保证质量。三是现场进入和检查。在考试颁证机构违规情况下，监管机构有权进入其办公场所检查和复制文件，以保护证据的完整性。四是发出警示。警示在法庭上具有法律效力。五是实施罚款，对违规考试颁证机构实施罚款。这种经济处罚数额最高不超过考试颁证机构年营业额的10%。六是撤销认可。监管机构对严重违规、没有资源或没有业务能力的考试颁证机构撤销认可，撤销认可是最重要的监管行动。七是回收执法行动成本。监管机构可依法要求违规考试颁证机构支付在执法行动中发生的成本，包括调查费用、行政管理费用、专家或法律咨询费用等。①

① Ofqual. Taking Regulatory Action Version 2 [S]. Coventry, May 2012.

三、新资格框架

资格与学分框架(QCF)经过多年运行,在实施中暴露出一些问题,迫切需要对资格框架进行改革。新政府上台后启动了职业教育资格改革。2015 年 10 月 1 日,英国宣布启动新的国家监管资格框架。新资格框架是资格与学分框架的升级版,是一个描述性资格框架,提供了共同参照点,同时扩大了适用范围,适用于英格兰的普通教育和职业教育资格以及北爱尔兰的职业教育资格。新资格框架取消了资格与学分框架资格设计规则,引入测量资格规格的新概念,将提高资格的整体有效性作为改革的重点。

(一)改革背景

1.资格框架改革的重要推动力量

英国新一届政府自 2010 年上台以来,大力推行职业教育改革,委托教育智库对职业教育进行系列专题评估,评估报告提出了许多有价值的资格框架改革建议。2011 年 3 月,伦敦国王学院艾莉森·沃尔夫教授受教育大臣迈克尔·戈夫委托,对职业教育进行全面评估,发表了《职业教育评估报告》(《沃尔夫报告》),认为许多职业资格的劳动力市场价值不高,雇主认可度低,资格与学分框架中的职业资格设计不完全适合 14～19 岁学生的学习需要。自 2011 年 1 月 1 日起,在设计上突出单元和学分特点的资格与学分框架收录了所有由监管部门认可的职业资格,但纳入资格与学分框架里的职业资格需符合规范,任何职业资格都要体现单元和学分特色。目前所有 BTEC(商业和技术教育委员会)职业资格都已重新设计,以达到资格与学分框架的要求。资格与学分框架对 14～19 岁教育的影响可以从两个方面看。首先,雇主对职业资格证书的认可度。英国一系列的职业资格证书改革降低了它们在劳动力市场上的价值,因为雇主不清楚这些资格证书的内容是什么,它们提供了什么信息。引入资格与学分框架需要对所有职业资格重新贴标。其次,不同资格间的等值性。资格与学分框架使用“学分”旨在把所有的资格都放在一个共同的量表里。如果不同资格证书的学分数相同,人们就可以把这些不同的资格看作“等值”的,并且可以从各种不同的资格中累加学分。2001 年开始,资格和课程局在所有资格中建立这种等值性,资格与学分框架的设计正是体现了这些原则。然而,“等级”和“学分”在形式上的等值不能并且也不会转化为实质性的等值。资格与学分框架主要考虑了成人(19 岁以上)学习者的需要,可能适合于那些已经就业或对职业做出了明确选择的成人,但资格与学分框架不应是提供给 14～19 岁学生学习的唯一职业资格类型。职业资格证书重新设计和全面再贴标导致颁证机构的大量成本,这些成本最后都转嫁到学生考证费上了。①

2012 年 11 月,受政府委托,道格·理查德开展了学徒制评估,发表了《英格兰学徒制评估报告》,报告建议把基于资格群的学徒制框架转向由高标准驱动的更加全面的技能开发战略,有关标准要由相关行业雇主开发。② 2013 年 3 月,城市和伊斯林顿学院院长弗兰克·麦克洛克林领导的成人职业教育教学与学习委员会发布了《卓越的成人职业教学与学习报告》,强调资格作为学习项目质量标志的作用以及课程和学习项目设计的重要性,推动职业教育课程融合国家要素和地方要素,建立校企合作的双向渠道,保证学习者有明确的学习方向。③ 2013 年 4 月,商务、创新和技能部发表《技能的严格性和响应性报告》,提出了技能体系改革的优先方向,认为职业资格必须是严格的,以使个人能够具有资格执行工作任务,履行工作角色,职业教育体系必须具有回应性,教授学习者和雇主实际想要的东西。④ 2013 年 11 月,英国最大的军工企业——全球防务、航空航天和安全公司(BAE Systems)集团项目管理主任、英国就业与技能委员会委员奈杰尔·怀特黑德(Nigel Whitehead)领导的成人职业资格体系评估项目发布《英格兰成人职业资格评估报告》,报告认为职业资格应体现出相关性、严格性并得到社会认可。职业资格应与个人和雇主的需要具有相关性;职业资格应是严格的,基于强健的、有前瞻性的职业标准,由行业开发和评价;职业资格应得到社会认可,具有投资的价值,传达出现在和未来职业所需的经济上有价值的知识技能的明确信号。报告提出资格与考试监管办公室应引入报告提出的、新的职业资格设计原则,体现出职业资格的鲜明特点,使用单元格式和单元共享由硬性规定改为选择性。⑤

①Alison Wolf. Review of Vocational Education-The Wolf Report [R].March 2011. https://www.gov.uk/government/uploads/system/uploads/attachment_data/file/180504/DFE－00031－2011.pdf

②Doug Richard. Richard Review of Apprenticeships[R]. November 2012.http://www.schoolforstartups.co.uk/richard-review/richard-review-full.pdf

③Commission on Adult Vocational Teaching and Learning. It's about work... Excellent adult vocational teaching and learning[R]. 2013. http://repository.excellencegateway.org.uk/fedora/objects/eg:5937/datastreams/DOC/content

④Department for Business,Innovation and Skills.Rigour and Responsiveness in Skills[R]. London, April 2013.

⑤UK Commission for Employment and Skills(UKCES).Review of Adult Vocational Qualificationsin England [R].London,2013: 4.

2.资格框架存在的问题

2013年末,为应对教育智库和政府机构在评估报告中就资格框架提出的问题、考试颁证机构对资格框架所表达出的关切,以及监管部门在监管过程中发现的问题,监管办公室委托相关机构对资格与学分框架进行专项评估,发现存在的主要问题是:资格框架运行效率不高,单元共享导致资格数量膨胀,单元评价过度,单元评价与总结性评价不兼容,资格框架的整个结构旨在支持学分转换。实际上,学习者的学分转换率非常低,学分本位制度的预期益处并没有实现;单元共享原则并没有达到减少职业资格数量的预期效果,事实上现在的资格数量比2008年资格框架实施时反而增加了1万多种;业界强烈感觉到对单元共享的硬性要求极大地损害了资格创新和发展;资格框架强调掌握性评价原则,把要求学生达到所有的评价标准作为他们取得所有学习结果的证据,这与使用补偿原则相违背,而且也导致单元层面的过度评价;以单元为重点的评价不易与总结性和终结性评价相兼容,总结性和终结性评价是某些职业资格评价的有效形式。①

2015年监管办公室颁布了一系列新规,包括新版《一般认可条件》(General Conditions of Recognition)、《资格证书全部学习时间标准》(Total Qualification Time Criteria)、《资格和资格组成部分的等级》(Qualification and Component Levels)、新版《一般认可条件指南》(Guidance to the General Conditions of Recognition),为新资格框架的管理和运行奠定了法制基础。监管办公室宣布,这些新的规则和指南将从2015年10月1日开始实施,取消自2008年以来实施的资格与学分框架以单元化、学分化为特征的资格设计规则,这标志着新的资格框架——国家监管资格框架(RQF)正式进入实施阶段。②

(二)新资格框架构成要素

1.等级设置

新资格框架仍然保留了资格与学分框架原有的等级数目,即8个等级加上3个入门级。资格框架8级结构构建模式符合国家资格框架开发的世界趋势。英国新资格框架分配等级的原则是:一个资格有一个等级;一个资格可以有一

①Ofqual. Consultation on Withdrawing the Regulatory Arrangements for the Qualifications and Credit Framework [R]. 2014:8—9.

②Key changes to qualifications regulation come into effect[EB/OL].[2015—10—01]. https://www.gov.uk/government/news/key-changes-to-qualifications-regulation-come-into-effect

个以上的等级;一个资格的组成部分可以有一个等级。英国的资格框架具有自己的特色,与其他资格框架的等级对应程度存在差异。首先,英国设置了入门级,而欧洲资格框架没有引入入门级概念。其次,新资格框架的等级不完全对应欧洲资格框架的等级。除了表示学士、硕士和博士学位资格的六至八级与欧洲资格框架的等级完全对应外,其他等级与欧洲资格框架完全不对应。例如,欧洲资格框架的一级对应英国的入门3,二级则对应英国的一级,三级对应英国的二级,四级对应英国的三级,五级对应英国的四级和五级。然而,新资格框架的四至八级则完全对应于英格兰、威尔士和北爱尔兰高等教育资格框架的5个等级(四至八级),旨在加强本国资格框架间的沟通和衔接。

表5.5　英国新资格框架与欧洲资格框架的等级对应

欧洲资格框架	英国新资格框架
	入门1
	入门2
一级	入门3
二级	一级
三级	二级
四级	三级
五级	四级/五级
六级	六级
七级	七级
八级	八级

2.水平描述符

水平描述符参考借鉴了资格与学分框架和欧洲资格框架水平描述符的表述。水平描述符有知识和技能2个维度。知识维度又分为知识和理解力2个次级维度。“技能”(skills)在这里是一个宽泛的概念,同样包括认知能力和实践能力2个次级维度。描述符具有包容性,适用于政府监管的所有资格,不论是普通教育资格还是职业教育资格,因而许多描述符采用了“和/或”句型,以表示描述符适用于与某一科目学习或是为就业而准备相关的知识和技能。

知识的深度和广度、认知和实践能力的专业化程度、问题和情境的复杂程度是区分资格等级的重要依据。

表 5.6　英国新资格框架水平描述符

等级	知识维度	技能维度
入门 1	能够从最初级水平连续进阶到开始利用与学科或直接环境相关的知识和/或理解力	能够从最初级水平连续进阶到开始利用与学科或直接环境相关的技能
入门 2	具有某一学科的基本知识或理解力，和/或能够执行简单、熟悉的任务；知道完成简单活动所需的方法	能执行简单、熟悉的任务和活动。在他人指导下或使用演练过的方法完成任务和活动
入门 3	具有在熟悉的情境里执行结构性任务和活动的基本知识和理解力。 知道和了解在熟悉的情境里完成结构性任务和活动所需的方法	能在熟悉的情境里执行结构性任务和活动。能意识到行动对自己和他人产生的后果
一级	具有完成定义明确的任务和处理简单问题的某一学科的基础性、事实性知识和/或有关事实、方法和思想方面的知识。 能意识到与学习或工作领域相关的信息的方方面面	能使用基本认知和实践技能完成定义明确的任务。能选择和使用相关信息。 能识别行动是否具有效果
二级	具有完成定义明确的任务和处理直接问题的学习或工作领域里有关事实、方法和思想方面的知识和理解力。 能意识到各种与学习或工作领域相关的信息	能选择和使用相关的认知和实践技能完成定义明确的、通常是常规的任务，能处理直接问题。 能识别、收集和使用相关信息为行动提供依据。 能确定哪些是有效的行动
三级	具有完成定义明确但可能是复杂和非常规任务的某一学科或工作领域的事实性、程序性和理论性知识和理解力。 能解释和评估相关信息和思想。 能意识到学习或工作领域的性质。 能意识到学习或工作领域里有不同的视角或方法	能识别、选择和使用适当的认知和实践技能、方法和程序处理定义明确但可能是复杂和非常规的问题。 能开展适当的调查为行动提供依据。 能评价哪些是有效的方法和行动

续表

等级	知识维度	技能维度
四级	具有处理定义明确但可能是复杂和非常规问题的某一学科或工作领域里的事实性、理论性和技术性知识和理解力。 能分析、解释和评估相关信息和思想。 能意识到学习或工作领域的大致范围	能识别、调整和使用适当的认知和实践技能，处理复杂和非常规的但通常是定义非常明确的问题。 能检查评价方法、行动和结果的效果和适宜性
五级	具有某一学科或工作领域的实践性、理论性和技术性知识和理解力，在广泛定义的、复杂的情境里找到前进的路径。 能分析、解释和评估相关信息、概念和思想。 能意识到学习或工作领域的性质和范围。 了解不同的观点、方法或思想流派和背后的原因	能确定、调整和使用适当的方法、认知和实践技能处理广泛定义的、复杂的问题。 能使用相关的研发成果为行动提供依据。 能评价行动、方法和结果
六级	具有某一学科或工作领域的实践性、概念性或技术性知识和理解力，在存在许多相互作用因素的情境里开辟前进的路径。 了解不同的观点、方法或思想流派及支撑它们的理论。 能批判性地分析、解释和评估复杂的信息、概念和思想	能确定、完善、调整和使用适当的方法以及高级认知和实践技能，处理定义有限的和包含许多相互作用因素的问题。 可能的话，能使用和设计相关的研发成果为行动提供依据。 能评估行动、方法、结果及其影响

续表

等级	知识维度	技能维度
七级	重新表述和使用某一学科或工作领域的实践性、概念性或技术性知识和理解力，在存在许多相互作用因素的情境里开辟前进的路径。 能批判性地分析、解释和评估复杂的信息、概念和理论，产生修订后的概念。 了解学习或工作领域所处的更广泛的背景。 了解学习或工作领域的目前发展。 了解不同的理论和方法视角以及它们如何对学习或工作领域产生影响	运用专门化技能使包含许多相互作用因素的、存在问题的情境概念化并能加以应对。 能确定和使用适当的方法和策略。 能设计和开展研究、开发或战略性活动，促进工作或学习领域产生变化。 能批判性地评估行动、方法、结果及其短期和长期影响
八级	具有原创的实践性、概念性或技术性理解力，在缺乏定义和存在许多复杂的、相互作用因素的情境中开辟前进的路径。能批判性地分析、解释和评估复杂的信息、概念和理论，产生新的知识和理论。 了解和重新概念化知识或工作领域所处的更广泛的背景。 通过贡献原创性知识和思维拓展知识或工作领域。 具有对不同理论和方法的批判性理解力，了解不同的理论和方法如何对知识或工作领域产生影响	运用高级和专门化技能使包含许多复杂的、相互作用因素的、存在问题的情境概念化并能加以应对。 制定和使用适当的方法和策略。 发起、设计和开展研究、开发或战略性活动，推动工作或学习领域产生重要变化。 能批判性地评估行动、方法、结果及其对工作或知识领域、更广泛背景的短期和长期的影响

资料来源：Ofqual. After the QCF：A New Qualifications Framework [R]. 2015.

3.资格说明

它是对一个资格的目标、入学要求、学习内容和评价等的概述，具体包括：资格目标，入学要求如学历要求、知识技能要求，需要完成的必修单元和选修单元，需要进行评价的知识、技能和理解力，明确说明知识技能的覆盖范围和深度，评价方法和相关要求，评价材料标本，学习成就水平要求，全部资格学习时间小时数和指导性学习小时数，资格和资格组成部分的学分值，资格和资格组成部分的等级，等等。

4.引入"全部资格时间"概念

新资格框架的一个重要变化是引入了"全部资格时间"(Total Qualification Time)概念。全部资格时间是指概念学习小时数,表示可以合理地预计所需的全部时间量的估计值,使学习者能够通过参加指导性学习、辅导性学习和有监考的考试评价活动,达到和展示获得资格证书所需的学业成就水平。全部资格时间是衡量资格规格的重要参照和指标。监管办公室所监管的资格的规格大小不一,有的学习或培训只需花一天时间就可取得资格证书,有的则要花费数月或数年时间。全部资格时间包括指导性学习、辅导性学习和有监考的考试评价三部分。设定学习量的方法可以提供一个典型的学习者完成一个资格学习所花时间的全貌,课堂教学在内的指导性学习是其中一个主要部分。之所以使用"指导性学习"这一术语,是因为它可以更广泛地适用于工作本位学习和学术性学习。设定全部资格时间值不是要限制专业课程的设计或限制其弹性,需要的话,可以允许有些学习者花费更长的时间完成某些资格的学习,全部资格时间不应对此做出限制。在"资格与学分框架"中,对一个资格规格的测量使用了"证明""证书"和"文凭"三个专门术语,分别代表一定的学分值,但这特别容易与一般资格名称相混淆。

5.学分与单元

在新的资格框架里,一个资格根据情况仍然可以继续使用学分和单元,但是不作硬性规定。颁证机构可以向一个资格或资格的组成部分分配学分值,一个学分代表 10 个学习小时,学分数的计算方法是全部资格学习时间除以 10,向上取整。如果颁证机构要对学习小时数进行调整,那么资格或资格的组成部分的学分值也要作相应变化。① 在新版资格框架中,用"资格组成部分"(component)取代了"单元"的概念,内涵上"资格组成部分"更为宽泛。尽管资格与学分框架资格设计规则被取消,但颁证机构仍然可以设计单元化资格,只要能保证资格的有效性、可信性和可比性。2014 年 12 月,资格与考试监管办公室宣布关闭单元库并逐步取消单元共享。监管办公室规定,在取消资格与学分框架资格设计规则之后的两年时间里,颁证机构可以用它们自己开发的单元替代共享单元,或是取消该资格。②

①Office of Qualifications and Examinations Regulation(Ofqual). General Conditions of Recognition [S]. Coventry,September 2015:53.

②Ofqual. After the QCF: A New Qualifications Framework [R]. 2015.

6.先前学习认可

对先前学习进行认可对促进终身学习有着重要意义。先前学习认可是颁证机构对学习者从事的任何学习或取得的任何学习成就做出的鉴定，这些学习或学习成就是在学习者学习目前资格证书之前进行或取得的，其知识技能符合资格证书的要求并作为资格评价的一部分。只有学习者达到了资格证书的要求，颁证机构才能认可其先前学习或学习成就。认可先前学习要在评价学习者或授予资格证书之前进行。①

四、经验与启示

英国是世界上最早建立国家资格框架的国家之一。英国开发和实施资格框架有不少值得借鉴学习的经验。

1.不断推动资格框架改革创新

英国从 1988 年开始基本形成每 10 年为一个改革周期，不断推动教育理念和制度创新，先后推出了“国家职业资格框架”、“国家资格框架”、“资格与学分框架”和“国家监管资格框架”四代资格框架，每一代资格框架都是教育改革的产物。英国不仅是最早开发职业资格框架的国家，也是最早实施资格单元化学分化的国家，教育改革成为推动资格框架创新的动力。英国资格框架发展带给我国的另外一点启示是，教育创新需要遵循教育基本发展规律，教育创新不能脱离教育实际。资格的设计需要考虑不同学习对象的不同学习特点和不同类型资格的不同评价特点，而不是采取“一刀切”的方式，硬性规定所有的资格都必须采用单元化、学分化的设计规范，为了创新而创新。

2.结合地方特点开发地方资格框架

英国的资格框架呈现地方化特征，四个教育体系存在 5 个资格框架，而地方资格框架之间的相同性大于差异性，保持多样性中的一致性。英国的情况也给我们带来一些启示。我国地域辽阔，地区经济社会发展差距大，可以鼓励支持经济发达地区结合地方特点先行开发地方资格框架，为以后建立国家资格框架积累有益经验。

---

①Office of Qualifications and Examinations Regulation(Ofqual). General Conditions of Recognition [S]. Coventry,September 2015:56.

3.推进实现资格弹性化

英国是最早探索资格弹性化制度的国家。早在20世纪80年代初，苏格兰地区开始探索实行以模块为基础的国家证书制度，以适应不同学习群体的学习需要和特点。1988年，苏格兰和威尔士地区开始实行以单元为基础的国家职业资格，将资格切分为若干单元，适应成人学习者的学习特点。后来在国家资格框架，特别是在资格与学分框架实行资格单元化和学分化，学习者以小的学习步伐不断累积学习成就，进而完成一个完整的资格。2015年10月开始实施的国家监管资格框架，尽管取消了资格与学分框架资格单元化、学分化的“一刀切”式的硬性规定，但资格考试机构仍可根据不同类型资格的特点对资格进行单元化和学分化设计，增加资格学习的弹性是世界职业教育发展趋势，英国在这方面做了最早和有益的探索，积累了丰富的经验，值得其他国家学习借鉴。

4.建立运行有效的质量保障监管体系

英国实行两级认证体系，监管机构依法对颁证考试机构进行认证，而考试颁证机构对教育培训机构进行认证。监管机构是依法设立的机构，履行法律规定的职责和赋予的权力，以标准为依据对资格市场主体和资格本身进行全程监管。英国的职业资格形成了一个庞大的资格市场，学习者需要通过向颁证机构交费参加考试认证。事实证明，仅仅依赖市场不能保证资格标准的一致性，需要对职业资格市场进行监管。通过制定法规规章，监管机构依法采取监管行动，保障资格市场规范、有效、有序运行。

5.资格框架体系仍有改革完善的空间

在英国的四个地区中，有两个地区实施综合资格框架，苏格兰学分与资格框架和威尔士学分与资格框架都是涵盖各级各类教育的综合资格框架。英格兰和威尔士资格框架则采取分框架形式，高等教育资格框架和国家监管资格框架都是分框架形式，前者涵盖高等教育资格，后者包含普通教育和职业教育资格。在欧洲资格框架的推动下，绝大部分欧盟国家开发和实施了国家资格框架，涵盖各级各类教育的综合国家资格框架成为主流形式。在未来，英格兰和威尔士资格框架是否要顺应欧盟国家资格框架发展趋势而整合开发综合资格框架，目前政府还没有明确的想法和计划。

第六章 德国国家资格框架

在欧盟推进开发欧洲资格框架的进程中，德国启动了国家资格框架的建设工作，构建了以学习结果为导向的、涵盖各级各类教育的总体国家资格框架，以增加德国资格在欧洲的透明度和可比性，增强资格间的渗透性，推动终身学习发展。2012 年 12 月，德国向欧盟提交与欧洲资格框架对接的报告，标志着国家资格框架的设计和研制工作正式完成。2013 年 5 月，德国宣布正式实施国家资格框架。

一、资格框架开发过程

德国国家终身学习资格框架（DQR）经历了一个较为缓慢的开发过程。2006 年德国启动资格框架的开发工作，联邦教育与研究部（BMBF）与各州文教部长常设会议（KMK）达成协议，共同开发国家资格框架，以顺应在欧洲资格框架推动下欧盟各国正在兴起的开发国家资格框架的形势，目标是建立一个与“欧洲资格框架”高度兼容的国家资格框架。德国资格框架开发经历了三个发展阶段。

第一阶段从 2007 年 3 月至 2009 年 2 月，是研制资格框架方案阶段。2007 年 3 月，德国举行资格框架开发工作启动会议，成立了联邦与州政府德国资格框架协调小组以及德国资格框架工作小组。2009 年 2 月，德国公布资格框架方案草案，就目标、指导方针、能力分类、术语、资格等级、学习结果描述和资格等级标准（描述符）达成一致，随后开始测试工作。

第二阶段从 2009 年 3 月至 2010 年 9 月，是测试阶段。2009 年 5 月至 10 月，德国进行了资格框架测试，选择信息技术、钢铁、卫生和贸易四个行业作为资格框架的试点行业，用这四个行业的资格作为“测试基础”，使之与德国资格框架的等级联系起来。利益相关方广泛参与了这项测试工作，包括来自以学校为基础的和以工作为基础的职业教育与培训部门、继续教育与培训部门、普通教育部门、高等教育部门、工会和雇主等部门及其组织的专家和代表。在对测试阶段工作进行评估之后，德国对资格框架草案进行了修改和完善，例如修改了等级标准。

第三阶段从2010年10月至2012年12月，是方案完善阶段。2011年3月，资格框架工作小组通过了建立基于学习结果的国家终身学习总体资格框架的最终协议。2011年11月，非正规和非正式学习认证小组提出关于将通过非正规和非正式学习途径取得的资格纳入资格框架的建议。2011年和2012年，德国资格框架工作小组提出了对德国教育与培训体系的正规资格进行分类的建议。在2012年1月31日举行的高层会议上，利益相关方达成政治协议，同意将职业教育与培训及高等教育的主要资格与资格框架等级联系起来。例如，师傅和技术员资格等同于学士学位，同置于六级资格；信息技术战略专业人员资格等同于硕士学位，同置于七级资格。强调职业教育与学术教育的等效性，但会议尚未决定是否将普通教育资格纳入到资格框架。2012年12月，德国完成与欧洲资格框架的对接报告。

二、资格框架结构要素

对接报告的完成标志着德国资格框架达到了欧盟规定的与欧洲资格框架对接的10条标准，完成了国家资格框架的开发与构建。德国国家资格框架的目标是增加德国资格的透明性，促进德国资格在欧洲其他国家得到承认，支持学习者和工作者在德国和其他欧洲国家之间以及在德国国内的流动，提高资格间的等同和差异的可视性，促进不同资格的渗透性，提高资格的可信度，促进机会迁移和加强质量保障，强化资格的能力导向，加强资格过程的学习结果导向，增加接受非正规和非正式学习结果鉴定和认定的机会，促进参与终身学习。

德国采用了与欧洲资格框架完全一致的八级结构，这为德国资格框架资格等级的划分以及与欧洲资格框架等级的对应提供了条件，框架强调以学习结果理念为引导，注重嵌入德国元素，以四维目标构建等级标准，展现职业资格类型多样化，构建了有德国教育特色的国家资格框架。

(一)学习结果导向的理念

"学习结果"(learning outcomes)是欧洲资格框架一个重要的核心概念，是指对一个学习者在完成一个学习过程后知道什么、理解什么和能够做什么的陈述。学习结果从知识、技能和能力方面来定义。①

---

①Recommendation of the European Parliament and of the Council of 23 April 2008 on the establishment of the European Qualifications Framework for lifelong learning[EB/OL]. 2008.http://eur-lex.europa.eu/legal-content/EN/TXT/PDF/? uri=CELEX:32008H0506(01)&from=EN

学习结果导向主要区别于传统教育过分强调学习年限等投入和过程要素，转而更加注重学习的产出和结果要素，形成从注重投入和过程变为更加注重产出和结果的新的学习范式，是现代教育理念和特征的具体体现。欧洲职业教育发展中心前主任阿维亚纳·巴尔格雷里(Aviana Bulgarelli)指出："欧洲国家在制定其教育与培训体系总体目标并在定义和描述资格时，越来越多地涉及学习结果。不是强调奠定资格基础的学习期限、地点和特别教学方法等投入要素，而是注重一个学习者在学习过程结束时知道什么和能够做什么。"①

在欧洲资格框架的推动下，以学习结果为导向的理念对欧盟各国教育产生了重大影响，以学习结果理念作为构建国家资格框架和描述资格的指导原则，促进了理念更新和学习范式转变，加强了在不同学习背景下取得的学习结果的认证。德国顺应欧洲教育发展趋势，采用以学习结果为导向的理念，以能力作为统称来描述学习结果。德国对学习结果的定义是：学习者在完成一个学习过程时知道什么、理解什么、能做什么和准备做什么。德国认为，以学习结果和能力描述资格，可增进资格的可读性、可理解性、可比性和可评价性。在学习结果理念的引领下，德国着力推动各级各类教育改革。在普通教育领域，制定以能力为导向的教育标准。在职业教育领域，引入资格模块和学习领域概念，修改和完善以能力为基础的培训条例(国家职业标准)和学校职业教育框架课程，着力培养学生的综合专业行动能力。在高等教育领域，在"博洛尼亚进程"的推动下，以模块形式构建课程。在继续教育领域，采用各种能力导向的方法构建教育标准。

(二)嵌入德国元素

在欧洲资格框架语境下，以知识、技能和能力三个维度描述学习结果，而在德国资格框架里将能力作为学习结果的统称。"能力"是德国资格框架的核心概念。在德国资格框架语境下，能力是一个综合概念，是指运用知识、技能的能力和准备程度以及在工作或学习情境里具有的个人能力、社会能力和/或方法能力，以经过深思熟虑的方式及对个人和社会负责的态度行事和表现自己。在这个意义上能力可理解为综合行动能力。

按照德国对教育的理解，德国国家资格框架(DQR)是基于一种宽泛的教育概念，仅是凸显了能力的部分特征，像可靠性、精确度、耐力和注意力、跨文化和宗教能力、积极的宽容态度和民主的行为模式，以及规范、伦理和宗教反思能力等，都是行动能力培养的构成要素。因此，德国国家资格框架里能力的概念

①European Centre for the Development of Vocational Training (Cedefop). The shift to learning outcomes [R]. Luxembourg: Office for Official Publications of the European Communities, 2008.

可与职业行动能力联系起来，而职业行动能力是德国双元制体系里职业教育与培训的重要特征。德语国家一般对能力都有着宽泛的理解，将认知、情感和动机等要素考虑在能力范畴之内，把学生的成熟、全面、综合行动能力以及参与和反思能力作为培养目标，从而架起了职业教育与普通教育之间的桥梁，减少二者间的差别。欧洲其他国家，如捷克和立陶宛也使用能力作为总体概念。

（三）等级标准构建

1.能力维度和次级维度

德国国家资格框架等级标准采用二维结构构建。在能力统称概念下，等级标准划分为两个能力维度，即专业能力和个人能力。每个能力维度再划分次级维度，“专业能力”分为知识和技能两个次级维度，“个人能力”分为社会能力和自我能力（自主性）2 个次级维度。能力次级维度包含若干能力要素。按照德国人的理解，方法能力也是与职业相关、需要培养的一种重要能力，是一种跨部门能力，因此没有在德国国家资格框架矩阵（资格等级标准表）中单独列出。德国等级标准由能力统称概念、能力维度、能力次级维度和能力要素四个层级构成。

就能力次级维度而言，知识用广度和深度来描述。知识的广度是指与某个资格相关的普通知识、职业岗位知识或技术知识包含的领域的数量，而知识的深度是指对一个普通知识领域、职业岗位知识或技术知识领域的渗透程度。作为一个能力次级维度，技能包括工具性能力、系统性能力以及判断力等能力要素。工具性能力是指有效运用思想、理论、方法、工具、技术和设备的应用性能力，而系统性能力旨在产生新的东西，它们以工具性能力为条件，需要具有评价复杂的相互关系和正确处理这些相互关系的能力。社会能力包括团队工作能力、领导能力、参与能力和表达能力等能力要素，而自主性是指个体具有自主性责任/责任心、反思能力和学习能力。

每个能力次级维度都包含若干能力要素，能力要素一般是等级标准所要求的最核心的知识点、技能点和能力点。例如六级资格（本科层次）等级标准，总体要求是具有规划、处理和评估综合技术任务和各种问题的能力，具有在某一学科或某一职业活动分领域的自主过程管理的能力。这些结构性的要求具有复杂性和时常变化的特点。在知识方面的要求是，具有广泛和综合的知识，包括具有某个学科的基本科学原理和实际运用方面的知识，以及对最重要的理论和方法的批判性理解力；或是具有广泛和综合的职业知识，包括具有当前技术发展方面的知识；具有某个学科进一步发展，或是职业活动领域方面的知识，并且具有其他领域交叉点的相关知识。在技能方面的要求是，具有某个学科、继续学习领域或职业活动领域里处理复杂问题的各种极为广泛的方法，制订新的解决方案，根据不同标准甚至在要求处于经常变化的情况下评估这种解决方案。在社会能力方面的要求是，承担与专家团队一起工作的责任，或表现出领导小组或组织的责任，向他人传授技术发展信息，以可预见的方式解决团队内的问题，向专家呈现论点及对复杂的专业问题的解决方案，同这些专家合作推动工作进一步发展。在自主性方面的要求是，定义、反思和评价学习和工作过程目标，自主地和持续地组织学习和工作过程。①

2.水平描述符

表 6.1　德国国家资格框架水平描述符

等级和等级概述	专业能力		个人能力	
	知识	技能	社会能力	自我能力
一级 具有在一个明确的和稳定的结构里学习或工作领域里完成简单要求的能力，能在他人监督指导下完成任务	具有初步的普通知识。具有一个学习或工作领域的初始洞察力	具有按照预先规定的规则执行简单任务以及评价这种任务结果所需的认知和实践技能，能建立技能与任务之间初步的相互关系	能同他人一起学习或工作，通过口头和书面语言获取和交流信息	在他人监督下学习或工作。能评价自己的行动和他人的行动，接受学习指导
二级 具有在一个明确的和稳定的结构化学习或工作领域里完成基本要求的能力，能大体上在他人监督指导下完成任务	具有在一个学习或工作领域的基本普通知识和基本专业知识	具有在一个学习或工作领域里执行任务所需的基本认知和实践技能，按照预先规定的标准评价这种任务的结果和建立相互关系	能在一个小组里开展工作。能接受和表达一般反馈和批评。能根据特定情境，进行口头和书面表达，采取行动和做出反应	能在熟悉和稳定的情境里以负责任的方式和主要在他人监督下学习或工作。能评价自己的行动和他人的行动。能使用预先规定的学习指导并能要求他人给予学习指导

①Bundesministeriums für Bildung und Forschung (BMBF) andKultusministerkonferenz (KMK). German EQF Referencing Report [R]. 15th November 2012.

续表

等级和等级概述	专业能力		个人能力	
	知识	技能	社会能力	自我能力
三级 具有在一个学习领域或职业活动领域里自主完成技术要求的能力，这些学习或职业活动领域的要求在某些方面是明确的，但活动具有开放性和结构化特点	具有在某一学习领域或职业活动领域里的拓展性普通知识或拓展性专业知识	具有在一个学习或专业活动领域里，规划和处理技术任务的各种认知和实践技能。能按照基本上预先规定的标准对结果进行评价，提供方法和结果的简单迁移	能在一个小组里工作，偶尔提供帮助。能帮助形成学习或工作环境，向合适的听众呈现表述过程和结果	在不太熟悉的情境里自主地和负责地学习或工作。能评价自己的行动和他人的行动。要求他人给予学习指导，能选择各种学习辅助材料
四级 具有在指定的可能会发生变化的、综合的学习领域或职业活动领域里自主规划和处理技术任务的能力	具有在某一学习领域或职业活动领域里的较深入的普通知识或理论性专业知识	具有各种广泛的认知和实践技能，能自主准备工作任务、问题解决方案和评价工作过程和结果，同时能考虑到可供选择的行动过程与邻近领域的相互影响效果。能向他人提供解决问题的方法和方案	帮助开展小组工作，形成小组学习或工作环境，提供经常性支持。能证明过程和结果的正当性。能全面介绍事实和情况	能制订自己的学习和工作目标，反思和评价这些目标，并对此负责

续表

等级和等级概述	专业能力		个人能力	
	知识	技能	社会能力	自我能力
五级 具有在指定的可能会发生变化的、复杂的和专门化学习领域或职业活动领域里自主规划和处理综合技术任务的能力	具有某一学习领域的综合专业知识或某一活动领域的综合职业知识，包括深入的、理论的和专业的知识。熟悉学习领域或职业活动领域的范围和局限性	具有极为广泛的各种专门化的、认知的和实践的技能。能规划整个工作领域的工作过程，能对这种过程进行评价，同时能全面地考虑到可供选择的行动过程与临近领域的相互影响效果。 能向他人全面地提供解决问题的方法和方案	能以合作的方式规划和组织工作过程，包括在异质化小组里规划和组织工作过程。能指导他人，提供及时的学习指导。能有针对性地向合适的听众呈现复杂的事实和专业领域里的发展情况	能反思和评价自己的学习目标和外部制订的学习目标，以自我指导的方式追求目标并对这些目标负责，能让团队工作产生结果
六级 具有规划、处理和评估综合技术任务和各种问题的能力，具有在某一学科或职业活动领域里自主管理的能力，工作情境具有复杂性和时常变化的特点	具有广泛和综合的知识，包括具有某一学科的基本科学原理和实际运用方面的知识以及对最重要理论和方法的批判性理解力。 或是具有广泛的和综合的职业知识，包括具有当前技术发展方面的知识；具有某个学科进一步发展，或是职业活动领域方面的知识；具有其他领域交叉点的相关知识	具有某一学科、继续学习领域或职业活动领域里处理复杂问题的各种极为广泛的方法。能制订新的解决方案，并能评估该解决方案，包括能考虑到各种不同标准以及不断发生变化的情况	能与专家团队一起工作并承担责任，或者对领导团队或组织负有责任。能在技术上指导他人，以可预见的方式解决团队内的问题。能与专家交流论点及对复杂的专业问题的解决方案，与专家合作推动工作进一步发展	能定义、反思和评价学习和工作过程目标，自主地和持续地组织学习和工作过程

续表

等级和等级概述	专业能力		个人能力	
	知识	技能	社会能力	自我能力
七级 具有处理新的和复杂的技术任务和解决问题的能力，具有在某一学科或某一战略性职业活动领域自主管理的能力，工作情境具有经常性变化和不可预测的特点	具有在某一学科的综合的、详细的、专门化的和最新的知识，或是具有战略性职业活动领域里的综合职业知识。具有相邻领域的拓展性知识	具有在某一学科或某一职业活动领域、与解决战略性问题相关的专门化技术或设计概念的技能。能在信息不完整的情况下考虑使用可供选择的方案。能发展和使用新的思想或方法，根据不同评价标准评价这种思想和方法	能在规定的、复杂的任务范围内承担领导团队或组织的责任，能呈现团队或组织的工作结果。能有针对性地在技术上指导他人，能组织部门和跨部门的讨论	能定义新的以应用为导向的或以研究为导向的任务目标，反思可能具有的社会、经济和文化含义，运用适当的手段，为此目的自觉地挖掘使用自己的知识
八级 具有在某一学科取得研究结果的能力或在某一职业活动领域开发创新性解决方案和方法的能力，工作情境具有新的和难以对问题进行定义的特点	具有在某一学科里一个或一个以上领域里综合的、系统的和最新的知识。具有在职业活动里有战略重要性的和以创新为导向的领域里的综合职业知识。具有临近领域交叉点的适当知识	具有在某一专门化学科或在某一职业活动领域里，在研究、发展或创新领域里确定的、与识别和解决新问题相关的综合高级技能。能在跨活动领域设计、实施、管理、反思和评价创新性方法，能评价新的思想和方法	能从特定责任立场领导团队或组织，激发团队或组织的潜力。能以目标为导向和可持续的方式促进他人的专业发展。能领导跨学科专业讨论，为专业性讨论做出创新性贡献	能定义新的、复杂的以应用为导向的或以研究为导向的任务目标，反思可能具有的社会、经济和文化含义，能选择适当的手段，发展新的思想和方法

资料来源；Bundesministeriums für Bildung und Forschung (BMBF) und Kultusministerkonferenz (KMK). German EQF Referencing Report [R]. 2012:63.

(四)职业教育资格类型

除学校普通教育资格外，德国国家资格框架收录了包含学位资格和职业性资格在内的22种资格类型：学位资格包括学士学位、硕士学位和博士学位三种，分别对应六级、七级和八级资格；其余为职业性资格，包括从一级到七级的各级各类职业性资格，成为德国资格框架的主体。

在职业性资格中，可分为非学位类职业资格和学位类职业资格两大类。

1.非学位类职业资格

非学位类职业资格是职业性资格的主体，种类繁多，分布在不同资格等级，可分为以下几类：

(1)预备职业培训证书。包括就业署职业预备培训计划证书、职前培训年证书、青年入门培训证书等小类，属于资格框架中一级和二级资格。其学历层次对应国际教育标准分类划分的初中阶段教育(1997版ISCED 2B)。

(2)双元制职业教育与培训证书。资格有2年制、3年制和3.5年制三种类型，2年制属于三级资格，3年制和3.5年制属于四级资格。尽管三种类型属于资格框架中不同等级的资格，但它们在学历层次上都对应于国际教育标准分类划分的高中阶段教育(1997版ISCED 3B)。德国目前有344种得到国家承认的双元制培训职业资格，作为附表已经全部纳入资格框架，其中2年制有38种，3年制253种，3.5年制53种。

所谓“双元制”，是一种职业教育制度的简称，是指职业教育中政府与企业合作、企业与非全日制职业教育学校合作培养专业技术工人的双元组织形式。受培训者以徒工身份在企业中接受实践技能培训，同时又以学生身份在非全日制职业教育学校中接受与职业相关的专业理论教育和文化教育。这两部分学习内容和形式的相对存在，构成了双元制职业教育模式的基本框架。企业培训由联邦政府主管部门负责，执行其颁布的培训条例和培训框架计划。职业学校教育的组织管理则由各州负责，教学遵循各州文教部长联席会议制订的框架教学计划，而这一教学计划又是与上述培训条例和培训框架计划相互协调的。在培训时间的分配上，企业每周3～4天，职业学校每周1～2天；在教育经费分担上，企业职业培训的费用大部分由企业负担，职业学校费用由国家和州政府承担。这充分体现了双元制以企业为主、以实践为主的原则。这种形式使学生在学习的同时获得职业工作经验，尤其有利于学生个人实现从基础教育到职业教育、从职业教育到就业这两个转变的过渡，其与学校本位职业教育形式相比较存在明显优势。①

德国的双元制职业教育对促进青年就业发挥了重要作用。曾经受国际金融危机的影响，欧洲各国青年失业率不断攀高，西班牙和希腊等国达到50%以上，欧盟27国平均为23%，而德国仅为8%，可见双元制学徒培训发挥了重要作用。由于学龄人口减少，参加学徒培训的人数在下降，2011年10月1日至2012年9月30日，有551，272人签订了学徒合同，比上年减少18108人。②1993年，德国高中阶段职业教育学生的比例占到70%；2010年，德国高中阶段全部在校人数达到2，746，649人，其中职业教育学生占51.49%。③

表6.2　德国2005－2011年学徒培训供需情况

年份	新签学徒合同	空缺名额	申请不成功者	供给	需求	供需比
2005	550，180	12，636	40，504	562，816	590，684	95.3%
2006	576，153	15，401	49，487	591，554	625，640	94.6%
2007	625，885	18，359	32，660	644，244	658，545	97.8%
2008	616，342	19，507	14，515	635，849	630，857	100.8%
2009	564，307	17，255	15，608	581，562	579，987	100.3%
2010	559，960	19，605	12，255	579，565	572，215	101.3%
2011	570，140	29，689	11，550	599，829	581，690	103.1%

资料来源：BIBB. VET in Europe － Country Report Germany [R]. 10th edition, November 2012.

①"借鉴德国双元制经验，促进我国职业技术教育改革的研究与与实验"课题组. 面向未来的探索——"双元制"职业教育在中国的实践[M]. 北京：经济科学出版社，1998：8－10.

②Bundesministeriums für Bildung und Forschung(BMBF). Berufsbildungsbericht 2013 [R] (2013－06－01). http://www.bmbf.de/pub/bbb_2013.pdf.

③Ute Hippach－Schneider; Kristina Alice Hensen. VET in Europe－Country Report Germany [R]. 10th edition, November 2012, P16.

表 6.3　双元制职业教育“自动化技术电工”四级专业资格说明

示例	双元制职业教育自动化技术电工
资格	技能型工人(工业)、熟练工人(熟练工种)、专业化员工(公共服务部门)。依照《职业教育法》第四条第一款规定,双元制职业教育是国家承认的职业培训。经过考试可取得高等教育(应用科技大学)入学资格
认证机构	行业协会(如工商业行业协会、手工业行业协会)
1997 版国际教育分类标准	3 B
入学要求	同《职业教育法》或《手工业法》承认的所有培训职业一样,原则上没有特定的学校教育或先前职业培训的要求(只有在完成全日制义务教育之后才可开始接受培训)
资格证书	取得职业资格(通过主管部门举办的考试);取得非全日制职业学校毕业证书。如达到相应等级,等同于取得初中教育毕业证书。通过额外考试后取得高等教育(应用科技大学)入学资格
衔接	在完成初始职业教育与培训并取得相关专业经验后,可选择学习技术员或师傅继续培训课程。进入应用科技大学(Fachhochschule)或普通大学学习需按有关规定办理。通过额外考试后取得应用科技大学高等教育入学资格
学习地点	企业和非全日制职业学校(学校教育 1680 小时)
学习期限	3.5 年
法律基础、课程等	依据《职业教育法》第四条第一款和《手工业法》第二十五条第一款规定,它是国家承认的培训职业。《关于自动化技术电子工程师职业培训条例》,载 2003 年 7 月 3 日《联邦法律公报 2009》第一编第 31 号。2009 年 4 月 23 日各州文教部长常设会议通过《非全日制职业学校框架课程决议》
资格等级	德国国家资格框架和欧洲资格框架四级
等级定位理由	毕业生具有技能型就业的基本前提条件,具有在指定的可能会发生变化的综合的学习领域或职业活动领域里自主规划和处理技术任务的能力

资料来源:Bundesministeriums für Bildung und Forschung(BMBF) and Kultusministerkonferenz (KMK).German EQF Referencing Report [R]. 15th November 2012.

表 6.4 双元制职业教育“自动化技术电工”资格证书学习结果描述(四级资格)

专业能力		个人能力	
知识	技能	社会能力	自我能力
深度和广度	具有工具性能力、系统性能力和判断能力	具有团队合作能力、领导能力,以及参与能力和交流能力	具有自主性、责任心,以及反思和学习能力
毕业生完成了基础的和专门化职业教育与培训,在以前完成的普通教育的基础上拓展了知识范围,熟悉数学和科学内容,具有安全、经济、商业管理和环境方面的知识。自动化技术电工有深入的理论专业知识,能够: 分析电子系统和测试功能; 规划和实施电气安装; 分析和采用控制系统; 建立信息技术系统; 确保电能供应和制造资源的安全性	自动化技术电工能够使自己适应其工作业务过程,具有各种广泛的认知和实践技能,能自主进行任务准备和解决问题,评估工作结果和过程,能考虑到可供选择的行动过程与临近领域的相互影响。毕业生能对方法和结果进行迁移。他们能够: 规划和编制具有位、字节和字处理功能的控制程序,开发库功能块; 安装和配置硬件和软件组件; 通过网络,使子系统与自动化系统连接起来; 在规划和设计工作流程中考虑相关的劳动和集体谈判法律; 了解企业的结构和组织架构; 叙述企业的业务过程; 考虑卫生、安全和环境方面的规定;	毕业生具有社会和个人能力,能够开展团队工作,不断提供支持,能用技术语言准确地进行全面交流,能解释过程和结果,以适合目标群体理解力的方式呈现结果,能够: 作为其专业活动的一部分,同企业内部和企业外部人员,包括来自其他文化背景的人员一起工作和交流,担当团队成员; 分析消费者需求; 为客户提供咨询和支持; 从主控制水平对自动化系统进行控制和编程; 开发合理的故障排除和解决故障方面的程序;	毕业生能完成其工作岗位任务,投身于工作世界和社会,具有社会和环境责任感;能够独立地和自主地规划和实施任务,对结果进行反思,制定自己的学习和工作目标,反思和评价目标,并对实现目标负有责任。他们能够: 对工作抱有积极的个人态度,对业务过程负有责任; 执行标准和遵守条例,运用技术条例和规定、数据表和说明、操作指南及其他与职业相关的信息,包括使用英语方面的说明和信息。 运用最新的信息通信系统,获得信息、过程任务和项目,记录和呈现工作结果; 规划适当的学习时间和工期,严格遵守强制性的时间规划;

续表

专业能力		个人能力	
知识	技能	社会能力	自我能力
分析安装和测试其安全； 编制和实施安装控制系统程序； 选择和集成驱动系统； 集成控制和通信系统； 将自动化系统投入运行并移交给用户； 维护和优化自动化系统； 规划和实施自动化系统	规划和组织工作、评价工作结果和改进质量管理； 建立工作站； 安装系统组件和建立网络； 测量和分析； 测试安全措施； 建立和测试控制系统； 提供相关服务； 分析故障，维护设备和系统； 对系统进行概念化； 安装测量、控制和调节装置并使之投入运行； 对自动化系统进行配置和编程； 测试和维护自动化系统	测试保护措施的效果； 运用测试和测量程序，使用故障诊断法排除故障，优化生产过程或产生建设性变化； 在操作和技术的基础上进行沟通交流； 接收和移交安装，指导用户和提供服务； 监控和维护设施，开展定期检查，分析故障，采取立即行动并维修设施； 执行成本核算，制作成本账目	展现谈话和合作技巧； 在团队中自主地组织学习和工作任务，分析、反思和评价在活动过程中的领悟； 在规划和实施工作中，通过负责任的行动，考虑到人类环境改造对经济、环境和社会的影响； 通过使用合适的材料并考虑环境保护规定，降低对环境的负面影响； 运用标准、条例和规则，确保生产质量，保护安装不间断工作，从而不断改进工作流程； 采取负责任的行动，考虑安全因素

资料来源：Bundesministeriums für Bildung und Forschung（BMBF）and Kultusministerkonferenz（KMK）.German EQF Referencing Report［R］. 15th November 2012.

（3）全日制职业学校证书。分布在资格框架的二级、三级和四级资格，学历上属于初中和高中阶段教育。

（4）行业性职业资格。基本上是经过行业协会考试和认证的职业资格。其中，属于五级资格的有信息技术专家和服务行业技术员等专业技术职称。在学历层次上，德国认为它们不属于国际教育标准分类划分的任何教育阶段，然而它们的资格等级定位大致对应中专或专科层次。属于六级资格的有商业专家、商务管理专家和信息技术专业操作人员等小类，学历层次上属于国际教育标准分类划分的5B，这一般被认为是专科层次。

(5)“师傅”资格。分为工业师傅和手工业师傅两类,师傅资格是由联邦法做出规定的、受监管的继续职业教育资格,一般在完成双元制职业教育与培训后,经过全日制学习1年,或非全日制学习2～4年或函授课程学习2.5年,并具有相应实践经验,参加并通过行业协会举办的考试取得师傅头衔。师傅资格属于六级资格,学历层次对应国际教育标准分类划分的5B层次。获得师傅资格证书的人主要有三条就业渠道:一是到企业担任中层领导;二是自己办理营业执照,独立经营;三是做企业培训师。“师傅”不仅具有与职业相关的知识和精湛技能,而且还具有管理和领导能力、高度的责任心和学习能力,体现出综合且均衡的素质。

表6.5 电气工程专业工业师傅专业资格说明

示例	经过认证的电气工程专业工业师傅
资格	经过认证的工业师傅(能执行一个企业的中级管理领导任务或管理自己的企业;具有培训教师资格)
认证机构	行业协会(如工商业行业协会、手工业行业协会)
1997版国际教育分类标准	5B
入学要求	一般来说,参加工业师傅考试的前提条件是在国家承认的培训职业里成功完成了职业培训。如参加电气工程工业师傅考试,需具有电气工程专业背景和相关专业实践(除了具有电气工程专业背景,还至少有6个月专业实践)。如果考生具有的知识达到了《培训教师资格条例》第三条第一款规定的要求,考生需要提供取得了职业和与工作相关的教学能力方面的证据。如果已有的知识、技能和经验被证明达到了考试的要求,可以免除部分报考条件
资格证书	通过主管部门举办的继续培训考试取得师傅头衔
衔接	接受高等教育需按相关规定办理(2009年3月6日各州文教部长常设会议就职业上具备资格但没有高等教育入学考试成绩的考生接受高等教育做出了决议)。选择参加继续教育
学习地点	企业实践,参加行业协会和其他提供者举办的师傅考试预备培训课程
学习期限	全日制学习1年;非全日制学习2～4年;函授课程学习2.5年,加上补充性面授课程,取决于参加者的先前知识基础;参加师傅考试非义务性预备学习课程

续表

示例	经过认证的电气工程专业工业师傅
法律基础、课程等	《职业教育法》第 53 条关于被监管的继续职业培训。《关于取得国家承认的资格经过认证的电气工程工业师傅考试条例》，载 2004 年 12 月 7 日《联邦法律公报》第一编第 64 号
资格等级	德国国家资格框架和欧洲资格框架 6 级
等级定位理由	经过认证的电气工程工业师傅，在电气工程行业的企业里，特别是在规划和生产方面承担着专业职能和管理职能，他们能在不同行业不同规模的企业里，在企业不同的活动领域里履行运行、组织和管理职能；适应不断变化的生产方法和系统、工作组织结构以及组织发展、人事管理与发展的新方法，帮助推动企业内部的技术和组织变革。 他们具有在其职业活动领域处理各种技术任务和问题以及自主管理过程的能力。工作情境具有复杂性和经常变化的特点。考虑到创新周期在缩短，工业师傅必须能够不断地提高自己的业务素质，参加继续教育。 除了专业能力，工业师傅还具有较高的领导能力、团队能力和沟通能力

资料来源：Bundesministeriums für Bildung und Forschung(BMBF) and Kultusministerkonferenz (KMK).German EQF Referencing Report [R]. 15th November 2012.

表 6.6　电气工程专业工业师傅能力水平描述

职业能力		个人能力	
知识	技能	社会能力	自主性
深度和广度	具有工具性能力、系统性能力和判断能力	具有团队合作能力、领导能力以及参与和交流能力	具有自主性、责任心和责任感以及反思和学习能力
毕业生具有下列领域的知识： 运行维护、生产； 运行维护、基础设施； 制造和装配； 职业及与工作相关的教育学； 法律； 企业管理；	毕业生能够： 按照相关规则，恰当地安装电气设备和系统，规划、组织和监控其维护； 确保企业新安装的机器、设备和系统的能源供应，在处理新装配组件时认识和考虑到对制造过程的影响； 按照相关规则，规划自动化和信息系统，使之投入运营并维护它们，采取相关措施改进自动化过程，并将自动化和信息系统合并进上游系统； 记录和评估企业管理相关性和成本相关因素，说明成本控制的可能性，计划、组织、实施和监测能提高成本意识行为的措施； 运用计算方法和时间管理方法；	毕业生能够： 按照公司发展目标对人员进行管理，根据相关规定和业务标准并考虑到他们个人情况、资格和兴趣，向他们分配任务； 引导员工采取自主和负责任的行动，激发他们的动机并吸收他们参与决策过程； 在适当时间并以适当方式激发员工工作热情，提高工作效率； 协调和监督小组工作；	毕业生能够： 规划工作过程，包括使用材料和资源，参与规划和实施新的工艺和制造过程； 提出成本预测，监控成本提高，确保实现成本效益； 制订有关生产质量和数量方面的管理规程，确保遵守这些规程； 与生产主管人员合作，协调和监控维护工作及企业相关生产领域；

续表

职业能力		个人能力	
知识	技能	社会能力	自主性
信息技术和规划方法； 企业合作； 自然科学和技术规律； 技术学（基础设施系统和操作技术、自动化和信息技术）； 组织（公司成本管理，规划、控制和通讯系统，工作保护、环境保护、卫生和安全）； 领导和人事（人事管理、人员开发和质量管理）	评估组织因素和人员因素，将其作为重要的成本因素； 认识到系统的重要性，按照要求选择它们，运用适当的系统去监测规划目标和过程； 认识到相关规程和规定的重要性并确保能够遵守，预防风险，分析存在的不足，采取措施予以避免或弥补这些缺点； 确保人员具有工作保护、环境保护及卫生和安全方面的意识，并采取相应行动； 按照人员质量和数量方面的规划，系统地实施人员开发计划； 合作实施质量管理体系，为改进生产和企业可持续发展做出贡献； 分析工作要求并使之结构化，提出合理的解决方案	促进员工间及与上司和工作委员会间的以目标为导向的合作和沟通； 合作制订人员工作标准； 对个人和小组进行评价，积极促进适合员工能力水平的素质提升； 提升员工参与创新的准备程度，鼓励他们参加企业内外的系统性继续教育； 运用适当的呈现方式，讨论和解释所提出的解决方案	与安全员合作，确保遵守工作安全、环境和卫生规定； 与人员上游规划小组合作，提出建议并将车间数据和生产结果纳入规划过程； 按照相关的管理规程，设计符合人体工程学原理的工作场所和地点； 制定条例和标准，开展企业技术创新，组织和监控新的工作计划的实施； 与他人合作，共同提出有关新技术概念的建议，帮助形成永久性工作和生产改进过程

资料来源：Bundesministeriums für Bildung und Forschung (BMBF) and Kultusministerkonferenz (KMK). German EQF Referencing Report [R]. 15th November 2012.

2.学位类职业资格

自20世纪60年代末起，德国将工程师学校、高级专业学校合并组建成126所应用科技大学，培养本科和硕士层次的应用型技术技能人才，从而形成应用科技大学与普通大学共同发展、相互补充的双元格局。1975年颁布并于1999年和2004年修订的《联邦德国高等教育总法》第十八条第一款规定："考试合格的学生，普通大学可以授予相关学科文凭和大学毕业文凭。在其他类型高等学校开设的高等专业课程考试合格的学生，毕业文凭须标注'应用科技大学'(FH)字样。州法律可以规定高等学校授予作为职业资格的硕士学位。"其第十九条第二款规定："职业资格考试合格的学生，高等学校可以授予学士学位。标准学习期限最少为三年，但不超过四年。"从法律上确立了普通学位与职业教育学位并存的学位制度。应用科技大学和双元制大学(合作教育大学)授予的以实践为导向的学士学位和硕士学位，属于资格框架中的六级和七级资格。2012年，德国应用科技大学在校生达79.6万人，占高等教育全部在校生人数的31.8%。

三、质量保障体系

(一)高等教育质量保障体系

1.制定高等教育人才培养标准

"博洛尼亚进程"的重要成果之一是推动各国开发高等教育资格框架，制定高等教育人才培养标准，实现高等教育人才培养质量的提高，为资格互认和促进人员流动奠定基础。德国是较早将高等教育资格框架与欧洲高等教育区资格框架进行对接的国家之一。2008年9月，德国联邦教育与科研部和各州文教部长常设会议通过《德国高等教育资格框架与欧洲高等教育区资格框架相兼容》的自我认证报告，[①]实现德国高等教育资格框架与欧洲高等教育区资格框架的对接。德国高等教育资格框架水平描述符从知识和能力两个维度描述学

---

①The Federal Ministry of Education and Research (BMBF) and the Standing Conference of the Ministers of Education and Cultural Affairs of the Länder of the Federal Republic of Germany (KMK). Report on The Compatibility of the Qualifications Framework for German Higher Education Qualifications "with the" Qualifications Framework for the European Higher Education Area [R]. 18 September 2008. http://www.ond.vlaanderen.be/hogeronderwijs/bologna/qf/documents/NQF_Germany_self-certification_English.pdf

士、硕士和博士三级学位的等级标准。在等级描述结构上，两个维度下面又划分5个次级维度，知识与理解力维度分为知识的扩展和深化，能力维度分为工具性能力、系统性能力和交流能力三个次级维度。与"都柏林水平描述符"相比，德国高等教育资格框架等级描述结构层次更为完整、清晰，增加了等级描述的维度和次级维度的构建，不过在等级描述的要素方面，例如，本科生入学知识基础、与专家和非专家的交流能力等，德国资格框架的描述语言仍受到"都柏林水平描述符"的影响。总之，德国高等教育资格框架水平描述符是高等教育人才培养、与国际标准对接的重要依据。

(1)学士学位毕业生水平描述符。在知识和理解力方面，毕业生能拓展知识领域，其知识和理解力建立在高等教育入学资格基础之上，并远远超过入学时的水平，对本专业领域的科学原理具有广泛的、融合的知识和理解力。毕业生能深化知识结构，对专业领域的重要理论、原理和方法具有批判性理解力，并能在垂直的、水平的方向上深化知识，知识和理解力达到当前学界的水平，同时了解一些当前专业领域的研究现状。在能力方面，毕业生具有以下能力：一是工具性能力，能在职业或专业情境中应用其知识和理解力，提出并能完善专业领域的问题解决方案和论据。二是系统性能力，能够收集、评价和解释相关信息，特别是与学位课程相关的信息，能从社会、科学和伦理视角得出科学的结论，能自主从事继续学习。三是交流能力，能提出专业见解和问题解决方案，能在辩论中辩护自己的观点，能与专家和非专家讨论交流信息、思想、问题和解决方案，能在团队中担负责任。

(2)硕士学位毕业生水平描述符。在知识和理解力方面，毕业生能拓展知识领域，其知识水平和理解力在本科水平的基础上得到大幅提高，能够定义和解释专业领域的特点、局限性、专业术语和学术观点。毕业生能深化知识结构，其知识水平和理解力为产生和/或应用独立思想奠定了基础，专业发展方向既可以是实践型的也可以是研究型的，对一个或多个专门领域最新的发展现状具有广泛深入的和批判性的理解力。在能力方面，毕业生具有以下能力：一是工具性能力，能在新的和不熟悉的、与自己专业领域相关的、具有广泛或跨学科特点的情境里应用知识和理解力以及问题解决技能。二是系统性能力，能整合知识，处理复杂问题，能在信息不完整或有限的情况下做出科学决策、得出结论，能从社会、科学和伦理视角应用其知识和对策；具有自主地获取新知识的能力，能基本上完全自主地执行独立的科学研究或应用研究项目。三是交流能力，能根据研究和应用现状，与专家和非专家清楚准确地交流结论、重要信息和原因，能在学术层面上与专家和非专家讨论相关信息、思想、问题和解决方案，在团队中担负领导责任。

(3)博士学位毕业生水平描述符。在知识和理解力方面,毕业生能拓展知识领域,对其研究领域具有系统性理解力,掌握该研究领域的技能和方法,对相关文献有全面的了解。毕业生能深化知识结构,通过学术论文对科学研究做出独有的贡献,该论文能拓展知识边界,经得住国内外同行专家的检验。在能力方面,毕业生具有以下能力:一是工具性能力,能独立设计和执行重大研究项目,具有科学诚信的品质。二是系统性能力,能独立地识别科学问题,能批判性地分析、发展和综合新的、复杂的思想,能在学术的或非学术的专业环境中促进知识社会的科学文化和社会进步。三是交流能力,能与同事讨论专业领域的研究发现和结果,能与专业人员和一般人员交流研究发现和结果,能领导一个团队。①

2.建立高等教育质量认证体系

德国高等教育实行两级认证,即国家认证委员会对认证机构进行认证,具有资质的认证机构再对高校和专业进行认证,因而国家认证委员会原则上不直接对高校和专业进行认证。1998 年,各州文教部长常设会议决定成立国家认证委员会,采取一种分散、非集中化的方式统筹全国的认证体系,由国家认证委员会直接认证某些认证机构,认证机构则判断高校设置的专业课程是否符合专业要求。自 2005 年 1 月起,国家认证委员会的法律地位改为公法意义上的基金会,其成员由高校代表、州代表、专业人士代表、学生代表以及国际机构代表组成。

国家认证委员会的主要职能是对认证机构进行认证,许可合格认证机构在一定期限内以国家认证处的名义认证专业课程,监督认证机构的工作,定期重新认证,制定相关的认证工作标准,保证各认证机构之间开展公平竞争,在国际质量保障合作交流中维护德国的利益。

经过审查和批准的认证机构才有资格从事高校和专业课程认证业务。认证机构的专家评估组成员包括高校代表、专业人士代表和学生代表。专家评估组的结论可以有通过认证、有条件通过认证和未通过认证三种。所有认证产生的费用由申请认证的高校承担。目前德国有 10 家得到国家认证委员会承认的

---

①German Rectors' Conference, the Standing Conference of the Ministers of Education and Cultural Affairs of the Länder of the Federal Republic of Germany and the Federal Ministry of Education and Research. Qualifications Framework for German Higher Education Qualifications[R]. 21 April 2005. http://www.kmk.org/fileadmin/Dateien/veroeffentlichungen_beschluesse/2005/2005_04_21-Qualifikationsrahmen_englisch.pdf

认证机构，其中有瑞士认证机构2家、奥地利1家，旨在引进国外优质认证资源，促进国内竞争机制形成，呈现出机构认证向着国际化趋势发展的特点(见表6.7)。得到承认的认证机构可向评估合格的高校和专业课程颁发国家认证委员会的“质量印章”。

德国国家认证委员会和认证机构积极参与国际高等教育质量保障体系，如国际高等教育质量保证网络(INQAHE)、欧洲高等教育质量保证网络(ENQA)、欧洲高等教育认证协会(ECA)等，以加强高等教育国际合作交流，推进高等教育国际化，提高高等教育质量。

表6.7 德国承认的认证机构一览表

中文名称	英文名称和缩写	机构性质	业务范围
认证、鉴定和质量保障研究所	Accreditation, Certification and Quality Assurance Insitute, ACQUIN	非营利组织	认证所有学习领域的本科和硕士专业课程以及高校内部质量保障体系
卫生和社会科学专业课程认证机构	Accreditation Agency for Study Programmes in Health and Social Sciences, AKAST	非营利组织	认证卫生和社会科学学科领域本科和硕士专业课程
质量保障与牧师专业课程认证机构	Agency for Quality Assurance and Accreditation of Canonical Study Programmes, AQA	依据教会法注册的公共协会	认证牧师专业课程，侧重天主教、新教神学等宗教专业课程认证
奥地利质量保障机构	Austrian Agency for Quality Assurance	依据奥地利协会法设立的非营利组织	认证所有学习领域的本科和硕士专业课程以及高校内部质量保障体系
质量保障与专业认证机构	Agency for Quality Assurance by Accreditation of Study Programmes, AQAS	非营利组织	认证所有学习领域的本科和硕士专业课程以及高校内部质量保障体系

续表

中文名称	英文名称和缩写	机构性质	业务范围
工程、信息学/计算机科学、自然科学和数学学位课程认证机构	Accreditation Agency for Degree Programmes in Engineering, Informatics/Computer Science, the Natural Sciences and Mathematics, ASIIN	依德国法律注册的非营利协会	认证工程、信息学、自然科学和数学本科和硕士学位课程以及高校内部质量保障体系。ASIIN的认证得到普通大学、应用科技大学、专家学会、与专业相关的组织以及工商联合会和工会的支持
评估机构	Evaluation Agency Baden-Württemberg, EVALAG	依据公共法设立的基金会	认证所有学习领域的本科和硕士专业以及高校内部质量保障体系
国际商务管理认证基金会	Foundation for International Business Administration Accreditation, FIBAA	依瑞士法律设立的非营利基金会	认证经济学(含法律和社会科学)和管理领域的本科和硕士专业以及高校内部质量保障体系
瑞士高等教育认证和质量保障中心	Swiss Center of Accreditation and Quality Assurance in Higher Education, OAQ	瑞士联邦和州联合设立的机构	认证所有学习领域的本科和硕士专业以及高校内部质量保障体系
汉诺威中央评估与认证机构	Central Evaluation and Accreditation Agency Hannover, ZEVA	依民法设立的基金会	认证所有学习领域的本科和硕士专业课程以及高校内部质量保障体系

资料来源:Accreditation Agencies[EB/OL]. [2014－10－20]. http://www.akkreditierungsrat.de/index.php? id＝agenturen&L＝1&size＝sTTGNpbL.

(二)职业教育质量保障体系

1.职业教育立法奠定了质量保障的基础

德国为加强职业教育质量保障体系建设,不断完善基础职业教育立法。战后德国宪法将联邦与州的教育责任进行了区分,在职业教育领域,联邦主要负责企业职业教育和弱势群体职业教育立法,州负责学校职业教育立法。1969 年德国通过了《职业教育法》(即《企业职业教育法》),这是一部确立了政府引导、行业主导、企业实施的现代产业教育体系的法律，提供了由企业职业教育和学校职业教育两个体系支撑的双元制培训制度的法律保障。法律还规定联邦经济与技术部或其他主管部委，经征得联邦教育与研究部批准可发布国家承认的职业目录(培训职业)和职业标准(培训条例)。2005 年对该法又进行了修改，其中重要的修改内容包括国家承认学徒在国外接受的培训，将先前职业教育与培训折合成学分计入培训期限等。其他重要的企业职业教育立法还包括《手工业条例》《企业培训教师资格条例》和《保护青年就业法》等，2008 年修改后的《德国社会保障法》(第三卷)规定，通过提供培训补贴增加弱势青年接受职业教育的机会，从而形成较为完善的企业职业教育立法体系。

州立法是学校职业教育的法律基础，包括职业学校和一些私立学校，宪法第 7 条第 1 款和第 30 条以及第 70～75 条赋予各州在这些领域的立法权限。德国文教部长常设会议发布学校职业教育框架课程，这些框架课程与联邦政府颁布的培训条例相一致。职业教育学校的文化课标准由各州自主制定。

2.推进标准体系建设

(1)职业标准。职业标准在德国称为“培训条例”，它是以法规形式颁布的，对徒工从事某一法定职业所应掌握的职业知识、职业技能和职业能力的基本要求，核心是职业技能标准。培训条例具有约束力，从而保证了统一的国家标准。培训条例一般包含两部分内容：一是以法规形式颁布的培训规定(条例)，具有法律效力；二是以附件形式出现的培训大纲，是对培训要点的具体细化。

例如，《机械制造机械师培训条例》第一部分“培训规定”包含以下主要内容：(1)适用范围适用于《手工业条例》中机械制造师的职业培训。(2)培训期限为三年半。(3)培训目标，使徒工掌握条例规定的技能和知识，具有从事一种需要专门知识和技能的职业活动的能力，在工作岗位上能独立制订计划、实施计划并进行检查。(4)培训要点，包含 23 个知识点和技能点。(5)中期考试和满师考试要求，对考试时间、考试科目、考试内容和考试形式做了规定。机械制造机械师培训大纲将每个培训要点逐一进行了细化，包含三部分内容：一是基础职业教育，是对第 1～12 个培训要点的细化表述，内容涉及了解培训合同的意义作用，了解培训企业基本情况，知晓劳动合同法基本知识，掌握劳动保护、劳动安全和环境保护知识，了解工作程序、基本职业操作技能训练要求等。二是职业专业教育，是对第 13～23 个培训要点的细化表述，强调专业操作技能的训练。三是重点职业专业教育，分为“普通机械制造”、“造秤”和“生产机械学”三个专业方向，列出了每个专业方向的培训要点。

保持修标常态化，适应经济社会要求。德国目前有328种国家承认的双元制培训职业。自2003年以来，联邦职业教育研究所代表联邦政府与社会合作伙伴和企业代表合作修订和新设了217个培训条例，其中修订180个，新设30个，以适应经济、技术和社会发展要求。2013年新设2个培训条例，修订12个，有26700名徒工按照新标准接受企业职业教育。从2014年8月1日起，德国启用9种新修订的职业标准，涉及冰激凌制作工、汽车车身和汽车制造技工、办公室管理职员、保险与金融服务经纪人、农业与建筑机械机电工程师、室内装饰工、糖果糕点制作工、弹拨乐器制作工和周期机电工程师9种职业。联邦职业教育研究所目前正在修订的培训条例达到13个，修订后的条例已在2015年颁布实施，涉及法律、专利律师、公证助理和屋顶修缮工等职业。①

(2)课程标准。职业标准由联邦政府制定，课程标准则由各州文教部长常设会议(KMK)制定。每个职业标准都有一个对应的课程标准，德国称之为“框架课程”(Rahmenlehrplan)。框架课程是双元制学生在职业学校学习的、与职业标准相对应的专业理论课程。职业标准侧重规范职业操作技能，而课程标准侧重规范专业理论的学习。学习地点也有区别，前者是在企业，后者则是在职业学校。框架课程由各州文教部长常设会议发布，以保证课程标准的应用在各州的统一。学生在部分时间制职业学校每周学习12小时。三分之一的时间用于文化课学习，三分之二的时间用于与特定职业相关的专业理论课学习。

(3)文化课标准。文化课科目学习内容由各州自行颁布。文化课占总课时的20％～30％，包括体育、社会学(政治)、德语、宗教4门必修课程，英语、计算机等选修课程，按照年级不同平均每周学习6～12小时。

(4)教师资格标准。德国的双元制职业培训之所以取得成功，得益于它具有一支力量雄厚、类型结构合理、业务素质高的师资队伍。1810年德国开世界教师资格制度之先河开始实行了教师资格制度。德国职业教育教师分为三类：职业学校专业理论教师、职业学校实习指导教师和企业培训教师。不同类型的职业教育教师由不同渠道培养。专业理论课和基础课教师由大学和专门学校培养。

职业学校的专业理论教师都要经过两个阶段的培养，并修习教育专业。第一阶段为大学学习阶段。要求在综合性大学学习8个学期以上，选两门专业课。大学阶段学习结束后，参加国家第一次考试，取得两门专业的毕业文凭。

①The new training year begins with nine modernised dual training occupations[EB/OL]. [2014－07－31]. http://www.bibb.de/en/pressemitteilung_15119.php

然后在各州举办的见习学院开始第二阶段的专业实习与见习，时间为18个月。见习阶段的学习又包括两部分，即见习学院的学习及与见习学院挂钩的职业学校的实习。见习教师每周在见习学院学习5小时的理论课，其中有3小时主要课程和2小时专业课程。主要课程是学习学校教育学，如课堂计划、课堂分析、学习心理学，还有学校条例和学校管理等内容。专业课程主要是学习专业教学法。学校实习课要在职业学校完成，实习包括在学校旁听、在教师指导下上课、独立上课等。在见习学院和职业学校实习完毕后，参加国家第二次考试，考试通过后获得正式教师证书，持正式教师证书者才有资格被聘任为职业学校教师。

职业学校实习指导教师必须具备技师或手工业师傅资格，还要具有中等教育毕业证书和两年以上的实际工作经验，再接受一年半的教育实习才能被聘为专业实习指导教师。实习指导教师由职业技术学校培养。德国十分重视发挥社会上各种专门人才的作用，职业学校实行专职与兼职教师并举制度。职业学校聘请大量兼职教师，兼职教师多为社会名流、学者和医生、教授等，也有少数专业性较强的课程则聘请手工业技术人员作为兼职教师。有些职业学校专职教师与兼职教师比例达到1∶1，甚至兼职教师比例更大。兼职教师是德国职业教育中一支不可缺少的教学力量。由于德国在职业教育师资队伍的数量建设上采取了切实可行的措施，使职教师资的数量满足了职教发展的要求。

德国相关法律法规规定了企业培训教师的资格标准。在《职业教育法》《手工业条例》和《企业培训教师资格条例》等法律法规中，相关条款对企业培训教师资格标准做了规定。资格标准包括人品素质、专业素质、学历要求和工作经历等方面。人品素质是指没有违法犯罪行为、人品没有瑕疵、具备合格公民素养，具备人品素质是企业培训教师的最基本要求。《职业教育法》第28条规定："只有具备相应人品和专业资质者，才能培训徒工。"《手工业条例》第21条第1款规定："凡本人人品相宜者可以雇佣徒工（学徒），人品和专业条件均相宜者方可培训徒工。"专业素质是对企业培训教师的业务能力要求，《职业教育法》对专业素质内涵进行了原则性界定，它包括职业素质和教育教学素质两个方面。第30条第1款规定："如果他们具有在该职业实施初始培训和在培训过程中所需的职业技能、知识和能力以及教学技能、知识和能力，人员应被认为具有必要的专业资质。"企业培训教师还需要具有相应的学历和工作经历，第30条第2款规定："①通过相应职业领域的专业考试；②通过了培训机构或考试部门举办的相应职业领域里国家承认的专业考试，或是通过了州立学校举办的结业考试；③通过了德国高等教育机构举办的相应职业领域里的专业结业考试，并具有对口职业的工作经历和实践能力。"联邦政府可对相关的教师职业资格考试做出规定，第30条第3款规定："联邦经济和劳动部或其他主管部委，在征得联邦教育和研究部同意和听取联邦职业教育研究所董事会意见后，以无须联邦参议院表决同意的法规形式，对国家承认的何种职业考试做出规定。"

3.发挥行会主导作用

德国《职业教育法》中所称的"主管机构"（competent body）成为行会的代名词。行会在企业教育中履行着法律赋予的职能，担当着组织者和管理者的角色。德国几乎在每个行业都设有行会，主要有工商业行会、手工业行会、农业行会、律师行会、税务顾问行会、医师行会等主要行会，每个行会设有众多的地区一级机构，负责管理自己业务范围内的双元制职业教育。《职业教育法》对各相关领域的行会机构作为职业教育培训组织者即主管机构做了明确的说明。法律明确了行会作为企业教育培训的组织者和管理者的地位。

德国行会是依法设立和法律授权的管理指导企业教育培训，具有一定行政管理职能的专业管理机构。行会在双元制职业教育模式中的作用主要体现在以下三个方面。

（1）审查认定培训企业资质和培训教师资质。行会负责对"双元制"职业教育模式中最主要的"一元"企业培训机构进行资质审查、管理及日常监督。《职业教育法》第32条"资质适宜性审查监督"规定，主管机构（行会）要负责审查监督培训场所的适宜性以及企业培训人员的人品和专业资质。一旦发现资质存在不足，如果这些不足可以弥补且不对受训生造成危害，行会应要求培训企业限期弥补这些不足；如果在规定期限内不能弥补这些不足，或者这些不足会对受训生造成危害，行会应将有关情况通报给州主管当局。行会还负责企业培训教师资格证书考试和资格认定。

（2）负责学徒培训合同各阶段的管理。《职业教育法》第10条规定，培训雇主须与受训生订立培训合同。合同的标准文本由各相关行会负责制订。培训合同包含培训的性质、课程内容、培训的不同阶段和目的，特别是培训的活动方式、培训的开始日期和培训期限、在培训场所之外提供的培训课程、每天正常培训的课时数、实习期课时数、学徒津贴及其支付方式、假期期限、解除培训合同的条件。合同签订后，培训者应随即将一份签名的合同文件交给受训人或者其法定代理人，并立即将合同签订记录上交给相关行会。

（3）组织实施学徒考试和资格认证。《职业教育法》第37条规定："凡国家认可的培训职业均应举行结业考试。"第39条规定："主管机构（行会）应设立考试委员会负责安排结业考试。"同时第40条还规定了考试委员会的组成情况，考试委员会应至少由3名成员组成，委员会成员应该是该项考试所涉及领域的专家，并应具有行使主考官员所必需的权力的能力。考试委员会的成员中，雇主方面和雇员方面应有相同数目的代表，并至少有一名职业学校的教师，成员总数中至少应有三分之二的人为雇主和雇员代表，每个成员应有一名候补委员。考试委员会成员由主管机构委任，任期为5年，受雇人方面的成员由受雇人所属工会和主管机构辖区内关心职教政策和社会人员组成的独立社团推荐，而后予以委任。考试委员会负责评价每位受试人的结业考试成绩，每个人的总体成绩通过或没有通过结业考试由考试委员会决定。第43条“结业考试的许可”和第46条“准许参加结业考试”中规定：“关于准许参加结业考试的决定由主管机构做出，如果他们认为受培训人不具备必要的条件，那么此决定由考试委员会做出。”第47条“考试规则”中规定：主管机构应颁布结业考试的考试规则，考试规则要得到有关州、最高主管当局的批准。考试规则应规定准考条件、考试方式、考试的分段、评分标准、考试证书的颁发、违反规则的后果及重新考试的可能性。①

4.与欧盟职业教育质量保障标准对接

加强各国职业教育是欧盟教育政策的一个重要目标。2002年，欧盟启动了以促进区域职业教育合作、提升职业教育质量保障水平为目标的“哥本哈根进程”。作为合作的重要成果，2009年欧盟通过《关于建立欧洲职业教育与培训质量保障参照框架的建议》，进一步拓展了欧洲各国职业教育合作的深度和广度。该建议提出了职业教育质量保障的4个步骤和10个核心评价指标，形成职业教育质量保障的“质量环”。为加强同欧盟和各国职业教育质量保障合作，2008年8月，德国成立了职业教育质量保障办公室（DEQA-VET），该办公室设在联邦职业教育研究所，是欧洲职业教育与培训质量保障网络的一个国家节点。② 质量保障办公室的主要职责是加强职业教育质量保障的信息交流，实施相关项目，组织开展相关活动。该办公室的设立对加强与欧洲各国职业教育质量保障合作交流，增进德国与欧盟层面政策沟通，促进德国职业教育质量保障体系建设都有着重要意义。质量保障办公室根据德国职业教育统计的方法和特点，对欧洲职业教育质量保障框架的10个指标进行了分解，对相关数据进

①蔡跃，王继平.从《联邦职业教育法》看德国行会在职业教育中的作用[J].教育理论与实践，2011(2)：25－27.

②DEQA－VET[EB/OL].[2015－12－01]. https://www.deqa－vet.de/en/DEQA－VET－442.php

行了收集和分析，以对欧洲职业教育质量保障框架进行反馈，开展国家间的比较。该办公室还设立了一个“国家咨询小组”，成员包括联邦、州教育行政部门、社会合作伙伴的代表，就实施职业教育质量保障向政府提供相关政策咨询建议。

四、资格框架实施

多方参与、平等协商、凝聚共识是德国开发和实施国家资格框架的重要特点。为实施资格框架，德国建立了运行有效的工作机制，分别在国家层面和工作层面成立了协调小组和工作小组，同时运用欧盟政策工具和原则，积极推动国家资格框架的实施。

(一)协调小组

协调小组是一个联合工作组，成立于2007年初。小组成员包括来自教育与文化事务部长常设会议、联邦教育与研究部、联邦经济与技术部、州经济部长常设会议的四方代表。他们代表着学校教育、职业教育、高等教育、终身学习、欧洲事务以及教育与培训宏观政策等部门。协调小组主要职能是指导、协调开发和实施德国资格框架的进程。协调小组由6名成员组成：各州文教部长常设会议和联邦教育与研究部各任命两名成员，各州经济部长常设会议和联邦经济与技术部各指定一名成员。协调小组由常设会议和联邦教育与研究部各一名成员担任协调小组两位主席职业。协调小组的主要职责是：监控德国资格框架的实施，检查资格分派情况，确保总体结构保持一致；就德国国家资格框架资格与欧洲资格框架对接提出建议；确保使用透明的方法将德国国家资格框架资格等级与欧洲资格框架对接，增进资格间的可比性；维护参照资格目录，每年至少更新一次版本；就德国资格如何与欧洲资格框架对接向利益攸关方提供信息和指导；鼓励社会合作伙伴、商界组织和其他相关机构积极参与。协调小组每年举行两次会议，通过议事程序。协调小组分别在各州文教部长常设会议秘书处和联邦教育与研究部下设工作办公室，负责日常工作，工作办公室之间相互协作执行任务。协调小组同时还作为欧洲资格框架的德国国家协调点。

(二)工作小组

联邦政府和州政府成立了德国资格框架工作小组，工作小组成员具有广泛的代表性，除联邦政府-州协调小组的成员外，还包括高等教育机构和职业教育机构、社会合作伙伴以及研究和实践专家的代表，吸收相关利益攸关方参与开发和实施德国资格框架。所有的与开发和实施德国资格框架相关的决定和决议都在工作小组中得到充分讨论并获得通过。社会合作伙伴在德国资格框架开发和实施的总体进程中发挥了重要作用。所有的决议都在工作小组中达成了一致意见，所有的决定都由利益攸关方共同做出。共识原则是工作小组成员合作和决策的基础。每个代表在整个德国资格框架开发过程中都有发言权，保证能把会议结果及时反馈到他们所代表的机构或委员会，这种跨教育部门的工作机制旨在形成共享概念并建立一个切实可行的德国资格框架。

欧洲资格框架实施工作小组具有广泛代表性。教育与文化事务部长常设会议欧洲资格框架实施工作小组吸收了州职业教育与培训部、司法部、内务部和卫生部等州一级行政部门的代表参加，通过联邦教育与研究部和联邦经济与技术部，其他联邦一级的部委也参加部际联席会议。在联邦职业教育研究所(BIBB)的指导委员会下面专门设立了一个德国资格框架-欧洲职业教育与培训学分系统工作小组，帮助解决德国国家资格框架开发过程中出现的问题并提供专业咨询。

(三)运用欧盟政策工具和原则

欧盟在“博洛尼亚进程”和“哥本哈根进程”中，不仅开发或参与开发了资格框架这种制度性工具，而且还开发或参与开发了多种配套工具和原则。欧盟2004年制订的《非正规和非正式学习认证共同原则》，2009年出台的《欧洲职业教育与培训质量保障框架》和《欧洲职业教育与培训学分系统》，以及在“博洛尼亚进程”中出台的《欧洲学分转换和积累系统》和欧洲高等教育质量保障协会2009年推出的《欧洲高等教育区质量保障标准和指导方针》，都作为实施欧洲资格框架、欧洲高等教育区资格框架和国家资格框架的主要配套实施工具。

德国以积极的态度实施欧盟各种政策工具和原则。德国高等教育质量保障体系包括认证和评估两部分。德国实行“认证的认证”两级认证体系，国家认证委员会对从事教育认证业务的机构进行资质认证，只有经过审查和批准的机构才有资格从事高校和专业课程认证业务，目前有10家得到德国认证委员会承认的认证机构，其中有3家外国机构。评估包括内部评价和外部评估。德国完善的职业教育法律法规体系和标准体系，以及利益攸关方广泛参与的机制为职业教育质量保障体系运行提供了坚实的基础。德国已有一些通过非正式学习途径取得能力和资格的实施办法，这些办法可以参考借鉴并加以完善。在德国资格框架开发过程中，两个专家小组提交了有关《将非正规和和非正式学习结果纳入德国国家资格框架》(2010 年 3 月)和《承认通过非正式和非正规途径取得的能力》(2010 年 5 月)的报告。2011 年 7 月,成立了两个工作小组,工作小组提出了关于将通过非正规和非正式学习途径取得的能力纳入德国国家资格框架的建议。2012 年 12 月,德国资格框架工作小组就建议进行了讨论,并就下一步采取的措施达成一致。目前,德国还没有计划将欧洲职业教育与培训学分系统和欧洲高等教育学分积累与转换系统与德国资格框架联系起来。然而,在欧洲"终身学习项目"及"达芬奇职业教育子项目"的资助下,德国与其他国家合作实施了职业教育学分的试点项目。德国联邦职业教育研究所成立了一个欧洲职业教育学分国家协调点,在职业学生跨国流动背景下对职业教育学分系统的原则、过程和工具进行测试。在高等教育部门已完全实施欧洲高等教育学分系统。

五、未来发展和任务

2013 年 5 月 8 日,各州文教部长常设会议、联邦教育与研究部、各州经济部长会议和联邦经济与技术部四方代表共同签署《关于实施德国终身学习资格框架的联合决议》,决定从 2013 年 5 月 1 日起正式实施德国资格框架,在实施中继续不断完善资格框架。

德国国家资格框架是一个定向功能的框架。目前功能还不完整,它主要是作为一种透明工具,旨在增加资格的透明度、可比性和可读性。通过资格等级标准、资格类型说明和专业资格学习结果描述,人们能更好地了解资格的内容、要求、等级、预期的学习结果和基本情况,使资格间的等同性和差异性更加透明,使不同教育部门间的资格和欧洲各国间资格能够进行比较,为以后资格间融通和等效性奠定基础。

德国国家资格框架仍是一个发展中的资格框架。覆盖口径目前仅限于职业教育部门、高等教育部门和继续教育部门,普通教育资格,如普通高中毕业证书等资格尚未纳入其中,还不是严格意义上的全口径总体国家资格框架。欧盟国家的经验表明,国家越大,情况就越为复杂。在最早完成与欧洲资格框架对接的英国(英格兰)和法国,也都没有建立起真正意义上的覆盖各级各类教育的总体资格框架。英国英格兰采取分置资格框架,高等教育资格框架与涵盖职业教育、普通教育资格的"国家监管资格框架"并行,两个框架间存在着松散的联系。法国以 1969 年引入的最初五级结构资格框架为基础,于 2010 年完成与欧洲资格框架的对接,主要覆盖职业性和专业性资格,法国有关部门正在考虑增加等级数目和扩大覆盖口径，以完善资格框架。欧洲大国的经验表明，职业教育特色越突出，普职资格融合难度就越大。

每一等级资格不与学习权利和工资挂钩。纳入到资格框架的职业性资格尚不能自动享有接受高一级教育的入学机会。德国《联合决议》第一条第二款规定："各签署方同意德国国家资格框架资格等级定位不赋予任何权利。资格等级定位并不取代德国现有的权利制度，特别是在这种权利制度中，它对招生录取或资格认可的决定没有任何影响。而且，欧盟制定的《关于承认专业资格2005/36号指令》不受任何影响。人们也同意，在德国适用的培训与考试规定以及对此负有的责任将不会受资格分派到德国资格框架和欧洲资格框架等级的影响。"[①]此外，德国资格框架并不影响有关工资方面的现有法律规定，等级资格不与工资挂钩。[②] 这表明，纳入资格框架中的非学位类职业资格还不能充分体现其教育价值和劳动力市场价值。

在接下来的5年中，德国资格框架的主要任务是：制定其他资格分派的标准和程序，完成《德国国家资格框架手册》编写工作；将德国国家资格框架资格等级与欧洲资格框架等级进行对接；实现正规教育领域资格在资格框架中的等级定位，特别是普通教育和国家监管的职业继续教育领域的资格等级定位；提出将非正规和非正式学习结果纳入国家资格框架的建议，制订相关实施办法；支持教育相关负责部门根据《德国国家资格框架手册》对新的资格进行等级定位，将资格证书与欧洲资格框架等级联系起来并提出咨询建议；制定质量保障措施，实施评估措施，根据情况做出必要的调整。到2017年将对德国国家资格框架进行全面评估。

---

①Bundesministeriums für Bildung und Forschung, der Wirtschaftsministerkonferenz und des Bundesministeriums für Wirtschaft und Technologie. Gemeinsamer Beschluss [S].2013.

②Der Deutsche Qualifikationsrahmen für lebenslanges Lernen ist eingeführt[EB/OL]. (2013－06－13). http://www.deutscherqualifikationsrahmen.de/de/aktuelles/der-deutsche-qualifikationsrahmen-f%C3%BCr-lebenslanges_hgnieuyd.html? s＝oMpuRhstjm7togw31.

第七章 南非国家资格框架

南非是最早建立国家资格框架的国家之一。1995年颁布的《南非资格署法》决定成立南非资格署负责实施国家资格框架，建立了较完善的资格框架标准制定体系、质量保障体系和资格管理信息系统。2009年，南非进一步修改颁布了《国家资格框架法》，完善资格框架治理结构和调整等级数目。南非国家资格框架是依法设立，由政府部门批准，有质量保障的国家资格和部分资格的分类、登记、发布和联通的综合制度，采用总框架下设立分框架的形式，国家资格框架由南非资格署监督管理，分框架由每个质量委员会管理实施，高等教育委员会负责管理实施高等教育资格分框架(HEQSF)，普通、继续教育与培训质量委员会(Umalusi)负责普通、继续教育与培训资格分框架(GFETQSF)，手工业和职业质量委员会(TCTO)负责职业资格分框架(OQSF)。南非开发国家资格框架的经验引起国际社会的广泛关注。

一、历史发展

(一)预备阶段

南非国家资格框架可追溯到20世纪70年代初。当时，黑人工会要求提高生活工资但屡遭拒绝，理由是工人缺乏技能，因而他们的要求没有正当的理由。这反过来促使黑人工人把培训看作是实现提高工资要求的一种手段。要求雇主提高工资的斗争一直持续到20世纪80年代。1989年，南非金属制造工人联合会成立了一个由工人和工会官员组成的研究小组，就教育与培训问题提出建议。研究小组提出了一揽子建议，认为技能开发将会导致工人更高的工资，要分阶段提高工人技能并与定级递增联系起来。建议认为，不仅需要提高黑人工人的基础教育，而且也需要建立国家培训认可制度，使培训具有可携带性，以使个人不会再遭受单个雇主的摆布。1991年7月，该建议由南非工会大会正式通过。

1976年索韦托爆发学生抗议活动，随后学潮蔓延到全国。到了20世纪80年代，整个教育体系已经名誉扫地，遭到各界广泛拒绝。非政府教育部门的抵制运动导致最终形成国家教育政策倡议(NEPI),倡议提出了重建正规教育系统的建议。民主联盟广泛听取和吸收各方意见,于1992年发布了《国家教育政策倡议报告和框架》,提出要坚持非种族主义、非性别歧视、民主和补救的原则,建立一个非种族、统一的教育和培训系统。南非工会大会密切参与了国家教育政策倡议制定的进程,一直到1994年的民主大选。

面对工人和学生的正当要求,政府多次予以拒绝。1990年,德克勒克总统表示政府打算废除种族隔离制度,标志着政府对工人和学生的政策开始发生变化。人力部通过其下属的国家训练局,早在20世纪80年代后就实施了多项措施,特别是重建学徒制,建立了由自治性产业培训委员会实施的以能力为基础的模块化培训体系。然而,工会认为培训过程存在缺陷,不仅是因为它排除了工人,而且也因为措施狭隘地侧重于学徒培训,完全排除了基础教育,而基础教育是接受技能培训的切入点。经过多次协商,1992年人力部和工会联合会再次举行会议,决定完善培训过程和内容。

同时,教育部启动了政策讨论进程,最终形成《教育重建战略》。教育系统的民主联盟组织被邀请参加政策讨论进程,但民主联盟拒绝了这种邀请,理由是行动计划缺乏合法性。而且,《教育重建战略》提出三种分流制度:学术教育、职业教育和职业定向教育,民主联盟觉得这令人难以接受。然而,一些教育机构参加了政策讨论进程,提出了与英国英格兰和新西兰相似的资格无缝对接框架。

在1992年的会议上,人力部和工会联合会决定成立由各界广泛参与的专门工作组,专门工作组下设8个工作小组,负责制定国家培训战略。工作小组由来自工会、雇主、教育与培训机构、南非国民大会教育部和民主联盟等组织的代表组成。1994年南非发布了3份重要文件:《南非国民大会教育与培训政策框架》、《国家培训战略行动计划讨论文件》和教育政策发展中心制定的《教育与培训实施计划》,这些文件为后来的南非资格署法的起草工作奠定了良好基础。随后,南非又发布了《教育与培训白皮书》(1995)和《重建和发展》(1994),两份文件都强调需要开发和实施国家资格框架。《教育与培训白皮书》指出要制定统一的人力资源开发政策,加强成人基础教育,提高工人技能水平,实施教育与培训综合战略,注重劳动力市场对特定技能的需求,加强教育与培训的联系,建立国家资格框架和成立南非资格署。①

①Parliament of the Republic of South Africa. White Paper on Reconstruction and Development [R]. 1994:26.

(二)1995年资格署法

成立部际工作小组起草国家资格框架法律草案。1995年10月4日,南非通过草案形成《南非资格署法》。1996年5月,南非资格署正式成立,1996年8月,资格署举行了首次会议。

推进以国家资格框架建设为中心的教育与培训发展和改革战略,是南非新政府大力发展教育,消除种族隔离时代遗留下来的教育不公,提升人力资源开发质量,推进终身学习的一项重大战略抉择。1995年10月4日,南非颁布了《南非资格署法》,标志着南非开始通过立法手段设立法定专门机构开发和实施国家资格框架,标志着南非国家资格框架的建设进入了一个新的历史发展阶段。

《南非资格署法》是一部重要的法律,主要规定了两个目标:一是成立南非资格署,二是实施国家资格框架。根据法律的规定,南非资格署的主要职能是统筹规划国家资格框架的发展,制定和发布相关的政策和标准,如有关国家标准机构(NSB's)和标准制定机构(SGB's)的注册以及教育和培训质量保证机构认证的条例,统筹规划和管理国家资格框架的实施,包括注册国家标准机构、标准制定机构以及标准和资格,对教育与培训质量保证机构实行认证制度,确保登记的标准和资格具有国际可比性。①

南非建立国家资格框架的目标是:建立一体化的学习成就国家框架,增加学习者接受教育与培训的机会和促进流动及生涯路径的进阶,提高教育与培训的质量,加速矫正过去遗留下来的教育、培训和就业机会不公正的歧视问题,为每个学习者的个性充分发展和国家的社会和经济进步做出贡献。

南非资格署提出了开发和实施国家资格框架的原则,这些原则包括:一体化原则,资格框架成为人力资源开发系统的一部分,实施统一的教育和培训发展战略。相关性原则,要不断适应国家经济和社会发展的需要。信度原则,体现国际和国家价值和认可。一致性原则,坚持一致的原则和认定框架。弹性原则,使学习者通过多重路径达到同一学习标准,建立国家认可的框架,达到国际可接受的结果。合理性原则,吸收所有国家利益相关方参与标准和资格的规划、制定和实施。机会原则,为所有可能成为学习者的人提供接受适当的教育与培训的机会,促进学习者在资格阶梯上的进阶。联通性原则,使学习者能够

①The Parliament of the Republic of South Africa. NO. 58 of 1995: South African Qualifications Authority Act, 1995 [S]. Pretoria: Office of the President, 1995.

在不同学习系统间流动。递进原则,保证资格框架通过教学系统的不同模块/单元灵活组合,使学习者能够逐级通过国家资格等级。可转移性原则使学习者能将资格学分从一个学习机构/就业单位转换到另一个。认证先前学习原则通过评价,学习者在不同学习背景下取得的学习结果可被授予学分。生涯指导原则,受过专业训练的、达到国家认可标准的咨询员向学习者提供咨询和指导。这些原则全面地概括了国家资格框架的性质、功能、作用和特点。①

(三)资格框架实施评估

在国家资格框架实施过程中,其服务于国家发展战略的功能定位得到进一步明确。教育部和劳动部于2001年发表的《南非人力资源开发战略》文件将国家资格框架作为人力资源开发战略的重要组成部分,认为开发人力资源和提升人力素质是消除贫困和促进经济增长的有效途径,通过国家资格框架增加技能人才供给,特别是加快稀缺技能人才的培养,为促进国家社会经济发展做出贡献。

但资格框架在实施过程中也出现不少问题,这些问题主要表现在:与实施国家资格框架相关的机构数量迅速膨胀,特别是标准产生机构过多。政府的政策优先方向与资格框架的实施方向缺乏协同性。资格框架要素的技术开发过于复杂,如水平描述符、单元标准、具体结果、评价标准和跨领域结果等的技术开发非常复杂,使人常常感到迷惑,这需要对教育工作者或培训员进行大量的培训,使他们了解单元标准的要求,知道如何在学习环境中运用它们。民办成人教育机构被边缘化。开发标准、课程和资格以及注册为教育和培训提供者是一种资源密集型的活动,主流教育与培训机构在这些方面占据优势地位。资格出口标准过高,许多单元标准设立了出口等级,过高的目标和标准成为继续学习难以逾越和难以完成的障碍。学术性和职业性资格之间、正规教育和工作世界之间的联通和流动仍然很困难。先前学习认证过程过于复杂和繁琐,需要进一步完善相关程序和方法,使之具有可操作性。②

---

①The South African Qualifications Authority(SAQA). Criteria and Guidelines for Assessment of NQF Registered Unit Standards and Qualifications [M]. Pretoria: South African Qualifications Authority, 2001: 9—10.

②John Aitchison and Hassana Alidou. The state and development of adult learning and education in Subsaharan Africa Regional synthesis report 2009 [R]. Hamburg: UNESCO Institute for Lifelong Learning, 2009.

为解决资格框架实施中出现的问题，南非在2001—2007年期间对国家资格框架的实施情况进行了评估。① 2001年7月，教育部和劳动部任命了以斋拉姆·雷迪(Jairam Reddy)为首的南非国家资格框架实施评估研究小组，成员由7名南非专家和3名高级专家组成。2002年4月，研究小组完成了评估工作，5月教育部和劳动部发表了研究小组的评估报告。② 报告就以下几方面提出了建议。在标准和资格方面，国家资格框架可采用10级结构，能够体现各学段的资格需要，并应考虑到国际可比性，资格必须从整体上设计并服务于各自的目的，单元标准构建和完整资格设计坚持以学习结果为导向原则，逐步撤销南非资格署设立的17个国家标准制定机构，其职能转入新设的机构。在质量保障方面，改变目前的质量保障模式，注重运用全程质量保障策略，保证教育培训机构自评、机构资质认证、活动持续监测、学习成就质量保障和质量审查5个环节有效运行，把先前学习认证置于工作优先方向，简化标准制定和质量保障安排，加速推进政策实施。在领导和治理方面，南非资格署应作为顶级国家机构发挥领导作用，全面负责质量保障体系建设和资格开发，重组南非资格署理事会，成员数量不超过15人。③ 教育部和劳动部对评估研究小组的报告给予了积极回应，于2013年发表了《咨询文件》，接受了其中大部分建议，并进一步提出调整相关机构设置，建立资格标准开发和质量保障机构，成立普通、继续教育和培训质量委员会、高等教育质量委员会以及手工业、职业和专业质量委员会。

经过较长时间的部际协商并征询南非资格署的意见，2007年，教育部和劳动部形成一份《提高国家资格框架的效力和效率》联合政策声明，文件进一步明确了资格框架改革的方向，统筹考虑教育、培训和技能开发，简化现有的标准制定和质量保障体系，组建或新设3个资格与质量保障委员会，在现有机构基础上组建普通、继续教育与培训质量委员会和高等教育质量委员会，新设手工业和职业质量委员会。资格框架设立10个等级，涵盖教育、培训和技能开发体系的各种资格类型，南非资格署着手起草10个资格等级的水平描述符，标准制定

①John Aitchison and Hassana Alidou. The state and development of adult learning and education in Subsaharan Africa Regional synthesis report 2009 [R]. Hamburg: UNESCO Institute for Lifelong Learning, 2009.

②The Departments of Education and Labour. consultative document [R].2003: 1.http://www.saqa.org.za/docs/reports/2003/nqf_consultativedoc.pdf

③The Ministers of Education and Labour. Enhancing the Efficacy and Efficiency of the National Qualifications Framework [R].2007: 5－6.http://www.saqa.org.za/docs/reports/2003/nqf_consultativedoc.pdf

和质量保障机构应有足够的教育界、劳动力市场和专业机构的专家和学者代表参加。政府对所有国家资格框架的法定机构拥有管理监督权力，依法决定国家资格框架的政策和规定，教育部和劳动部将确定各个等级的国家资格框架的资格规范，在国家资格框架登记的每个资格，不管是否包含单元标准，都应设计成服务于特定目的的一个完整资格，制定综合的先前学习认证政策，认可学习者取得的每一个学习成就和进步，国家学分积累和转换(CAT)体系要对已登记的单元和资格其他组成部分进行学分赋值。[①] 专业机构和政府部门对资格框架的评估和改进建议为新的资格框架立法和改革措施出台奠定了政策基础。

南非国家资格框架经过 10 多年的建设与发展，取得了重要成果。南非资格署首席执行官塞缪尔·艾萨克斯(Samuel Isaacs)在 2009 年 4 月举行的一次国际会议上指出，自 1995 年资格署成立以来，南非成立了 74 个标准制定机构，认定了 31 个教育和培训质量保障机构，登记 787 种新资格，开发资格 7092 个(已有 6600 个，新增 492 个)，“国家学习者档案数据库信息管理系统”登记了 750 万份学习成就，与各方联合开展实施计划 35 个，高等教育质量保障意识普遍提高。[②]

(四)资格框架新的立法与改革

专业机构和政府部门的评估建议进一步明确了国家资格框架改革的目标和方向。2009 年 2 月 17 日，南非公布了《国家资格框架法》，规定国家资格框架的目标是建立单一的、一体化的学习成就的国家框架；增加接受教育和培训的机会、促进流动和生涯进阶，拓宽生涯路径，提高教育与培训质量，加速解决过去遗留下来的教育、培训和就业机会不公正的歧视问题，实现每个学习者个性充分发展，促进国家社会和经济发展。南非资格署和各质量委员会要开发、促进和维持一个一体化的和透明的承认学习成就的国家资格框架，确保南非资格达到适当的标准，达到规定的质量要求。该法还对资格等级的设置、框架结

①The Ministers of Education and Labour. Enhancing the Efficacy and Efficiency of the National Qualifications Framework [R].2007:5—6.http://www.saqa.org.za/docs/pol/2007/polstatement.pdf

②Samuel Isaacs. Insights from the South African National Qualifications Framework [EB/OL]. [2009 — 05 — 28]. http://www.qualifications.ae/2009gccconference/Day%201/SESSION%201/5%20Sam%20Isaacs%20GCC%20Conf%20April%2009.pdf.

构的安排、管理体制等重大改革问题作了规定。[①] 南非对国家资格框架的改革主要体现在以下 3 个方面。

1.增加资格等级数目

《国家资格框架法》将原来的八级改为十级结构，增加资格的覆盖面和资格等级的区分度，构建总框架下的分框架。国家资格框架按学习成就（结果）的系列水平组织，按升序从一级到十级排列。资格框架每一资格等级由学习成就的说明表述，称之为水平描述符，是对资格等级标准的原则性、概括性描述。南非国家资格框架是单一的、一体化的制度，包含三个并列的资格分框架：普通教育、继续教育和培训资格框架、高等教育资格框架以及手工业和职业资格框架，三个序列资格分框架组成完整的国家资格框架，而《普通、继续教育和培训法》《高等教育法》和《技能开发法》分别构成三个序列资格分框架的法律基础。

2.明确责任分工，强调以教育部协调为主

该法分别规定了教育部和劳动部的责任。教育部的主要责任是：对国家资格框架、南非资格署、普通教育与培训质量委员会及高等教育质量委员会负有总体行政责任；就国家资格框架的政策、发展战略和优先考量等事宜征询劳动部的意见；向南非资格署拨付由议会批准的经费，使之依法履行职责；在听取南非资格署的建议和征询劳动部的意见后，确定普通、继续教育和培训质量委员会和高等教育质量委员会的资格分框架；保持国家资格框架的一致性和公信力；鼓励各质量委员会之间及各质量委员会与南非资格署开展合作。劳动部的主要责任是：对手工业和职业质量委员会负有行政责任，在听取南非资格署的建议和征询教育部的意见后，确定手工业和职业质量委员会的资格分框架。

3.整合资源组建质量委员会

按照三个分框架的工作范围和领域，成立三个相应的质量委员会，即普通、继续教育和培训质量委员会，高等教育质量委员会及手工业和职业质量委员会。质量委员会均是法人机构。《国家资格框架法》对质量委员会的职能做了原则性规定：开发和管理资格分框架，提出相关政策建议；保证分框架水平描述符的时效性和适宜性；制定和实施分框架资格的政策和标准；维护分框架学习者成就数据库，并与国家资格署的学习者档案信息管理系统整合，开展或委托

---

① The Republic of South Africa. No. 67 of 2008: National Qualifications Framework Act, 2008 [S]. Cape Town: Government Gazette, No. 31909, 17 February 2009.

分框架资格开发研究项目，向公众提供分框架资格信息等。该法还规定，某一职业领域的专业机构应与相关的质量委员会就本职业领域的资格和质量保障问题开展合作。三个质量委员会的具体职能则分别由相应的法律做了详细规定。①

南非在实施国家资格框架的过程中，出现了欺诈虚假资格证书泛滥、私立教育机构缺乏认证等问题，南非通过修法以解决这些问题。2016 年 11 月，南非公布《国家资格框架法修正案草案》，规定对私立教育与培训机构实行认证，使其能够提供完整资格或部分资格证书课程；对专业技术资格实行单独登记；制定外国资格证书评价标准；对欺诈性资格证书实行登记，规定教育培训机构、雇主和法院具有报告欺诈性资格证书的法律义务；南非国家资格署建立虚假资格证书登记制度，雇主有义务将员工资格证书交南非国家资格署验证和核实。②

二、资格框架结构要素

国家资格框架是指按照一系列标准，达到规定学习水平的资格的分类工具，旨在整合和调整国家资格次级系统，提高资格的透明度，改善学习机会、进阶和质量，密切与劳动力市场和公民社会的关系。南非国家资格框架的构成要素主要包括资格、等级结构、水平描述符、单元标准和资格类型等要素。

(一)资格

在南非国家资格框架语境下，资格是指一个人按一定标准取得了学习成果，经评价和认证而获得的正式结果，分为基于单元标准的资格和不基于单元标准的资格两种。在资格框架建立初期，南非国家标准机构和标准制定机构共同在资格框架的八级结构范围内确定每个单元标准和资格的所属等级。南非规定开发资格遵循以下原则：资格应是有明确目的的、有计划的学习结果的组合，旨在培养合格学习者的应用性能力，为继续学习打下基础；能为学习者的个人发展提供增值服务，培养学习者的就业能力，开辟接受继续教育和培训的学习路径；通过培养合格公民，提高社会和经济生产率，培养技能型/专业人才，矫

①李建忠.南非国家资格框架的发展与改革[J].比较教育研究，2010(4)：18－21.

②Draft National Qualifications Framework Amendment Bill[EB/OL].(2016－11－24).http://www.saqa.org.za/

正和解决历史遗留下来的教育不公问题，体现资格的社会和经济益处；应有明确具体的和关键的跨领域学习结果，以促进终身学习；资格要具有国际可比性；运用形成性和终结性评价方法评价资格，如个人档案袋法、仿真考试法、工作现场评价、书面考试和口试等；通过先前学习认证，资格可以完全取得也可以部分取得，学习结果可以通过正规、非正规和非正式学习以及工作经历取得。达到要求的资格由南非资格署登记在国家资格框架信息管理系统。

除完整资格外，南非还提出“部分资格”(part qualification)的概念，旨在在终身学习背景下增加学习者的学习弹性。部分资格通常是指在分框架中一个资格的某些部分的学习成就，是经过评价的学习单元，具有明确定义的目的，将作为资格的一部分登记在国家资格框架信息管理系统。

(二)等级结构

在2008年之前，南非国家资格框架等级结构是8个等级，资格等级从低到高按升序排列，以9年义务教育毕业作为起始等级。国家资格框架分为3个学段(band)：一级属于普通教育与培训学段，相当于9年级教育；二级至四级属于继续教育与培训学段，相当于高中教育阶段；五级至八级属于高等教育与培训学段，相当于高等教育阶段，其中五级相当于专科层次教育，六级、七级和八级资格分别对应于学士、硕士和博士学位教育。在资格类型上，主要分为证书、文凭和学位三种。六至八级分别为学士、硕士和博士学位资格，处于资格框架等级的最高端，一至五级为国家证书和国家文凭，其中既包括学术性资格也包括职业性资格。

资格框架分为12个组织领域：(1)农业和自然保护；(2)文化和艺术；(3)商务、商业和管理科学；(4)传播科学和语言；(5)教育、培训和发展；(6)制造业、工程和技术；(7)人文和社会科学；(8)法律、军事科学和安全；(9)卫生科学和社会服务；(10)物理、数学、计算机和生命科学；(11)服务行业；(12)规划和建筑。每个组织领域分配一个唯一的领域说明并分成若干次级领域，每个次级领域分配一个唯一的次级领域说明。这些领域的划分为行业、部门或学科领域的资格分类和标准开发奠定了重要基础。

表 7.1 南非国家资格框架 8 级结构

资格等级	学段	资格类型
8 7 6 5	高等教育 与培训	博士后研究学位 博士学位 硕士学位 专业资格 优等学位 国家第一级学位 高等文凭 国家文凭 国家证书
继续教育与培训证书		
4 3 2	继续教育 与培训	国家证书
普通教育与培训证书		
1	普通教育 和培训	九年级/ABET 四级* 国家证书

注：* ABET 为成人基础教育和培训

2008 年《国家资格框架法》颁布后，南非将资格框架的等级数目由八级改为十级，等级结构的变化主要体现在高等教育阶段增加了 2 个等级，将原来的五至八级改为五至十级，等级数目越多对资格等级的区分度就越细。资格框架也由单一总体框架改为总框架下设置分框架的形式，三个分框架共包含 16 种资格类型。在南非国家资格框架中，等级与学历教育的对应关系是，一级相当于九年级毕业，二级相当于十年级，三级相当于十一年级，四级相当于高中毕业，五级相当于中等教育后学历，六级相当于专科层次，七级和八级将普通学士学位和优等级学士学位予以区分，相当于本科层次，九级相当于硕士学位层次，十级相当于博士学位层次。

表 7.2　南非国家资格框架分框架和资格类型

资格等级	高等教育资格分框架 普通教育与培训资格分框架	职业资格分框架
十级	五至十级为高等教育资格分框架 博士学位 博士学位(专业)	
九级	硕士学位 硕士学位(专业)	
八级	优等级学士学位 研究生文凭 学士学位	一至八级为职业资格分框架 八级职业资格
七级	普通学士学位 高级文凭	七级职业资格
六级	文凭 高级证书	六级职业资格
五级	高等证书	五级职业资格
四级	一至四级为普通教育与培训资格分框架 国家证书	四级职业资格
三级	中级证书	三级职业资格
二级	初级证书	二级职业资格
一级	普通证书	一级职业资格

资料来源:The South African Qualifications Authority (SAQA).Publication of the General and Further Education and Training Qualifications Sub-framework and Higher Education Qualifications Sub-framework of the National Qualifications Framework[S]. August 2013.

(三)水平描述符

水平描述符是对国家资格框架中某一等级水平的学习成就的说明,是知识、技能和能力水平要求的原则性描述,资格的等级越高,标准的要求也就越高。水平描述符也可以理解为不同等级的资格标准。南非水平描述符经历了一个不断完善的过程,先后形成三个版本。

1.2003 版水平描述符

2003 年 9 月 26 日,南非资格署依据《南非资格署法》,经征询劳动部部长的意见并经教育部部长批准，发布了《关于国家资格框架第一至第四级水平描述符的条例》。南非国家资格框架从应用能力和学习的自主性两个维度定义每一级资格标准。应用能力是指一个学习者在相关背景中为取得学习结果而获得一个资格所应具备的相关能力。学习的自主性是指一个学习者应具有的终身学习的能力，包括独立执行学习行动、自我学习的责任感、自我反思、学习自我评价等方面的能力和品质。该条例仅规定和开发了国家资格框架第一至第四级资格的水平描述符。

(1)第一级资格。国家资格框架一级资格或单元标准应达到相应的要求。在应用能力方面，除基础学习领域外，学习者具有对一个或一个以上领域或学习领域的一般知识。能了解学习活动的环境背景，具有使用关键的共同工具和方法的能力。具有良好的听、说、读、写技能，具有包括了解符号系统在内的基本的计算能力，具有在熟悉的、有明确界定的环境背景中识别和解决问题的能力。能回忆、收集、组织和清楚准确地描述他人讲过的信息，能清楚准确地以口头和书面形式描述信息。在学习的自主性方面，能在他人直接监督下，具有执行定义明确的任务的能力，具有安排学习任务顺序和时间表的能力，具有存取和利用各种学习资源的能力，具有组织小组工作的能力。

(2)第二级资格。国家资格框架二级资格或单元标准应达到相应的要求。在应用能力方面，除基础的学习领域外，学习者具有一个或一个以上领域或学习领域的基本的操作性知识，能从更广阔的背景了解学习活动的环境，具有运用各种共同工具和手段的能力。具有在各种不同的但熟悉的环境中运用读写和计算技能的能力，能运用自己的知识，具有选择和应用已知的、有明确说明的常规问题解决方案的能力。具有采集、组织和清楚准确地描述信息的基本能力，能清楚地以口头和书面形式描述和评价他人讲过的信息。在学习的自主性方面，学习者具有在结构性的、可控制的环境中工作和学习的自律能力，具有有效地安排自己时间的能力，能建立良好的工作关系，有效地开展小组工作。

(3)第三级资格。国家资格框架三级资格或单元标准应达到相应的要求。在应用能力方面，除基础的学习领域外，学习者具有一个或一个以上领域或学科的关键概念和知识的基本理解力，能了解一个系统的组织或操作环境，具有运用关键的工具和设备的技能，具有操作能力。能运用自己的知识，选择适当的方法，用已有方案解决问题。具有从各种来源中总结和说明与环境背景相关的信息的基本能力，能充分利用现有信息，讨论问题并能提出解决问题的方案，能完成一份完整的陈述和报告，解释说明自己的观点。在学习的自主性方面，具有在明确界定的环境中进行操作的能力，具有在一个可控制的环境中工作和学习的能力，能为团队表现做出积极的贡献。

（4）第四级资格。国家资格框架四级资格或单元标准应达到相应的要求。在应用能力方面，除基础的学习领域外，学习者具有一个或一个以上学习领域或学科的最重要领域的知识基础，能透彻理解一个或一个以上领域或学科的关键术语、规则、概念、定律和理论，能从更广阔的背景了解一个系统的组织或操作环境。能运用相关领域或学科的基本方法、程序和技术，具有通过解读文本和操作符号或陈述信息执行行动的能力。能在熟悉的环境背景中运用自己的知识解决共同问题，能在一定范围内灵活地运用共同解决方案，以适应操作背景的变化，能运用相关证据促使事情发生变化。具有采集相关信息的基本能力及分析和评价的能力，能以书面和口头形式可信地和准确地交流呈现信息。在学习的自主性方面，能在可管理的环境中对自己的学习负责，能采取行动并对自己的行动负责，能运用现有标准评价自己的表现，能采取行动解决已经发现的问题。①

2.2010 版水平描述符

2008 年颁布的《国家资格框架法》决定将资格框架等级结构由 8 级改为 10 级，这就需要构建与等级结构相对应的水平描述符。2010 年 11 月，资格署公布了一个 10 级水平描述符草案，这些描述符实际上是由两部分内容组成。1～4 级仍保持着原有的水平描述符，对等级标准描述使用应用能力和学习自主性两个维度；而 5～10 级水平描述符则从知识范围、知识素养和问题解决等 10 个维度描述；因此，10 级水平描述符的维度前后并不一致，水平描述符需要进一步完善。

3.2011 版水平描述符

2011 年 11 月，南非资格署在政府公报上发布了一个完整统一的、适用于三个分框架的 10 级水平描述符，从一级到十级按升序排列。2008 年的《国家资格框架法》（第 67 号法律）规定建立一个 10 级资格框架，学习成就的等级从一级到十级按升序排列，以建立一个单一的、有融合性的国家资格框架。南非资格署与三个质量委员会密切合作，共同开发了含有 10 个等级的水平描述符，并于 2011 年 11 月在政府公报上发布。水平描述符（level descriptor）是国家资格框架的核心构成要素，目的是支持设计和实施国家资格框架的资格和部分资

① The South African Qualifications Authority (SAQA). Regulations Relating to Level Descriptors for Levels 1 to 4 of the National Qualifications Framework [S]. Pretoria: The South African Qualifications Authority, 2003.

格(part qualification),保证特定等级的资格和部分资格的学习成就具有一致性,增进国家资格和国际资格的可比性。水平描述符是指描述国家资格框架某一特定等级学习成就的陈述,它通常被理解为资格等级标准,提供了学习结果类型的宽泛指向以及适合该等级资格的评价标准。

南非国家资格框架把应用能力作为资格等级标准的哲学基础,构建了南非情境下采用的以结果为基础的理论框架。"应用能力"有三个组成要素:一是基础能力,包含智力和学术能力,分析、综合和评价能力,信息处理能力和问题解决能力。二是实践能力,包括操作情境的概念,在具体情境中运用知识与技能的能力。三是反思能力,学习者需要具有与资格等级标准要求相适应的自主性和责任心。

水平描述符是对资格等级标准的原则性、概括性和通用性陈述,具有极强的涵盖性,包含各种广泛的情境,如职业情境、岗位情境、学术情境和专业情境等;也包含各种环境,如课堂环境、实验室环境、现场环境、社区环境等,体现跨学术、跨专业和跨职业岗位情境的特点。三个分框架需要对每一级水平描述符给出情境化解释。为此,每个分框架需要开发单独的指导方针。水平描述符仅是提供了一个描述资格等级标准的平台,更加具体的资格标准描述要由各个行业和实践工作者开发,例如,以学科或专业为基础进行开发资格标准。需要指出的是,在课程设计和开发过程中,由于具体的专业、学科和情境不同,对这些通用水平描述符的解释会有一些差别。

水平描述符是描述性的而不是规定性的,它不仅作为开发具体资格的参照点,而且还作为相应资格等级的先前学习认证的参照点,从而帮助学生取得入学资格,获得新的学习机会,推动终身学习发展。

水平描述符从10个维度描述资格等级标准。包括:知识范围,学习者具有相应的学科知识,了解基本的概念和原理;知识素养,学习者具有相应学习领域的理解力;方法和程序,具有运用学习领域或学科的基本方法、程序和技术的能力;问题解决,能运用知识与技能解决各种问题;道德规范和专业实践,能遵守道德规范和行为操守;存取、处理和管理信息,能采集相关信息并进行分析和评价;产生和交流信息,具有呈现和交流信息的能力;情境和系统,对各类系统、组成部分及其关系具有理解力;学习管理,具有对自己学习负责的能力;责任感,能同他人一起工作,对自己和他人负责。

以下是南非国家资格框架10级水平描述符。

一级资格。学习者具有除基础学习领域之外的,一个或多个学习领域的普通知识。学习者具有一定的理解力,能对各种来源的信息进行综合,促进特定领域的知识水平随着时间的推移而提高。具有运用主要工具和器具的能力，能在直接监督下完成定义明确的任务，能在熟悉的、定义明确的情境里认识和解决问题。具有识别和发展个人的价值观和道德规范的能力，能识别适用于特定环境的道德规范。能清楚准确地回忆、收集和组织特定信息，具有良好的听说读写技能和基本的计算技能，包括对符号系统的了解。能以口语、手语和书面形式清楚准确地交流信息。了解活动的情境，能按顺序安排学习任务，获取和使用各种学习资源，能作为团队一成员开展工作。

二级资格。学习者具有除基础学习领域之外的，一个或多个领域或学习领域的基本操作性知识。具有一定的理解力，能通过参加相关活动拓展自己特定领域的知识。具有运用各种共同工具和器具的能力，能在高度结构性和被监督的环境里自主工作或学习。能运用自己的知识，选择和运用已知方案解决定义明确的常规问题。能在特定环境里应用个人的价值观和道德规范，能将读写和计算技能运用到各种不同但熟悉的情境里。具有收集、组织和清楚准确地报告信息的基本能力，能以口语、手语和书面形式清楚地描述特定信息。能在广泛的情境里了解自己所处环境。具有在高度结构性和受到监督的环境里以自律方式从事学习的能力。能有效管理自己的时间，与他人建立良好的工作关系，能作为团队一成员有效开展工作。

三级资格。学习者具有除基础学习领域之外的，对关键概念和一个或多个领域或学科知识的基本理解力。能够认识到只有理解了知识以及与其他相关领域的关系，才可以应用一个领域的知识。具有在定义明确的情境里活动的能力，以及在受到监督的环境里工作的能力。具有运用自己的知识，选择适当的方法，解决特定范围里问题的能力。能遵守基本的道德规范。具有从各种来源中概括和解释与情境相关的信息的基本能力，能分析现有信息、讨论问题和制订解决方案。能做出条理分明的陈述和报告，对自己采取的立场做出解释。能从整个系统角度考虑活动环境，具有使用主要工具和设备的技能。具有在受到监督的环境里从事学习的能力，能为团队表现做出积极贡献。

四级资格。学习者具有除基础学习领域之外的，一个或多个领域或学科的重要基础性知识，对一个或多个领域或学科的关键术语、规则、概念、定律和理论具有基础性理解力。能将某一领域里的知识运用到相关领域。具有在特定熟悉的情境里运用领域或学科的基本方法、程序和技术的能力，能使用相关证据促使学习或工作发生变化。能运用自己的知识，解决熟悉情境里的一般问题，在一定范围里运用共同方案解决问题，应对活动环境的变化，了解相关行动的后果。能遵守道德规范和行为操守，理解社会价值观和道德规范。能采集相关信息，具有解释、分析和评价信息的能力，进而采取行动。能以书面、口语或手语形式，可信和准确地交流和呈现信息。能在更广泛的情境里，从整个系统角度考虑活动环境的影响。能在受到监督的环境里对自己的学习负有责任，按照已有标准评价自己的表现。能做出决策，对行动负有责任，主动解决已发现的问题。

五级资格。学习者具有一个或多个领域、学科或实践主要方面的知识，这包括具有对该领域、学科或实践的关键术语、概念、事实、原理、定律和理论的理解力。具有对学习或工作领域里知识或知识体系的发展和演化的认识。具有选择和运用学科或实践领域的标准、方法、程序和技术的能力，以及在定义明确的、熟悉的和得到支持的环境里规划和管理实施过程的能力。能在熟悉的情境里发现、评价和解决已定义的、常规的和新的问题，能将基于相关证据的解决方案和方法和/或其他形式的解释应用到领域、学科或实践中。能按照规定的组织机构和专业的职业道德准则考虑问题和采取行动，需要的话寻求他人在伦理和专业问题方面的指导。能从各种来源采集信息，包括从口头的、书面的和/或符号文本中选择与任务相适合的信息，运用基本的方法对这些信息进行分析、综合和评估。能可信地、准确地和前后一致地交流信息，能以书面、口头或以实际方式使用相关公约，包括了解和尊重知识产权、版权和防盗版公约。具有在各种熟悉的和新的情境里开展活动的能力，具有对各个系统、组成部分以及部分之间关系的理解力，了解一个系统里某一领域的行动对其他领域的影响。能评价自己和他人表现，必要时采取适当行动，能在结构性学习过程中对自己的学习负责，帮助他人学习。能同他人一起有效地工作，尊重他人的劳动，在一个已经定义的情境里对他人负有监督责任，在一定情况下能负责任地使用资源。

六级资格。学习者具有一个或多个领域、学科或实践主要方面的详尽知识，包括具有对该领域关键术语、概念、事实、原理、定律和理论的理解力和应用能力，具有一个或多个专门化领域的知识，了解这些知识与其他学科或实践的联系。具有对学习或实践领域里不同形式的知识、思想流派和各种形式解释的理解力以及知识生产过程的意识。在被定义的情境里，在调查或应用过程中能展示出评价、选择和运用适当方法、程序和技术的能力。具有在不熟悉的情境里识别、评价和解决问题的能力，能采集证据，能将基于证据的解决方案和适当的方法应用到专业或实践中。能意识到道德两难的复杂性，能在组织机构或专业情境里分析它对决策和行动带来的伦理含义。能评价不同来源的信息，选择与学习或工作任务相关的信息，能运用有效的方法分析、综合和评价这些信息。能可信地、前后一致地展示呈现和交流复杂的信息，能在特定的情境里使用适当的、学术的、专业的或职业的惯例、规范和技术标准。能做出决策,能在熟悉的和新的情境里开展行动,了解系统间的关系以及思想、行动或某一系统的发展对其他系统的影响。能够根据特定标准评价表现,能在一个特定情境里准确地识别和解决自己的特定学习需要,能帮助他人学习。具有在一个团队或小组有效工作的能力,能对自己的决策与行动以及他人的决策和行动负有责任,包括在适当情况下对资源的使用负有责任。

七级资格。学习者具有一个或多个领域、学科或实践主要方面的综合化知识,包括应用和评价这些领域、学科或实践的关键术语、概念、事实、原理、定律和理论的理解力和能力,具有一个或多个专门化领域的详尽知识,能将这些知识与其他领域、学科或实践联系起来。具有对知识的理解力,能评价学习或实践领域里的知识类型和解释。具有对一个领域、学科或实践领域里的各种调查方法及其对特定调查的适用性的理解力。具有发现、分析、批判性反思和解决复杂问题的能力,能运用以证据为基础的解决方案和以理论为驱动的论点。能在得到支持的环境里利用适当的道德价值观和方法,从伦理上和专业上做出决策和采取行动,证明决策和行动的合理性。具有采集、处理和使用信息的能力,能独立证实信息来源,评价和管理信息。能与他人交流自己的思想和观点,使用适当的学术的、专业的或职业的话语表述。具有在不熟悉的和可变的情境里管理过程的能力,能认识到解决问题要受情境和系统制约,问题不会孤立发生。能以一种自我指导的方式发现、评价和解决自己的学习需求,开展合作式学习。能对自己的工作、决策和资源使用负有全部责任,在各种或定义不明确的情境里对他人的决策和行动负有有限的责任。

八级资格。学习者具有某一学科或实践领域的前沿知识,了解与学科或实践领域相关的理论、方法和技术,能在特定情境里运用这些知识。能探究某一专门化领域的多重知识来源,评价知识和知识生产的过程。能在某一专门化领域、学科或实践领域选择和应用适合的标准、方法和技术,解决不熟悉、复杂的和不确定的问题。能运用各种专门化技能发现、分析和解决复杂的或抽象的问题,能系统地应用知识体系和适合某一领域、学科或实践需要的方法。能基于对不同道德价值体系的批判性反思,发现和解决伦理问题。能在专业化情境中批判性地审查所收集的信息,对难点和问题做出创造性的回应。能与各类听众有效地交流学术的、专业的或职业的思想和观点,提供有创造性的见识、严密的解释和符合实际的问题解决方案。具有在系统内开展有效活动和管理系统的能力,能考虑到系统内各要素间的作用和关系。能以自我批评的方式运用学习策略,有效地解决自己和他人的专业的和现实的学习需要。能对自己的工作、决策和资源使用负有全部责任，在一定情况下对他人的决策和行动负有全部责任。

九级资格。学习者具有参与和评判当前研究或实践的专门化知识，以及在某一特定学科或实践领域的高级学问或研究能力。能评价当前知识产生过程和选择学习或实践领域适当的调查方法。能设计、选择和应用适当的和创造性的方法、技术或工艺解决复杂的实践和理论问题。能应用各种专门化技能识别、构思、设计和实施调查方法，解决某一学科或实践领域复杂的和具有挑战性的问题，了解在专业背景下解决方案产生的后果。能自主做出影响知识产生或有利于解决复杂的组织或专业问题的伦理决策，能对特定情境里伦理标准的发展做出重要贡献。能设计和实施信息处理和管理战略，对某一专业领域中领先的和当前的研究进行全面评估，提出有价值的见解。能使用学术和专业或职业话语资源交流专业领域研发成果，对主要思想进行辩护，能使用各种高级和专门化技能和适合于学科或实践领域的话语，与具有不同知识水平或专业知识的各类听众进行交流。能在了解系统内层级关系的基础上对系统内的适当层面进行干预，能处理预期的和未预期的干预后果。能制订自己的学习策略，保持独立学习和促进学术或专业发展，能在学习或专业小组中进行有效互动，提高学习效果。能独立开展行动，对自己的工作负有全部责任，能在一定情况下引导、启动工作流程，推动项目实施，确保良好的资源管理和治理实践。

十级资格。学习者具有在学科或实践领域前沿方面的专门化和批判性知识，具有对新的研究活动进行概念化的能力，能创造新的知识或推动实践进步。能为某一学习或实践领域的知识理论和知识产生做出贡献。能以原创的、创造性的和创新性的方式发展适合专门化和复杂情境的新的方法、技术、过程、系统或工艺。能以批判性反思、创造性和新颖的方式运用专门化知识和理论，解决复杂的实践和理论问题。能识别和解决正在出现的伦理问题，推进伦理决策过程，包括能监测和评估这些决策的后果。能在分析和综合的迭代过程中管理不完整或不一致的信息或数据，做出独立的判断，对新的、复杂的和抽象的思想、信息和问题能提出有价值的独创性见解。能独立地写出有实质内容、思想深刻和达到国际出版水平的作品，能被同行认为具有创新性，对学科或实践做出重大贡献。能运用学术的、专业的或职业的话语资源，制定交流策略，与专家和非专家听众交流研究项目、战略规划、行动计划和政策实施。掌握系统管理和变革的理论，能独立设计和管理系统变革。能在某一学科或实践领域展示出知识分子的独立性、研究领导力和管理开发能力。具有独立开展行动的能力，对自己的工作负有全部责任，在一定情况下对领导、监督和系统治理负有最终责任。①

(四)单元标准

单元标准是指对预期的教育和培训结果/成果及有关的评价标准和程序等的表述和说明。一个单元标准需包含以下因素：单元标准名称；经资格署批准的标识；单元标准的代码；在国家资格框架里单元标准的等级；单元标准的学分数；单元标准所属的领域和次级领域；发布日期；评价日期；单元标准的目的；拟评价的具体结果/成果；评价标准，包含应掌握的基本知识；单元标准的鉴定过程。一个或若干单元标准组成一个资格。如果单元标准是资格的一个组成部分，则应包含学习的关键结果。关键结果是指所有的教学都应取得的通用结果，包含下列基本技能和能力：具有发现和解决问题的能力，能运用批判性和创造性思维做出负责任的决策；作为团队、小组、组织和团体一员，能有效地同他人一起工作；能负责任地和有效地组织和管理自己和他人的活动；能收集、分析、组织和批判性地评价信息；能运用视觉手段及数学和语言技能以口头和书面形式进行有效的交流；能有效和批判性地运用科学和技术，对环境和他人的健康采取负责任的态度；能了解世界是由相互关联的各种复杂系统组成的，能认识到解决问题的背景不是孤立存在的；能认识到下列问题的重要性：思考和探索更为有效的学习策略，能作为负责任的公民参与地方、国家和全球社区的生活，在社会生活中具有文化和审美意识，探索教育和生涯机会，积极创造创业机会，以使每个学习者的个性得到充分发展，促进社会和经济的发展。南非对国家标准机构和标准制定机构开发出来的单元标准实行审查和注册制，以确保单元标准开发质量。②

(五)资格类型

资格类型是对性质和内容相似或相同的一组资格的分类。南非国家资格框架包含 16 种资格类型，分布在 3 个分框架中，普通、继续教育和培训资格分框架包含 4 种，高等教育资格分框架有 11 种，手工业和职业资格分框架只有 1 种。

---

①The South African Qualifications Authority (SAQA).Level Descriptors for the South African National Qualifications Framework [S]. November 2012.http://www.saqa.org.za/docs/pol/2014/level_descriptors.pdf

②The South African Qualifications Authority .The National Standards Bodies Regulation[S].Pretoria:Goverment Gazette:No.18787,28.March 1998.

但普通、继续教育和培训资格分框架与其他2个分框架资格类型分类口径不同,前者是按资格类型大类划分,大类下包含若干小类。普通、继续教育与培训资格分框架包含4个资格类型大类,即普通证书(一级)、初级证书(二级)、中级证书(三级)和国家证书(四级)。每个资格类型大类包含若干资格类型小类。一级普通证书相当于九年级毕业水平,包含普通教育证书、普通教育与培训证书(成人基础教育与培训)和成人普通教育与培训证书3种。二级初级证书相当于十年级学习水平,包含国家二级职业教育证书和教育初级证书2种。三级中级证书相当于十一年级水平,包含国家三级职业教育证书和教育中级证书2种。四级国家证书相当于高中毕业水平,包含高级证书、国家高级证书(NSC)、国家四级职业教育证书、国家成人高级证书(NASCA)和国家独立证书(NIC)。每个资格类型大类都有资格类型说明,包含出口等级、资格名称英文缩写、学习基本要求、入学要求和继续学习路径等信息。

高等教育资格分框架包含11种资格类型:高等证书、高级证书、文凭、高级文凭、学士学位、研究生文凭、优等级学士学位、硕士学位、专业硕士学位、博士学位和专业博士学位。每种资格类型都有资格类型描述符,它是该资格类型的说明,内容包括出口等级、所需学分数、资格名称缩写、培养方向、基本要求、入学要求和继续学习路径等。①

职业资格分框架只包含职业资格一种类型,它是以国家职业标准为基础构建的、面向工作岗位的职业资格。在框架中从一级至八级分为8个等级,手工业和职业资格质量保障委员会尚未发布相应的职业资格类型标准。

此外,南非资格署负责专业技术资格的管理登记。专业资格不属于3个分框架的任何资格类型,它是由专业机构授予的头衔或专业地位,以承认一个人的专业知识或是在某一职业从业或执业的权利。经南非资格署认证的专业机构提交的专业技术资格将被登记在国家资格框架资格信息管理系统中。②

---

①The South African Qualifications Authority (SAQA).Publication of the General and Further Education and Training Qualifications Sub-framework and Higher Education Qualifications Sub-framework of the National Qualifications Framework [S]. August 2013.

②The South African Qualifications Authority (SAQA).Policy and Criteria for Recognising a Professional Bod yand Registering a Professional Designation for the Purposes of the National Qualifications-Framework Act,Act 67 of 2008[S]. November 2012.

三、资格框架实施

(一)治理结构

南非实行相关国家部委总体负责、资格署统筹管理协调和各质量委员会分工负责分框架的三级治理结构。高等教育与培训部对国家资格框架和高等教育资格结构负有总体责任。南非资格署负责政策和标准发展,并负责资格和部分资格的开发、登记和发布。三个质量委员会都是依法设立的机构。普通、继续教育和培训质量保障委员会,负责管理和实施普通、继续教育和培训资格分框架,就分框架相关事宜向高等教育与培训部提供咨询建议,实施南非资格署制定的资格政策和标准,制定和实施分框架资格政策和标准,开发设计和登记分框架资格,包括制定资格命名规则,负责普通、继续教育和培训质量保障。高等教育质量委员会是依据 1997 年颁布的《高等教育法》设立的一个独立的法定机构,根据 2008 年颁布的《国家资格框架法》,该委员会被赋予新的职责,履行高等教育质量委员会的职能,包括负责管理和实施高等教育资格分框架,就分框架相关事宜向高等教育与培训部长提供咨询建议,就相关政策问题向南非资格署提供咨询建议,构建高等教育质量保障体系,实施课程认证、院校审核、质量提升和能力开发,制定高等教育资格标准和资格命名规则等。手工业和职业资格质量委员会是依法设立的机构,根据 2008 年颁布的《国家资格框架法》和 1998 年颁布并于 2008 年修改的《技能开发法》,手工业和职业资格质量委员会履行下列职能:管理和实施分框架;开发分框架的资格和部分资格;开展分框架资格的评价认证;根据国家政策,制定和实施分框架的先前学习认证和学分积累转换政策;制定和维持职业标准,建立和维持职业标准和资格的质量保障体系,保证职业资格的质量。

(二)学分积累与转换

学分制是一种现代教学管理制度,也是资格框架建设的一个构成要素。在传统教学制度下,学习量的计量单位是学年制;而在学分制度下,学习量的计量单位是学习单元和学分,计量单位变小和更为精细。从理论上说,通过学分累积和转换,学习者可以从一个学习系统转到另一个系统,从一个学习地点转到另一个地点,真正实现弹性学习路径和生涯阶梯。在南非资格框架语境下,学分是一个资格或部分资格所包含的学习量,1 学分等于 10 小时概念学习。学分有两种主要功能:一是学分积累,它是指计算完成一个资格或部分资格所需的相关学分总数;二是学分转换,它是指取得一个资格或部分资格所需的学分在相同或不同水平,通常在不同的专业课程、院系或学校间的垂直、水平或斜线转移。学分积累和转换制度是指把学分积累和学分转换的不同特点结合起来以促进终身学习和就业的一种制度安排,旨在推动建立资格的学分积累和分框架内与分框架之间资格学分转换的可信、有效和透明的过程,使之成为国家资格框架及其分框架的资格设计的一个组成部分。实施学分积累和转换要坚持联通性、可信性、补充性和透明性原则。南非认为,要有效实施学分积累和学分转换,就需要在设计新的资格和部分资格时建立资格的联通路径,在国家资格框架背景下,建立以立法和国家政策为基础的系统性联通路径,实现学分在全国所有院校的承认和积累,建立以院校正式和非正式协议为基础的具体联通路径,实现学分在校内校际的承认和积累。学分转换是一个过程,在一门专业课程授予的学分可以转移到:另一所院校的同一专业课程、国家资格框架相同或不同等级的另一门专业课程、国家资格框架相同或不同的分框架、同一学校内不同的院系或是一个不同的院校。国家资格框架的水平描述符为实施学分转换提供了基础。①

在普通、继续教育与培训资格分框架,一门科目年学分数为20～30学分,资格证书年学分数为80～120学分或以上。以前取得的学分,只要达到了一个不同资格的要求就可以得到承认,在一个资格证书课程学习中取得的学分,只要达到另一个资格的部分要求就可以得到承认。普通、继续教育和培训质量保障委员会规定,通过发放科目学习成绩单,承认一个资格的部分学习成就,在某些前提条件下,允许部分学习成就组合以获得一个完整资格。在高等教育分框架,专科和本科教育每学年学习时间为30周,研究生教育45周,全日制学生每周学习40小时(4学分),按学分折算,专科和本科教育每学年的学分数为120学分,研究生教育为180学分。学习者取得的一个不完全资格的任何和全部学分,只要达到了一个不同资格的部分要求,可以得到同一或不同院校的承认,或者达到了同一资格的部分要求,可以得到一个不同院校的承认。个人在专业课程和院校间的流动由课程要求确定并且是灵活的。一个已完成资格的最多

①The South African Qualifications Authority (SAQA). Policy for Credit Accumulation and Transfer within the National Qualifications Framework [R]. 2 December 2014.

50%的学分可以转换到另一个资格，此举旨在避免不同院校重复发证。[①]

（三）先前学习认证

先前学习认证（RPL）是南非《国家2030年发展规划》框架下人力资源开发战略和国家技能开发战略的一部分，是国家资格框架的核心政策工具之一。先前学习认证是指通过考试评价使个人先前知识和技能获得认可和认证的原则和过程，以增加学习和就业机会，促进继续学习和发展。早在2002年南非资格署就制定了《南非国家资格框架背景下的先前学习认证》文件，2003年发布了《先前学习认证标准和指导意见》。经过多年的先前学习认证实践，南非存在着缺乏有效的激励机制、资源和合格的评价认证人员，支撑体系不健全，难以向部分资格授予学分，教育培训机构积极性不高、能力不足等问题。"南非资格署首席执行官塞缪尔·艾萨克斯在2010年新年贺词中特别强调了先前学习认证的作用，表示南非资格署要继续推进先前学习认证工作。他认为："为解决过去遗留下来的教育不均衡的问题，并倡导终身学习，我们认识到学习可发生在除正规的、结构性学习环境之外的其他环境中。人们需要能够选择学习路径，以证明他们的技能和能力并在国家资格框架的环境中取得学分。这需要继续采取措施解决南非劳动力市场在许多方面存在的技能短缺问题。先前学习认证的其他益处是促进生涯发展，这在有立法支持的技能迁移环境中得到鼓励，从而为有意义的工作和需要新型技能人才的企业打开了机会之门。"[②]2012年南非资格署成立了先前学习认证工作小组起草相关文件，在广泛征询社会各界意见的基础上，南非资格署于2013年3月发布了新的先前学习认证政策。

先前学习认证的目标是促进国家认证政策的发展和实施，在更广泛的终身学习背景下建立对先前学习认证的共享理解，根据国家政策制定行业部门和教育培训机构先前学习认证政策标准，为落实国家认证政策和有效监测评价认证实践奠定基础，保证潜在申请者的知识技能能够得到承认，充分发挥雇主、公私立教育培训提供者和实践工作者的作用。认证政策适用于各质量委员会、教育培训机构、职场、国家承认的专业机构、先前学习认证实践工作者和申请者，适用于在国家资格框架登记的所有资格、部分资格和专业资格。先前学习认证是

①The South African Qualifications Authority (SAQA). Publication of the General and Further Education and Training Qualifications Sub-framework and Higher Education Qualifications Sub-framework of the National Qualifications Framework [S]. August 2013.

②Message from the Chief Executive Officer of SAQA[EB/OL]. [2010－05－20]. http://www.saqa.org.za/

一个多维、多情境的评价过程，先前学习认证要坚持学习结果导向原则。先前学习认证的作用是，帮助申请者取得学习机会或是获得学分，或是二者兼有。

南非资格署提出先前学习认证政策优先方向。一是加强认证服务条件保障。保证基本的人力物力财力投入，保证每个认证申请者都能享有认证服务的公平机会，制定认证服务政府补贴标准，鼓励民办机构开展认证服务，制定民营和公立部门统一的、合理的收费标准，鼓励教育培训机构实现设施场地、人员和专业知识共享。二是有效实施认证服务。加强认证服务研究，及时总结认证服务实践经验，重点关注返回学习的青年人和成人的认证服务需求，逐步扩大职场和教育培训机构开展认证服务的范围，认证服务要面向所有语言，不能仅限于占主导地位的语言。三是加强认证服务质量保障。完善相关政策、标准、过程和实践，实现认证服务标准化，提高认证服务质量意识，制定公认的质量保障原则，培养认证合格人员，保证认证服务的适用性、透明度和公正结果。四是加强认证服务工作的协调性。加强对认证服务的研究和信息传播，促进认证服务走上专业化和正规化轨道，实施对全局有影响的战略性项目，吸收主要产业部门和公共部门参加，总结推广最佳地方和国际认证服务实践，开展认证服务监测和评价工作，加大宣传力度，提高公众对认证服务的感知度。

利益相关方切实履行主体责任是保证先前学习认证政策成功实施的重要前提。南非资格署制定先前学习认证国家政策和标准，加强认证政策协调。各质量委员会要制定本行业或部门的先前学习认证政策，加强对政策实施的监控，开展评价人员和管理人员业务培训。教育培训机构实施先前学习认证，首先要取得资质认可，切实认真实施先前学习认证国家政策。加强对评价员的业务培训，国家认可的专业机构要认真执行先前学习认证国家政策和标准，逐步提高实施先前学习认证的能力。实践工作者要不断提高业务水平，先前学习申请者要遵守相关政策和规定，保证能够受到公正对待。[①]

（四）资格评价政策

资格评价政策是南非国家资格框架政策的重要组成部分。为实施 1995 年颁布的《南非资格署法》，南非资格署在 2001 年和 2005 年分别制定了《国家资格框架注册单元标准和资格评价标准与指导意见》和《综合评价指导意见》。

①The South African Qualifications Authority (SAQA). National Policy for the Implementation of the Recognition of Prior Learning[S]. March 2013. http://www.saqa.org.za/docs/pol/2013/natpol_irpl.pdf

2008 年南非通过了《国家资格框架法》，该法取代了 1995 年的《南非资格署法》。为实施《国家资格框架法》，2014 年南非资格署制定了《国家资格框架资格评价政策和标准》，其目的是为开展有效、可靠、公平和透明的国家资格框架资格评价制定最低限度标准和提供指导。国家资格评价政策的目标是制定国家资格框架三个分框架的资格评价政策，保证每个质量委员会及其分框架对资格的评价都能符合国家政策要求，促进对国家资格框架资格、部分资格和专业技术资格评价的最佳实践原则的共享理解，开展学习整体评价，明确南非资格署、分框架质量委员会、评价机构、教育与培训机构的作用和职责，确保系统监测评估和评价质量的一致性，同时考虑到每个质量委员会及其分框架的具体情况。资格评价要坚持有效性、可靠性、诚信透明、公平公正、语言敏感性等评价原则。

在评价内容上，要注重评价课程所规定的学习者应掌握的相关知识、技能和价值观以及应达到的认知能力发展水平，注重区分学习的数量和质量，注重评价学习者的能力，特别是复制知识、技能和价值观的能力，在已知环境和新的环境中运用知识、技能和价值观的能力，以及理解、分析和综合能力，注重区分学习者的实际能力和潜能，更加注重评价学习者的潜能；评价要考虑到学习者的先前学习和经历，评价要有利于促进学习者的学习。根据评价目的的不同，可运用形成性评价、总结性评价、综合评价和诊断性评价等多种评价形式。

实施国家资格评价政策是各方共同的责任。南非资格署的职责是在征得质量委员会的意见后，制定资格评价、先前学习认证和学分积累与转换国家政策，监督国家政策的实施，就国家资格框架和资格评价政策向高等教育与培训部提供咨询意见。分框架质量委员会的职责是贯彻实施国家评价政策，制定分框架资格评价政策，与其他分框架质量委员会建立伙伴关系，加强各分框架质量委员会评价政策的协调性，监督检查国家资格评价政策落实情况，推广各分框架资格评价最佳实践，建立信息管理系统，记录评价结果，检查资格评价收费的合理性，维护学习者权益，建立反馈机制，改进课程和教学实践。评价机构的职责是认真执行国家评价政策和质量委员会的评价政策。教育与培训机构的职责是达到相关质量保证要求，提升实施评价政策的能力，与其他院校建立伙伴关系，共同开发课程、学习内容和评价策略，推动学习路径贯通，支持利益攸关方参与评价，建立信息管理系统，记录评价结果，保证收费合理、透明，建立反馈机制，改进教学实践。[①]

（五）质量保障体系

南非国家资格框架的突出特点是建立了标准制定体系、质量保障体系和资格管理信息系统，形成了比较完善的质量控制体系以及资格标准和档案管理信息系统。

1.标准制定体系

南非实行国家标准机构和标准制定机构注册制，对这些机构在开展业务活动之前进行资质认定，以保证标准制定的质量。依据《南非资格署法》的授权，1998 年 3 月南非资格署制订并发布了《国家标准机构条例》，对国家标准机构和标准制定机构的职能和作用做了具体规定。国家标准机构是资格署的一个组成部分，由资格署注册并颁发注册证书，有效期为三年，期满可申请重新注册。它的职能是确定本领域或次级领域的标准和资格的范围和性质，承认或设立次级领域内的标准制定机构，制订和保证标准制定机构的工作规范，向资格署推荐在国家资格框架登记的标准和资格，与教育和培训质量保障机构保持联络，提出设立新的标准和资格或修定现有标准和资格的建议。标准制定机构的主要职能是制定标准和资格，检查和修改标准，向国家标准机构推荐标准和资格，推荐评价员、仲裁人或审查机构的认证和注册标准等。

南非资格署在标准制定方面采用各方参与和服务决策的模式，体现出包容性和响应性的特点，即吸收有关合作伙伴和利益攸关方积极参与标准制定，同时强化服务功能导向，保证资格和单元标准支持政府的行动计划，服务于国家提升教育与培训质量、矫正历史不公、促进教育公平的需要。一是服务于国家经济建设战略目标，加速开发行业资格和标准。例如，为响应国家加速培养各行各业技能人才的战略目标，南非资格署采用多部门、多学科策略开发技能人才资格和职业标准，成立了通用制造业、工程和技术标准制定机构。该标准机构开发了机械工程、电机工程和民用工程等行业资格。为配合教育部发展高中阶段职业教育的工作重点，资格署开发了 3 种国家证书：二级、三级和四级职业资格证书，为青年学习者提供以职业为定向的学习路径，使他们结业后能够就业或是继续学习。二是构建伙伴关系。积极协调教育与培训部门、事业科研单

①South African Qualifications Authority(SAQA). National Policy and Criteria for Designing and Implementing Assessment for NQF Qualifications and Part-Qualifications and Professional Designations in South Africa[S]. 2014.http://www.saqa.org.za/docs/pol/2014/Nationa%20pol%20crite.pdf

位、政府部门和部队单位，大力开发国家急需的职业标准和资格。三是提升资格和标准的国际可比性。按照国际最佳实践、国际协定开发资格，保证质量标准，做到资格和标准与国际对接，如开发的焊接资格证书、通用管理资格证书等。四是征询利益攸关方意见。在政府公报和南非资格署网站上公布资格和单元标准草案征询社会意见，同时征询相关部门、工会、组织机构、教育与培训提供者、相关领域专家和高等教育界代表的意见。五是严格评估审查制度。标准制定机构提交给资格署注册的资格和标准，要经过南非资格署标准制定和开发司的严格审查评估。此外，组织由学科专家和资格专家组成的专家咨询小组对资格标准进行评估审查，以确保资格具有高质量标准，符合目的，能满足广大学习者的需要。

2.质量保障体系

确保资格和标准的质量是国家资格框架建设的核心问题之一。南非实行质量保障两级认证制度，资格署在国家层面认证教育与培训质量保障机构的资质并规定其应履行的职能，得到国家认证的教育与培训质量保障机构在机构层面认证教育与培训提供者的资质。资格署对提出申请并符合规定的条件和要求的质量保障机构给予认证并颁发认证证书，质量保障机构在第三年的第一个月及以后每三年向资格署提交工作报告。合格的教育与培训质量保障机构的职能主要有：监控和审查国家资格和标准的实施，认证本区域内教育与培训提供者，促进教育与培训提供者质量意识的提高，监控教学和培训质量，注册评价员，认证区域内学习者的资格证明，同相关质量保障机构开展合作，维护数据库，向资格署提交质量保障进展报告等。为完善质量保障体系，资格署可任命审查机构，履行监督和评判质量保障机构工作的职能，形成质量保障体系的保障机制。审查机构的具体职能是评判质量保障机构的评价结果是否公正、有效和可信，向资格署提出相关建议，如改进质量保障机构的职能，完善认证质量保障机构的标准，调整国家标准机构制定的标准和资格等。①

(六)资格信息管理系统

建立国家学习者档案数据库信息系统。国家资格框架的基本目标是创立能体现全民终身学习理念的高质量教育和培训系统，管理和报告有关系统信息。为此，南非资格署建立了国家学习者档案数据库信息系统，它是一个可靠

---

①The South African Qualifications Authority(SAQA). The Education and Training Quality Assurance Bodies Regulations [S]. Pretoria: Government Gazette :No. 19231,8 September 1998.

和高效的国家资格框架电子管理系统，能有效管理国家资格框架，精确报告教育和培训系统信息。该系统收录了由普通、继续教育和培训质量保障委员会和高等教育委员会提供的500多万份学习者档案，以及前产业培训委员会的档案、劳动部的历史档案和独立考试委员会的培训信息。至2006年6月，国家学习者档案数据库系统收录了592种资格，4831种单元标准。到2015年，该系统登记职业资格证书1650种，高等教育资格8449种，单元标准11499个，学习者15740718人，通过先前学习认证取得学习成就的达28634人。① 许多教育和培训质量保障机构通过该系统使用资格署开发的测试工具包，同时该系统也是一个可搜索的数据库，由国家资格署维护，每周更新。

（七）国际合作交流

南非资格框架在开发初期得到了欧盟委员会和加拿大国际开发署的资助，近年来通过互惠互利的项目与国际组织开展合作。比如，通过合作项目开发了国家学习者档案数据库，在欧盟的资助下开展了南非国家资格框架影响力的研究。这些项目引发了世界其他国家的浓厚兴趣。

南非资格署非常重视开展国际合作与交流。早期通过战略发展处开展国际合作，与经济合作与发展组织、英联邦学习组织和联合国教科文组织等国际组织建立了工作联系。随着国际交往的扩大，2007年南非资格署任命了一名副司长负责国际研究和比较。2008年底颁布的《国家资格框架法》明确规定了南非资格署开展国际合作交流的职责。2009年8月，南非资格署设立国际交流司，通过开展国际合作交流扩大南非国家资格框架的影响，使其成为世界一流的国家资格框架。

在资格框架开发和质量保障方面，南非资格署与一些国际机构开展了广泛的合作。与英联邦秘书处实施了教师资格研究项目，与英联邦学习组织开展了跨国资格框架开发项目。与南部非洲发展共同体秘书处实施了地区基准和南部非洲发展共同体地区资格框架开发项目，向南共体成员国家提供技术支持，特别是向塞舌尔资格署提供技术援助，促进塞舌尔资格框架开发。在联合国开发计划署和意大利的资助下，南非资格署协助埃塞俄比亚开发国家资格框架。与经济合作与发展组织（OECD）建立了密切的联系，实施非正规和非正式学习认证国际行动计划，与加勒比海共同体实施了教师资格认证项目。同时，南非

① The South African Qualifications Authority(SAQA). The Education and Training Quality Assurance Bodies Regulations [S]. Pretoria: Government Gazette ;No. 19231,8 September 1998.

资格署接待了来自世界各地政府代表团的来访，介绍南非国家资格框架的经验。目前，在非洲大陆和国际上，南非国家资格框架的影响力不断扩大，南非资格署在资格框架开发工作方面成为一个积极的合作伙伴和贡献者。①

四、经验与启示

南非开发国家资格框架较早，与英国、新西兰、澳大利亚等国一起被称为第一代资格框架的国家代表。为适应教育发展改革需要，南非实现了资格框架升级，进入了国家资格框架开发的先进国家行列，南非的经验也因此受到国际社会的关注。南非国家资格框架建立了较为完善的管理运行机制、资格标准体系和配套政策工具体系，形成了具有南非特色的国家资格框架。

设立分框架是南非独有的特色。南非是世界上唯一一个在总框架下设立分框架的国家，建立了符合国情特点的资格框架体系。资格框架实行分层管理，南非资格署统筹负责国家资格框架的实施和制定相关国家政策和标准，三个分框架分别由三个相对独立的质量委员会管理和实施，既保持分框架的相对独立性又注重加强分框架间的联通。资格框架强调标准的整体适用性，一套统一完整的水平描述符适用于三个分框架的资格，以保证分框架间资格具有可比性，实现资格子体系的联通。此外，在三个分框架中，南非将教育部门主导开发的学校职业教育资格和劳动部门主导开发的职业资格分开，单独设置一个以工作本位学习为基础的职业资格分框架，学校职业教育与窄口径的职业资格在管理主体、适用标准、教学方式、学习对象和评价认证等方面有着较大的区别，单独设立分框架旨在保持职业资格与工作岗位密切联系的特色，培养高素质技术工人。

完善的教育立法体系为资格框架运行提供了法律保障。制定机构法，设立专门机构负责专门事项，依法行政体现了南非的立法传统。南非资格署和三个质量委员会都是法定机构。1995 年《南非资格署法》是专门设立南非资格署的立法，修改后的 2008 年《国家资格框架法》赋予南非资格署新的职能。普通、继续教育与培训质量保障委员会，高等教育质量委员会，手工业和职业资格质量委员会三个质量委员会是分别依据 2001 年《普通、继续教育与培训法》、1997 年《高等教育法》和 1998 年《技能开发法》设立的负责分框架质量保障和资格认

①National Qualifications Frameworks: Insights from South Africa[EB/OL]. [2014－09－12].http://www.saqa.org.za/docs/events/2009/eqf_paper.pdf

证的专门机构。机构和职责法定是南非依法行政的重要体现，保证了资格框架有效管理和运行。

南非国家资格框架经历了一个不断完善发展的过程，反映了资格框架发展规律。资格框架的开发不是一蹴而就、一劳永逸的事情，需要根据实施中出现的问题和教育形势的变化及时作出调整和不断完善。教育改革是推动资格框架不断完善的重要力量。南非先后两次对资格框架立法，从《南非资格署法》改为《国家资格框架法》，资格框架由单一综合框架改为总框架下设置分框架的形式，等级结构由最初的八级改为十级。三次修改水平描述符，由最初的 4 个资格等级的水平描述符到含有不同描述维度的 10 个等级水平描述符，再到维度同一的 10 个等级水平描述符。南非及时修改相关法律，适应教育发展改革要求。例如，《高等教育法》从 1997 年颁布到 2010 年的 13 年间，修法 7 次，平均不到两年修改一次。标准开发和质量保障机构由最初的 17 个调整为按学段和教育类型划分的 3 个质量委员会。南非的先前学习认证、学分积累与转换制度、资格和部分资格评价等配套政策工具也都经历了不断完善的过程。这表明资格框架的影响效果是一个不断累积和释放的过程，不会立竿见影。

积极拓展国际合作交流，不断提高资格框架的国际影响力。南非国家资格框架融入大量国际因素，在创建初期就获得了西方的资金、技术和智力援助，成为西方的一块试验田。南非资格署利用早期积累起来的专业知识优势，主导南部非洲发展共同体资格框架的开发，帮助其他非洲国家开发资格框架，向其他国家、地区传授经验。受联合国教科文组织邀请，南非资格署参与研究联合国教科文组织青年与技能开发处主持的“世界参照水平”项目，旨在开发一组水平描述符，为世界职业技术教育提供中立的、独立的参照点。南非资格署还受邀参加了全球高等教育资格互认公约可行性研究。通过广泛参加区域和国际合作交流，南非与世界其他国家和国际组织分享南非开发资格框架的专业知识和经验，大大提高了南非国家资格框架的影响力。

第八章 印度国家技能资格框架

技能和知识是任何国家经济增长和社会发展的推动力量。在印度这样一个教育人口庞大、职业技术教育与培训发展薄弱的国家开发和实施国家资格框架完成，具有极大的挑战性。印度在吸收借鉴国际经验的基础上，在较短的时间内开发并开始实施国家资格框架。印度早在2009年就提出了开发"资格框架"的设想，教育部门和劳动部门从各自部门利益考虑，分别开发研制各自的资格框架，教育部门率先公布资格框架实施方案并开始试点。2013年，印度从内阁层面将两个部门主导的资格框架整合为"国家技能资格框架"，旨在提高人力素质水平，促进技能开发，培养大批高素质技能劳动者，服务于国家经济社会发展。

一、资格框架开发动因

（一）经济快速发展拉动对技术技能人才需求

近15年来，印度经济增长保持着比较高的速度，增长率呈现提高较快的趋势。"九五"规划期间（1997—2002），GDP增长率平均达到5.7%；"十五"规划期间（2002—2007），平均达到7.6%，"十一五"规划期间（2007—2012），平均达到8%，在"十二五"规划期间（2012—2017），将继续保持平均8%的实际GDP增长率，农业增长率达到4%，制造业增长率达到10%。经济快速发展拉动了对技能劳动者的需求，但印度劳动力素质整体偏低，在全部劳动力人口中，印度接受过正规技能培训的劳动力估计仅占4.69%，而美国达到52%，英国68%，德国75%，日本80%，韩国96%。[①] 印度存在着技能劳动力严重缺乏和技能供给能力严重不足的问题：在15～29岁年龄组中，仅有2%接受过正规职业教育，有8%的人是通过工作场所获得了职业技能，93%的劳动力是在无组织部

①Ministry of Skill Development and Entrepreneurship. Skill Development and Entrepreneurship National Policy for 2015 [R]. New Delhi, 2015: 6. http://msde.gov.in/assets/images/Skill%20India/policy%20booklet-%20Final.pdf

门就业；每年新增劳动力 1280 万人，而现有的技能开发能力仅为 310 万人，缺口达 970 万人。[①] 在需求方面，国家技能开发公司在 2010—2014 年对技能缺口所做的调查表明，到 2022 年，24 个关键行业对技能劳动者的额外净增量需求将达到 1.1 亿人。2009 年发布的《国家技能开发政策》提出了到 2022 年培养 5 亿高素质技能劳动者的目标，以适应经济社会发展的需要，大力培养高素质技能劳动者成为印度国家发展的战略选择。

(二)收获人口红利的现实要求

印度是目前世界上人口最年轻的国家之一，15～59 岁工作年龄人口占到总人口的 62%以上，25 岁以下的人口占到总人口的 54%。预计到 2020 年，印度人口的平均年龄为 29 岁，而美国将达到 40 岁，欧洲 46 岁，日本 47 岁。在未来 20 年，发达国家劳动力将下降 4%，印度则增加 32%。这将带来巨大的挑战和机遇。为了能收获下一个 25 年的人口红利，印度提出发展职业技术教育与培训，培养有知识、有技能、有就业能力的高素质劳动者，为国家的经济增长做出实质性贡献。除了满足国内对技能劳动者的需求，印度还谋划拓展海外就业市场，弥补发达国家由于人口老龄化导致的技能劳动者缺口。[②]

(三)调整优化教育结构的内在要求

印度中等职业教育经历了一个艰难的发展历程。尽管教育行政部门自 20 世纪 80 年代中期起不断出台发展职业教育的政策和行动计划，但教育结构失衡的问题一直没有得到解决。1986 年的《国家教育政策》指出："引入系统的、规划合理的和严格实施的职业教育课程对教育重建计划至关重要。职业教育是具有特色的分流教育，旨在使学生为涵盖多个活动领域的明确确定的职业而做准备。"1986 年《国家教育政策》提出了到 1990 年中职生所占比例达到 10%、到 1995 年达到 25%的目标。1988 年，印度启动中等教育职业化计划。1992 年的《行动计划》将职业教育发展目标向后延迟，提出中职生所占比例到 1995 年达到 10%、到 2000 年达到 25%。1995—1996 年的评估调查表明，职业教育课程覆盖大概 1 万所学校，其中大部分以职业教育班的形式开设职业教育课程，在

①Planning Commission (Government of India) Twelfth Five Year Plan (2012－2017) Faster, More Inclusive and Sustainable Growth Volume I [R]. 2013: 8.

②Ministry of Skill Development and Entrepreneurship. Skill Development and Entrepreneurship National Policy for 2015 [R]. New Delhi, 2015: 2. http://msde.gov.in/assets/images/Skill%20India/policy%20booklet－%20Final.pdf

校生 100 万人左右，中职生所占比例为 4.8%。[①] 实际上，印度高中阶段教育结构高度单一化的问题并没有解决，随着高中阶段教育规模扩大，中职生所占比例下降，2009 年所占比例仅为 2%。同其他国家相比，印度中等职业发展严重滞后，欧盟国家平均为 52.4%，经济合作与发展组织国家为 45.9%，中国为 50.4%。[②] 建立有多重入口和出口的职业教育资格框架，吸引更多的学生接受职业教育，改变教育结构单一化状况，促进教育结构呈现多样化，这是印度当前面临的挑战之一。

(四)提高全民素质和教育普及水平的客观要求

印度全民受教育程度普遍较低，文盲和小学文化程度占到一半以上。2009 年，在 15～59 岁年龄组 4.31 亿劳动人口中，小学及以下教育程度占 53%，初中和高中教育程度占 37%，大专及以上教育程度占 10%。印度教育普及水平低于世界平均水平。2009 年，印度中学教育(九至十年级)毛入学率为 62.7%，低于世界平均 68%的水平，印度高中教育(十一至十二年级)毛入学率为 35.9%。“十二五”规划提出到 2017 年中学教育毛入学率达到 90%，高中教育达到 65%。高等教育在“十二五”规划期间新增入学人数 1000 万人，高等教育毛入学率从 2011 年的 17.9%提高到 2017 年的 25.2%，到 2020 年达到 30%。[③] 大力发展职业教育有助于增加和拓宽受教育机会，提高全民受教育程度，推动中学教育、高中教育和高等教育普及水平的提高。

2011 年 10 月，人力资源开发部学校教育与扫盲司工作小组在提交给印度规划委员会“十二五”规划报告中指出，印度发展职业教育有两个重点。一是发展中等职业教育，建立和完善职业教育管理制度，实行中央、邦和县三级管理体制，在人力资源开发部设立职业教育局，在中央中等教育考试委员会设立职业教育处，在邦一级设立职业教育协调处，在县一级设立职业教育办公室。中等职业教育分流时间从高中教育阶段(十一年级)提前到义务教育后的中学教育阶段(九年级)。在每个县建立一所示范职业学校，对职业学校进行认证，保证学校设置、专业、课程、评价和资格鉴定达到国家标准。开展“双元制”试点，与产业建立伙伴关系。建立行业技能委员会，制定国家职业标准，与行业技能委

---

①Ministry of Human Resource Development.Revised Centrally Sponsored Scheme of Vocationalisation of Higher Secondary Education [R].2012.

②OECD. Education at a Glance 2011 [R]. Paris,2011:305.

③Planning Commission (Government of India).Twelfth Five Year Plan(2012-2017)Social Sectors-Volume III[R]. 2013:69—91.

员会合作开发课程和教学材料，适应产业需求。发挥私营部门参加职业教育办学的积极性。二是建立国家职业教育资格框架。资格框架为各级各类资格提供了共同参照，设立10个资格等级，覆盖从义务教育后（九年级）到学位教育。其中一级和二级资格证书分别对应九年级和十年级，属于职前教育范围；三级和四级资格证书分别对应十一年级和十二年级，属于出口点。资格框架突出能力本位教育，鼓励产业积极参与课程开发和职业教育教师培训。框架作为一种转换设计，使资格更易于理解，增加资格透明度，促进学习者在不同资格间的水平和垂直流动，促进终身学习。①

（五）资格框架开发过程

印度在国际因素和国内因素共同作用下，在较短时间内完成了资格框架的设计和开发工作，并进入到试点阶段。2007年12月，世界银行在印度资助了“职业培训改进项目”，项目由劳动和就业部实施，项目其中的一项内容是“促进改革”，政策改革的方向是建立国家职业资格框架。2008年3月，世界银行举办了一次大脑风暴研讨会，会议参加者包括劳动和就业部、人力资源开发部、工业协会、国际技能合作伙伴和学术界代表等关键利益攸关方。第二次研讨会邀请了英国苏格兰资格局的代表介绍苏格兰资格框架的设计和实施情况。2009年3月，印度政府发布《国家技能开发政策》，提出了到2022年培养5亿高素质技能劳动者的目标；建立具有开放和灵活特点的国家职业资格框架，使个人能够累积其知识和技能；通过考试和认证，将个人取得的知识与技能转换成高等文凭和学位；制定质量标准，提供有质量保障的各种学习路径；保证国家职业资格框架与国际资格框架具有可比性；推动终身学习发展和不断提升人们的技能与知识水平。②

2011年2月7日，世界银行和印度政府联合举办了国家职业资格框架研讨会，来自劳动和就业部、人力资源开发部、国家计划委员会、工业协会、国家技能开发公司、英迪拉甘地全国开放大学、国家教育规划和行政管理大学、国家教育研究与培训委员会、国家开放教育学院、新设立的行业技能委员会、职业教育与培训机构和国家捐赠组织等机构组织的60多名代表参加了研讨会。

两个部委分别开发资格框架。劳动和就业部研制国家职业部落格框架。

①Department of School Education and Literacy MHRD. Working Group Report on Secondary and Vocational Education 12th Five Tear Plan [R]. October 2011.

②Ministry of Labour and Employment. National Skill Development Policy[EB/OL]. [2013-09-30]. http://labour.nic.in/upload/uploadfiles/files/Policies/NationalSkillDevelopmentPolicyMar09.pdf

2011年劳动和就业部出台《技能开发使命》文件，进一步明确要创立国家职业资格框架，开发有国家统一等级标准的、能与国际比较的职业资格，支持和促进技能开发和改革，建立开放和弹性的学习制度，允许个人累积其知识和技能，通过考试和认证将其转化成为高一级的文凭和学位；资格框架将提供有质量保障的、具有等级标准的和能与国际资格框架相比较的学习路径，支持终身学习战略，继续提升技能和知识水平。文件还提出，鼓励各部委参与技能开发，所有现有机构和委员会都要遵循国家职业资格框架的要求。国家职业资格框架具有以下特点：(1)根据国家承认的标准和规范，开发能力本位资格并进行认证；(2)对学习成就和资格进行认证；(3)依据责任心、活动复杂性和能力可迁移性等标准，设立系列国家资格等级；(4)避免资格的重复和交叉，同时保证能涵盖所有培训需求；(5)体现模块化特点，为获得可承认的资格可以以小的步伐取得和累积学习成就；(6)建立质量保障体系，促进技能的可携带性和劳动力市场的流动性；(7)通过改进技能认证制度促进终身学习，承认不管是在正规还是在非正规、非正式学习环境里的先前学习；(8)建立开放和弹性制度，允许具有能力的个人通过考试和认证将其知识和技能累积成为高一级的文凭和学位；(9)建立学术和职业教育的不同学习路径，整合正规和非正规学习，特别是工作场所的学习，并且提供从职业学习到学术学习的垂直流动；(10)对个人的培训和生涯规划选择给予指导；(11)使适当等级的普通教育和职业教育资格具有可比性；(12)建立机构附属和认证的国家承认的框架；(13)在国家职业资格框架内鼓励发展多重认证团体和机构。① 印度的国家职业资格框架体现了承认先前学习、建立质量保障体系和弹性学习路径等国际社会普遍认可的理念。②

与此同时，人力资源开发部也在积极推进国家职业教育资格框架开发工作。2011年5月30日，人力资源开发部新设的一个协调委员会完成了国家职业教育资格框架工作文件，在广泛征求意见的基础上，制订了实施路线图。2011年6月7日，在第58次中央教育咨询委员会会议上，国家职业教育资格框架获得了一致通过。人力资源开发部指出，国家职业教育资格框架将为推动国家技能开发战略的实施发挥重要作用。邦政府要采取措施，增强技能开发服务地方社会经济发展的能力，资格框架应保证学生从职业教育到普通教育的流动，反之亦然。2012年2月，印度人力资源开发部部长西巴尔宣布在高等技术

①Planning Commission Government of India. Eleventh Five Year Plan 2007—2012, Volume I, inclusive growth [S].2008.

②Ministry of Labour and Employment Government of India. National Skill Development Policy [S], Mar 2009.

教育院校实施国家职业教育资格框架。2012 年 9 月 3 日，人力资源开发部发布实施国家职业教育资格框架(NVEQF)的命令，标志着资格框架正式进入实施阶段。[①]

整合部委资格框架。2009 年 3 月，劳动和就业部在《国家技能开发政策》文件中提出开发“国家职业资格框架”，拟开发以劳动部为主导的国家职业资格框架。人力资源开发部(教育部)经过近两年的广泛讨论和征求意见，于 2012 年 9 月宣布实施以教育部为主导的“国家职业教育资格框架”。为整合协调部委资格框架，2012 年 11 月 20 日，国家技能开发协调委员会举行第 10 次会议，国家技能开发委员会总理顾问指出，总理办公会议已决定将两个资格框架调整合并为单一的国家技能资格框架(NSQF)，设立一个部际委员会以加强对开发和实施单一国家技能资格框架的协调工作。劳动部和教育部表示，两个框架的水平描述符相同，易于整合两个框架，从技术角度看整合两个框架并不存在困难，会议建议由国家技能开发委员会总理顾问办公室牵头，劳动部、教育部和其他相关部委参与起草国家技能资格框架文件。[②]

2013 年 12 月 27 日，财政部经济事务司发布通知，根据 2013 年 12 月 27 日技能开发内阁委员会的决定，正式宣布设立“国家技能资格框架”，取代人力资源开发部主导开发的“国家职业教育资格框架”和劳动就业部主导开发的“国家职业资格框架”。国家技能资格框架的目标是适应印度教育与培训体系的多样性，开发国家认可的、以学习结果为导向的一系列资格和人才培训标准，构建学习和取得资格的进阶路径，使人们能够在不同教育与培训部门之间以及在不同教育与培训部门和劳动力市场之间易于和便于流动，向个人提供通过教育与培训进阶和获得先前学习与经验认可的机会，加强教育与培训国家监管和质量保障安排，通过认可印度资格的价值和可比性，支持和促进持有国家技能资格证书人员在国内和国际的流动。

2015 年，印度技能开发与创业部发布《国家技能开发与创业政策 2015》，提出推动实现印度资格框架与国际资格框架的对接。文件指出促进与国际标准对接，推动实现印度国家技能资格框架与国际上承认的资格框架的对接，以保证质量和标准一致性。保证评价和认证框架开发以国际标准为基准，在存在着

---

①Government of India Ministry of Human Resource Development. National Vocational Education Qualifications Framework (NVEQF)[R].

②Planning Commission. Minutes of the 10th Meeting of the National Skill Development Coordination Board (NSDCB)[EB/OL]. [2014-09-15]. http://planningcommission.gov.in/reports/genrep/tenth_ndcb2612.pdf

国际劳动力流动机会的行业建立跨国标准，加强与相关国家的合作伙伴关系，促进技能得到认证的印度青年在这些国家获得就业机会。国家技能资格委员会在相关行业技能委员会的协助下，与目的地国家的相关机构共同开发工作标准、评价与认证标准。同时，坚持实施走出去战略，与相关国家和地区分享印度技能开发制度模式、职业标准和资格包，帮助这些国家建立技能开发生态系统。①

二、资格框架结构要素

印度国家技能资格框架是按照一系列知识、技能和能力等级组织资格、促进技能开发的国家政策工具。等级以学习结果来定义学习者所掌握的能力，不管是通过正规、非正规还是非正式教育与培训获得的能力都可以得到承认。资格由特定学习领域的职业标准组成，这使学习者、教育与技能培训提供者和雇主等利益攸关方能够获取特定行业中资格广泛等效方面的信息。全国统一的教育和能力本位技能框架在职业教育系统内部以及普通和职业教育之间提供了多重路径，使一个学习等级与另一个高一等级联系起来，使学习者能够从职业教育的任何起点进入到高一级学习。国家技能资格框架的关键要素包括：制定国家指导原则，提供与国际等值的职业教育；建立职业教育、普通教育与就业市场间的多重入口和出口；增加在职业教育系统内部的升学机会；促进学生在职业教育与普通教育之间的转换；建立与产业的伙伴关系。

结构要素是指资格框架的基本组成成分，反映了资格框架的基本结构特征，结构要素的合理组合形成了一个完整的资格框架。通常包括等级数目、等级标准、资格类型和学习量等结构要素。

（一）资格等级数目

资格等级数目多少决定了资格框架的层次结构。一般说来，资格等级设置越多，涵盖的学段就越多，资格等级的划分就越细，等级宽度就越窄。国际上比较流行的是 8～10 个等级。印度早期的国家职业教育资格框架包括 2 个先前学习认可等级和 10 个资格等级，一共是 12 个等级，包含国家能力证书系列、职

① Ministry of Skill Development and Entrepreneurship. Skill Development and Entrepreneurship National Policy for 2015 [R]. New Delhi, 2015: 28. http://msde.gov.in/assets/images/Skill%20India/policy%20booklet-%20Final.pdf

业教育证书和普通与高等教育资格3个资格系列。资格框架用资格等级和职业能力等级来划分，以学年为基本单位。理论上讲，印度10级职业教育资格框架覆盖了从义务教育后阶段到博士层次的职业教育，搭建了资格阶梯，构建了向上延伸的通道，目前实施的是一至七级国家能力证书，对应高中阶段教育至硕士层次教育。在职业教育资格中，建立了两套职业教育资格体系：一是以国家职业标准为基础的、较窄口径的国家能力证书系列，二是以专业标准为基础的、较宽口径的学历职业教育资格，以适应不同的标准和培养模式。国家能力证书系列实际上按教育层次划分了先前学习认可证书、国家工作准备证书和国家能力证书3种证书。印度职业教育总体发展水平不高，因而资格等级的起点较低，先前学习认可1的起点是五年级，一级国家工作准备证书的起点是九年级，这属于义务教育后阶段，一级国家能力证书的起点是十一年级，属于高中教育阶段。由于学历职业教育资格是按学段划分的，所有每种资格涵盖2～3个资格等级。在国家技能资格框架中去掉了先前学习认可1和先前学习认可2两个等级，只保留了一至十级这10个等级。

表8.1 早期设计的国家职业教育资格框架等级结构

<table>
<tr><th>资格等级</th><th>国家能力证书系列</th><th>职业教育</th><th>普通与高等教育</th><th>认证机构</th></tr>
<tr><td>10</td><td>八级国家能力证书</td><td>学位</td><td>博士</td><td>大学和行业技能委员会联合认证</td></tr>
<tr><td>9</td><td>七级国家能力证书</td><td rowspan="2">研究生文凭</td><td rowspan="2">硕士学位</td><td>大学和行业技能委员会联合认证</td></tr>
<tr><td>8</td><td>六级国家能力证书</td><td>大学和行业技能委员会联合认证</td></tr>
<tr><td>7</td><td>五级国家能力证书</td><td rowspan="2">高级文凭</td><td rowspan="3">学士学位</td><td rowspan="3">技术教育委员会和行业技能委员会联合认证，大学和行业技能委员会联合认证</td></tr>
<tr><td>6</td><td>四级国家能力证书</td></tr>
<tr><td>5</td><td>三级国家能力证书</td><td rowspan="3">文凭</td></tr>
<tr><td>4</td><td>二级国家能力证书</td><td>十二年级</td><td rowspan="2">技术教育委员会和行业技能委员会联合认证，学校考试委员会和行业技能委员会联合认证</td></tr>
<tr><td>3</td><td>一级国家能力证书</td><td>十一年级</td></tr>
</table>

续表

资格等级	国家能力证书系列	职业教育	普通与高等教育	认证机构
2	二级国家工作准备证书(NCWP)	十年级	十年级	学校考试委员会和行业技能委员会联合认证
1	一级国家工作准备证书	九年级	九年级	学校考试委员会和行业技能委员会联合认证
先前学习认可(RPL)	先前学习认可 2	八年级	八年级	国家开放教育学校/邦开放学校和行业技能委员会联合认证
	先前学习认可 1	五年级	五年级	国家开放教育学校/邦开放学校和行业技能委员会联合认证

资料来源:Ministry of Human Resource Development. National Vocational Education Qualifications Framework (NVEQF)[S].New Delhi,2012.http://mhrd.gov.in/sites/upload_files/mhrd/files/executive—order.pdf

(二)等级标准

资格等级标准是依据知识、技能和能力的相对复杂程度或深度对不同层次的学习者提出的一般性要求,等级标准也称作水平描述符。资格等级标准以学习结果来描述,学习结果则由知识、技能和能力三维结构构建。在印度国家技能资格框架语境下,知识是指通过学习吸收信息的结果,是与某一工作或学习领域相关的一组事实、原理、理论和实践,知识包括理论知识和/或事实知识。技能是指运用知识和使用专门技术完成任务和解决问题的能力,技能包括认知能力(包括运用逻辑的、直觉的和创造性思维)或实践技能(包括身体灵巧性和使用方法、材料、工具和器具)。能力是指应用获得的知识、技能的能力以及履行责任角色的个人和社会能力。

国家技能资格框架一至七级资格从基本要求、专业知识、专业技能、核心技能和责任心 5 个维度描述每一等级资格的学习结果。基本要求是对每一级资格所应具备的知识和技能的一般性要求，也是每一资格等级的培养目标。专业知识包括事实性知识和理论性知识，资格等级越高，所要求的知识的深度和广度就越大。专业技能包括材料、工具运用能力、实践技能和质量意识等，专业技能水平与工作情境的复杂性密切相关，工作情境越复杂，专业技能水平要求就越高。核心技能包括读写计算能力、个人财经管理能力、采集和组织信息能力、交流表达能力、了解社会政治和自然环境等，资格等级越高，所要求具备的能力就越复杂，对社会政治和自然环境的了解就越为深刻。自主性和责任心是人们履行职业岗位职责所应具备的核心素质，责任心的强弱是划分制定等级的重要依据。在资格较低等级，对工作可以不负有责任或负有很少的责任；在资格较高等级，对自已和他人工作负有完全责任。因此，资格等级越高，对自己和他人工作负有的责任就越大。

八至十级资格将上述5个维度进行了合并，基本要求、专业知识和专业技能合并成一个维度，对资格证书持有者的知识、技能和创新能力提出了要求；同时将核心技能和责任心合并成一个维度，对工作情境的复杂性和负有的责任作出了规定，资格等级越高，工作情境就越复杂，负有的责任就越大。

表8.2　国家技能资格框架等级描述符

等级	基本要求	专业知识	专业技能	核心技能	责任
一级	训练人员从事重复性的和不需要有以前实践经历的工作	熟悉与行业相关的一般术语，理解词汇含义	能采取安全生产常规的和重复性的措施	具有读写、加减和管理个人财务的技能，熟悉社会和宗教多样性，具有卫生和环境知识	总是在他人连续性指示和直接监督下工作，不负有责任
二级	能从事常常是重复性的、很少运用理解力、但实践性较强的工作	能在有限范围的情境里使用材料和工具，了解工作情境和质量要求	具有在有限范围情境里使用的有限度的服务技能，能选择和运用工具，协助进行没有变量的专业工作，能区别质量的好坏	能接收和传递书面和口头讯息，具有基本的算术和管理个人财经技能，了解社会政治和宗教多样性，具有卫生和环境知识	在他人指示和直接监督下工作，不负有责任

续表

等级	基本要求	专业知识	专业技能	核心技能	责任
三级	能从事要求有限范围的常规和可预测活动的工作	掌握在所就业的行业里运用的基本事实、过程和原理	能回忆和展示在狭窄范围内运用的常规的和重复性的实践技能	能基本清楚地进行书面和口头表达，掌握算术和代数原则，能管理个人财务，基本了解社会和自然环境	在他人严密监督下，对定义范围内的自己的工作负有一定责任
四级	能在有明确选择的、熟悉的、可预测的和常规的情境里工作	具有知识或工作领域的事实性知识	能回忆和展示在狭窄范围内运用的常规的和重复性的实践技能，使用适当的规则和工具，运用质量概念	能清楚地运用语言进行书面和口头表达，具有运用基本算术和代数原则的技能，基本了解社会政治和自然环境	对自己的工作和学习负有责任
五级	能在熟悉的情境里具有明确的方法，从事需要具有高度熟练技能的工作	具有某一工作或学习领域的事实、原则、过程和一般概念方面的知识	具有通过选择和应用基本方法、工具、材料和信息完成任务和解决问题所需的各种认知和实践技能	具有所期望的数学技能，了解社会政治环境，具有一定的采集和组织信息的技能，能交流沟通	对自己的工作和学习负有责任，对他人的工作和学习负有一定责任

续表

<table>
<tr><th>等级</th><th>基本要求</th><th>专业知识</th><th>专业技能</th><th>核心技能</th><th>责任</th></tr>
<tr><td>六级</td><td>在各种广泛的活动中，包括规范的和非规范的实践，具有广泛的专门化技术技能、扎实的知识和丰富的实践</td><td>具有广泛情境里某一工作或学习领域的事实性和理论性知识</td><td>具有在某一工作或学习领域里制订解决具体问题的方案所需的各种认知和实践技能</td><td>能够胜任数学计算工作，了解社会政治和自然环境，能够胜任数据采集和组织信息工作，能有逻辑地进行交流沟通</td><td>对自己的工作和学习负有责任，对他人的工作和学习负有完全责任</td></tr>
<tr><td>七级</td><td>具有各种专门化的理论和实践技能，包括能应对可变的常规和非常规情境</td><td>具有广泛情境里某一工作或学习领域的各种广泛的事实性和理论性知识</td><td>具有在某一工作或学习领域里制订解决具体问题的方案所需的各种广泛的认知和实践技能</td><td>具有良好的逻辑和数学技能，了解社会政治和自然环境，善于采集和组织信息，具有交流沟通技能</td><td>对团队的产出和发展负有完全责任</td></tr>
<tr><td>八级</td><td colspan="3">具有制订创造性解决方案和解决抽象问题的综合的、认知的理论知识和实践技能，能开展自我学习，能展示智力的独立性、分析的严谨性和良好的交流沟通能力</td><td colspan="2">在有着不可预测的变化的工作或学习情境里履行监督责任，对个人和他人的发展负责</td></tr>
<tr><td>九级</td><td colspan="3">具有高级知识和技能，具有对学科的批判性理解力，能展示对学科理论的精通和创新能力，完成实质性研究和论文</td><td colspan="2">在复杂的技术活动中，包括在不可预测的学习或工作情境里负有决策责任</td></tr>
<tr><td>十级</td><td colspan="3">具有高度专门化的知识和问题解决技能，能通过研究和学识对知识做出原创性贡献</td><td colspan="2">在不可预测的复杂的工作或学习情境里负有战略决策责任</td></tr>
</table>

资料来源：Ministry of Finance (Department of Economic Affairs). Gazette Notification: the National Skill Qualification Framework (NSQF)[S].2013. http://skilldevelopment.gov.in/assets/images/Gazette_EO_NSQF.pdf

(三)资格类型

目前纳入资格框架的资格类型主要有四类:第一类是国家职业能力证书系列,包括一级和二级国家工作准备证书和一级至八级国家职业能力证书。第二类是由教育部门颁发的职业教育资格,包括文凭、高级文凭、研究生文凭和学位资格,印度大学拨款委员会计划设立职业教育学士学位。第三类是技术职称,有部分资格等级可与技术职称对应,如三级资格对应半熟练工人,四级资格对应熟练工人,五级资格对应主管称号,六级资格对应高级技师/培训教师。第四类是普通和高等教育资格,它们作为职业类资格的等级参照和对应。印度目前尚未对职业类资格类型规范作出规定。

(四)学习量

学习量是每一种资格学习期限的重要参照。资格等级和国家能力证书等级的划分是一个学年设定一个资格等级,这符合正规学校教育按学年制组织教学的规律和特点。学年还可以用学习量表示,每一个学年的学习量为 1000 个学习小时,其中包括技能培训实践和文化课与理论课学习时间。等级越低,技能培训时间就越少,文化课与理论课学习时间就越多,说明较低资格等级的学习更加注重文化课和理论课的学习,为学生以后的继续教育打下基础;等级越高,技能培训时间就越多,说明较高资格等级更加注重技能培训,为学生顺利就业奠定基础。

不同能力证书技能教学和文化课理论课教学时间的分配是:一级国家能力证书职业技能教学和文化课与理论课教学时长小时数分别为 200 小时和 800 小时,二级能力证书 250 小时和 750 小时,三级和四级能力证书 350 小时和 650 小时,五级能力证书 400 小时和 600 小时 ,六级能力证书 450 小时和 550 小时,七级能力证书 700 小时和 300 小时。目前尚未规定八级能力证书的学习时间分配。

表 8.2 不同等级指向性技能和理论教学时间

资格等级	职业技能教学小时数	文化课与理论课教学小时数
一级	200	800
二级	250	750
三级	350	650
四级	350	650

续表

资格等级	职业技能教学小时数	文化课与理论课教学小时数
五级	400	600
六级	450	550
七级	700	300

资料来源：Ministry of Human Resource Development. National Vocational Education Qualifications Framework (NVEQF)[S].New Delhi，2012.

三、资格框架特征

（一）能力为本

学生的职业能力培养要基于国家职业标准。国家职业标准由行业技能委员会开发和制定，各个行业技能委员会由国家技能开发公司批准设立。能力本位课程包由教学大纲、学生手册、培训师指南、培训手册、教师资格、多媒体包和电子化材料组成。各个等级资格的课程包由国家技术教师培训和研究学院、潘迪特桑德拉夏尔马中央职业教育研究所、中央中等教育委员会、邦学校委员会、邦技术教育委员会、全印技术教育委员会、大学拨款委员会等机构以及行业技能委员会和雇主等产业部门共同开发。国家职业教育资格框架课程有助于促进技能积累以及形成多重出口和入口。课程设计与学分框架结合起来，以使技能积累能对应于获得的学分和取得的能力。

（二）多重入口与出口

资格框架的重要功能是加强垂直流动，改变目前层次衔接的薄弱状况，使十年级、十二年级和工业培训学校（技工学校）的毕业生能够进入高等教育大门，学习高等职业教育课程，包括学习职业教育学士学位课程。印度基础教育一共 12 年，共分四个学段：一至五年级为小学教育阶段，六至八年级为高级小学教育阶段，这两个学段属于 8 年义务教育范畴；九至十年级为中学阶段，十一至十二年级为高中阶段。在高等教育阶段，本科一般为 3 年，硕士 2 年。在设计上，资格框架注重加强横向流动，在十年级、十二年级和文凭或学士学位毕业三个节点上，职业教育学生可选择进入普通教育，普通教育学生在通过技能测试后可进入职业教育。同时，资格框架还注重促进垂直流动，通过八年级和十年级毕业考试的学生可选择进入工业培训学校学习，在工业培训学校毕业后，只要学生具备学习能力和意愿还可选择学习文凭课程直至高级文凭和研究生文凭课程，搭建了向上流动的通道，消除了职业教育死胡同的弊端，形成了有多重入口与出口及能够横向流动与垂直流动的学习路径。

印度早期的国家职业教育资格框架设计了多个出口点和入口点。(1)在成人学习者背景下，通过非正规和非正式学习形式获得了技能的人员能缩小读写和计算方面的差距，获得国家开放教育学校和邦开放学校的证明，或是进入九年级及以上年级学习，或是进入工业培训学校学习，或是作为出口进入工作场所。(2)接受直到十年级职业教育的学生可转入普通教育，继续完成学位教育。(3)接受直到十二年级职业教育的学生可转入普通教育，继续完成常规学位教育。(4)取得了职业文凭的学生可进入普通教育，继续完成学位教育，或继续接受两个资格等级以上的教育，完成高级职业文凭。(5)通过了十年级普通教育毕业考试的学生，在通过了国家职业教育资格等级考试之后，例如获得了国家职业教育资格框架一级和二级资格要求的技能，可学习职业教育三级资格课程。(6)接受直到十二年级普通教育的学生，在通过了国家职业教育资格等级考试之后，例如获得了国家职业教育资格框架一级、二级、三级和四级资格要求的技能，可学习职业教育五级资格课程。(7)获得了普通学位，证明达到了国家职业教育资格框架七级资格水平，可获得职业教育研究生文凭。(8)获得了普通学位，证明达到了国家职业教育资格框架九级资格水平，可获得职业教育研究生学位。(9)接受职业教育的学生可选择垂直流动。通过八年级和十年级毕业考试的学生可选择进入工业培训学校学习。(10)通过了先前学习评估的学生，可在社区学院和多科技术学院以弹性方式学习大学拨款委员会和全印技术教育委员会规定的社区技能文凭课程。

(三)学分累积与转换

学分是对学习者顺利完成与特定等级的资格相对应的先前学习课程的认可。学分有助于实现对学习结果的量化，是学习者、教育培训机构和用人单位描述和比较学习结果的一种手段。学分数是基于一个“平均能力水平”学习者在某一资格框架等级所用的概念学习小时数来确定的。一般说来，一个资格越复杂，所需的学习量就越大。学分转换是由考试评价机构进行学分评定、认可先前学习的过程。学分从一个资格转换到另一个资格有利于最大限度减少重复学习，有利于提供新的学习机会，支持学习者有效的学习路径。学分转换可以通过各种方式作出安排，例如，允许学习者免修某一专业课程，或直接学习下一等级的专业课程，或直接录取学习者进入第二学年专业课程的学习等。

颁证机构在征得行业技能委员会的意见之后，开发每一资格等级的学分框架，以实现达到该级技能水平和同等等级普通教育学习要求的双重目标，形成每一等级（或等级内部）的多重入口和出口，同时促进早期获得的学分可以得到职业教育机构的证明。

能力本位模块课程使多重入口和出口成为可能，这将促进以表现为基础的、能力有明确定义的课程学习。这种多重入口和出口制度将有助于学生在完成任何资格等级的学习之后寻求就业，或者在工作一段时间后继续提升技能和能力水平，重新接受教育。同时鼓励学校考试委员会、全印技术教育委员会和大学转向以学分为基础的普通教育课程，促进职业教育与普通教育的等效性，使学生普职间流动成为可能。

国家技能资格框架可完全适应工业培训学校毕业生和具有劳动和就业部所属学校颁发的模块就业技能（MES）证书的人在适当等级的入口需求，因为他们的技能和能力水平可等同于国家技能资格框架的技能等级。同时，可通过补习课程或额外学分小时获得理论课部分的学分。

为使技能课程具有灵活性，在学生的先前学习得到评价之后，社区学院和多科技术学院要允许学生通过模块课程获得学分。根据获得的与国家技能资格框架等级相对应的累积学分，有关部门可对学生的课程学习进行认证。

考虑到所要求的能力水平和已累积的学分，全印技术教育委员会和大学可根据产业变化开设新的职业课程，注重培养学生的技能群，巩固学生的已有技能。学生要能够在各个阶段从职业教育进入到普通高等教育，反之亦然。如果学生存在“能力差距”，由接收学校提供以模块课程为基础的“补习课程”，以使学生获得这些能力。

（四）先前学习认可

目前，印度的职业教育与培训体系几乎没有建立承认和认证在无组织部门工作了几十年的人们的先前学习的制度，这与多样化的传统职业有着直接的关系。国家将制定相关政策，鼓励办学层次较低的开放教育学校和办学层次较高的多科技术学院开展先前学习认可工作。认可先前学习的目标有两个方面：一是认可先前学习或在正规学习路径之外获得的资格；二是认可通过正规学习获得的学分，以促进学习者的生涯进步和技能提升以及作为“行业能手”的、有经验的一线工人享有接受继续教育的机会。

(五)产业参与和资源共享

产业和雇主的参与是国家技能资格框架成功实施的重要前提条件。设计、开发、实施、评价和认证职业教育课程要广泛征求产业界和雇主意见。此外,产业作为"技能知识提供者"应通过学徒培训委员会向教育部门提供广泛的支持。鼓励不同机构共享资源,最佳利用现有资金和专业知识。为了实训和操作训练,没有必要在每所职业教育学校和多科技术学院都建立实训车间。职业教育学校、多科技术学院和其他政府机构要共建实训基地,共享培训资源,条件许可的话可直接在企业建立实训车间。鼓励产业与教育机构建立伙伴关系,使职业教育学生能够参观工作场所,在工作场所进行工作实训,了解企业需求,学习企业文化和精神,而这正是职业教育与培训的最终目的所在。

(六)质量保障

质量是教育与培训的生命。质量保障的目标是建立以能力为本位的教育培训、管理和评价质量保证框架,提供全国一致的高质量教育和技能培训。国家质量保证框架的内涵包括以下几个方面。一是建立国家技能资格框架资格信息登记系统,符合资格框架要求的任何一个等级的资格都将被纳入国家信息登记系统,这有助于国家和国际利益攸关方证实和验证印度技能资格框架证书和颁证机构的合法性。二是建立教育与培训机构、资格考试评价机构认证制度,资格实施和评价机构需要具有相应资质。对教育与培训机构的认证包括机构的认证申请和自评过程、现场考察、国家技能资格框架资格合规性审查、"技能印度认证"评级、治理要求、教师和考评员能力素质、设备要求、质量改进计划等。对资格考试评价机构的认证旨在确保不同考试评价机构的评价决定和考评员能力素质的一致性。三是建立审核制度,加强审核员队伍建设,制订审核教育与培训机构、评价机构"技能印度认证"的过程和程序。四是建立风险评估框架,运用风险评估量表和指标识别教育与培训机构发生风险的可能性,确定审核次数和不合规风险。五是建立产业机构质量保障机制,保证国家职业标准开发质量,完善产业咨询制度。六是建立国家和邦一级机构质量保障机制,加强国家和邦一级机构对国家技能资格框架目标的监测和质量改进计划的评估,加强相关数据采集。[①]

---

①National Skill Development Agency. National Quality Assurance Framework Overview Manual [EB/OL]. [2016-11-26].http://www.nsda.gov.in/documents/Overview%20Manual.pdf

四、资格框架实施

印度国家技能资格框架是一个由国家技能开发署管理、多方参与实施的资格框架。印度通过设立专门机构创新资格框架管理体制，完善中央部委、地方政府、资格监管机构的工作机制，有效推进国家技能资格框架在全国范围内的实施。在资格框架开发的初期，人力资源开发部积极推进国家职业教育资格框架在初中、高中阶段的实施。大学拨款委员会和全印技术教育委员会制定和修订学位课程指导意见，推进国家技能资格框架在普通类和工科类高校的实施。行业企业主导制定国家职业标准，保证人才培养和企业的用人需求相对接。印度技能资格框架管理体制的创新和工作机制的不断完善保证了资格框架有效实施。

（一）设立专门机构

1.成立国家技能开发与创业部

印度不断完善工作机制，加强技能开发组织领导。2014 年 11 月，印度正式挂牌成立一个新的部委级机构——技能开发与创业部，负责协调指导全国技能开发工作，制定国家技能开发政策，减少技能劳动力供需不匹配的现象，推动建立产教合作伙伴关系，加强青年人创业教育和能力培养，实施青年技能培训和奖励计划，提升服务印度制造、数字化印度等国家旗舰计划的能力。

2.设立专门技能开发推进机构

一是成立国家技能开发署，主要职责是协调中央各部委、邦政府和企业的技能开发政策，管理和实施国家技能资格框架，保证质量和标准达到行业要求，对技能开发计划进行定期评估，建立和维持动态化劳动力市场信息系统等。二是成立国家技能开发公司。它是一个非营利性公司，通过公私合作伙伴关系模式，支持和协调企业技能开发活动，筹划设立行业技能委员会，推进困难群体和非正式部门劳动力的技能开发工作。三是设立国家技能开发基金，它是个融资机构，多渠道筹措技能开发资金。上述三个机构由技能开发与创业部统一领导。

3.国家技能资格委员会

它是一个资格框架相关政策制定和标准批准机构。国家技能开发署通过国家技能资格委员会实施国家技能资格框架，国家技能资格委员会常设秘书处设在国家技能开发署。国家技能开发署董事会主席担任该委员会主席，国家技能开发署署长任委员会秘书长，委员会成员包括：人力资源开发部（教育部）、劳动与就业部司局级官员，三个邦的技能开发局局长（轮流担任成员），各行业技能委员会主席，以及大学拨款委员会、全印技术教育委员会、中央中等教育委员会、国家职业培训委员会等监管机构的负责人、两所培训机构（一所公立一所私立）负责人等。国家技能资格委员会可根据需要自主设立专题小组委员会，吸收行业代表为小组委员会的成员。

国家技能资格委员会的主要职能是批准和发布行业技能委员会开发的国家职业标准和资格包，批准行业技能委员会制定的行业培训机构的认证标准，制定或批准非法定颁证机构的认证标准；根据国家技能开发公司的建议，批准设立新的行业技能委员会，制定促进残疾人、表列种姓、表列部落、其他落后群体、少数族群、妇女等弱势群体技能开发的指导意见；协调解决课程与国家技能资格框架对接、学分转换等涉及各部委、监管机构的问题，制定学分积累和转换、非正规学习认可、学徒制、线上和远程学习、横向流动、补习性课程等需要跨部门协调的政策；协调推动印度资格与国际资格框架的对接，促进国际流动，建立必要的承认与衔接机制，解决在国家技能资格框架实施前的所有资格与国家技能资格框架相衔接等资格过渡问题；绘制现有证书、文凭、学位、行业培训资格图谱，确定从一个等级进阶到另一个等级的某些专业课程，绘制资格进阶路径和确定学分量，规定从一个等级进阶到另一个等级的补习性课程，设立和维持行业技能培训的高标准等。

机构认证、学生评价和证书发放。国家技能资格委员会审定批准国家认证标准，大学拨款委员会、全印技术教育委员会等相关监管机构按照国家认证标准对教育与培训机构进行实际认证。在征得行业技能委员会意见的基础上，相关部委和监管机构共同制定识别、登记和认证教育与培训机构的方法和程序。学生评价和证书发放由政府和私营部门的相关考试机构负责，这是目前的做法。然而，相关监管机构、行业技能委员会制定的评价和证书发放标准要由国家技能资格委员会批准，以保证学习结果符合国家技能资格框架相应等级的要求。经过评价而发放的资格证书需注明国家技能资格框架相应等级。

4.设立行业技能委员会

它们是产业主导、行业内利益攸关方共同参与的标准开发机构，目前成立了 33 个行业技能委员会。主要职能是开发相关行业的国家职业标准，与中央和邦一级资格实施机构一起开发课程包；制订有关措施提高职业教师的参与和能力建设水平，对技能进行评估和认证，开发“行业资格框架”，绘制目前劳动力持有的技能和资格图谱，分析未来技能需求及与行业相关的培训需求，设计明确的继续学习路径，为学生提供垂直和水平流动机会。

5.中央部委和地方政府的职责

中央各部委要制订和完善本部门的技能开发计划，精心组织，加强领导，要按照国家技能资格框架实施时间表的要求，稳步推进技能开发工作，保证所有利益相关方积极参与技能开发和国家技能资格框架的实施。邦政府要设立邦一级技能开发局，统筹指导技能开发，推动邦内教育与培训机构将专业课程与国家技能资格框架对接，促进人员流动，建立和完善教育与培训质量保证体系，保证不因区域差异导致质量高低不一。在县一级也要设立技能开发机构，以便在地方层面推动实施国家技能资格框架计划。

6. 监管机构和教育培训机构的职责

大学拨款委员会、全印技术教育委员会、国家职业培训委员会、技术和学校考试委员会等监管机构要按照国家技能资格框架的等级，明确入口和出口能力与资格要求，促进学生在普通和职业教育轨道的垂直进阶，使职业教育毕业生能够进入包括学位课程在内的高等教育职业类、技术类和普通类专业课程学习。监管机构在监管专业课程设置、院校附属制度和认证体系的同时，要保证专业课程和相关安排与国家技能资格框架的对接和一致性。教育与培训机构要按照国家技能资格框架实施时间表，调整和组织专业课程，保证与国家资格框架资格等级的对接。企业要以能力素质为标准解释评价员工的资格。

(二)资格框架实施时间表

在资格框架实施通知发布三年后，政府对符合资格框架资格规范的教育与培训课程提供经费资助，同时教育与培训机构要按照资格等级规定入学资格要求。五年后，所有的教育与培训课程都必须符合资格规范，所有的教育与培训机构都要按照资格等级制订相应的专业招生入学资格要求。中央政府和国营企业要修改人员招聘规定，按照资格框架等级规定所有岗位资格要求，鼓励邦政府对人员招聘标准也做出相应修改。

(三)职业教师能力建设计划

职业教师质量决定着职业教育质量，是影响职业教育质量的重要因素。潘迪特桑德拉夏尔马中央职业教育研究所制订初中、高中教师和培训教师的能力标准和能力建设计划，全印技术教育委员会和大学拨款委员会制订文凭、高级文凭和学位课程的教师能力标准和能力建设计划。制订教师质量提升计划，提高职业教育教学教育质量，促进混合式学习。由国家技术教师培训和研究学院等各类机构实施的职前教育、入职教育和在职教师培训迫切需要缩小目前合格职业教育教师需求与可得性之间的缺口。产业作为重要合作伙伴，可以在朝阳产业为职业教育与培训机构提供资深培训师以及客座教师，密切校企合作，改善职业教育与培训机构教师队伍结构，提高职业教育教师质量，促进教育教学对接产业需求。

（四）推进中学阶段项目试点

人力资源开发部（教育部）在国家职业教育资格框架方案基本确定之后，首先在哈里亚纳邦开展中学教育阶段资格框架项目试点。试点项目于 2011 年 9 月 3 日启动，目的是使职业教育与就业能力的培养联系起来，提高利益相关方对职业教育重要性的认识，使学生为成人生活做准备，能够继续接受高等教育或是进入工作世界。项目的工作目标是在 8 个县 40 所学校的九年级和十一年级成功引入和整合职业教育课程，共有 4461 名学生参加了试点项目。通过学习职业教育课程，提高了学生的就业能力，降低了辍学率，提高了出勤率。

项目学校遴选和课程设计。选择项目学校考虑到以下因素：学校有足够的在校生人数，学校地点与企业邻近，学校具备一定的职业教育办学条件，学校和学生有实施和参加职业教育的动机和意愿。目标年级是九年级（一级资格）和十一年级（二级资格），每个班 25～50 名学生。首批开设汽车修理、信息技术、零售和安保 4 个专业课程。课程设计基于国家职业标准，国家职业标准由行业技能委员会开发，教学内容由中央职业教育研究所开发，中央中等教育考试委员会和瓦德瓦尼基金参与。

职业教育保障条件，保证人员和设备达到标准。教师质量是保障职业教育质量和项目取得成功的重要前提，职业教育教师实行合同聘用制，入职前进行为期一个月的专业教育学培训。在邦一级，每个行业设立一名产业协调员，负责推进工学结合和校企合作，每所学校设立一名职业教育协调员。每所学校建造不小于 100 平方米的实训车间，行业技能委员会提出设备清单，教育部门制订技能培训所需的机器和工具采购说明，学校按清单采购设备并按标准建造实训车间。

开展入职培训。对校长、学校协调员和教师进行国家职业教育资格框架试点项目专题培训，并对职业教育教师进行一级、二级和三级资格的专业教育学培训，对学校职业教育协调员进行校企合作方面的专题培训。邦教育研究与培训委员会作为节点机构，负责协调组织所有培训，行业技能委员会、瓦德瓦尼基金、技能开发公司等机构积极参与。

推进校企合作。聘请企业技术人员作为学校客座教师，定期组织学生到邻近企业实地参观考察，了解和体验实际工作场所环境，每年至少安排学生有 7 天时间到企业进行实习活动。

教育部门和行业联合进行考试评价。哈里亚纳邦学校教育考试委员会和行业技能委员会联合对职业教育科目进行考试评价和发证。职业教育科目被分类为应用学习科目，它们作为九年级和十年级可选科目及十一年级和十二年级的选修科目。在征得人力资源开发部、中央职业教育研究所、技能开发公司和中央中等教育考试委员会的同意后，邦考试委员会和行业技能委员会发布职业教育科目考试评价办法。职业教育科目考试分数记录到学生成绩单中。邦考试委员会和行业技能委员会联合颁发单独的技能等级证书。

2013 年，哈里亚纳邦继续扩大项目范围和规模。项目覆盖范围扩大到其余 13 个县，项目学校总数达到 100 所，职业教育学生在校生人数达到 8107 人，新增美容与健康、体育与运动和患者护理三个专业。在美容与健康和体育与运动专业招收 1920 名九年级学生。2013 年 9 月 2 日开课，新聘 80 名职业教师并完成入职培训，建立校内实训车间，提高校内实训设备配备标准，达到三级和四级资格标准的要求。①

（五）推进高等教育阶段试点

除在初中和高中阶段实施国家技能资格框架外，印度还通过开设职业学位课程，积极推进在高等教育阶段实施资格框架。早在 2011 年 10 月，时任印度人力资源开发部部长西巴尔就宣布在工程和多科技术学院启动国家职业教育资格框架的实施计划，目标是通过融合职业教育与培训和主流教育，培养技能型、具有生产力和能达到国际质量标准的高素质劳动者，提高灰领、蓝领和白领劳动者技能水平，使他们能够获得大学教育水平的学位。学生可通过学习各种课程模块累积学分和获得技能知识提供者颁发的结业证书，进而取得职业文凭或职业教育学位。可授予职业文凭和职业教育学位的学科专业包括汽车、娱

---

① Haryana State Implementation Strategies andLearning’sMHRD Review Meeting16th September 2013[EB/OL]. [2013－10－04]. http://mhrd.gov.in/sites/upload_files/mhrd/files/2013-Sept-16%20MHRD%20Review%20Meeting.pdf

乐、信息技术、通信、经济学与金融、农业、建筑、应用艺术、旅游、印刷出版、药学与卫生保健等。全印技术教育委员会负责高等教育阶段技术教育领域的国家技能资格框架的实施。[①]

印度职业学士学位。在学历教育中，国家技能资格框架按学段和教育类型分别由相关部门和机构负责实施。高中阶段技能资格证书由教育部和各邦教育部负责实施，普通高等教育中技能资格由大学拨款委员会负责设计和实施。2014 年，印度大学拨款委员会发布了《关于开设职业学位课程的指导意见》，提出设置职业学士学位，在普通高等教育中实施国家技能资格框架。2015 年，大学拨款委员会对《指导意见》进行了修订，指出开设本科层次职业学位课程旨在培养本科层次职业人才，向职高毕业生和社区学院毕业生提供继续升学的机会，将职业技能训练与相应普通教育内容的学习相融合，保证学生掌握必要的知识和技能，能在课程的每个出口点做好工作准备，提高毕业生的就业能力，满足行业要求，通过预设的入口和多重出口点增加学习弹性，除了满足地方和国家产业需求，职业教育本科生还可成为全球劳动力的一部分。

资格证书类型、等级和专业目录。本科层次职业教育设有三种证书：证书，学习期限为 1 年，对应国家技能资格框架五级；高级文凭，学习期限 2 年，对应六级；职业学士学位，学习期限 3 年，对应七级。每一种具体资格证书名称采用证书名称及在后面括号内加注专业方向。例如，职业学士学位（再生性能源管理）、职业学士学位（零售管理）、职业学士学位（零售管理与信息技术）、高级文凭（食品加工）、高级文凭（卫生保健）、高级文凭（餐饮与旅游）、高级文凭（绿色住宅技术）、文凭（BPO）和文凭（珠宝设计）等。大学拨款委员会设置了 10 个领域（专业类）的 23 个专业的技能资格证书。这 10 个领域包括汽车、娱乐、信息技术、通信、市场营销、农业、建筑、应用艺术、旅游和印刷出版。每个领域包含若干专业，例如，应用艺术包含时装技术、内衣设计和珠宝设计 3 个专业。

试点学校和报考条件。适用于 1956 年《大学拨款委员会法案》第二条（f）款和第十二条（b）款并获得了大学拨款委员会计划拨款的大学和学院都有资格获得职业教育计划财政资助。依照《大学拨款委员会法》，得到承认但不具条件获得一般发展援助的收费性学校，可以申请开设职业教育学位课程，但不会获得经费资助。社团或企业可以设立独立学院开设职业教育学位课程，并按照现行政策给予经费资助。具有普高或职高学历或同等学历的考生均有资格报考职业学士学位课程。

---

①AICTE. Annual Report 2011－2012 [R].New Delhi,2012.

专业课程内容。包括通识教育和技能发展两部分内容。技能发展部分使学生能够掌握必要的知识，培养学生的实践能力和工作态度，为工作做好准备，课程内容要与产业的需要相关。专业课程要嵌入特定工作角色的国家职业标准，学生要能够达到国家职业标准规定的学习结果。技能发展部分的总体设计以及选择的工作角色应能在一个或两个领域形成综合专门化，如果某一特定领域或工种没有国家职业标准，大学需要与产业合作开发课程。三年中，每一学年都要注重培养学生的工作准备技能，课程设计需要注重实践工作、工作场所培训和项目工作。通识教育部分应保持普通大学的教育标准，开设的课程要有利于促进学生的全面发展，注重培养学生的语言和交流表达能力，通识教育内容不超过全部课时的 40%。

学分计算公式。1 个学分相当于 15 个课时，每个课时 60 分钟，适用于理论教学、实习实训、实验室教学和辅导学习。实习实训学分占全部学分数的 60%，文化理论课教学占 40%。

职业学士学位课程有三类生源：报考接续专业并已取得技能四级证书的职高毕业生、已取得技能四级证书但报考不同专业的职高毕业生和普通高中毕业生。对第二和第三类生源，学校要进行为期半年的技能训练并使学生取得相应专业的四级技能证书，以弥补这两类生源技能的不足。对报考接续专业并已取得技能四级证书的职高毕业生则不需要进行补偿性技能训练。印度着力进行学制创新，按学年而不是学段划分资格等级，从高中至本科基本是一个学年一个资格等级，实行多重入口和多重出口，每个资格等级均可作为入口点和出口点，这样就大大增加了学习的弹性，适应终身学习发展的需要。例如，职业教育学位课程学士经过一年的学习，评价合格后可取得文凭证书，学生可以选择走向就业也可以继续学习，再学习一年可取得高级文凭，顺利完成三年学习可取得职业教育学士学位。

表 8.3 高等职业教育学分和证书类型

资格等级	技能训练学分	文化理论课学分	全部学分	学习期限	出口点/毕业证书
4	18	12	30	1 个学期（半年）	证书
5	36	24	60	2 个学期（1 年）	文凭

续表

资格等级	技能训练学分	文化理论课学分	全部学分	学习期限	出口点/毕业证书
6	72	48	120	4 个学期（2 年）	高级文凭
7	108	72	180	6 个学期（3 年）	职业学士学位

资料来源：UGC. Guidelines for Introduction of Bachelor of Vocation（B. Voc.）Programme in Universities and Colleges under the NationalSkills Qualifications Framework (NSQF)[S].2015.[2016－11－26].http://www.ugc.ac.in/pdfnews/8083296_B-Vocation-ver-0.4－Final.pdf

校企合作开发课程。大学与企业合作开发课程，大学学术机构要有企业代表参加，校企双方合作将专业课程技能部分与相关行业技能委员会开发的国家职业标准对接。专业课程的实际操作技能训练采取在校内实训基地或在企业实训基地面授的方式进行，应注重学习结果而不是投入和过程。在不影响质量的前提下，通识教育部分可以采取任何形式进行。大学专业设置要以企业人才需求预测为基础。注重专业课程的相关性。与企业合作定期监测、评估和更新专业课程，及时反映企业的需求和国家职业标准的变化。大学要建立反映企业需求和标准变化的连续和动态机制，使用各种技术提高课程教学的效益。

考试与评价。通识教育部分评价应由大学按现行的标准和程序进行。技能发展部分评价要侧重在已获得的技能的实际展示，大学要征求相关行业技能委员会的意见，设计技能发展部分的考试和评价模式。大学也可考虑使用指定的行业技能委员会或产业协会的考评员对学生进行实际操作技能评价。大学需要建立以学分为基础的职业学士学位课程考试评价制度。

基础设施和教师配备。大学或学院需要具有必要的实验室或校内实习车间，或是与企业或其他院校联建或共享实训设施，保证学生能够接受实际操作技能训练。大学或学院应使用正式教师对学生进行通识教育，有条件的话，由正式教师实施操作技能训练。此外，学校可在核心职业技能领域合同聘用教师和客座教师。在"十二五"规划期间(2012－2017)，每所学校职业学士学位课程配备 1 名副教授和 2 名助教，采取合同聘任制。

其他条件。大学或学院需要建立以学分为基础的职业学士学位课程学期评价模式，通过现有机制对职业学士学位课程进行评价和监测，或是建立有企业代表参与的评价机制，制定举办职业学士学位教育的专业教学实施细则，对专业二次招生和学生入学时专业选择咨询服务作出具体规定。一所学院或大学在职业学士学位教育计划下应至少开设2个专业。

经费资助。每所学校可开设2个专业,三年总共资助1700万卢比(1元人民币约合10印度卢比)。额外开设一个专业,一名助理教授费用为250万卢比,但最多开设4个专业,资助总额2200万卢比。经费资助包括以下几项支出内容。一是启动费。一次性拨付启动费750万卢比,用于购置实验室或实习车间设施设备,采购教学材料、机械设备及设备翻修,但不包含新校舍建设费用。二是教师费用。试点学校每个专业可合同聘用1名助理教授,三年共支出650万卢比,但教师费用需按实际支出支付,学校只能按专业目录上的专业招聘教师。三是访问或客座教师费用。第一年预算100万卢比,第二年150万卢比,第三年200万卢比。支付标准按现有教师每课时600卢比,访问或客座教师每课时1000卢比。四是协调人员费用,对职业教育学位课程进行总体协调,与企业、行业技能委员会和其他相关单位进行联络协调人员,每人每月支付8000卢比。①

五、经验与启示

1.创新资格框架管理体制机制

印度国家技能资格框架在开发过程中,从内阁层面加以组织协调,整合教育部门和劳动部门开发的两个资格框架,形成跨行业部门的国家资格框架。莫迪政府上台后,在国家层面新设立技能开发与创业部,负责协调指导全国技能开发工作,加强国家层面协调。设立专门技能开发推进和资格框架管理实施机构,新设立国家技能开发署、国家技能开发公司等机构,加强国家技能资格框架在国家层面的协调和实施,破除部门利益纠葛,避免部门间掣肘。设立具有广泛代表性的国家技能资格委员会,负责制定资格政策和批准标准。明确中央各部委和各级地方政府的职责,协调推进技能开发和资格框架实施。厘清资格监管机构、教育培训机构、企业行业的职责,形成资格框架实施上下联动机制。

2.以国家职业标准为基础开发设计职业资格

印度学校职业教育根据国家职业标准开发设计和实施面向职业岗位的职

① University Grants Commission (UGC). Guidelines for Introduction of Bachelor of Vocation (B. Voc.) Programme in Universities and Colleges under the National Skills Qualifications Framework (NSQF)[S]. 2015.

业资格，顺应世界职业教育发展的规律和趋势。国家职业标准是在职业分类的基础上，根据职业（工种）的活动内容，对从业人员工作能力水平的规范性要求。它是从业人员从事职业活动，接受职业教育培训和职业技能鉴定，以及用人单位录用、使用人员的基本依据。国家职业标准在各国有不同的叫法，德国称为“培训条例”，澳大利亚称为“培训包”，英国、印度和我国称为“国家职业标准”。各国的经验表明，以国家职业标准为基础构建职业资格成为主流发展趋势，且具有极强的生命力，有的职业资格已经打造成世界知名品牌。例如，以“培训条例”为基础的德国双元制职业资格，以“培训包”为基础的澳大利亚培训包资格，以国家职业标准为基础的英国国家职业资格。印度正在开发和实施以“课程包”为基础的职业资格。以国家职业标准为基础的职业资格不仅要求培养从事特定职业（工种）所需的技能、能力和态度，保证与企业用人需求相对接，而且要求这些技能、能力和态度在真实的生产环境中培养，保证学生具有全面且均衡的素质，提高学生的就业能力，减少技能供需不匹配的现象。

3.在制度安排上设计了完整的资格体系

资格体系是现代职业教育体系的核心组成部分，它客观地反映了职业教育培养目标体系和人才层次内在结构。印度的 10 级资格框架从中学教育向上延伸到博士学位层次，包含两个等级的国家工作准备证书和 8 级国家能力证书，并对应从中学到博士学位的学历教育层次，建立了明晰和完整的垂直流动通道，形成资格序列，搭建了资格阶梯。印度坚持认为，要保证职教学生有继续学习的机会，吸取使职业教育成为“断头路”和“死胡同”的教训，避免制度设计上的缺陷以增强职业教育的吸引力。目前，印度在高中和高等教育阶段实施了 1～7级国家能力证书教育，将职业教育提升到硕士学位教育层次。1～7 级能力证书属于 3～9 级国家资格范围，分别对应高中阶段职业教育文凭、本科层次的高级文凭和硕士层次的研究生文凭等职业教育资格以及普通高中教育证书、学士学位和硕士学位等普通和高等教育资格。而且，能力证书按学年设计，一个学年一个等级，保证了职业资格等级向上延伸的阶梯性质。

4.建立多层面工学结合和行业企业参与机制，推进产教融合

通过设立专门机构和人员，规定专门职责，建立多层面、从上到下的工学结合机制。在国家层面，印度建立了国家技能开发公司，它是财政部按照公私合作伙伴关系模式设立的非营利性组织，负责推进和实施国家技能开发战略，资助私营部门技能开发活动，批准设立行业技能委员会。在行业层面，设立行业技能委员会，其核心职责是开发国家职业标准，与教育部门联合对职业资格进

行考试评价和认证。在学校和企业层面，设立学校职业教育协调员，保持学校与企业的沟通和联系。

5.资格框架政策和职业标准尚需完善

印度国家技能资格框架还是一个成长中的资格框架，相应的资格框架配套政策和实施工具需要进一步完善。这包括需要明确和完善质量保障的原则和措施、学分转换的方法、先前学习认证的原则和方法、职业资格考试评价标准等。印度国家职业标准的开发刚刚起步，目前仅完成安保、卫生保健、电信、橡胶、宝石与珠宝、零售、媒体与娱乐 7 个行业的大约 164 种“资格包”，其他行业的职业标准仍在开发之中。

第九章 资格框架发展趋势

世界范围内资格框架发展方兴未艾，在区域资格框架的推动下，越来越多的国家设计开发国家资格框架。随着经济全球化和教育国际化深入发展，资格框架呈现新的发展趋势，开发综合国家资格框架成为主流趋势，许多国家将资格框架作为教育改革的抓手，提高教育质量的手段和推动终身学习的工具。联合国教科文组织在探索建立“世界参照水平”，或者说在探索建立“职业教育国际资格框架”，资格框架的国际对接无疑会进一步促进各国资格学分互认和人员流动。

一、资格框架发展趋势

(一)以学习结果为导向构建资格框架

学习结果(learning outcomes)是资格框架开发和实施中使用的一个核心概念，各国开发和实施国家资格框架都在坚持学习结果导向原则。学习结果是一个宽泛的概念，它的基本定义是指对一个学习者在完成学习后知道什么、理解什么和能够做什么的表述。[①] 在资格框架语境下，它具有多重含义。首先，学习结果作为一种教育发展新理念。人才培养从注重输入转向注重产出，从注重过程转向注重结果，传统的人才培养方式注重的是修业年限、教育机构的类型和声望等输入要素，新的人才培养方式则更加注重教育结果和人才培养的质量。当然，坚持学习结果导向原则可能对处于不同发展阶段的国家有着不同的含义，发展中国家需要过程与结果并重。其次，学习结果作为人才培养目标和标准。在所有的资格框架中，资格设计和水平描述符构建都是以学习结果为基础的，水平描述符既是人才培养分级目标也是人才培养分级标准。从知识、技能和能力三维目标定义学习结果成为国际主流观点。一个重大而又基础性的

①European Centre for the Development of Vocational Training (Cedefop).The shift to learning out comes policies and practices in Europe [R].Luxembourg: Office for Official Publications of the European Communities,2009.

研究课题是需要对学习结果进行科学分类，在知识、技能和能力三个维度中又分别包含哪些次级维度和要素还需要做更深入的研究。知识、技能和能力构成现代人才的综合素质结构。最后，从资格评价和认证角度看，学习结果则是指狭义的学习成就（学习成果）。坚持学习结果导向原则不仅对创新教育发展理念，而且对迈向高标准教育，推动教育从传统向现代转型，都有着重大意义。

（二）开发综合国家资格框架成为主流发展趋势

开发实施综合国家资格框架成为各国资格框架主流的发展趋势，各国都把建设资格框架作为推动综合教育改革、整体提高教育质量和全面推进终身学习的政策工具。综合国家资格框架是一种“松散型框架”，包含了各种概念、价值观和教育传统。综合国家资格框架具有自己的明显特点和优势。一是促进教育子系统间资格联通，特别是加强了职业教育与高等教育资格之间的联系，使学习者学习生涯的水平流动与垂直流动成为可能。二是覆盖范围更广，资格框架不仅覆盖各级各类正规教育与培训资格，而且还向非学历教育资格和国际资格开放，体现出综合国家资格框架的包容性和开放性特点。三是共享一套水平描述符，使之作为开发、设计和认证各类资格的共同参照标准，提高了各类资格的可比性，特别是为非正规和非正式学习结果的认定提供了依据。欧洲国家资格框架建设出现趋同趋势，在参加实施欧洲资格框架的 38 个欧洲国家中，有 34 国建设了综合国家资格框架。例如，瑞典的目标是建立一个包容性国家资格框架，不仅涵盖各级各类教育资格，而且向公共教育体系之外颁发的资格开放，特别是要打开向成人教育资格开放的门户。

（三）把资格框架作为教育管理改革的重要抓手

开发实施资格框架是一项系统工程，需要设立专门机构负责制定资格框架相关政策，推动资格框架稳步实施。各国普遍的做法是整合机构资源，将现有的有关资格管理机构合并成一个统一的、覆盖各级各类教育与培训资格的专门机构，或是通过立法设立新的法定专门机构。南非通过立法设立了南非资格署，英国资格与考试监管办公室是一个法定监管机构。澳大利亚通过立法设立了法定的高等教育质量与标准署和技能质量署，分别负责实施高等教育和职业教育质量监管。爱尔兰 2012 年通过《质量保障与资格（教育与培训）法》，决定将继续教育与培训资格委员会、高等教育与培训资格委员会、爱尔兰大学质量委员会和爱尔兰国家资格署四家机构合并为爱尔兰质量与资格署，统筹管理实施国家资格框架。罗马尼亚国家资格框架始于 20 世纪 90 年代中期推行的职业教育与培训改革和能力本位资格开发，为此成立了国家成人教育委员会，负责登记职业资格和推动建立非正规和非正式学习认定制度。在"博洛尼亚进程"背景下，罗马尼亚又成立了高等教育资格署。为实施"欧洲资格框架"，罗马尼亚着手开发综合性国家资格框架。为协调推进"博洛尼亚进程"和"哥本哈根进程"，整合职业教育与培训、高等教育和劳动力市场相关管理机构的职能，2011 年罗马尼亚采取重大步骤成立单一的国家资格署，负责开发和实施综合国家资格框架。2007 年，葡萄牙建立新的管理机构模式推动国家资格框架实施，成立国家资格署以及高等教育评估和认证署，同时制订国家资格目录，使之作为非高等教育资格的战略管理工具和职业教育与培训的重要参照工具，将非正规和非正式学习认定制度纳入国家资格框架。① 瑞典为统筹管理实施国家资格框架，成立国家资格委员会使之成为国家资格框架的"守门人"。

(四)把资格框架作为提高教育质量的手段

资格框架通过标准和质量保障监管对提高教育质量发挥着重要作用。一是建立和完善人才培养分级标准。标准是质量的核心要素和基本依据，标准的高低决定着教育质量的水平。水平描述符是资格框架的核心构成要素，各国资格框架从知识、技能和能力三维目标构建水平描述符。资格类型标准是根据水平描述符对一组同类或同级资格的学习结果的更为具体的描述，学科专业标准是对水平描述符的细化和教学内容的具体描述。水平描述符、资格类型标准和学科专业标准构成人才培养分级标准体系。二是推动建立和完善质量保障体系。质量保障体系是实施资格框架的重要配套工具之一。为保证"欧洲资格框架"和"欧洲高等教育区资格框架"的顺利实施，欧盟"2010 教育和培训工作计划"要求各成员国在质量保障、认证、指导和培养学生关键能力等方面加强合作，遵循共同的质量保障原则。2015 年 5 月，欧洲各国高等教育部长通过了新修订的《欧洲高等教育区质量保障标准和指导方针》，强调以学生为中心的教与学，把高素质人才培养放在重中之重，突出质量保障主体责任和质量提升的重要性，着力培育质量文化，发挥资格框架对人才培养的导向作用，明确规定资格标准。新的欧洲标准指出，学生的"专业课程学习应达到设定的目标，包括预期的学习结果，通过专业课程学习取得的资格应明确规定标准，注明国家高等教

---

①European Centre for the Development of Vocational Training (Cedefop), Analysis and overview of national qualifications framework developments in European countries Annual report 2014 [R]. Luxembourg: Publications Office of the European Union, 2015.

育资格框架和欧洲高等教育区总体资格框架的相应等级”①。为加强高等教育质量评估和保证第三方评估机构质量，2008 年欧洲高等教育质量保障协会、欧洲大学生联合会、欧洲大学联合会和欧洲高等教育机构协会共同发起成立了欧洲高等教育质量评估机构注册委员会，履行对第三方评估机构资质认定和注册的职能。截至 2016 年初，注册委员会认定注册了德国、法国和英国等 22 个国家的 42 家评估机构。在职业教育与培训领域，欧盟制订了“欧洲职业教育与培训质量保障参照框架”，运用共同的质量管理工具促进职业教育与培训质量整体提升，将质量保障分为规划、实施、评估和改进 4 个阶段，每个阶段都在系统、机构和资格层面运用共同的质量标准，通过内部与外部评估机制运用 10 个参考性评价指标定期监测和报告进展。三是加强质量监管，法律赋予监管机构履行对教育培训机构实行资质认定和维持资格标准的职责，运用风险原则对违法违规行为采取行政处罚措施。澳大利亚依法设立了技能质量署和高等教育质量与标准署，分别负责职业教育和高等教育的质量监管，英国的资格与考试监管办公室是一个负责对颁证机构资质认定和监管职业教育与普通教育资格的法定机构。

（五）把资格框架作为推动终身学习的工具

各国资格框架都把建立非学历教育学习结果认定制度和学分制作为推进终身学习的关键工具。非学历教育学习结果认定是指主管部门按照相关标准确认一个人获得了学习结果的过程，一般要经过识别、记录、评价和认定 4 个独特阶段。2012 年，欧盟教育部长理事会通过《关于非正规和非正式学习认定的建议》，呼吁各国到 2018 年之前，制定保证个人通过非正规和非正式学习获得的知识、技能和能力得到认定的制度性安排，使个人在得到认定的非正规和非正式学习经历的基础上能获得完整资格或以单元为基础的部分资格。提高学习者在工作、家庭或志愿服务活动等正规教育与培训之外获得的知识、技能和能力的能见度和价值。保证个人能够通过经过认定的非正规和非正式学习经历获得完整资格或部分资格，保证认定安排与国家资格框架和欧洲资格框架联系起来，发挥认定安排与欧洲高等教育学分积累与转换系统和欧洲职业教育与培训学分系统的协同效应，教育与培训提供者保证向在非正规和非正式学习背

---

①European Association for Quality Assurance in Higher Education (ENQA), European Students' Union (ESU), European University Association (EUA) and European Association of Institutions in Higher Education (EURASHE). Standards and Guidelines for Quality Assurance in the European Higher Education Area (ESG)[S]. 2015.

景下取得学习结果的学习者提供接受正规教育的机会，免除学分或授予学分。在学分制背景下，资格的设计呈现单元化学分化趋势，大大增加了学习的灵活性，学习者不仅可以取得完整资格，而且还可以取得部分资格，并且可以通过学分积累与转换学习结果。

(六)区域资格框架发展势头不减

进入新世纪，区域国际组织主导的区域资格框架得到迅速发展。实现区域经济一体化，促进区域教育趋同发展和人员流动是区域资格框架发展的重要动力。欧洲资格框架、欧洲高等教育区总体资格框架、东盟资格参照框架、太平洋共同体、加勒比资格框架和英联邦小国虚拟大学跨国资格框架已经完全或基本进入实施阶段。南部非洲发展共同体、海湾国家和亚太地区正在开发区域资格框架。区域资格框架的现象遍及世界各大洲，总数达到了近 10 个。区域资格框架的作用主要体现在两点：一是有力推动了区域内国家资格框架建设进程。欧洲是世界上资格框架开发最集中的地区之一，欧洲资格框架的影响力已经波及欧盟周边国家。截至 2015 年 2 月，奥地利、比利时、保加利亚、克罗地亚、捷克共和国、丹麦、爱沙尼亚、法国、德国、匈牙利、冰岛、爱尔兰、意大利、拉脱维亚、立陶宛、卢森堡、马耳他、黑山、荷兰、挪威、波兰、葡萄牙、斯洛文尼亚和英国共 24 国完成了与欧洲资格框架的对接，在新颁发的资格证书上注明了欧洲资格框架参照等级，另有 3 国向欧盟提交了对接报告，其余国家在 2015 年或 2016 年完成对接。在加勒比地区，牙买加、特立尼达和多巴哥、巴巴多斯和伯利兹等国已经建立了地区第一批国家资格框架，其他国家如圣基茨和尼维斯、苏里南也已经启动了开发国家资格框架的进程。东盟资格参照框架的建立加速了东盟国家资格框架的开发进程，马来西亚、新加坡、印度尼西亚、泰国、菲律宾、文莱和柬埔寨已经完成了国家资格框架开发工作并进入到实施阶段，老挝、越南和缅甸正在规划设计国家资格框架。① 二是推动了区域教育共同体构建。区域资格框架不仅促进域内国家共享教育发展新理念，而且成为设置资格等级、构建资格等级标准、确立质量保障原则和建立非学历教育认定标准的共同参照点，从而有力推动了域内国家教育合作交流、资格互认和人员流动。

---

①UNESCO Institute for Lifelong Learning (UIL), European Training Foundation (ETF) and the European Centre for the Development of Vocational Training (Cedefop). Global Inventory of Regional and National Qualifications Frameworks Volume II: National and Regional Cases[R]. Hamburg, 2015: 413—439.

(七)推动构建世界参照水平

标准是质量保障的基本依据。在各国和区域资格框架大发展的背景下，标准发展呈现两个截然相反的发展方向。在国家层面标准是从上位向下位发展，出现从等级到类型、从类型到学科层级构建的趋势；在国际层面标准是从低位向高位发展，出现从国家到区域、从区域到世界，向更大范围、更高层次构建的态势。在构建世界标准方面，联合国教科文组织具有独特的优势，提出了构建职业教育“世界参照水平”和“承认高等教育资格全球公约”的建议。

“世界参照水平”的概念最早是由联合国教科文组织提出的。2012 年 5 月在上海召开的第三届国际职业技术教育大会通过的《上海共识》文件提出构建“世界参照水平”的建议，旨在建立能够适用于各国和地区的职业教育资格等级标准，促进人员流动和资格互认。目前在各国和区域的资格框架体系中，部门或行业资格框架、国家资格框架和区域资格框架都建立了各自的资格等级标准，但还缺乏通用的世界标准。不管叫什么名称，“世界参照水平”最终会以设定了等级和水平描述符的“世界职业教育资格框架”的形式出现。建立“世界参照水平”的工作由联合国教科文职业技术教育处负责协调。2013 年 9 月，联合国教科文职业技术教育处与欧盟教育与文化总司和欧洲职业培训发展中心举办世界参照水平研讨会。2015 年 12 月 14—15 日，在法国巴黎召开“开发学习结果世界参照水平专家会议”，来自联合国教科文组织国际职业技术教育与培训中心、国际劳工组织、欧洲职业培训发展中心和东盟等国际或区域组织的 20 名专家参加了会议，会议就构建世界参照水平支持资格跨国流动，建立以学习结果为导向的资格制度，推动区域质量保障进程等议题进行了深入研讨。① “世界参照水平”将提供评价学习水平的中立的、独立的参照点，促进学习者和人员流动，增加参与劳动力市场和终身学习的机会，并作为国家和区域资格框架水平描述符的补充，促进对区域职业教育发展的监测。

联合国教科文组织认为，世界参照水平的构建将以学习结果为导向，水平描述符的结构将运用各国和区域资格框架普遍采用的知识、技能和能力三维目标。知识是指回忆和呈现信息的能力，目前还没有区分次级维度，现有的知识类别和形式可以纳入宽泛的知识维度之中，这也是各国普遍的做法。是否区分

①Expert Meeting on the development of World Reference Levels of learning outcomes[EB/OL]. [2016－01－20]. http://www.unevoc.unesco.org/go.php? q＝Expert%20Meeting%20on%20the%20development%20of%20World%20Reference%20levels%20of%20learning%20outcomes

知识次级维度在下一阶段再做研究和决定。技能是指在情境中做事的能力，可分为三个次级维度：基础技能，主要指所需的读写和计算素养；迁移性技能，可在各种社会、工作和地域环境运用的通用知识和技能的能力；技术和职业技能，是指从事某项工作所需的特定技术技能。能力是指在情境中运用知识和技能，可分为两个次级维度：一是应用性能力，它包括能运用与知识相关的智力技能或学术技能的基础能力、在操作情境中运用的实践能力和能体现学习者自主性的反思能力。二是情感能力，是指个人能力、行为能力和态度，其中包括那些适宜开展集体评价的能力。“世界参照水平”开发工作分 4 个阶段推进：第一阶段分析研究现有国家和区域层面的水平描述符构成要素，第二阶段界定世界参照水平概念的内涵和特征，第三阶段广泛征求社会各界意见，第四阶段分析技术和法律层面问题，推动各国承认世界参照水平的政治进程。① 目前的工作处于第一阶段。

承认高等教育资格公约最早是在地区层面推动，1975—1983 年，世界 6 个主要地区完成了地区公约签署，1997 年欧洲第一个完成第二代地区公约的签署，亚太地区在 2011 年签署，非洲在 2014 年签署。联合国教科文组织一直致力于推动各国签署全球公约，在 1992 年 6 个地区资格承认公约委员会联合会议上，联合国教科文组织就提出了制定高等教育资格承认全球性规范文件，但会议没有就此达成共识，认为资格承认进程应继续在地区层面推进。1993 年教科文组织全体大会第 27 次会议通过了一个没有约束力的《关于承认高等教育学习和资格的建议》文件。进入 21 世纪，高等教育发生了很大变化，大众化势头不减。高等教育提供呈现多样化，学习范式发生根本变化，从注重教学转为更加注重学习，从输入导向转向产出导向，越来越多的国家开始引入资格框架，更加注重学生知识、技能和能力的培养，特别是学生就业能力培养，重视发生在高等教育内部和外部的非正规和非正式学习，重视提高质量和加强质量保障体系建设，高等教育国际化迅速发展，学术流动大幅增加。面对新形势，教科文组织在 2011 年 11 月举行的日本东京会议上再次启动全球公约可行性研究。2013 年 11 月，联合国教科文组织全体大会第 37 次会议确认全球公约将促进学术和专业流动，提高高等教育合作水平，增进高等教育资格全球承认和信任。公约的目的旨在促进高等教育国际合作和流动，加强和促进终身学习和教育民

---

①Keevy，J. and Chakroun，B. Level-setting and recognition of learning outcomes The use of level descriptors in the twenty-first century [R]. Paris，the United Nations Educational，Scientific and Cultural Organization，2015：148.

主化，促进质量保障和资格框架的一致性，推动区域高等教育发展，承认高等教育多样性。2015 年联合国教科文组织以总干事博科娃的名义公布《高等教育资格承认全球公约大纲草案》，征求各国意见。大纲草案规定各缔约方的义务是承认享有高等教育入学机会的资格，承认学习时限，承认高等教育资格，承认难民持有的资格。①

(八)推动实现资格框架国际对接

资格框架对接是指两个或两个以上资格框架间建立关系的一种过程，它是实现资格互认的一种新的方法，与资格框架的出现有着直接的关系，对接过程最重要的是当事双方信守互信原则。实现资格框架国际对接是教育迈出国门、走向国际的重要一步。在资格框架对接过程中，需要澄清的核心问题是等级对应程度、每一级水平描述符可比程度、学习结果导向原则、质量保障体系建设等。在区域资格框架开发背景下，域内国家资格框架只有实现与区域资格框架的对接，才能得到其他国家的承认。在欧洲资格框架语境下，资格框架对接是指在欧洲资格框架这个“元框架”与国家资格框架或国家资格制度之间建立关系的过程，国家资格主管部门与利益相关方合作来定义国家资格框架或资格制度与欧洲资格框架 8 级结构的对应关系。截至 2014 年，欧洲有 26 国向欧洲资格框架咨询小组提交了对接报告，实现了与欧洲资格框架的对接。

澳大利亚在 2011 年就确定了资格框架对接的总体原则，坚持利益优先原则，能够获得显而易见的好处，提升与相关国家或地区的教育合作交流水平，不会调整和改动澳大利亚资格框架去适应相关国家或地区的要求，不会导致澳大利亚自动承认相关国家或地区的资格。2014 年，澳大利亚启动与新西兰资格框架和欧洲资格框架对接的两个国际项目，旨在使新西兰和欧洲了解和承认澳大利亚资格，同样，使澳大利亚了解和承认新西兰和欧洲的资格，促进双方学生和人员流动。②

印度 2015 年颁布的《国家技能开发与创业政策》提出要促进与国际标准的对接，推动实现印度国家技能资格框架与国际上认可的资格框架的对接，以保证质量和标准的一致性，保证评价和认证框架开发以国际标准为基准，在存在

---

①UNESCO.Draft Preliminary Report on the Possible Global Convention on the Recognition of Qualifications in Higher Education [R]. 2015.

②Alignment of the AQF with the New Zealand Qualifications Framework and the European Qualifications Framework: consultation paper[EB/OL]. [2016－01－18]. http://www.aqf.edu.au/wp－content/uploads/2014/09/2014－09_AQF_intl_alignment_consultation_paper.pdf

着国际劳动力流动机会的行业建立跨国标准，加强与相关国家的合作伙伴关系，促进技能得到认证的印度青年在这些国家获得就业机会，国家技能资格委员会在相关行业技能委员会的协助下，与目的地国家的相关机构共同开发工作标准、评价与认证标准。同时，坚持实施走出去战略，与相关国家和地区分享印度技能开发制度模式、职业标准和资格包，支持相关国家建立技能开发生态系统。①

二、开发实施中国国家终身学习资格框架

进入 21 世纪以来，伴随经济全球化、区域经济一体化和教育国际化进程加快，开发实施资格框架已经成为一个世界性教育现象。处于不同教育发展阶段的国家，不论是发达国家还是发展中国家，都在开发实施国家资格框架。如何顺应这种世界教育发展趋势是摆在我们面前值得研究的一个重大课题。开发资格框架首先需要创新教育发展理念，推动传统的教育教学组织方式发生变革，切实提高人才培养质量，使终身学习从理念变成现实。应该看到，我国教育资格制度和职业资格制度还存在不少问题，教育发展理念还比较陈旧，普遍存在重过程轻结果、重学历轻能力现象；不同序列资格缺乏有效联通，资格的可比性不强；培养标准体系不完善，资格等级通用标准缺位；利益相关方教育参与程度不够，人才培养质量与社会用人实际需求匹配度不够；质量保障体系尚未真正建立起来，教育质量缺乏有效监管；各级各类教育与培训尚未真正践行终身学习理念，学习弹性化程度不足，推进终身学习还缺乏制度性安排；我国的资格与大多数国家尚未真正实现以标准为基础的资格互认。要解决这些问题，我们需要创新理念，创新制度，完善体制机制，顺应世界教育发展趋势，开发国家资格框架。目前，我国开发实施资格框架具备了基本外在和内在条件，经济发展水平进入中等偏上国家行列，教育总体发展水平跃居世界中上行列，与发达国家的差距进一步缩小。

在世界各国不断推进开发资格框架的背景下，开发我国国家资格框架引起了政府有关部门和教育研究工作者的重视。《国民经济和社会发展第十三个五年规划纲要》和《国家教育事业发展“十三五”规划》提出制定国家资格框架，加快学习型社会建设，推进教育现代化。我国有些地方探索制定了资格框架等级

---

① Ministry of Skill Development and Entrepreneurship. Skill Developmentand Entrepreneurship National Policy for2015 [R]. New Delhi，2015：28.

标准。2016 年 12 月 19 日，广东省质量技术监督局同意广东省地方标准《广东终身教育资格框架等级标准》通过审定，该标准由广东开放大学牵头组织起草，参考借鉴了欧洲资格框架水平描述符，对实现各级各类教育之间的沟通与衔接，搭建人才成长的“立交桥”，构建终身教育体系，建设学习型社会具有积极意义。人力资源与社会保障部近来提出推进人才评价体制机制改革，加快研究构建符合我国国情的国家职业资格框架体系。教育界学者从加快推动职业教育学历证书和职业资格证书融通的角度，一直呼吁建立国家资格框架或国家职业资格框架。为顺应世界教育发展趋势，设计、开发和实施我国国家资格框架对推动教育改革、提高教育质量、促进终身学习、加快推进教育现代化、提高教育对外开放水平都有着重要意义。

(一)目标与原则

国家资格框架的目标是建立与国际教育标准分类相对应的，涵盖从学前到博士学位教育层次的各级各类教育与培训的综合性九级结构国家资格框架。以理念和制度创新为重点，深化以学习结果为导向的教育改革，加快推进教育现代化。以等级标准为引领，建立并完善培养标准体系，强化质量保障监管，全面提高人才培养质量，建设人力资源强国。以非学历教育认证和学分制建设为抓手，加快学习型社会建设，让每个学习者享有终身学习的机会。

一是坚持结果导向和标准引领原则。创新教育理念，秉持以学习结果为导向的理念，更加注重学习者在学习结束时学到了什么和能够做什么，更加注重人才培养质量。从知识、技能和能力三维结构构建资格等级标准(水平描述符)，使之成为学历教育和非学历教育学习结果认定的共同参照点，逐步完善培养标准体系。

二是坚持质量保障和终身学习原则。建立并完善高等教育和职业教育质量保障体系，培育第三方评估认证机构，加强质量监管，增强社会公众对资格质量的信心。从国家层面做出非学历教育认证制度性安排，开发面向成人学习者的资格单元化学分化课程。

三是坚持多方参与和有效实施原则。保护各方利益诉求，凝聚共识，共商共建，保证利益相关方从资格框架设计到实施的全程参与。开发资格框架，关键在实施，完善工作机制和制度安排，确保推进资格框架有序有效实施。

(二)资格框架结构要素

1.科学设置等级数目

设计开发九级结构综合国家资格框架。从终身学习视角全口径涵盖各级各类教育与培训,资格框架包含九个等级,覆盖从零级学前教育一直到八级博士研究生教育,等级划分保持与联合国教科文组织《国际教育标准分类法》的教育课程分级相对应,不仅与国际标准保持一致,便于国际比较,而且可以从统计上计算我国人力资源开发总量和水平。等级结构构建体现出创新性,绝大部分国家资格框架将完成九年义务教育作为资格起始等级,目前还没有哪个国家的资格框架覆盖了学前教育和小学教育。

表 9.1　中国国家终身学习资格框架

等级	与《国际教育标准分类法》教育课程分级对应	学历教育	资格类型
八级	博士或等同	博士研究生教育	博士学位(分学术学位和专业学位)、国家职业资格一级
七级	硕士或等同	硕士研究生教育	硕士学位(分学术学位和专业学位)
六级	学士或等同	本科教育	学士学位、国家职业资格二级
五级	短线高等	专科教育	国家文凭、国家职业资格三级
四级	中等后非高等	中等后教育	国家证书
三级	高级中等	高中教育	普通高中毕业证书、中等职业教育证书、国家职业资格四级
二级	初级中等	初中教育	初中毕业证书、国家职业资格五级
一级	初等	小学教育	小学教育证明
零级	早期儿童教育	4～6 岁学前教育	学前教育证明

2.等级标准

等级标准是对个人继续学习或从事某一工作所需的知识、技能和能力的基本要求，它不仅是各级各类人才培养的基本目标和依据，也是国家教育总目标的一部分。等级标准是国家资格框架最核心的结构要素。我国顺应资格框架发展趋势，以各国普遍采用的知识、技能和能力三维结构模式构建等级标准，结构上采用维度、次级维度和要素三个分层。等级标准要能体现原则性、概括性和包容性特征，既能适用于学术教育也能适用于职业教育，既能涵盖学历教育也能涵盖非学历教育，既能适用于专业学习领域也能适用于工作领域。以知识的广度深度、技能的复杂程度、情境的动态性、自主程度和责任大小作为等级区分的依据。等级标准也是培养标准体系的上位标准，要以等级标准作为参照点分级制定资格类型标准、学科（专业）标准、课程标准和培养方案，完善培养标准体系。

3.资格类型标准

我国存在着学历教育资格和国家职业资格两个资格序列，共 15 种资格类型，即国家资格框架零级资格有学前教育证明，一级资格有小学教育证明，二级资格有初中毕业证书和国家职业资格五级（初级工），三级资格有普通高中毕业证书、中等职业教育证书和国家职业资格四级（中级工），四级资格有国家证书，五级资格有国家文凭和国家职业资格三级（高级工），六级资格有学士学位和国家职业资格二级（技师），七级资格有硕士学位（分学术学位和专业学位），八级资格有博士学位（分学术学位和专业学位）和国家职业资格一级（高级技师）。如果加上研究生教育层次专业学位硕士和专业学位博士两个子类型则为 17 种资格。在学历教育资格序列中，中等后非高等教育这个层次还不够清晰，需要明确定义中等后非高等教育资格。国家职业资格作为人力资源和社会保障部门主导开发的、以国家职业标准为基础的一种资格类别，需要纳入国家资格框架。随着资格制度不断完善，可以考虑增加新的资格类型，以正式资格作为参照标准，逐步把在非学历教育背景下取得的学习结果并经认定而获得的完整资格甚至部分资格纳入资格框架，但资格类型总数保持在 20 种以内为宜。依据统一的一组等级标准（水平描述符）制定每种资格类型标准，资格类型标准是对某一等级的某一资格或资格群应具有的知识、技能和能力的跨学科跨领域的通用描述，描述上它应比等级标准更为具体，资格类型标准还应包括入学要求、以学习时间或学分表示的学习量、接续学习的路径等信息。在学历教育资格序列中，要注重加强对学习者应用知识、解决问题的实践能力的培养，在国家职业资格序列中，特别要加强对学习者知识教育和通用能力的培养，增强两个序列资格的可比性和等效性。在资格框架开发初级阶段，暂不考虑将包含各种职称在内的专业技术资格纳入资格框架，因为通用资格与专业技术资格适用于不同标准，通用资格标准通常不考虑一定年限的工作实践经历要素。

(三)加强相关制度建设

建立资格框架实施的综合政策工具体系。资格框架不单是资格分级分类的工具，它还包含一套综合政策工具体系，为实现提高教育质量和促进终身学习等资格框架的重要目标提供有力的保证和支撑。综合政策工具体系包括非学历教育认定制度，职业教育与高等教育学分积累与转换系统、职业教育与高等教育质量保障监管体系，职业生涯终身指导制度等系列工具。欧盟和各国在开发资格框架综合政策工具体系方面积累了较为成熟的经验，值得学习借鉴。

1.建立和完善质量保障监管体系

建立高等教育和职业教育质量保障体系，引导和支持学校切实发挥教育质量保障主体作用，不断完善内部质量保障体系和机制，认真开展自评，形成和强化办学特色。学校要依据国家教育基本标准及有关行业标准，根据自身办学实际和发展目标，完善以专业或专业方向为基础的培养方案，形成内部与外部评价相结合的质量保障评价体系。制定国家层面高等教育和职业教育评价指标体系。培育发展第三方评价力量。支持专业机构和社会组织规范开展教育评价。大力培育专业教育服务机构，扩大行业协会、专业学会、基金会等各类社会组织参与教育评价。制定专业机构和社会组织参与教育评价的资质认证标准。引入市场机制，将委托专业机构和社会组织开展教育评价纳入政府购买服务范围，按照公开、公平、公正原则，建立健全招投标制度和绩效管理制度，保证教育评价服务的质量和效益。设立国家资格和质量保障署，作为高等教育和职业教育质量监管机构，国家资格和质量保障署应充分履行职能，对违法违规教育培训机构采取发出警示、行政罚款、回收执法行动成本、撤销认可等监管行动，保证教育培训机构颁发的资格证书能够达到国家标准，增强社会公众对资格的信心。

2.建立非学历教育认证制度

非学历教育认证制度不仅是终身学习战略的重要组成部分，也是国家资格框架的支柱性工具。出台国家非学历教育认证指导意见，从国家层面对非学历教育认证做出制度性安排。一是制定非学历教育认证原则，实行自愿参加原则，尊重和保护个人隐私，坚持机会均等和公平对待原则，特别是要注重向弱势群体提供参加认证的机会，吸收利益相关方参与建立认证制度，建立认证质量保障体系，保证认证过程、程序和标准公正和透明，避免利益冲突。二是建立认证机构的认定制度，国家主管部门对参与认证的教育培训机构、企业和社会组织等组织机构的资质进行认定，明确认证主体应具备的条件、资质及其应履行的职能。三是抓住非学历教育认证关键环节，制定认证机构对个人通过非学历教育取得的学习结果进行识别、记录、评价和认证的方法和操作规范，保证学习者能通过成功认证取得完整资格或是部分资格。四是完善评价方法，要以正规教育评价方法为基础，运用形成性评价和总结性评价方法认定学习者的学习结果，同时结合个体情况适当调整评价方法，综合运用各种评价方法，评价方法要适合于目的。五是建设一支思想道德素质高、业务精湛的评价员队伍，建立和完善评价员资质认证制度，加强评价员继续教育，不断提高业务素质。

3.建立学分积累与转换系统

推动建立以学习者为中心的、以学习结果为基础的高等教育和职业教育学分积累与转换系统，适用于各种学习形式和不同学习情境，不论是课堂学习还是工作本位学习和远程学习，不论是全日制学习还是非全日制学习，不论是学历教育还是非学历教育。确定60学分为一个全日制学年或同等学习的学习结果和相关工作负荷，一个学分对应25～30个工作学习小时。科学确定学习量和分配学分，保证学分授予质量，促进同一或相近专业的学分的积累与转换。对面向非全日制成人学习者的课程进行单元化学分化设计，增加学习弹性，推动终身学习。

4.建立生涯终身指导服务制度

生涯终身指导服务在个人需要做重要决策时发挥着关键性作用，有助于人们在不断变化的社会中以更加安全的方式管理自己的生涯路径，更好地实现个人的学习、生活和工作的平衡。生涯终身指导服务也是国家资格框架实施的重要配套工具。一是培养人们职业生涯管理能力，特别是要培养学会学习的能力、参与社会生活的能力，教育培训机构要将生涯指导服务纳入教学与学习活动中，提高教师的指导咨询服务能力，鼓励家长、社会组织、企业参与生涯指导服务。二是让所有人群享有生涯终身指导服务。指导服务要面向所有人群，特别是要保证困难群体和有特殊需求的人享有指导服务的机会，发挥指导服务的干预作用，鼓励学生完成学校教育，使个人能够管理他们自己的学习和生涯，鼓励过早辍学的学生接受二次教育培训，学有一技之长，体面地融入社会。三是建立生涯指导服务质量保障体系。保证所提供的生涯信息和咨询建议具有客观性、针对性和可行性，能够满足不同用户的需要。提高生涯指导服务从业人员的业务素质。开展指导服务效益评估，制定生涯指导服务质量标准，界定指导服务对象和范围，制订科学的生涯指导服务方法。

(四)资格框架实施

1.成立资格框架开发管理实施专门机构

通过立法设立法定机构开发和实施国家资格框架是一些国家通行的做法，如英国、爱尔兰、南非、新西兰、澳大利亚等。建议整合教育部与人力资源和社会保障部相关的部分职能，成立“资格与质量保障局”，为资格框架的管理和实施提供组织保障。“资格与质量保障局”按学段和职能设立内部机构，主要职能是设计、开发、管理和实施资格框架，确定资格等级和资格类型，制定人才培养标准，同利益相关方共同设计和制定非学历教育学习结果识别、记录、评价、认定和教育与培训质量保障等相关政策，重点对资格和质量进行监管，向有关政府部门提供政策咨询建议等。

2.多方参与实施

吸收各方参与是保证资格框架取得成功的一条重要国际经验。相关部委、教育机构、企业、研究机构和社会组织应参与资格框架的设计和实施，就资格框架的等级、等级标准、资格类型及相关制度建设广泛听取各方意见，凝聚共识，保证各方积极参与资格框架的实施。吸收资格框架国际专家参与资格框架国际对接。加强媒体宣传，推介教育新理念，普及资格框架知识，提高社会公众对实施资格框架重要性的认识。

3.鼓励支持发达省(市、区)探索建立地方资格框架

开发地方资格框架在其他国家已有先例，英国和比利时基于教育和语言传统不同开发实施了地方资格框架，地方资格框架之间的相同性大于差异性，保持多样性中的一致性。我国地域广阔，区域经济社会和教育发展不平衡是我国最大的国情特点之一，鼓励支持经济发达地区结合地方特点先行开发地方资格框架，为国家资格框架的建立和实施积累有益经验。

4.促进与国际资格框架对接

加强与国际资格框架对接是实现资格和学分的国际可比性和可携带性的重要途径。着力实现与重要区域和国家的资格框架对接，促进与欧洲资格框架、欧洲高等教育区总体资格框架、东盟资格参照框架、澳大利亚资格框架、新西兰资格框架、印度国家技能资格框架、南非国家资格框架等区域和国家资格框架对接，加强与加拿大、美国高等教育学术资格的学术联系，实现资格与学分互认以及人员流动。

参考文献

中文部分

[1]吕忠民. 职业资格制度概论[M]. 北京：中国人事出版社，2011.

[2]瞿海魂.英国中等职业技术教育[M].北京：高等教育出版社，2005：171.

[3]吴雪萍.国际职业技术教育研究[M]. 杭州：浙江大学出版社，2004：178－180.

[4]李建忠.澳大利亚资格框架的改革与发展[J].职教论坛，2010(1)：84－88.

[5]李建忠.澳大利亚资格框架等级标准评析[J].职教论坛，2011(10)：83－87.

[6]李建忠.从理念走向现实——欧盟推进终身学习发展的路径[J].职业技术教育，2009 (31)：82－87.

[7]李建忠.德国国家资格框架的特色分析[J].职教论坛，2013(19)：87－91.

[8]李建忠.南非国家资格框架的发展与改革[J].比较教育研究，2010(4)：18－21.

[9]李建忠.欧盟职业教育和培训质量保障参照框架评析[J].外国教育研究，2010(4)：31－36.

[10]李建忠.欧洲资格框架的建立及其意义[J].职教论坛，2008(1)：55－58.

[11]李建忠.印度国家职业教育资格框架的特征及实施[J].职教论坛，2014(31)：85－90.

[12]全国教育科学规划领导小组办公室."中国和欧盟国家职业教育比较研究"成果公报[J].当代教育论坛，2010(2).

外文部分

[1]Alison Wolf. Review of Vocational Education-The Wolf Report [R].March 2011.

[2]Allais, S., Raffe, D., Strathdee, R., et al. Learning from the first qualifica-

tions Frameworks[R].International Labour Office(ILO),Skills and Employability Department Geneva: 2009.

[3]Australian Qualifications Framework Advisory Board. Australian Qualifications Framework Implementation Handbook[R]. Fourth Edition. 2007.

[4] Australian Qualifications Framework Council. Australian Qualifications Framework [S]. Second Edition January 2013.

[5] Bjornavold, J. and Coles, M. Added Value of National Qualifications Frameworks in Implementing the EQF [R]. Luxembourg: Publications Office of the European Union,2010:15.

[6]Bologna Working Group on Qualifications Frameworks. A Framework for Qualifications of the European Higher Education Area [R]. Copenhagen, 2005:30.

[7]Council for the Curriculum,Examinations and Assessment,Qualifications and Curriculum Authority and the Office of the Qualifications and Examinations Regulator. Regulatory arrangements for the Qualifications and Credit Framework,Great Britain[S].Great Britain,2008:5—18.

[8]Danish Evaluation Institute. Referencing the Danish Qualifications Framework for Lifelong Learning to the European Qualifications Framework [R]. 2011.

[9]European Centre for the Development of Vocational Training (Cedefop). Analysis and overview of national qualifications framework developments in European countries Annual report 2014 [R].Luxembourg: Publications Office of the European Union,2015.

[10]European Centre for the Development of Vocational Training (Cedefop). National qualifications framework developments in Europe-Anniversary edition [R]. Luxembourg: Publications office of the European Union. 2015.

[11]European Centre for the Development of Vocational Training (Cedefop). National qualifications framework developments in Europe[R]. Luxembourg: Publications Office of the European Union,2015.

[12]European Centre for the Development of Vocational Training (Cedefop). Terminology of European education and training policy. Second edition [R]. Luxembourg: Publications office of the European Union. 2015.

[13]European Centre for the Development of Vocational Training (Cedefop). The shift to learning outcomes Conceptual, political and practical developments in Europe[R]. Luxembourg: Office for Official Publications of the European Communities, 2008.

[14]European Centre for the Development of Vocational Training (Cedefop). The shift to learning outcomes Policies and practices in Europe [R]. Luxembourg: Office for Official Publications of the European Communities, 2009.

[15]European Commission; Cedefop; ICF International (2014). European inventory on validation of non-formal and informal learning 2014. Final synthesis report [R]. 2014.

[16]European Training Foundation (ETF), the Centre for the Development of Vocational Training (Cedefop), UNESCO's Institute for Lifelong Learning (UIL) and the Section for TVET at UNESCO headquarters. Global National Qualifications Framework Inventory — Prepared for ASEM Education/ministers Conference, Kuala Lumpur 13-14 May 2013 (ASEMME 4)[R].

[17]OECD. Qualifications Systems: Bridges to Lifelong Learning [M]. Paris, 2007.

[18]Ministers of Education and Labour. Enhancing the Efficacy and Efficiency of the National Qualifications Framework [R]. 2007: 5—6.

[19]Ministry of Skill Development and Entrepreneurship. Skill Development and Entrepreneurship National Policy for 2015 [R]. New Delhi, 2015.

[20]Office of Qualifications and Examinations Regulation(Ofqual). After the QCF: A New Qualifications Framework Decisions on Conditions and Guidance for the Regulated Qualifications Framework (RQF)[R]. 2015.

[21]Office of Qualifications and Examinations Regulation(Ofqual). General Conditions of Recognition[S]. Coventry, September 2015: 56.

[22]Recommendation of the European Parliament and of the Council of 23 April 2008 on the establishment of the European Qualifications Framework for lifelong learning[S].

[23]Scottish Credit and Qualifications Framework Partnership, Welsh Assembly Government, CCEA and Qualifications and Curriculum Authori-

ty. Report Referencing the Qualifications Framework of the United Kingdom to the European Qualifications Framework [R]. 2010.

[24]South African Qualifications Authority. Criteria and Guidelines for Assessment of NQF Registered Unit standards and Qualifications [M]. Pretoria: South African Qualifications Authority,2001: 9—10.

[25]South African Qualifications Authority (SAQA). Level Descriptors for the South African National Qualifications Framework [S]. November 2012.

[26]South African Qualifications Authority (SAQA). National Policy for the Implementation of the Recognition of Prior Learning[S]. March 2013.

[27]South African Qualifications Authority (SAQA). Policy for Credit Accumulation and Transfer within the National Qualifications Framework [R]. 2 December 2014.

[28] UNESCO Institute for Lifelong Learning (UIL), European Training Foundation (ETF) and the European Centre for the Development of Vocational Training (Cedefop).Global Inventory of Regional and National Qualifications Frameworks Volume II: National and Regional Cases [R]. Hamburg,2015.

[29]UNESCO. Draft Preliminary Report on the Possible Global Convention on the Recognition of Qualifications in Higher Education [R]. 2015.